中国社会科学院老年科研基金资助

中国社会科学院老年学者文库

中国特色
旅游发展道路的探索

张广瑞/著

社会科学文献出版社
SOCIAL SCIENCES ACADEMIC PRESS (CHINA)

自序

如果说我与旅游结缘始于 20 世纪 70 年代初做翻译导游开始，至今已将近半个世纪，这在我的人生中的确是个不算短的日子。在这即将过去的半个世纪的岁月里，中国发生了巨大变化，我也经历了许许多多的变革和劫难，但总起来说，还算是幸运的。虽然，这些年来，工作也曾经过几次大的变动，从秦皇岛到唐山再到北京，从企业到政府再到科研机构，从译员到外事干部再到专业研究人员，但一直没有离开和旅游相关的这个领域，其中的原因有两个：其一，我大学的专业是英语，在进入作为中国第二次革命的改革开放后的时代，这方面的人才也算是稀缺的，入职也不太费劲；其二，我喜欢旅游这个可以和人交流的职业。前者使我有了更多学习和参与实践的机会，后者则让我愿意留在这个领域，对感兴趣的工作多了几分执着。第一份工作是做国际海员俱乐部的译员，身份是国际海员工会代表，任务是陪同到港的国际海员在地上参观游览活动，接触了大量海外底层的普通海员，为他们提供必要的服务，解决生活方面的困难，结交朋友，有了了解世界的特殊渠道。第二份工作不是我的选择，而是上级的一纸调令，到地区行政公署的外事办公室报到，主要的原因是创建当地中国国际旅行社分社，因为那个年代，国际旅行社是外事工作的范畴，于是有了外事干部、翻译、导游的三重身份。到这个时候，我才算正式进入旅游行列，尽管只是个工作。20 世纪 70 年代中期，唐山地区的旅游也算是个新秀，工业有举世闻名的开滦煤矿，农业有遵化"三条驴腿闹革命"的西铺村王国藩和"青石板上闹革命"沙石峪的张贵顺。这两位都是全国劳动模范，这两个村子都是国家农业学习的典型，曾接待过 120 多个国家的首脑和贵宾，自然也成了"文化大革命"后期恢复接待入境旅游团异常火热的地方，致使唐山分社这个小小的旅行社简直是忙得不可开交。天有不测风云。

1976 年，一场震惊世界的大地震摧毁了这个新兴的城市，夺取了数以十万计人的生命。震灾发生时，我在现场，作为导游，我始终与外国旅游者在一起，共同经历了这场天灾，其中的一些情景曾被钱钢先生记入他的纪实报告文学《唐山大地震》中。地震之后接下来是全力以赴的救灾重建工作。旅游活动戛然而止。这一巨变终止了我在唐山的旅游工作的生涯。没有想到，时隔五年，一扇门关闭了，另外一扇门又为我打开，通过全国考试进入了中国社会科学院这个国家级的学术殿堂，成为我国专业旅游研究的第一代学者，这是时代的选择，也算圆了我的一场梦。那之后，我一直没有离开中国社会科学院，也一直留在了旅游研究领域。我的这段经历正好是和中国改革开放进程同步的，成为中国现代旅游发展过程的见证。特殊的国情和所面临的特殊国际大环境，使中国旅游的发展选择了与世界大多数国家不一样的道路，这个过程是曲折而漫长的。我虽然身处国家最高的学术研究机构，从事着旅游的专业研究，但这个研究和一些传统的研究领域有着非常大的差异。缺乏实践的研究往往是盲目的，只能是不断的探索。作为一个新出现的社会现象，需要的是多学科的探讨，最初的研究无异于瞎子摸象。因此，在我多年的研究生涯中，与其说是学术理论的探讨，倒不如说是跟踪性的实证研究。而我外语专业的特长，开始为我把国际旅游发展实践和研究成果引进国内提供了方便，尔后，也为我把中国旅游发展的实践和研究成果介绍给国外同行提供了机会和条件，这一点，也是面对多种机遇和促使我仍然能够安心地留在我所喜爱的研究领域的重要原因。

　　一转眼半个世纪过去了，改革开放也已逾四十载。当我发现自己从专业专职研究因退休而转入业余之后，觉得有必要对过去的研究做一梳理，把在不同节点上发表的一些文章整理一下，对后人了解中国旅游的发展过程或许会有些用途，这也是中国社会科学院对退休人员的一个要求和鼓励。本文集我称其为《中国特色旅游发展道路的探索》，这便是我本人在这学术领域研究做得最多的一件事情，是在不同的年代，一个研究者依据我国的国情探索旅游发展道路和方式的记录。考虑到篇幅限制，只挑选了一些有代表性的文章放在这里。其中有些文章会存在明显的时代痕迹，在表述上与现在实际情况有些不同。因此，为了使读者便于了解当时情况，除了勘误和一些技术性的处理之外，无意再做"美容"式的修改，只在必要的地方增加了一些简单说明，并愿以此，纪念中国改革开放四十年。

如有条件，愿再把这些年来评介世界各国旅游发展历史的文章和资料整理一下，以他山之石奉献给国内同行；把同期在境外发表的有关介绍中国旅游发展政策与实践的论文汇集在一起，以观察与思考，保持原来的英文格式，供国外读者参考借鉴。

本书的出版获得中国社会科学院老年科学研究基金资助，并得到社会科学文献出版社大力支持，在此一并表示感谢。

以上所言，权作一点说明，也表示一种愿望。是为序。

2018 年初夏于北京嘉铭园

☆ 案例与借鉴 // 291

探索与辨析

关于文化与旅游融合的理性思考*

文化和旅游部创建于 2018 年 3 月，到现在已经跨过整整一周年的时间。在过去的一年中，无论是旅游业界还是旅游学术界，对于这一新的管理体制变更给予高度关注，怀着很高的期望，希望中国的旅游业在新的历史时期有个突出的提升。在过去的　年中，在各种媒体上，"文化和旅游融合"成了一个炙手可热的话题，引起了广泛的讨论。中国旅游研究院本届年会组委会希望我能从理论的角度做一个发言，思索良久，觉着有些力不从心，遂将这个命题做了一点儿变化，根据我的认识，谈一谈文化和旅游融合的一些想法，和大家进行交流。

一 文化和旅游基本概念与定义

（一）文化和旅游

文化"是人类在社会发展过程中创造的物质财富与精神财富的总和"，其内涵非常丰富，既包括物质的，也包括精神的；既包括历史的、凝固的遗产，也包括现实的、活的生活方式；既包括有文字记载的，也包括没有文字记载的。然而，对于社会公众来讲，不同的历史时期或不同的社会群体，会把它简单地理解为"认字是学文化""有知识的是文化人""素质高的人是有文化的"等。

旅游是一种社会现象，是随着人类社会经济发展而演进的。它是"人们离开惯常生活的环境外出旅行和短期逗留并返回原住地的所有现象的总和"，或者说是"非定居者的旅行和暂时居住而引起的所有现象及关系的总和"。在英语中经常用"旅行"＋"旅游"（即 travel and

＊ 根据在中国旅游研究院旅游科学年会（2019 年 4 月 20 日）上的主旨演讲发言稿及 PPT 文件整理而成，定稿时有所删节。

tourism）来表述。

在古代中国，"观光"一词出现得更早，语出《易·观》"观国之光，利用宾于王"，指的是"观察者学习被观察国家的人们为国效力的精神，以运用于国家大事和民情民意"。然而，这个词语在现代中国使用得少了，或者说其含义已经发生了变化，俗称"参观名胜古迹，沿途浏览大自然的风光景象"，甚至演绎成"观光旅游"。然而，境外一些地方使用中文表述时，"观光"比"旅游"用得更加普遍。

（二）文化与旅游/文化产业和旅游产业：共性与差异

1. 大概念，无边界

旅游活动是一种社会现象，是一个特殊群体（旅游者）的社会活动及其影响的总和。文化是人类在社会发展过程中创造出来的所有财富的总和、重要的精神财富。这两种现象都有着模糊的外延，内涵似乎是无所不包。传统上，文化多从历史发展的角度去定义，而今天把现实的、活的生活方式列入文化范围。世界著名旅游未来学家约曼曾经提出，"旅游是世界上重大经济成功的故事之一，这个故事就像时光一样，既没有开头，也没有结尾。这是一种被创造出来的现象，它难以限定，因为它的复杂性。一言而蔽之，时光开始的时候，旅游也开始了"①。

2. 不是新现象，都是新产业

旅游和文化都不是新现象，但都算是新产业，都有着巨大的发展潜力和广阔的市场，但又都不是纯粹的产业，有着明显的社会功能，具有"事业"属性。至少在中国是这样。从世界的角度看，西方把19世纪中期英国人托马斯·库克（Thomas Cook）创办世界上第一家旅行社作为现代旅游业的开端，而至今，学术界对旅游业是不是个真正的"业"还存在质疑，一些国家，更愿意把旅游业称作 tourism business，而不是 tourism industry，以示其中的微妙差异。

现实中，旅游业和文化产业范围不确定，或者难以确定，一切都在变化之中。旅游业是一个部门或行业集合体，然而，构成旅游业的任何单一行业均不可独立称作旅游业，而这些行业本身又都比旅游业出现的时间早，且有着自己的独立体系。文化产业是一个产业集群，它的存在

---

① 见 Ian Yeoman：*Tomorrow's Tourist：Scenarios & Trends*，Elsevier，2008。

也早于旅游业。

3. 服务对象

这两个产业的服务对象有区别，旅游业服务于旅游者，而旅游者属于特殊群体；文化产业的服务对象是广大社会公众，满足于人们精神文化的需求。很显然，文化产业的服务对象比旅游业更广泛，这两个产业之间以及它们与其他产业之间又有交叉和重叠。

由于旅游需求越来越泛化，旅游与休闲逐渐融合，因此，它的服务对象越来越宽泛，既包括来自海外和外地的游客，也包括当地居民，有时候的确难以区分。

4. 产业属性与特征

旅游业属于服务业，也是服务贸易的重要组成部分，因为旅游者的跨境消费被视同于无形贸易，其功效与货物贸易的出口和进口相同。它的发展有着突出的增殖效应，对其他产业具有明显的依赖性、关联性和带动性，其本身具有易变性，受外部因素的影响较大。旅游业的经济贡献只能从旅游者的消费总额来衡量，目前联合国世界旅游组织（UNWTO）推行的旅游卫星账户（TSA）就是试图通过剥离的方式来评估旅游业的经济贡献，但这一评估方法运作起来颇为复杂，真正完全实施的国家和地区并不多见。

文化产业具有很大的独立性，它的发展与人的创造力和技术更新相关性大，兼有服务业和一般产业的特征。文化产业是生产文化产品行业的集群，产业的资源都是文化元素，除此之外，各个文化产品生产的行业之间并不一定有必然的联系。该产品具有很强的普适性。对这一产业的规模和经济贡献大多可以通过产值来衡量。

5. 产品形态

旅游产品主要是无形产品，突出人的体验和经历，产品的个性化与定制化非常重要；文化产品多为有无形产品，但又往往以物质形态来体现（有多种载体和介质），时代感和精品化是关键。旅游产品的生产和消费是同时进行的，且不能运输和储存，面对面的服务是关键。文化产品中不少都带有工业产品的特性，生产和消费可以分离，借助于介质和载体，不仅可以储存，还可以传送和运输。两种产品都是服务贸易的组成部分。

6. 资源特点

基于基础资源的特性，旅游产品和文化产品都具有一定公共产品性质，多是满足人的精神需求、人类的高级需求，不是必要消费品；在产品生产过程中，创意发挥着重要的作用。旅游产品的专利性难以限定，创意难以保护，复制、模仿难以控制，而文化产品的专利保护法律法规与机制则相对完善。文化元素是旅游业和文化产业的共同基础资源，但旅游资源范围更加宽泛，除文化元素外，还包括自然现象，更具有无限性和不确定性。旅游资源的价值主要体现在旅游市场需求上，并不完全是其资源本身的专业价值，其中有些资源很难被其他产业发展所利用，但其他产业也可以成为旅游业的发展资源。文化产业发展过程主要是人的创造与加工，人的智力、才能、创造力起非常重要的作用，一般对原有资源不造成直接消耗，文化产业的发展需要大量的人力资本和金融资本投入。当然，也并非所有的文化资源都可以商品化和产业化。

另外，这两个产业还有一个共同点，那就是政治性突出。无论是文化产业还是旅游业，都与价值观、道德规范以及国家安全等方面有关联，这两个产业都具有很强的政治性，它们的发展会对国家形象和"软实力"产生影响，因此，其发展也会受国内外多方面政治因素的制约。

二 关于文化与旅游的融合方式

最近一年以来，"文旅"和"文旅产业"成为非常热的词语，被社会广泛利用。原来一些旅游行业的论坛都纷纷更名为"文旅论坛"或"文旅业论坛"，然而，把"文和旅"拼在一起的"文旅"真正含义是模糊的，讲的是"文化和旅游"，还是"文化产业和旅游产业"，指的是"文化旅游"还是"文化旅游产业"也未可知，还是说"文化和旅游的产业融合"，全凭大家自己的认识去讨论。给我印象最深的是，在一些国际论坛上，中文"文旅"会标的英文翻译是"cultural tourism"，于是当中国学者和企业家畅谈两个不同产业的融合或对被称作"文旅业"进行投资时，外国参与者则认真讨论文化旅游或文化旅游业的可持续发展问题。因为对中国人来说"文旅"是个新业态，自己确定的一种新概念，然而在国际上，文化旅游也有很长的发展历史，早已不是什么新词语或新鲜事物了。

一个普通的常识应当提及，那就是，政府管理部门的变更，不应当改变某种社会现象与业态的属性，只是部门的管理职能、范围和方式会有所改变，使之更有利于国家既定发展战略与目标的实现。最近半个多世纪以来，世界不同国家旅游管理机构的调整都显示出国家对旅游功能与发展方式的认定与变化。对此，无论是政府部门还是企业都会有个适应过程。或许，管理机构的变化，对旅游相关行业与企业的运营不应当产生巨大的变化。

产业融合是指不同产业或同一产业不同行业相互渗透、相互交叉，最终融合为一体，逐步形成新产业的动态发展过程。产业融合是全球经济发展的一种趋势，也已经是世界各国产业发展的一种选择。这一现象的出现，与经济全球化加快、高新技术迅速发展和可持续发展理念不断增强的大环境相关，它逐渐变成产业提高生产能力和竞争力的一种发展范式。产业融合更加彰显了"跨界合作"的发展理念。

一般而言，文化产业和旅游业的融合至少可以分出两种方式。

1. 产业融合方式之一：文化旅游业（1 + 1 = 1），融合的效果是：文化 + 旅游 = 文化旅游（文化旅游业）

这就是说，基于文化产业和旅游业的特殊关系，两业融合可形成一个新的旅游业态。这种融合其实由来已久，而且随着时代的发展，经历了多次变化与提升，不断被赋予新的理念和内容，形成了多种不同业态和发展模式，世界旅游发展的实践证明，这种融合是非常成功的，已经得到联合国世界旅游组织（UNWTO）和联合国教科文组织（UNESCO）的认可和支持。

文化旅游（cultural tourism）是一种基于寻求或分享新鲜而深刻文化体验的特殊兴趣旅游，不管这种体验是美学的、知识的、情感的，还是心理上的。

文化旅游是以文化为吸引物的特定旅游形式，其活动与某种文化形态相关联，文化旅游是旅游与文化相结合形成的旅游新业态，也是文化和旅游融合最成功的发展模式。

联合国教科文组织的《信使》杂志（Courier）早在 1966 年第 12 期为联合国第一个以旅游为主题的"世界国际旅游年"活动发了专刊，其头条文章的标题是《文化旅游：尚未开发的经济发展宝藏》（Cultural Tourism：the Unexploited Treasure of Economic Development），首次提出了文化旅游发展的经济意义，当时所强调的是如何通过发展文化旅游业来保护文化遗产、促进当地社区获得经济收入。33 年后，这个联合国组织的期刊《信使》在 1999 年 7/8 合刊中设定了《焦点》专栏，其标题是《旅游与文化：融合的反思》（Tourism and Culture：Rethinking the Mix），讨论在文化旅游发展过程中出现的新问题、案例和解决方案，规范文化旅游的发展。就在同年 10 月，UNWTO 发布了《全球旅游伦理规范》。

"文化旅游业"超出"文化旅游产品"的范围。为了发展旅游业，旅游目的地可以开发出能满足文化旅游需求的产品，当然产品只是构成产业发展的组成部分。

文化旅游业所强调的是文化和旅游两个相关产业的融合发展。旅游和文化作为产业，在其发展过程中还要与其他各个行业相互作用，进而能充分发挥文化在旅游发展中的作用和旅游业在整个社会经济发展中的作用。不应当把文化旅游业局限在文化旅游产品或景区建设的简单范畴。

2. 产业融合的方式之二：跨界合作（1 + 1 = 2），融合的效果是：文化/旅游 + 其他行业的合作

基于文化产业和旅游业均为独立的产业，却又有着突出的包容性，因此，文化产业和旅游业均可以与其他产业进行跨界合作，增强产业各自和共同的发展空间和竞争力。也就是说，文化和旅游的融合是这两个产业实行融合的一个部分，是最应当实现融合的一种方式，但绝非唯一的方式，无论是文化还是旅游，还有许多与其他产业融合的方式去选择，实现多赢的效果。因此，没有必要用"文旅业"涵盖所有与其他产业融合的方式，文化旅游业不是旅游业的全部。自然旅游也是非常重要的旅游方式，同样也会发挥其经济功能和其他功能。

三　文化旅游与文化旅游业

（一）文化旅游发展的历程

从活动上看，文化旅游经历了从小众市场到大众市场、从旁观到体验、从无技能到有技能参与的方式转变。小众市场的出现引领文化旅游发展的新方向。从产业上看，创造出越来越多的新业态以满足不断变化的市场需求，新业态也在不断地改善与提升。

1. 小众文化旅游

欧洲历史上曾有过被称作大巡游（GRAND TOUR）的修学旅游热潮，那是指以贵族青年为主体的社会群体为了开阔眼界、增长知识和体验文化而进行的游学活动，成为进入上流社会的必修课。这些人成为文化旅游者的先驱，他们的兴趣激起了特种文化旅游的崛起。

从16世纪到19世纪初这个漫长的历史时期，被称作欧洲文化旅游的"大巡游"时代。所谓"大巡游"，是指欧洲国家——特别是英国——的年轻贵族到中欧地区旅游的活动。在这个时期，为了接受更多的教育和文明，在导师和仆人的陪同下，他们到中欧一些文明古国去游历，了解和学习那里的文化、艺术、礼仪和社会文明，以增长见识，提高自身的素养和声誉。当时的意大利和法国是大巡游的热点，威尼斯、佛罗伦萨、巴黎都是必到之地，特别是英国人去的最多。这样的旅行一般都会在国外逗留2~3年，少的也要数周。这些文化旅游者部分时间住在客栈，部分时间住在亲朋家中。据记载，1785年大约有4万英国人（包括主人和仆人）在欧洲大陆旅行或逗留。当然，这是西方人的理念。很显然，此类活动在中国至少始于孔子周游列国，在时间上要远远早于欧洲国家，只是这段历史并没有被西方旅游研究者所关注。

博物馆的产生可以追溯到公元前的希腊时代，但是真正在更大范围兴起还是在19世纪之后，以博物馆为游览地的出现是在文艺复兴之后。那个时期，此类文化旅游仍属小众旅游，更多的高端精致文化设施——博物馆、文化馆、艺术馆等以收藏、展示等设施逐渐出现在世界各地。

2. 大众文化旅游

大众文化旅游是小众文化旅游的扩展和延伸，在不同地区出现的年代不同。以建设博物馆、艺术馆等公共文化设施的方式把精致文化的实物载体和作品公开向大众展示。普通公众对文化兴趣的增长促进了大众文化旅游的发展。大众文化旅游不断推出新的文化旅游吸引物。大众文化旅游的特征是公众对各种文化的一般了解，主要是增长知识，比较异同，从外部观察和欣赏。

随着旅游活动的增加，旅游者也开始对普通人的生活方式感兴趣，这种展示不是把文化活动放进博物馆，而是到人们生活的现场去观察，寻求差异，发现共性。人们观察陌生的生活环境，了解当地人的生活方式，更多的是出于好奇，寻求相异与相同。

主题公园的出现，将传统的游乐园和博物馆的功能有机结合，以娱乐的方式传播文化，利用现代科技手段展示文化，诠释文化，创造新的体验。美国的迪士尼乐园成为主题公园的样板，用娱乐的方式传播文化，用现代技术的手段去实现体验，在体验中获得愉悦。美国通过这一产品的输出，张扬的是美国人的精神和文化，即使是用的外国题材，也是经过美国文化的加工和包装。

与此同时，节事活动，从贸易、商业活动转向文化，包括体育、艺术、展览、会议等多种综合性的文化活动，促进文化与旅游紧密的结合。这些活动的文化价值远比追求实际的经济价值更被政府所看重，实际效果也是如此。

3. 创意旅游：第三代文化旅游

创意旅游的出现是对大众文化旅游发展的应对，始于 21 世纪初。大众文化旅游主要追求知识，开阔眼界，属于一种无技能的旅游消费活动；而创意旅游的重要特征是一种技能性旅游消费方式，更注重人的自我发展，追求特殊的体验。创意旅游是在大众文化旅游中分离出来的一个新的小众文化旅游，但它代表了旅游开发的新方向或趋势，这也意味着大众文化旅游的再度升级。

今天，世界各国都关注创新旅游产品，而文化旅游更受欢迎，韩国多少年来以文化旅游为主体，"韩流"作为韩国文化的代表，很快变成世界文化旅游的热点。韩国文化旅游始于"韩流"的韩星文化（K - POP），尔后又把韩食（K - Food）旅游和医疗旅游确定为韩流文化的接续创意旅游产业，其原因是，韩国食品是韩国文化的重要载体，有着自己的独特之处，而韩国的医疗旅游主要不是为病患者治病，而是康体、健身、美容、化妆多种技术和艺术的结合，目的是让健康人更健康，形象能更悦己悦人，精神更充实，生活更美好。这也是当前韩国的主打旅游产品，并作为韩国文化旅游发展的国家战略。当然，韩国还通过宗教机构、民族服装、旅游纪念品和工艺品以及韩屋等建筑和居住场景诠释韩国文化，发展文化旅游。

（二）文化旅游发展趋势与成功案例

政府旅游行政管理机构的调整。进入 21 世纪之后，管理机构变革的新趋势是将旅游与文化结合在一起，从而使旅游的管理职能从原来的外交、外贸或一般经济管理部门转向社会文化管理部门，重视其综合功能的发挥。这些迹象表明，旅游与文化的紧密关系越来越被各国政府所关注，通过政府管理机构的调整，促进这两个产业和事业的共同发展和融合。这一部门职能的变化趋势在亚太地区更加明显。当前，一些国家旅游管理部门机构的设置情况如下。

韩国：文化体育观光部

越南：文化体育旅游部

马来西亚：旅游、艺术与文化部

泰国：旅游与体育部

老挝：新闻、文化与旅游部

尼泊尔：文化、旅游与民航部

孟加拉国：民航与旅游部

印度：旅游部

柬埔寨：旅游部

印度尼西亚：旅游部

马尔代夫：旅游部

菲律宾：旅游部

文莱：初级能源与旅游部

斯里兰卡：旅游、土地与基督教事务部

日本：国土交通省（设观光厅）

蒙古国：自然环境与旅游部

澳大利亚：贸易、旅游与投资部

新西兰：旅游部

俄罗斯：体育旅游青年事务部

英国：文化传媒及体育部

不过，这里需要说明的是，尽管不少国家把文化和旅游组成了一个混合部，但机构内部的设置又各不相同。不少国家在这个混合部里保留了比较完整的旅游局，独立开展工作，只是把公共服务部门进行了整合。更多的是，新的文化和旅游部整合在一起，而在政府机构之外设立专门从事国际旅游市场营销的准政府机构或者非政府机构，政府除了授予这些部门或机构一些特权外，还给予特定的财政支持或特殊政策。总而言之，这些新机构的设置都旨在加强文化与旅游的融合，为文化旅游创造更好的发展环境和条件，助力文化和旅游的共同发展。

充分发挥基础文化资源的优势，开发多种多样的文化旅游产品，体现在旅游的各个环节，赢得突出的竞争力。在这方面，不同的国家都有一些成功的案例（国外成功案例部分省略）。

四　关于中国文化旅游未来发展的思考

中国旅游的发展始于入境旅游，因此，文化旅游吸引物一直是中国旅游最具有吸引力的产品，后来快速发展起来的国内旅游也是如此。全国各地在旅游40多年的发展实践中，创造出许多成效显著的案例与模式，非常值得认真总结和推广。与此同时，中国旅游也曾出现过一些失误，这也是非常值得认真研究和避免的。在世界各国的旅游发展过程中，文化和旅游融合方面有很多成功的案例，在今天非常值得我们研究和借鉴。可持续发展原则是所有旅游发展的基本原则，必须坚守《全球旅游伦理规范》，文化旅游和自然旅游都应如此。

从目前全国的情况看，文化和旅游融合发展的积极性很高，但理念还比较模糊，发展方向与战略还处于摸索阶段，一些地方，存在炒概念、赶时髦的盲目性。从整体上看，多数地方还存在只在供给侧下功夫、只注重大投资、开发大项目和同质化发展的倾向，缺乏对市场需求的认知和行之有效的国际市场营销措施。文化和旅游部近期提出的关于文化和旅游融合的"十六字"方针（即"宜融则融、能融尽融、以文促旅、以旅彰文"）是非常及时的、正确的。从长远的观点看，国家应当制定发展文化旅游的战略，要从最基础、最长效的事情做起，充分发挥国家和地方、公营和私营部门的积极性。据此，提出以下几个观点和建议。

第一，文化和旅游是两个相对独立的产业，各自都有着广阔的发展空间，没有必要把这两个产业的融合当作一个筐，把所有的产业融合都归类于文化旅游业，避免和当年搭旅游发展的车那样，再有人以"发展文旅业"名义做其他的事。凡是称为"文化旅游业"的必须要和这两个行业同时相关。

第二，中国旅游业开始进入全面发展的常规发展时期，但加强入境旅游发展依然是国家应长期坚持的国策，因此，当务之急是如何针对国家确定的目标市场，依据国际入境市场的需求和发展趋势，做好发展文化旅游业的总体战略和可实施的市场营销计划，尽量避免出现轻视、忽视这一市场需求而盲目投资发展无效供给的倾向，更不应当导致国际旅游市场营销乏力甚至管理的空白。

第三，在未来文化旅游产业发展中，要格外关注最基础的大众文化旅游资源的开发，例如，开发好"与语言文字相关的教育旅游""与百姓传统生活相关的食品旅游""与民情与民俗相关的节庆旅游""与亲情相关的探亲寻根旅游""与健康与康体相关的医疗旅游"等文化旅游系列产品，并做好文化旅游产业发展的深化和接续，努力突出"中国文化"、"中国制造"、"中国创意"和"中国服务"，增强国民的文化自信。

第四，一个值得关注的问题是，国家旅游管理体制的变更，可能会导致某些旅游及旅游业发展与管理的空白，这包括旅游总体发展规划及全行业管理、国际旅游市场营销、多元化旅游产品开发以及与旅游相关的行业发展等，有必要设置（或授权文化和旅游部）承担跨部级旅游政策协调机构，组建承担国际旅游市场营销的准政府机构或非政府机构，或者加强通过购买服务的方式把国际旅游市场营销做得更有效、更出色。

结束语

就一个国家来说，无论是振兴文化事业和发展文化产业，发展旅游事业和做强旅游业，还是促进文化和旅游的融合，做好文化旅游业，虽然其经济意义非常重要而现实，但更为重要的、最根本和最长远的目的，是增强国民的文化自信，因为，只有有了国民对自己文化的自信，才能齐心协力把自己的国家建设好，发展好，保护好。只有国民对自己的文化自信，热爱自己的国家，才能使这个国家及其文化赢得国际社会的认可和尊重，才能不断提高和改善国家的良好形象，增强国家的"软实力"，使自己的国家成为一个真正具有国际竞争力的强国。文化旅游业的发展要承担起这一历史重任。

中国特色旅游发展道路探索的
回忆与思考[*]

一　旅游：政治解析
——新中国成立后头 30 年旅游功能的确定

　　从成立的第一天起，新中国就受到了帝国主义和资本主义国家的疯狂围攻与封锁。为了打破封锁，结交朋友，让更多的国家和人民了解新中国，理解新中国，宣传新中国和支持新中国，于是，新中国成立后不久，接待以海外华侨、华人为主的中国华侨旅行社和接待国际旅游者的中国国际旅行社等机构和体系相继建立起来，当然，那时的旅行社多是各级政府的外事接待机构，并非真正的商业机构，政府赋予这个体系的任务就是服务于政治，服务于国家的外交政策，积极发展入境旅游，不刻意追求经济收益。当时旅游外事接待被称作"民间外交"或"人民外交"，为国家赢得国际社会的认可、为国家间正式外交关系的建立与改善发挥了重要作用。很显然，在那个历史时期，这一决策是正确的、明智的。从全球的角度来看，中国的旅游发展方式与很多发达国家又有着很大的差异，经常被视为"非常规发展"，但是这种发展方式是符合中国国情的选择。

　　实践证明，旅游的政治功能会贯穿整个国家旅游发展的全过程，这也是中国旅游发展模式的一个特点和亮点。这是因为，旅游是人类一种有意识的活动，也是人类社会发展和进步的产物。长期以来，人们在研究其发展过程时，往往非常重视影响这一活动的经济元素——旅游行为

---

　　*　本文是在中国旅游研究院中国旅游科学年会（2018 年 4 月 18 日）上的主旨发言，根据 PPT 改写。

产生的动机、旅游活动的外部条件及其经济影响等，然而，在现实中，促进旅游发展的政治因素也是非常重要的，在很多情况下，旅游发展的政治影响更受关注。政府旅游发展的经济影响是客观存在的，而旅游发展的政治目的则是国家政府所期待的，旅游政策设计的基点往往偏重政治，也许，不一定明确地用政治的语汇来表述。中国如此，世界也是如此；国际旅游如此，国内旅游也是如此。过去是这样，今后也会是这样。

二　旅游功能演进：从政治转向经济
——从 1978 年到 2008 年的 30 年

对新中国来说，改革开放无异于第二次革命。改革开放政策的实施与深化，改变了中国社会经济发展的原有模式，随着国情的变化与发展的需要，政府赋予旅游的功能开始从政治转向经济，这个转变经历了一个艰难漫长的时间，经过了多次激烈的辩论与探讨。面对我国旅游业发展的新局面与新问题，在时任国务院副总理谷牧的提议下，1987 年，将"中国旅游经济发展战略研究"列入了国家哲学社会科学"七五"重点研究课题，这是新中国成立以来第一个以"旅游经济"为主题的国家社会科学基金研究项目。该课题由时任国务院经济技术社会发展研究中心（即后来的国务院发展中心）副总干事孙尚清①教授领衔，研究队伍由中国社会科学院财贸所（即中国社会科学院财经战略研究院的前身）、国务院发展中心和国家旅游局的人员联合组成，设立了 18 个子课题，动员了来自北京及全国其他地方的上百名研究人员参与其中，调查研究长达 3 年之久，组织了大量的实地考察和研讨活动，还专门组团到日本考察，国家发改委、国家旅游局（2018 年 3 月文化和旅游部组建后，国家旅游局的撤销）为课题研究主动给予了大力支持。这一课题的研究成果，为国家明确旅游的功能、制定国家旅游发展目标与战略奠定了理论基础，为政府的旅游发展决策提供了科学依据。

这一国家社会科学的课题研究是对中国旅游发展在理论创新和战略

---

① 孙尚清（1930～1996），中国著名经济学家，曾任中国社会科学院经济所副所长，中国社会科学院副秘书长和国务院发展研究中心总干事、主任等职务。

制定方面的重大突破，其中孙尚清同志做出了重要贡献。他主持课题研究，绝对不是挂名，不仅拟定了课题研究计划和方法，而且参与了主要的实地考察和重要的研讨活动，提出了该课题总报告的基本观点和思路，其中最具有代表性的观点有以下几个。

——旅游是永远的朝阳产业。

——从经济社会发展的总体看，旅游业是一种文化－经济事业。对我国现阶段旅游业性质的表述，就应当把"文化"和"经济"的次序加以调整，必须说它是一种经济－文化事业。

——旅游业本身是一个产业群体。

——旅游业可以作为适度超前发展的产业加以培育，这个"超前"包括发展速度超前，发展水平超前，人才培养超前，但"超前"要"适度"，不能盲目超前；全国应根据各地资源状况区别对待，也不可能是所有地区一律超前。①

虽然旅游经济功能被政府确定，但是这个功能的重点和体现形式也在不断地调整、变化与延伸。最初，确定了要充分发挥独特的旅游资源和市场优势，积极发展入境旅游，以赢得国家四个现代化建设所急需的外汇收入，暂不发展国内旅游和出境旅游，突出发展旅游赢得外汇收入的经济功能；后来，为了更好地平衡地区经济与促进国民经济全面发展，国务院及时调整了工作时间和假期制度，较早地实现了一周双休制度，并创造性地设置了为期一周的长假期制度，这主要是刺激国民消费，促进国内旅游发展，并适当地控制出境旅游发展，逐渐改变了只为赢得外汇收入单一目的的旅游经济功能，从而使旅游产业逐渐形成，其促进与带动相关产业发展和就业的作用日益显现。随着国家经济实力的增强和居民——尤其是城市居民——的收入不断提高，从20世纪90年代开始，国家谨慎地放开出境与出国旅游，并以独特的形式先进行试验，后有序地逐渐展开，使国际旅游从以往的只有入境的单向流动开始出现有入也有出的双向流动。当时积极开放边境旅游和有计划地开放港澳游与"新马泰游"（即新加坡、马来西亚与泰国的三国游），也是一

---

① 本部分详细内容及表述请参见孙尚清主编的《中国旅游经济研究》一书的前言。该书1990年由人民出版社出版。

种尽量减少外汇流出的举措。

三　旅游功能重新定位：经济＋民生
——国务院 2009 年 41 号文件出台之后

　　国务院发布的 2009 年 41 号文件——《国务院关于加快发展旅游业的意见》是中国旅游发展过程中一个非常重要的文献、一个具有划时代意义的文件。文件首次提出，"把旅游业培育成国民经济的战略性支柱产业和人民群众更加满意的现代服务业"的功能定位，这个定位既重视其经济功能，"把旅游业培育成国民经济的战略性支柱产业"；又重视民生，把旅游业确定为"人民群众更加满意的现代服务业"。这表明旅游本身应当具有产业和事业的双重功能。很显然，"坚持以国内旅游为重点，积极发展入境旅游，有序发展出境旅游"的旅游发展基本原则，更加突出了国民旅游，即公民的国内旅游和出境旅游，尽量比较全面地满足公民的基本旅游需求，这也和整个国家经济的全面提升、外汇紧缺的状况发生了根本性转变的国情相关。

　　需要说明的是，国务院在文件中提出的"培育成"是个目标和方向，这说明它还不具备国民经济支柱产业的地位，实事求是地说，像中国这样的一个经济大国，旅游业恐怕难以担当支柱产业的重任。旅游是个产业集群或部门，旅游业是否可以作为一个独立产业存在，或者说它是否真正是个产业，这在国际学术界一直存在争议，关于旅游产业经济贡献的评价有着诸多不同的衡量方式。而且，在现实中，除一些微型国家（像新加坡）或岛国（如马尔代夫、塞舌尔、巴哈马等）之外，几乎没有经济发达的大国确定它为支柱产业。当然，旅游业的独特优势和带动作用是公认的，但也不宜把它的作用无限放大，要对这个行业的发展所存在的制约与风险有所认识。

　　在国家旅游业发展壮大的过程中，尤其是进入大众旅游时代，更要重视它的事业功能，要以人民为中心。如果旅游发展只讲产业，只追求经济收益，一味地向"钱"看，显然是有偏颇的。国内长期以来存在的"门票经济"顽疾难消与近些年"房地产绑架旅游"盛行不衰，就是其中的典型例证。

四 世界进入可持续旅游发展的新时代

——全球旅游发展的未来趋势

从全球旅游发展的过程来看，虽然说旅游业出现可以追溯到 19 世纪中叶的欧洲，但大众旅游的出现，还是兴于第二次世界大战之后的 20 世纪 50 年代之后。世界旅游的发展轨迹与影响，可以从联合国发起的年度旅游主题年的活动略见端倪。在过去的 50 年间（1967～2017），联合国共发起过三次年度"旅游专题年"活动。

——1967 年的"国际旅游年"（International Tourist Year）。发起这一活动，联合国首次确认"旅游是人类活动中基本的、合乎需要的一项活动，应受到所有人和所有政府的赞誉和鼓励"。这一活动可以看作是一个促进全球旅游发展动员令。联合国还强调"国际旅游，不仅从经济角度看很重要，从社会、教育和文化角度看也很重要"。为配合联合国的国际旅游年活动，联合国教科文组织（UNESCO）专门制订了一个全新的计划，建议世界各国，通过优先开发旅游项目，把文化资产变成经济资产。文化旅游收入的增加将刺激经济发展，并将能够提供维护古迹和其他珍贵文物的手段。这个计划认为，文化旅游是经济发展中尚未开发的财富。

——2002 年的"国际生态旅游年"（International Year of Ecolourism）。这次活动以鼓励世界各国通过开展生态旅游来促进环境保护和经济发展，其实，当时"生态旅游"概念刚刚提出，是"可持续旅游"的代名词，其重点在于保护自然环境。也就是说，联合国已经开始关注旅游发展的多重重要影响，在关注旅游发展在经济、社会、文化、环境等方面产生的积极影响的同时，也非常关注在这些领域出现的负面影响。推出这个主题显然是个重要的警示。

——2017 年的"国际可持续旅游发展年"（International Year of Sustainable Tourism for Development）。联合国在确定这个主题年时，特别强调重视旅游发展的经济、社会和环境三大效益，强调旅游业不仅引领经济增长，还能改善人们的生活质量，实现加强环境保护、保护不同的文化遗产、加强世界和平的目标。因此，通过对旅游业"精良设计和精良管理"，实现可持续旅游发展。到这个时候，在全世界范围内，各国的政治家对全球可持续发展战略有了共识，这一发展模式成为未来世界发展必须要全面坚持的基本原则与战略，千年大计。同样，作为与人类和社会发展紧密相关的旅游业，也必须遵循这个原则与战略，通过这一活动，希望能进一步端正和强化可持续旅游发展的方向和目标。

联合国世界旅游组织（UNWTO）作为联合国负责旅游的专门机构，自1980年到现在所发布的所有年度口号中，直接涉及旅游经济的数量很少，更多的是强调促进国际和平与和谐发展、保证公民的旅游权益以及可持续发展等方面的主题，这也从一个侧面反映出联合国专门机构对全世界旅游发展关注的重点和走向。

五 可持续旅游发展的全新概念
——中国旅游发展模式的必然选择

可持续发展的理念早在20多年前就提了出来，而后不断完善，从最初关注自然资源与环境保护的理念扩展到社会环境的优化与和谐。从总体上看，旅游的经济贡献固然重要，但旅游快速发展为人类社会和自然环境带来越来越多元化的影响更受关注。多元化包括积极影响和消极影响两大类，而不再是最初所强调的单一积极影响；更为重要的是，无论是积极影响还是消极影响，都不仅仅体现在经济一个领域，还体现在社会、文化、环境和政治等多个方面。在世界范围内不仅有许多成功的经验，而且也有不少失败的教训。

作为世界旅游大舞台上的后来者，中国有着更多的国际经验和教训可以借鉴，并在自己旅游发展40多年的实践中积累了丰富经验。作为世界上最大的发展中国家，作为一个负责任的大国，中国是积极实施联合国《21世纪议程》的国家之一，在旅游发展方向上也早已明确了坚持可持续旅游发展的战略，制订了明确的实施计划。因此，我们有理由相信，未来中国的旅游发展道路一定会沿着可持续旅游发展方向前进，面对未来可能遇到的新形势和新问题，有能力以"壮士断腕"的勇气来开辟具有中国特色的可持续旅游发展道路。这一观点，习近平主席已有多次清晰的表述和论断，提出了许多具体谋划与举措，这是全党和全国人民所共知的。

六 关于近年来入境旅游发展的反思

——旅游发展的国策、资源开发与市场营销

在过去的 40 年间或更长一段时期内，中国走的是一条非常规的旅游发展道路，以发展入境旅游开始并在较长时间保持着优先地位。随着改革开放的深入，国民旅游（国内旅游和出境旅游）逐渐兴起，中国旅游开始跨入常规发展的轨道，这无疑是一种进步。

进入 21 世纪，中国旅游发展呈现一种前所未有的局面，出现了全国重视和全民参与的新高潮，无论是中央还是地方政府，无论城市还是乡村，无论公营还是私营部门，都把旅游当成一件大事来做。

自 2008 年以来，中国旅游市场出现了"两高一低"的局面，即国内旅游与出境旅游增长居高不下，入境旅游低速徘徊。在全球经济发展低迷、政治形势变幻莫测的环境下，中国出境旅游逆势而上，成为全球国际旅游振兴的重要力量。作为结果，国际社会对中国旅游的关注点也随之发生了逆转，从"中国旅游"（即将中国作为最具吸引力的旅游目的地）转向了"中国旅游者"（即将中国作为最具发展潜力的旅游客源国）。

（一）关于"将入境旅游作为国家旅游发展应坚持长期国策"的认识

对于 2008 年入境旅游高潮之后出现的较长时间低迷，虽然可以找出许多客观原因来解释，但是，这个局面的形成，也与政府对入境旅游地位认识的偏颇和主观上的努力不足有着密切的关系，这一点是不应当回避的。因此应当反思，我们是否还有必要坚持将积极发展入境旅游作为长期国策。答案应当是肯定的。

理由之一是，只有入境旅游才能增加国家的财富，因为国内旅游是财富在国内不同区域的流动，出境旅游是国家财富的外溢。无论中国经济未来如何发达，即使中国成为世界第一大经济体，也不应当放弃积极发展入境旅游的努力。这应当是个定律。

理由之二是，一个国家的旅游竞争力主要体现在入境旅游上，入境旅游不仅能使国家财富增加，而且还能有效提高国家的软实力，因此，发展入境旅游不仅是个简单经济问题，也不仅是个国际旅游平衡问题。

国民出境旅游的规模与速度，只是在一定程度上反映出一个国家国民或部分国民的富裕程度和消费意愿，毋庸讳言，它也会在一定程度上反映出国民对所在国家和地区的自然环境、生活环境、旅游需求满足程度等方面的缺憾。

因此，无论国家如何富强，无论何时，都不应当放弃或削弱国家入境旅游发展的努力，越是在外部条件不利的情况下，越应当强化国家营销和对海内外入境旅游相关企业在政策和财力上的支持，这一点不应动摇和质疑。从世界范围来讲，只有极少国家（如日本）在特定的时期、为了特定的目的，曾制定过激励公民出境旅游的决策，但都不会作为国策长期坚持。

（二）一些旅游资源理论存在误区与误导

从学术研究的角度分析，长期以来我国学术界流行的"旅游资源理论"存在缺陷，在很多情况下，背离了资源与市场相互依存的特质，不承认旅游资源的无限性和多变性。经常用资源自身的特定专业价值取代资源的旅游价值，过分强调各类所谓资源种类和数量的多寡，有人曾提出中国人均旅游资源偏低的论述，忽视了资源在旅游开发中的有效性。实践证明，相关资源种类和数量的多少，并不是旅游发展成功的决定因素。这一偏颇源于我国旅游发展早期的旅游资源普查和评价标准体系的设定，使很多省份或城市背上了沉重的"旅游资源"包袱，忽视了对市场需求的关注。

"旅游资源理论"的缺陷又导致"资源导向"的陷阱，影响着旅游规划的编制、相关政策的制定和产品的开发。一些地方，在编制旅游发展规划时，经常以一个脱离市场需求的标准、资源类型和数量的多寡去闭门造车，认认真真地盘点所谓的丰富资源，轻描淡写地分析市场需求潜力，在没有明确目标市场的认定下，大手笔地设计大项目，大投资，大开发，搞大旅游。因此，"产能过剩"问题在我国旅游业发展中不仅存在，而且是相当严重的。

一直以来，旅游规划领域存在浓郁的浮躁风，文本洋洋大观，印制奢华诱人，内容越来越空泛，同质化越来越突出，评审越来越形式化，不少旅游规划的有效性令人质疑。建议旅游规划主管部门对一些地区近些年来编制规划的情况进行一次专项研究，对旅游规划的有效性做出真实的评价。

（三）非传统旅游资源优势没有得到充分的发挥

长期以来，很多地方发展旅游只着眼于有形的传统旅游资源的开发利用，而对我国现存最普通、最丰富、最能体现中国文化和具有广阔旅游市场需求的基础性资源，没有给予充分的重视，甚至没有真正把它们当作旅游资源去开发。

例如，中国的语言和文字（或者说教育旅游资源），这样的资源在美国、澳大利亚、英国、新西兰以及德国、法国等国家，都被开发成最具吸引力的旅游产品（有的国家称作"语言旅游产业"），而且是非常成功的，这种成功不仅仅体现在经济收入一个方面。澳大利亚的统计显示，近些年来，中国一直是澳大利亚最大的旅游市场，其中参与教育旅游的人数和消费占整个中国赴澳旅游市场的半壁江山，而以学习语言为主的教育旅游所占比重最大。而我们常以按照联合国世界旅游组织的统计标准为由，现在入出境统计中把留学生排除在外。这样做或许有利于国际比较，却在实际上忽视了教育旅游在中国的重要性，或者把这个市场屏蔽在旅游部门和业界的视线之外。在这方面，似不应只是为了和别人比较，忽视统计在制定旅游政策和战略中的作用。

再如，最具人文关怀和吸引力的探亲旅游没有被作为一个重要的入境旅游市场去对待，这个市场巨大，包括新老移民和那些长期居住在国外的中国护照持有者和他们的家人，第三代移民的汉语教育和寻根问祖活动，无论从政治、文化、教育的角度，还是从经济的角度，都是重要且潜力巨大的市场。仔细想一下，在我国，无论是入境旅游还是出境旅游都是从探亲旅游开始的。很多国家，如印度、墨西哥以及一些东南亚国家，吸引探亲旅游都是它们长期坚持的重要策略，这些游客逗留时间长、重访率高、外汇流入量大和促进民间文化和经济交流等都是这一旅游的突出特点，而在中国则更加突出，尤其是远距离入境旅游市场的潜力更大。

还有，中国食品旅游的开发不到位，尤其是对最能体现中国民族文化并为普通百姓世代喜欢的大众食品及文化重视不足，一些深受海外游客喜欢的传统风味小吃和街头摊贩往往会因各种各样的理由受到屏蔽。实践证明，食品文化对入境旅游者很有吸引力。境外的华人通过开设餐馆已为国际市场对这一产品的认知降低了门槛，而境外与国内餐饮品种和技艺又存在巨大的差异。更为独特的是，对于中国人来讲，没有模糊的中餐概念，国内没有外国人心目中的中餐，而是丰富多彩的地方餐饮和传统菜肴，这些独特食品的地方特色只有在中国才能得以真正的体验。其中的浓郁乡情、亲情和文化，恐怕是欧美等国家难以比拟的。

除此之外，其他例子还有很多。从某种程度上说，在对待这些非传统旅游资源的认定与开发上，往往会显示出自己对传统文化的不自信。

（四）中国入境旅游营销的专业性和有效性亟待提高

对于国家来说，入境旅游的市场营销是最重要的营销活动，而国内旅游和出境旅游的市场营销，除非有特殊的需要或目的，并不是国家旅游市场营销的责任，主要是引导和疏导。然而在我国，无论是国家还是地方，国际旅游市场营销一直是个弱项，亟待改善和加强。

——在体制上，要改革现行政府职能部门包揽国家旅游形象宣传和专业市场营销的做法，应设置独立的国家旅游市场营销机构或开辟通过向专业机构购买社会服务的渠道和方式，提高市场营销的专业化程度和有效性。

——从形式上，在强化国家旅游形象宣传的基础上，市场营销的方式应当从国家对世界和从国家对国家逐渐转向地方对地方、旅游目的地直接对其目标市场，充分发挥地方营销的积极性和针对性。

——从专业的角度，要遵循市场营销的规律，精耕细作，重视市场调查，明确目标市场，发挥现代信息技术优势，以高质量的产品守住传统市场，以创新产品开辟扩大新市场，以特定的签证与优惠政策开发潜力巨大的市场。

（五）关注与应对"过度旅游"的挑战

全球国际旅游发展增势已有明显好转，国际社会对全球旅游发展未来的信心不断增强，在一片前景看好的欢呼声中，又传来了一个明确的预警信号，那就是，旅游发展要面临"过度旅游"的挑战。

近两年来，不少国际旅游组织和研究机构发布了相关的报告，其中包括世界旅游理事会（WTTC）的《面对成功：旅游目的地的拥挤管理》①，联合国世界旅游组织（UNWTO）的《"过度旅游"：理解和管理超越想象的城市旅游增长》。② IPK 发布的《繁荣还是萧条？旅游走向何方》③，以及一些国家或地区，如意大利的威尼斯和西班牙的巴塞罗那等地，连续爆发针对过度旅游的游行抗议活动，都表明这一问题的严肃性和严重性。

WTTC 的报告分析了"拥挤"对目的地发展挑战表现在"异化了的当地居民、衰退了的旅游体验、超负荷的基础设施、对自然的破坏和对文化与遗产的威胁"等五大方面。IPK 的报告认为，"过度旅游"不仅直接影响着旅游目的地、旅游吸引物、当地的基础设施和居民，而且影响着旅游者本身。这个报告引用的实际调查数据显示，过度旅游逐渐变成一个普遍存在的问题，而并非仅仅局限在城市，越是世界著名或地区著名的景区景点，拥挤问题就越严重，而在世界受过度旅游影响最深的城市名单上，中国的广州、上海和北京均名列前茅；在旅游吸引物名单上，我国的长城最为突出。

国际社会广泛关注"过度旅游"现象，但也承认"过度旅游"问题也颇为复杂，在不同的旅游目的地有着不同的成因，解决起来并非易事，因此也不存在一个放之四海而皆准的解决方案。对待这一现象，首先要提高认识。这一问题的存在不是好事，但也并不表明世界旅游发展已经达到极限，因此，应当进行认真调查研究，制订长远规划和相关政策，改善管理理念、方式和技术，做到未雨绸缪，而不是削足适履。

应当承认，近些年来，我国旅游又处于一个新的发展高潮期，其热度超过了历史上的任何时期，各地政府旅游发展的积极性和期望值都很高。毋庸讳言，"过度旅游"的问题在一些地方和一些时段是实实在在存在的，不仅很多国民有切身的体验，一些希望从旅游休闲中寻求幸福与欢乐的人们已饱尝了难言的苦涩，而且，"过度旅游"也影响着一些国际旅游者对中国旅游目的地的选择。实际上，在中国已经实施并誉为

① WTTC, Coping with Success, Managing Overcrowding Destinations, 2017.

② UNWTO, 'Overtoursim'? Understanding and Managing Urban Tourism Growth Beyond Perceptions, 2018.

③ ITB, Boom or Bust? Where is Tourism Heading World Trawel Trends Report 2017 - 2018 by IPK International, 2018.

"黄金周"的长假期制度所造成的周期性、局部性的过度旅游现象值得认真研究，对已经和可能造成的不良后果值得政府密切关注，制定出相关的应对措施。

尽管我们可以找出成千上万个理由来诠释这一现象存在的合理性，但无论如何却不能忽视它对自然、社会、文化、体验等方面造成的威胁和破坏的后果，这是政府和企业需要承担的社会责任。对于这一挑战，正像联合国世界旅游组织（UNWTO）所提倡的那样，世界旅游的可持续发展需要的是"精心设计和良好管理的旅游"，并非统计数据的颜值。对于这一挑战的研究，非常契合本次旅游科学年会的主题——"优质旅游：共同价值与国家治理"。北京的故宫在这方面做出了很好的探索，在控制访客量、创新门票预定、机制和优化游览方式等方面取得了可喜的成效。

七 旅游学术研究工作者的社会责任

中国的改革开放走过了 40 个年头，中国的旅游发展已经实现了多次跨越，开始进入一个全新的时代。学者抱怨中国旅游无实践的年代已成为历史。在过去 40 年间，在广泛借鉴国际经验的基础上，我们一直在探索具有中国特色的旅游发展之路，在理论和实践两个方面都取得可喜的成果，为中国旅游健康发展做出了自己的努力。

世界旅游发展有其固有的发展规律，然而，中国有自己独特的国情，习近平新时代中国特色社会主义思想指明了中国未来的发展方向和战略，也为中国特色的旅游发展道路明确了方向和进程。作为学者，我们的任务更加光荣而艰巨，要更加坚定地立足于中国旅游的发展实践，研究中国旅游发展中的重大问题，探讨作为一个社会主义发展中大国的旅游发展理论，用我们自己的语言阐述清楚，这不仅能够为中国旅游健康发展做出应有的贡献，同时也为完善世界旅游相关理论体系贡献力量，在国际旅游学术界赢得话语权。

学术研究的基础是对实践的了解和分析，其任务是验证已有理论，完善理论体系，创新发展理论，而主要的不在于解释政策，更不必扮演媒体人的角色，要注意克服浮躁，沉下心来，用高质量的研究成果服务社会。

从可持续旅游发展的角度审视
中国旅游发展转型升级

——写在联合国"国际可持续旅游促进发展年"开始之际*

说起来，这并不是新闻。一年多以前，即2015年12月4日，联合国大会通过决议，将2017年确定为"国际可持续旅游促进发展年"。决议中特别强调"国际旅游，特别是设置'国际可持续旅游促进发展年'，在增进各地人民之间的了解，提高对各种文明丰富遗产的认知和对不同文化的内在价值的尊重，进而对促进世界和平做出贡献的重要性"。

这一决议得到了联合国成员国的认可和重视，联合国世界旅游组织（UNWTO）对这一决定在第一时间做出了积极的反应。该组织的秘书长瑞法先生曾表示，"联合国宣布2017年为国际可持续旅游促进发展年的决议提供了一个特殊的机会，促进旅游部门为经济、社会和环境三大支柱领域可持续发展做出贡献，从而提高人们对这一部门全面而真实贡献往往被低估的认识"。

自1957年首次确定"国际年"活动以来的60年间，联合国做出以旅游发展为主题"国际年"的决议这是第三次。第一次是1967年，确定为国际旅游年，确认"旅游是人类活动中基本的、合乎需要的一项活动，应受到所有人和所有政府的赞誉和鼓励"，这可以看作是一个动员令，推进旅游在全世界范围的发展；第二次是2002年确定的国际生态旅游年，"以鼓励世界各国通过开展可持续旅游来促进环境保护和经济发展"。当时的"生态旅游"刚刚被提出，作为"可持续旅游"的代名词，很显然，那时的"可持续旅游"概念更偏向于从环境影响方面来认识。这一次"国际年"明确提出要"促使旅游发展在全球经济、社

---

* 本文刊载于2017年1月4日《中国旅游报》，文字有删节。

会和环境三个重要支柱领域实现可持续发展中做出更多、更大的贡献"，很显然，这次比前两次提出的要求更高，意义更深刻，明确认为，可持续旅游对发展的贡献超出经济或环境单一领域，也并非限于旅游一个部门，事关国际社会普遍接受的联合国 2030 年新议程和可持续发展的总目标，其中包括"促进持续、包容和可持续的经济增长和人人都能有充分和生产性的就业和体面工作"和"可持续消费与生产"等多项条款。

很显然，这是全世界的大事，是全球旅游界的大事，是所有负责任国家的大事，当然，也应当受到包括饭店业在内的旅游全行业的重视。众所周知，旅游的经济意义是非常重要的，它不再将做出旅游发展决策作为唯一追求，旅游的发展必须综合实现经济、社会和环境的全面可持续性发展。这一点，是值得政府、行业和社会认真反思的。当然，无论是作为世界新兴经济体的大国，还是将世界旅游强国作为发展目标的大国，中国都会以实际行动支持和参与联合国做出的这个决议。

一 中国旅游发展的历程造就了中国旅游发展的独特模式

回顾新中国旅游发展的历程，在过去 60 多年间，政府赋予旅游的功能经过了两大历史性的转变。新中国成立后的第一个 30 年间，旅游——当时只有"入境旅游"——被认定为服务于政治，作为外交政策的一个重要组成部分，这项活动属于政府行为，与普通百姓几乎没有多少关系，规模小，活动范围有限，因此对国家的社会经济没有产生明显的影响。

始于 20 世纪 70 年代末的改革开放，使中国的旅游发生了第一次重大转型，其功能从政治转向了经济，中国出现了入境旅游和国内旅游两个市场，围绕着赢得外汇收入和促进经济发展展开，旅游变成社会认可并推崇的产业。这又推进了 30 年的时间。很显然，随着旅游规模与范围的扩大，这个发展过程为中国的大众旅游时代奠定了基础，其实际效果主要在经济，但也突破了经济范畴，其主要影响是积极的，但也有负面的。国内旅游的发展引起了百姓的关注，但并非主流。

60 多年旅游发展的实践与旅游功能的调整，造就了中国旅游发展的独特模式，而在很多情况下，留下了一种"逆向发展"的轨迹，走的是"逆行道"，不过这样做有其合理性，这是中国独特的政治体制经济体制所规定的，在历史的转型期，这具有特殊性、局限性乃至阶段性，甚至可以看作非常规或反常规的。随着国家政治体制、经济体制的转型，中国旅游的未来发展必将面临一个新的转型期，这一点已经开始被认识到，或者已经开始准备或运行。

二　中国旅游发展"逆行"现象的突出表现

（一）三大旅游市场优先发展顺序的变更

1978 年之前，中国旅游只是入境旅游，这一功能的设定只考虑了国家的需要，并没有考虑国民的旅游需求，当时将旅游定位于为政治和外交服务，这是第一次"逆行"。改革开放之后，把旅游的功能调整为经济功能，既包括了早期的偏向外汇需求，也包括了后来的偏向刺激国民消费，形成了两个市场并存的现象。但从 21 世纪之始，中国旅游又开始出现了新变化，旅游市场开始完善，三个市场都已出现，这是中国旅游走向常规的象征。但是，很快，包括国内旅游和出境旅游的国民旅游成为主体，发展态势出现了"两高"（国内旅游、出境旅游增速高）"一低"（入境旅游增速低）的现象并持续了较长的时间。似乎在对三个市场的认识上也开始变化，将国内旅游发展作为对GDP 的贡献，将出境旅游发展作为对全球经济振兴的贡献，对入境旅游市场发展的关注在下降。这显然存在偏颇。依据国际共识，入境旅游而不是国内旅游或出境旅游的发展指标和环境是评价一个国家或地区旅游竞争力的主要标志，无论一个国家多么富强，如果不是因为特殊的原因，都应当把入境旅游放到重要的位置，因为这是增加国家财富的重要渠道，这与关注民生并不矛盾。因此，如果不认真思考中国旅游发展现状而调整相关的战略，中国的旅游又将进入新的"逆行"。

（二）经济、社会与环境影响的多重平衡

将旅游的功能从唯政治功能调整为经济功能意义重大，适应了中国社会经济发展的需要，确定旅游产业应有的地位，提高了旅游对国民经济发展作用的认识。然而，这只是第一步。近 30 年的旅游发展实践表明，旅游的实际功能，不能只限定在经济一个范畴。唯"产业"的观点是有偏颇的，它还有"事业"的功能，两者关系不是非此即彼。早

在 1992 年，联合国里约环发大会确定了"可持续发展"的理念，得到了国际社会的认可，同时其还提出"可持续旅游发展"的原则，明确了旅游的发展必须从经济、社会和环境三个效益考察其可持续性。2009年我国国务院 41 号文件首次从经济发展和国民福祉两个方面定位旅游业发展的目标。2013 年颁布的《中华人民共和国旅游法》进一步确定了"旅游业发展应当遵循社会效益、经济效益和生态效益相统一的原则"。但是，我们仍看到，当前中国的旅游发展政策依然主要是强化其经济功能，以实现既定的经济目标，不断扩大其产业规模，非常重视对GDP 的贡献，而在另外两个方面，即社会与环境方面可持续发展的努力，无论是从认识上，还是从措施上，显然要弱得多。在一些地方打着发展旅游的牌子，绑架旅游的现象颇为严重，旅游发展对社会和谐发展的冲击，对社会环境和生态环境的冲击，还没有得到充分的重视。

（三）行业发展：做大做强与包容发展的矛盾

中国是个大国，这是举世公认的。漫长的历史沿革使中国人养成一种好大的思维方式，在近些年来的旅游发展中，"大旅游""大市场""大投资""大发展""大目标"的口号很响，"做大做强"成为争相追逐的目标被看作对长期以来中国旅游行业"小、弱、乱、散"的纠偏之举。但是，一个大国旅游的发展，特别是在旅游产业定义日益泛化的今天，只有大没有小是不合常理的，且不说大有大的难处，小有小的优势，就从旅游消费多样化的角度来看，只有大、没有小的供给结构和经营模式是存在缺陷的，中国作为国土和人口大国，大江南北、城市乡村都要发展旅游，发展旅游要让更多的人满意和受益，"好大拒小"的思维方式和做法是值得认真商榷的。

在长期以来确定的政府主导的发展模式下，"好大拒小"的例子比比皆是。在一次次饭店建造高潮之中，政府这只"看得见的手"始终发挥着重要作用，尽管出面的方式可能不一样，其结果是一样的：一是规模大，二是档次高，从而使原来规模小、档次低的旅馆黯然失色，甚至失去了生存的基础；后来不断兴起的民营投资者，依然是"好大拒小"，无论是酒店还是度假区，也往往是在同一条线上比拼。即使是一些从草根崛起的经济型酒店也逐渐改头换面，通过不同的方式升级换代，进入大的行列。时至今日，大众旅游发展进入高潮，国内外旅游者青睐的饭店品牌依然鲜少，一些非标准住宿设施又开始在暗中摸索前进。虽然，"家庭旅游"、"早餐＋床位"、"汽车旅馆"以及爱彼迎（Airbnb）的名称也出现了，还有什么"民宿"，这或许会受囊中羞涩的一般大众旅游者欢迎，但是行业的发展还是那么羞羞答答，步履蹒跚。

旅行社是在中国旅游业中出现最早的行业，也是多少年来备受政府关爱保护的行业，至今政府还对一些业务经营划着保护红线。但是，这也是个企业规模差异最大的体系，在政府的直接干预下，大的越来越大，小的越来越弱。这个行业所存在的问题是，面对如此巨大而复杂的市场需求，中国至今尚未出现旅游经营商和代理商的明确分工，正常的体系没有建立，基本上还是大家在做一件事，而小者依然是弱，缺乏知名的品牌，挑不起特种专业旅行社的大梁，只好琢磨一些歪门邪道挣点快钱，这也是当今不正当的低价团和扭曲的"一日游"等顽疾存在，虽然政府围攻狙击不断但见效甚微的原因所在。

餐饮业原本并未归入旅游业的麾下，但是随着旅游者大军的扩大，餐饮业的消费主体也变成旅游者。然而，有意思的是，冠之以旅游的餐饮业走的也是饭店业发展的路子，"高大上"成了梦想成功的阶梯，名字雷人，装潢豪华，菜谱玄乎，价格不菲，一下子把普通大众抬到或逼到了"土豪"的地位。很显然，自己掏钱的旅游者，在所住饭店里吃饭的少了；旅游团队在豪华餐馆用餐的少了；街头巷尾的小吃部、小吃摊也越来越少了，更不用说在那些游人如织的地方。中国各地确实有不少名牌老字号名吃和餐馆，但还有几个真正是红红火火的，几乎都快变成"供"起来的文化遗产了。为什么如此宽阔的街道和宽敞的广场容不下一些小商小贩，不能让那些世代受百姓喜欢的小吃摊有个容身之地，而只好提心吊胆地玩儿"鼠躲猫"的危险游戏呢？

旅游商品行业更是如此。全国各地当年荣耀光彩的"友谊商店"还有几个幸存？据说北京那个名声最大的友谊商店竟然出现有些商品50年没有进货的情况，一些旅游大巴曾无处停靠的商铺，因一些政策的出台，顷刻间变得门可罗雀、冷冷清清。如此众多的设计大奖、创意大奖的旅游纪念品并没有让游客动心，也没有听说有哪种"中国制造"的商品，无论是纪念品、艺术品还是食品、工业品曾被海外旅游者"爆买"，或者在机场登机口排队等着办理退税手续的场景。旅游购物原本是旅游消费中一个最具弹性和潜力的环节，为什么旅游发展30多年来这个行业的振兴依然是个口号，不仅海外旅游者不满意，就连我们中国人在国内旅游过程中也多有微词。值得深思的是，我们中国人迈出国门后，花钱的地方那么多，有的可以花大钱，有的可以花小钱，而在全国旅游狂热的今天，此情此景难以在国内见到；为什么我们很多人在海外找到一个令人心仪而价格合适的商品和纪念品时，而看到了"Made In China"标签时又那么犹豫而会割爱呢？是中国人不爱国货，还是在国内很难找到让国民信得过、爱得起来的国货？总以为多几个免税店总可以扩大旅游消费，然而，中国的免税店里有多少商品是"Made in China"，我们能够赚到的钱还不只是个代销费？

在我们的眼里，中国的交通网络布局与工具的更新是最抢眼的，与以往相比可谓鸟枪换炮，今非昔比，飞机、高铁、公共交通皆如此，尤其是高铁的发展显然超出了人们的意料。然而，当你作为旅游者外出旅行，或当以一个海外旅游者身份在中国旅行的时候，你会体会到中国旅游交通的实际制约。如果你没有单位或朋友的关照，如果你不参加旅游团，如果你不懂中国话或文字的话，你会如何安排自己的行程计划。中国有多少城市真正有完善的旅游信息中心系统，有多少城市有城市观光车，即使有，会有几条路线和多少车辆在运行？一个城市中有多少辆服务于机场和市区的机场大巴，而这些大巴又有多少可以与城市公共交通站点或旅游饭店直接相接，有多少个企业可以参与？为什么在很多城市，甚至包括北京在内的超大城市颇受旅游公众喜欢的"一日游"依然让人如此担惊受怕，上当受骗之事屡禁不止？

（四）国家政策的科学性

在最近30年来的旅游发展过程中，2009年到现在的7年，是中央和地方政府出台与旅游相关政策最为密集的时段，对这个行业发展的支持力度之大是史无前例的。令人担心的是，有些政策在一定程度上造成一种误导，很多地方出现了令人担心的浮躁与泡沫。其中一个误导是，把中央的发展总战略移植为全国各地的普适战略，以至于全国各地，无论城市还是乡村，不顾资源条件与市场的需求，统统把旅游业作为当地的支柱产业，并以巨大或低效、无效的投资作为实现旅游支柱产业的措施，这一点，以前最突出的是高档饭店、度假村，现在又开始转向各种景区、景点和大型景观项目的建设上。然而，很少看到这些投资如何与有效的市场营销结合起来，重贪大求洋而忽视了真正的市场需求。实践证明，一个国家制定的产业发展战略和地方产业发展战略的选择应当是有差别的，地区各种现实发展条件的差异注定需要合理的产业发展分工来调整。尤其是像中国这样一个国土疆域辽阔、地域差异巨大的国家，更应该注意产业分工的合理性、有效性，做到优势互补、相得益彰。

同样，这些年来，政府主管部门又推出了一个"全域旅游"的新概念，尽管有关部门和专家花了很大的力气对这个概念进行解释，然而，无论是政府部门还是学术界都在担心其中存在的风险，这与上面提及的产业分工是一个道理。从国际旅游发展的经验来看，除了个别的微型国家和一些岛国，才有可能把经济发展的砝码完全赌在"全域旅游"发展上，现实条件给了它们很少的选择。这也颇似澳门，无论如何定位这个地区的产业发展，现在似乎没有人敢提出放弃博彩业主导的定位，或许可以回避"赌博"这个令人胆怯的名讳。然而，世界大国，几乎没有一个敢于实施全域旅游。在欧洲，很多国家开展"无景区旅游"，但这与"全域旅游"完全不是一个概念。"无景区旅游"指的是旅游环境良好，人们在哪里都可以得到良好的旅游体验，而不是非要花大钱到景区才可以得到这种享受，而我们的"全域旅游"指向是全国到处都搞"旅游产业"，都实现"旅游化"。更让人担心的是，在中国这场大力发展"全域旅游"的热潮中，似乎没有人提及旅游的发展可能存在的风险，然而这一发展模式的风险显然是存在的。这些风险既可能来自外部，也可能源自国内，一个小国这样做是不得已而为之，而一个大国这样做，必须充分考虑风险的存在以及规避风险的战略。假如再有诸如SARS疫情出现，这种"全域旅游"受到的伤害要远远大于2003年的损失。

结束语：几点建议

以上所说是一人之见，偏颇与误解难以避免，说出来大家讨论应当是被允许的，也许是有益的。在这里不能提出更多的措施或建议，只是顺便提出几条作为"引玉"的"砖头"。只是希望，能够更多地从"可持续旅游发展"的理念审视我们的发展现实，摆正发展方向和战略，从而使中国旅游的发展沿着一个更加健康的道路发展下去。据此，提出以下意见与建议。

第一，认真研究和落实联合国提出的"2017年国际可持续旅游促进发展年"旅游要在5个重要领域（具有包容性和可持续的经济增长，社会包容性、就业和减贫，资源效率、环境保护和气候变化，文化价值观、多样性和遗产，相互理解、和平与安全）发挥作用的任务；充分考虑可持续旅游发展的原则，认真关注旅游发展多功能的特性，从可持续发展的三大支柱领域审视中国旅游发展的战略、政策与现实。

第二，政府旅游部门的职能要集中到促进入境旅游发展上，特别要集中到旅游的市场营销与推广上。在出境旅游发展方面，政府的使命是有效保障中国公民出境旅游权益，真正做到便捷、安全与有尊严。在国内旅游方面，重点是优化旅游环境，改善公共服务设施体系，不断提高国民旅游的满意度。

第三，旅游业的发展必须强调因地制宜，产业发展必须兼顾供给与市场的衔接。

第四，注意引导扭转"做大拒小"的惯性思维，使旅游发展更加广泛地平衡收益，尤其是给私营部门以更大的发展空间，在消除贫困和增加实际有效就业方面发挥更大的作用。

第五，允分重视旅游产业发展的风险，政府与行业要制定和完善应对风险的有效机制。

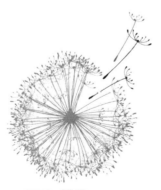

"2017年联合国可持续旅游促进发展年"标识

关于新时期中国旅游发展方式的探讨 *

开头的话：中国旅游发展的新态势
——客观地分析中国旅游的地位

新的一年来临了，2015 年画上了句号。依照传统，辞旧迎新，自然少不了对过去一年的总结和对新的一年的展望。然而，处于变革中的中国变化总是急的、快的，甚至是超乎预料的。从国家的角度来看，政治改革与经济改革都处于深水区，反腐倡廉赢得了社会的赞誉与支持，同时国家也不得不面对诸多阻力、经济下行的压力，不得不充分考虑社会可能承受的代价。处于两个五年规划的交替之时，必将会有更多战略的调整，新政策的出台。因此，分析发展过程，总结历史经验，厘清发展思路，明确发展方向，对每个行业和部门来说，都是非常重要的。

中国旅游业的发展成为最近一些年来国内外最为关注的一个话题。从国内来看，2009 年以来，中央政府对旅游的发展给予新的定位，并为此密集地发布了一系列文件，深化、细化了旅游发展的方针、政策和举措，其中最为突出的是明确了发展经济和改善民生的双轮驱动。显然，将旅游培育成"国民经济的战略性支柱产业"的思路，扩展了传统旅游业的范围，强化了旅游与相关产业的融合，促使旅游业从只为旅游者直接服务的"小旅游"扩大到多业融合的"大旅游"。而把旅游业培育成"人民群众更加满意的现代服务业"的思路所强调的是，旅游业的发展要符合人民群众的意愿和需求，有利于

---

* 刊载于《2015~2016 年中国旅游发展分析与预测》（"旅游绿皮书"）。

改善百姓的福祉，成为实现小康生活这一目标的一部分。这一新定位明确了旅游发展的经济功能，突出了国民旅游的重要性，强调了社会功能，涵盖了旅游产业与旅游事业双重目标。最近一些年来，旅游又被推向了外交舞台，从某种意义上说，又强调了久违的政治功能，从而使旅游业有了更加丰富的内涵。这些变化表明了一个新迹象，即一个大国旅游的回归。这些年来，政府经常用各种数据试图阐述中国作为世界旅游大国的伟绩，然而，无论简单地从旅游景点的数量、旅游服务供给的规模，还是公民外出活动的人次数以及含混不清的消费额，都不能真正描述一个旅游大国或一个大国旅游的内涵。也许有一天，人们不再把旅游当作一种特殊的活动，旅游景区不再是出游必选的项目，旅游业作为特定产业的地位被淡化，跨境旅游不再是国民的纠结，也许到那个时候，才算是真正的大国旅游或旅游大国。如此说来，中国的离这个目标还相当遥远。

与此同时，我们还不得不注意到，在旅游方面，国际社会对中国的关注点已经变化，即从当年把中国当作具有特殊神秘感的旅游目的地转向把中国看作一个潜力巨大的旅游市场。改革开放之前不算，从1980年到现在的35年间，前30年，海外旅游者争相到中国旅游，看一看这个古老而独特的中国，而最近5年出现了逆转，外国政府和企业都努力争夺中国旅游这个市场，努力吸引中国人到他们那里去。如何理解这一变化，这是个值得认真思考的问题。至少，我们应当反思，这一变化是否只是表明中国更加强大和中国人富有了，中国从此就是颇具竞争力的旅游大国了？是否可以换一种思维方式来探讨，世界如何看中国重要，而中国人如何看自己则更重要。看经济如此，看社会如此，看旅游更是如此。

实事求是地讲，从旅游发展的角度看，中国依然与一个真正的旅游大国存在距离，国家旅游竞争力远不理想，作为世界第二大经济体的中国，在世界140个国家和地区中旅游竞争力的排序仍在40位之后。国内的旅游发展很不均衡，旅游业不成熟，旅游者也不成熟。当前国内旅游大军主要还是来自大城市或经济发达地区。也许我们中国人习惯了自己和自己比，也许我们中国人太在乎别人的赞扬，也许我们中国人也太希望成为世界第一了。

一 旅游相关的概念应当认真分析

1. 旅游产业部门：旅游业的泛化

从世界范围来看，旅游作为一个"业"① 在西方定位于 19 世纪中叶旅行代理商的出现，而直到 20 世纪中期才开始被一些西方国家承认，自 21 世纪初开始，它逐渐从原来的外贸领域脱离，作为一个产业概念开始被广泛使用。然而，在这至今一个多世纪的时间里，无论是学术界还是政界，一直对这样一个概念犹犹豫豫，各做其表。学术界一直探讨旅游"现象"，进而提及"事业""领域""部门"，因为从传统的"产业"定义难以自圆其说，而新的概念又显得缺少底气。在英文表述上似也有"business""industry""sector"的区别，即使是说"业"，尚有"travel industry""tourist industry""hospitality industry""service industry"的不同分类。到后来，还是作为商界精英俱乐部的世界旅游理事会（WTTC）为了争取社会地位和政府重视创造了一套自己的系统，将旅游业的贡献量化，给了世界一个关于"旅游业是世界第一大产业"的称号。同时，数量经济研究机构创造了一个"旅游卫星账户"的概念来测定不同国家和地区旅游的经济贡献，这一方法论得到联合国世界旅游组织的认可。尽管这些创造对旅游经济贡献有了测量的标准，但是，且不说收集方法论运用的基础数据获得和分析有多大的难度，其准确性也是各执其辞，就是在运用这些数据的时候，也是各取所需，这一点在世界各国政府对旅游职能定位上足见一斑。现在将旅游置于外交外贸部门管理的少了，将其真正列入产业部门的也少了，也就是说，如何判断旅游的重要性，远非只是它产业的属性和经济贡献。真正的经济发达国家很少设立独立的旅游部，甚至旅游管理不被列入政府系列已经很久了，而不少的发展中国家，把旅游拉进了文化系列，这倒是颇耐人寻味的。旅游的经济功能是显而易见的，但这不是旅游的唯一功能，甚至有的时候，也可能不是最重要的功能，旅游不是个真正的产业，它的发展虽然应当遵照市场规律，却不能完全按照发展工业的模式去推进。当

---

① 在英语中，industry 最基本的含义是"工业"，但是，它比中文中的"工业"含义更为宽泛，包括"行业""产业"的含义。

然，最为困难的是，这个所谓的产业范围不能确定，因为总是"你中有我，我中有你"，而且，随着社会经济的发展，这个概念则更加模糊，越来越泛化，从而也越来越难以限定了。过分强调它的产业属性或经济功能，恐怕很难符合社会发展的大趋势。

2. 旅游资源的再限定：无限性与变化性

与旅游"产业"密切相关的一个概念是"旅游资源"。这个概念已经成为旅游教科书上不可或缺的基础内容，进而依据某些定义所确定的资源类别和判定资源价值的标准，又为旅游目的地——任何一种行政区划范围——做出了旅游资源是否丰富的定性，把一个无边界、无限制、无定型的资源标牌化、僵死化、简单化了，把它与发展工业的资源混为一谈，割裂了旅游资源与市场关联这一最本质的特性。中国旅游产业发展之初，很多地方曾下大力气进行了工程浩大的所谓旅游资源普查，这一理念在中国经常把旅游发展引入难以摆脱的"资源导向"怪圈，以此作为支撑点的旅游规划造成了巨大的浪费，至今这个理论的"创新"依然产生着重要的影响，使许多地方在旅游发展中背起了沉重的"资源包袱"而不能自拔，一届又一届的政府不得不做出没有将"旅游资源大省"转变为"旅游大省"的愧疚表述。旅游资源的范围是无限的，旅游资源不是一成不变的，而是随着消费需求的变化而变化，脱离市场而独立的旅游资源是没有价值的。

3. 旅游发达程度的评价

从国家或国内区域来看，旅游业的发展会有先有后，旅游业的发展阶段和发达程度会有差别，而且，在一定时限内，一些地方会缺乏发展旅游的比较优势，也不可强求发展。尽管利用某些指标可以区别不同地区旅游业发达的程度，评价其所处的阶段和未来发展潜力，但是，这样做必须要有明确的目的，否则，就没有太大的意义。例如，近一个世纪以来，包括联合国世界旅游组织在内，经常使用入境旅游的人次数或收入作为衡量一个国家或地区的旅游发达程度，这个标准使用的时间最长。很显然，这个指标所凸显的是一个国家或地区赢得外来财富的能力，或者是旅游竞争力的强弱，然而，使用出境旅游人次数或消费额作为标尺来判断旅游发达程度的国家则不多，使用国内旅游活动的频率或消费额来表示这个国家或地区旅游发达程度的更少。一个普遍认可的事实是，一个国家或地区入出境旅游人次数和消费额都处于高位的是开放和经济发达的国家或地区，接待入境旅游者的人数多且受益高的国家和地区是旅游发达的，而出境旅游人次数多、在境外消费高的国家和地区，或许很难判定它们是经济发达的还是旅游发达的国家或地区。而国内旅游的人次数直接与国家人口规模相关，国与国之间相比性小，即使是出游数量的国民平均值也没有太大的意义。

二 关于旅游基本职能的限定与公共政策的调整

在中国旅游的发展过程中，就旅游的"性质"问题讨论了很多年，是"政治"，是"经济"还是"文化"曾经存在巨大的分歧。不过改革开放的大潮很快就使这一争论销声匿迹了，因为都认定，旅游是经济，旅游是产业，似乎再没有分歧。然而，这其中掩盖了一个问题，那就是，旅游作为人类活动，其本身并非一个属性，或者说，它没有简单的性质。而作为一个政府，在制定鼓励还是不鼓励这类活动的发展时，不是看这一现象的固有性质，而是根据需要确定其功能。因此说，新中国成立后很长一段时间内，政府确定发展旅游的功能是政治，或称之为外交，这在当时的历史时期是正确的。后来，改革开放政策实施之后，将发展旅游确定为赢得外汇和刺激经济的功能也是正确的，在改革开放之后的很长一段时间内，政府制定的旅游政策都是围绕着产业地位与促进国民经济的发展而制定的，虽然 2009 年关于旅游的定位有了新的调整，2013 年正式颁布的《旅游法》中又使用了"旅游事业"的词语，但是，刺激消费、促进经济依然是旅游发展的主线，旅游依然以经济增长为目标。但是，值得注意的是，时至今日，国家社会经济的发展变化也促使着旅游的变化，一是旅游业的泛化，其产业范围越来越宽泛，二是旅游活动越来越多地成为更多国民生活的组成部分，成为百姓生活水平提高的一个标志，因此，旅游的功能则应更加多元化，它既是具有突出经济功能的产业，同时还是具有重要社会功能的事业，其政治功能也不可忽视。作为旅游产业要按照市场的规律去发展，政府的手要放开；而作为事业，政府的手还必须干预，尽力维持公平受益的原则，保证相应的公共设施与资源的公益性，让尽量多的社会成员享有旅游的权利。

随着中国旅游的发展及其功能的改变，国家的公共政策也必须随之调整。一些在旅游还仅限于入境旅游时期所确定的原则与政策必须要调整，而且原来被称作"旅游"的特殊设施也应更加大众化、社会化。原来旨在服务于特殊群体的旅游设施，如旅游饭店、旅游交通、旅游汽车、旅游商店、旅游信息中心等，不应再强调"涉外"与"不涉外"的区别，必须转向所有的消费者，不分国内国外。当时为了创"优秀旅游城市"而建造的一些"旅游专用设施"，一些带有"旅游"标识的公共设施，如旅游交通、旅游饭店、旅游信息中心等，其服务对象也不应再仅限于离家外出的旅游者，而是应面向社会上所有人，尤其不能排斥当地居民。厕所也没有必要再被称为"旅游厕所"，应回归至"公共厕所"，尽管这场"革命"是旅游部门发起的，但对此应当负起主要责任的是各地市政建设或民生政府部门主导，由政府公共财政支持。只有当外来旅游者在旅游过程中能够充分享受到与当地居民同等的待遇，而不是特殊待遇——好的或者不好的时候——这样才能使旅游变成一种常态的真实体验。

三 政府旅游管理方式的调整

当旅游服务还仅限于对海外旅游者的时候，当海外旅游市场规模还很小的时候，当国内旅游还不存在或者非常少的时候，政府的管理体制与管理方式是属于非常特殊的，很显然，这一现象在中国已发生根本性的变化。当旅游概念泛化，旅游与休闲难以区分，旅游经济活动大大分散的时候，政府旅游管理体系应当做出相应的调整。

1. 决策权要集中，管理权应分散

随着旅游概念的泛化和旅游功能的多元化，旅游的决策权不应当放置在一个行业管理部门，而应当置于一个更高层次的机构中，也就是说，国家旅游发展顶层设计和大政方针应当由一个跨越部际的机构负责。这个部门可以是超部际的旅游政策委员会，也可以设在某一特定的部（如文化部、国土部等）内，但必须赋予这一部门跨部际协调的职能。无论如何，决策部门要精简，管理权限要分散，属于市场范围的监管与处置应由相关部门依据法律来执行。例如，工商管理、卫生管理、环境、市政、公安、消防等部门各负其责，而不应再归口旅游部门。

2. 尽量减少政府主导的评定，充分发挥行业组织或非政府机构等社会组织的作用

应当看到，国家旅游部门目前所行使的一些权力和从事的一些工作有着明显的历史渊源，在当时情况下所发挥的积极作用是应当肯定的，但是随着形势的变化，有些管理职能应当弱化或取消，一些做法要改变。"优秀旅游城市"和"最佳旅游城市"的评定应当取消。因为对一个城市的领导来说，最重要的关注点应当是当地百姓的福祉，使城市更加宜居，而不应把关注点旁落到城市的外在形象和外来人的特殊感受上。旅游相关的标准制定存在泛化和走偏的现象，不利于创新发展，应当加以限制。很显然，的"旅游饭店星级评定标准"不再符合我国饭店业发展的新形势，其原因包括，标准的制定出发点是便于政府的管理而不是满足消费者的需求，过于偏向硬件要求，没有或很少考虑消费者的意愿，很容易导致浪费或限制创新。近年来出现的饭店被摘牌或主动降星和越来越多的新型住宿设施不再关注星级的事实也证明了这一点。另外，政府急于对一些新兴业态实施标准化很可能会束缚差异化创新，加剧新的同质化，降低旅游者的兴趣与体验。作为服务行业，政府最好不要在实体设计、服务方式等方面对企业指手画脚，鼓励它们在法律法规的框架下放开手脚。相关行业的评级制度，如有必要，尽量由行业组织或第三方机构去做。

3. 将海外旅游营销的职能从政府旅游管理机构中分离出来，组建专门的国际旅游营销机构

从世界各国旅游发展的实践来看，无论旅游发展处于什么阶段，促进入境旅游是国家旅游发展的重要国策，在大多数旅游发达的国家中，国家旅游行政管理机构非常小，甚至没有独立的旅游管理部门，但非常重视国际旅游的营销活动的开展。长期以来囿于翻译的误导，把一些国家的旅游营销机构翻译为"旅游局"，按照中文的意思把"局"理解为政府管理部门。其实，英文中的"tourist board"或"tourist office"甚至"bureau"往往不是政府的行政管理系列，而只是具有一定政府职能的旅游营销机构。欧洲大部分国家都是这样，美国联邦政府也没有专门的旅游管理机构。从中国旅游发展的实际出发，尤其是在入境旅游长期保持低迷的情况下，应当进一步加强国际旅游的海外营销，因此，有必要将海外旅游营销的职能从政府旅游管理机构中分离出来，组建专门的国际旅游的营销机构，其运营经费来源包括中央财政、地方财政和企业三个部分，中央财政采取固定拨款和给予特殊政策的方式保障既定营销任务的完成，地方政府和企业根据自己确定的营销目标承担相应的费用。这样做使海外营销更加专门化、专业化，可以提高营销效率。

4. 强化行业组织在行业自律和与政府沟通方面作用的发挥

行业组织作用的发挥一直是中国旅游业发展过程中的一个难题。起初旅游产业规模不大，且发展不均衡，难以形成一个有影响力的行业组织；后来，行业规模扩大了，但国有企业一直又是行业的主体，私营部门发展缓慢，囿于企业的属性，在管理上政府一直不肯放手，有了行业组织也难以独立发挥作用，只处于一种附庸的状态。很显然，到现在，随着非公营部门力量的壮大，政府管理与行业组织职能归一的方式已不能适应，但政府传统管理的思维惯性难破，真正让行业组织独立发挥作用，还需要政府痛下决心。行业组织一定要独立发挥作用，其中包括维护全行业的权益与政府管理部门通过对话沟通，也包括制定行业规则实现行业自律，进而促进全行业的健康发展。因此，在行业组织的建立和发展中，既允许行业组织独立发挥作用，也应当允许行业组织的多元化，不必限制行业组织的唯一性。

四 旅游发展方式的调整

经过改革开放以来30多年的努力，中国旅游开始进入常规发展阶段，并开始进入大众旅游时代，当然这和一些发达国家还存在一定的距离，最大的不同在于城市化程度依然偏低，旅游活动和消费存在突出的地域差距。但是，作为进入大众旅游时代的一个基本特征，国民旅游相对普及，本国大众成为国家旅游的主体，满足大众——不是特殊群体（无论外国人或富裕阶层）——的旅游消费成为重中之重。因此，国家旅游发展的方式应当依据这一变化进行适当调整。

1. 旅游公共服务设施要适合大众旅游的需求

在旅游业发展初期，突出关注的是满足特殊群体的需求，因此，旅游的服务设施也往往作为特殊的设施而建设，与大众需求有偏离，使用上也不可相互替代，这体现在提供旅游交通、住宿、餐饮、游览、购物、娱乐以及信息等服务的多种设施，后来旅游服务扩大到国内高消费群体，服务方式向高消费群体倾斜，使大众旅游发展受到限制或被迫陷入"高端"消费群。因此，今后应更关注普通大众的消费水平和偏好，增加为大众服务的旅游公共设施，例如廉价航空、经济型旅馆、汽车旅馆、帐篷营地、地方风味的大众餐饮等服务设施，特别要促进大众休闲与旅游公益性设施的建设，如城市步道、自行车道、休闲公园等，扩大大众旅游信息服务体系，如扩大免费 WiFi 的覆盖率等。

2. 旅游景区的建设应不断增加免费或低价位的旅游吸引物

突破现有封闭性景区格局，优化环境，扩大"无景区"的旅游范围，让旅游收入走出"门票"怪圈。传统意义上的旅游活动多集中在游览名胜和增长见识的范畴内，各地在开发旅游资源时也往往把投资重点放到历史文物的再现或新型游览项目的建造上，突出旅游景"点"的增加，而对整体环境"面"的改善重视不足，重视商业性旅游吸引物的投资，而对公益性的公共文化设施关注不够，宣传不够，导致利用不足。随着大众旅游的发展，更多的旅游活动与休闲、教育结合在一起，因此，政府应当重视和引导更加符合新需求的设施建设。例如，启动中国国家公园体系的建造，国家公园的管理与职能归位，摆脱行政管辖体系的部门利益，充分发挥公营部门和私营部门的积极性（这里应当有两个含义，其一是公营部门与公营部门的合作，其二是公营部门与私营部门的合作），鼓励建造独具特色的专项博物馆、艺术馆等公益性的文化设施，特别要支持行业、企业、城镇等设置小型而专项的博物馆，以便保护行业和地方的文化遗产。从长远的发展来看，各行各业都要重视环境的保护和美化，创造更多的区域成为"无景区"的旅游目的地，这一点在新农村和宜居城市建设过程中尤为重要。但是，目前流行的"全域旅游"和全行业旅游化的概念应当给予科学合理的限定。

3. 产业融合是大方向，但企业未必都要大而全

在中国旅游发展的过程中，经常抱怨企业规模小、财力弱是一个发展瓶颈，近些年来的确出现了一些超大型的旅游企业集团，企业之间相互兼并做大做强的态势强劲。由于旅游需求变化快，旅游市场在不断细分化，对这样一个越来越泛化的服务业来说，大型旅游集团在投资和开发能力等方面有着突出的优势，特别有利于大型项目的建设与经营。但是，还应当考虑到，旅游需求多样化需要旅游产品的多元化，旅游需求易变性需要旅游产品的不断更新换代，小型、微型的企业更有体现特色

化、人性化服务的优势，因此，随着大众旅游的快速发展，不同规模的旅游企业应当共生，小微企业不仅更能满足消费者的特定需求，而且它们在增加当地人的收益和就业方面优势突出，更利于地区社会经济的发展，符合可持续旅游发展的大方向。旅游业不是简单的单一产业，要满足公民的旅游需求，还要促进旅游经济的发展，这就需要它与相关产业融合，旅游消费越大，产业融合越重要。产业融合不仅是同业的扩大或兼并，而且也包括促进相对独立的异类行业融合（诸如旅游业与信息业的融合），从而使旅游产业链不断完善、拉长与强化，这一趋势是值得重视和探讨的。

五 国际旅游发展的策略

中国要成为旅游大国，首先应当是入境旅游大国，这个旅游大国不仅仅在于每年接待海外旅游者数量多，在中国消费多，而且这些数量应当与中国的国土面积和人口规模相适应。这里需要说明的是，中国目前的入境旅游统计中存在一些技术问题，实际上，目前公布的跨境人次数，并不完全是入境旅游人次数。学术界对目前入境人次数包含香港和澳门两个特别行政区到内地的跨境人次数持有异议，建议剔除非旅游相关数据。如果能据此建议做出调整，那么，中国实际接待的入境旅游人次数与世界旅游大国还存在很大的差距。当然，如果再从国土面积与人口规模来比较，显然，该数据显得更小。从趋势上看，中国入境旅游经过了一个较长时期增长后，一直保持低迷，尽管其中的原因比较复杂，但是，面对不利的外部环境，国家旅游部门应当做出更大的努力，尽快扭转这一不利形势。

1. 进一步强调入境旅游作为国策的重要性

从国家旅游发展总体战略来说，强调重视国民旅游是正确的，但从服务贸易来说，更应当强调入境旅游的重要性。因为，只有入境旅游才能为国家增加财富，而入境旅游的稳步增长才是国家旅游总体竞争力的体现。这是世界经济论坛（WEF）判断国家旅游竞争力的重要指标，与之相关的指标更加体现了一个国家对旅游部门的重视度、旅游基础设施、服务设施、开放程度以及发展环境的评价。尽管旅游企业有着趋利的天性，但政府可以通过激励政策为促进入境旅游的发展创造条件和机会。近些年来，韩国、日本以及东南亚国家，为了吸引中国游客，单方面简化签证手续和延长签证有效期，还针对特定群体（如公务旅行者）、特定区域（如济州岛、北海道）以及特殊时间（如举办奥运会、世博会等大型节事活动期间）和特殊目的（如医疗旅游）做出了特殊签证安排，而且一些远程市场，包括一些欧美国家和非洲国家也采取了签证便利化的措施，对中国公民出境旅游的增长发挥了重要的作用。但是，即使在中国入境旅游长期保持低迷的情况下，除了 72 小时过境免签措施在一些口岸实施外，似乎没有其他与入境旅游相关的便利化措施。在越来越多的旅行经营商和媒体把其营销的重点纷纷转向国民出境旅游的时候，政府似乎也没有采取明显的支持性措施，刺激它们开发特定市场或营销国内产品的积极性。2015 年，在一些城市实施的离境退税政策，由于宣传力度、商品选择以及时间尚短，刺激海外旅游者在国内消费的作用还有待于观察。

2. 进一步强调邻邦旅游作为入境旅游增长的重点，促进国家旅游多元目标的实现

无论是旅游发展的国际经验还是中国入境旅游发展的实践都可以证明，邻邦旅游是国际旅游的重要组成部分，个中的原因除了近距离旅游具有成本低、障碍少之外，更重要的是得益于邻近国家关系的改善。近年来中国周边国家外交活动的成功，为邻邦旅游创造了更好的环境和条件。不过，这一点突出地体现在中国公民出境旅游上，而并非体现在入境旅游上，而且有些邻国来华旅游增长速度在下降，甚至为负增长。国家应当专门制定促进邻邦旅游的政策和特殊的营销战略，使邻邦来华入境旅游跃上一个新台阶。因为，邻邦旅游除了一般经济意义之外，更为重要的是有利于促进邻邦国家人民之间相互了解与合作，促进整个地区的和平与稳定。

3. 文化旅游产品的开发要突出最基础社会资源的利用，扩大社会的广泛参与

在国际旅游发展中，充分利用社会资源非常重要，但这一点在中国入境旅游发展中并没有真正受到重视。国际旅游发展的实践证明，一个国家最具吸引力和竞争力的是独特的文化旅游产品。虽然在中国的入境旅游发展过程来看，一直重视文化旅游产品的开发，注意发挥悠久历史文化、多元地域文化和民族文化的优势取得了良好成效，但是，毋庸讳

言，文化旅游产品的开发，也存在一些偏颇和误区，包括过分地强调历史文化遗产的利用，缺乏对当代文化的重视，不惜花重金恢复或再现历史遗迹；片面地突出少数民族文化资源的开发，而忽视了最具代表性的大众文化的利用；重视虚假文化（表演文化）的再造，而轻视真实的活文化的运用，以及文化旅游产品的开发过于简单化、商业化与功利化。从长远的观点看，应当制定国家文化旅游战略，从最基础、最长效的事情做起。笔者在这里特别提出，针对海外市场，应当加大以下三种典型大众社会文化旅游资源的开发，打造最具吸引力的文化旅游产品。

其一，中文和汉语。众所周知，语言与文字是国家与民族最重要的文化载体，一个国家语言与文字的国际通晓程度是国力与影响力的重要标志。随着中国经济实力和国际影响力的强大，越来越多的国家和个人重视中文与汉语的学习和利用，来中国学习语言和文字的人也越来越多。英国自诩为"日不落之国"，时至今日，在全球范围内英语依然是最重要的交流工具，学习和提高英语能力为目的的短期和长期访英客人在其入境旅游市场中一直占据相当大的份额。近些年来，澳大利亚把吸引以学习英语的旅游者放到重要的位置，称之为"语言旅游"（教育旅游）或"语言产业"，据统计，在中国访客在澳大利亚的旅游总消费中，以学习语言为主要目的的访客消费约占一半。在中国还处于封闭的年代，海外学习中文的人多集中在中国台湾或新加坡，而今天，世界上学习中文和汉语的更愿意来中国大陆，这是个潜力非常巨大的市场。虽然目前中国在境外已经设立了上千个孔子学院或学堂，面对这样一个巨大的市场也只是杯水车薪。然而，除了一些正式教育机构和私营机构开设一些汉语教育和短训班之外，以学习语言和文化为主的专项教育旅游还没有真正形成规模，旅游部门也并没有真正从特殊文化旅游资源的角度去认识，去发掘和利用。

其二，食品旅游。同样，食品（也包括特定饮品如酒类）也是一个国家和民族重要而独特的文化载体，是发展文化旅游的重要资源。从传统意义上说，虽然专门为吃而游的人并不多，但外出旅游的人往往会对在目的地的吃喝留下美好的印象，或许去吃喝成为重游的理由之一。虽然，作为旅游产品也有"美食旅游"的概念，不过，以往在这方面的开发有些偏颇，要么非常重视所谓皇帝、名流们所推崇的平常人难以一尝的御宴、盛宴及极品菜肴，要么重视特殊烹饪技术的学习与观摩。

然而，对大众旅游者来说，更为青睐的是异国他乡世代痴迷的当地食品和小吃，这些食品特色突出，最具吸引力。早在 2012 年世界旅游组织与其附属成员专门发布了《全球食品旅游报告》①，2015 年 4 月，世界旅游组织与西班牙圣塞巴斯蒂安巴斯克烹饪中心联合举办了首届全球食品旅游大会，积极倡导将食品旅游作为重要的文化旅游产品来开发。韩国政府为促进韩食全球化发展，2009 年通过了《政府资助韩食基金会法案》，依法成立了跨部际的韩食全球化发展机构，将韩食作为重要的文化旅游产品向国际推广，使韩食成为韩流文化的一个新体系。在国际范围内，中餐已经相当普及，似乎人们有一种说法，凡是有人居住的地方就有华人，凡是有华人的地方就有中餐。可惜的是，由于历史的原因，中餐国际化扭曲了中餐形象，长期以来停滞在一种低档、廉价的食品观念上，殊不知，在中国不存在所谓的中餐，而是不同地域、不同民族有着当地自己的独特餐食和更加多彩的餐饮文化，其内涵十分丰富，这一点更应当在发展入境中得以体现。因此，发展以食品旅游为特色的入境旅游有着巨大的发展潜力，值得认真研究相关政策和战略。

其三，过大年——中国最为独特的节庆活动。"过年"是中国最重要的节日，历史悠久，涵盖的范围广泛，随着华人的迁徙，又把这个民族节日传遍世界各地。在 20 世纪初，由于推行公历，把世代华人最重视的阴历"新年"让给了阳历新年，更名为"春节"，再后来，一些"破旧立新"的运动，又把一些非常传统的节日习俗淡化或摒弃了。然而，随着改革开放的深入，春节作为最重要年度民俗节日的地位逐渐恢复，影响越来越大，越来越广。除了中国外，世界上越来越多的国家不仅尊重这个华人的节日习俗，有的还把春节确定为当地的节日或公共假日。无论从历史还是现在来讲，无论从节事活动还是从百姓生活来讲，无论从国内还是从国际的角度来看，春节已经成为全世界华人最重视的节日。这个节日在中国，也开始从家人团聚的亲情节逐渐扩大到普天同庆的民俗活动，团聚活动已经作为一种旅游活动延伸到海外。对旅游的发展来说，过春节，故乡可以是最具独特吸引力的旅游目的地，而亲情和团聚，成为很多人春节期间离家旅游的重要目的。同样，无论作为一种共同的文化还是相异的文化，春节都可具有吸引力，让人们在春节期间，到更大的社会空间去欢庆，尽享天伦

---

① UNWTO：Global Report on Food Tourism，2012 年在西班牙马德里出版。

之乐。作为这个重大节庆活动的源头，中国应当努力将这个节庆活动打造成除宗教节庆活动之外世界上最大的平民节日活动，成为世界范围内对国际旅游影响最大的节日活动之一，更何况，到现在，一些宗教节日，如圣诞节，早已突破宗教的原旨，已经成为更加全民化的节庆活动，中国和华人的春节文化被世界更加广泛接受的条件已经大大改善了。

结束语

中国是个大国，从地域和人口规模来衡量这是客观存在的。大国未必是强国。强国的标志是国力，因富而强，且要国富民也富。从一个不发达的大国发展成为名副其实的强国，这需要一段漫长而艰辛的奋斗历程，中国正在这条漫长道路上拼搏。中国是个大国，但在世界旅游的舞台上是个后来者。长期以来，无论从哪个角度来看，都算不上旅游大国。改革开放以来，中国经历着巨大的变化，中国的旅游发展也发生了根本性的变化，自己与自己相比，这个变化更大，不仅仅是个量的变化，而且是质的变化的开始。中国的旅游发展道路是独特的，从一个非常规的发展突然转向了另外一个非常规的发展，那就是从只有入境旅游的国际旅游而一跃成为出境旅游突起的国际旅游，这在世界大国中是不多见的。这期间，国内旅游从无到有，从少到多，从小众到大众，从偶然到寻常，经历了不过 30 年的时间，无论是行业还是消费者依然没有完全成熟，这也需要一段更长时间的修炼；从地域到阶层，都还存在很大的差距，国家依然主要是从经济角度去考量旅游的贡献，这一发展中国家的特征还依然明显。这应当说是一个正常的发展过程，不可能马上实现脱胎换骨的蜕变。变化是社会发展的铁规，政府政策与管理也必须依据变化进行调整，使之更好地适应和满足民众的需求，这就是进步。仅从国家旅游发展而言，在大政方针上一定优先考虑国民旅游需求，这直接关乎民生；而从国际旅游发展而言，无论何时，都要重视入境旅游的发展，这直接关乎国富。当然，无论是发展国民旅游还是国际旅游，都不是简单而纯粹的经济问题，正像联合国世界旅游组织在其 1980 年发布的《马尼拉世界旅游宣言》中所表述的那样，"不论旅游的经济效益多么现实、重要，都不会也不可能是各国做出鼓励发展旅游之决策的唯一标准"。这一点也应当是实现旅游大国和旅游强国之梦的目标之一。

关于中国旅游发展的理性思考[*]

开头的话

新中国成立后，中央政府就开始设立接待海外华侨、华人以及外国人的机构，先后有中国华侨旅行社、中国国际旅行社和中国旅行社在一些城市出现，承担着主动宣传新中国、广泛结交海外朋友等重要的使命。尽管从现在的标准来看，虽然这些旅行社的数量以及接待的海外到访人次数非常有限，但是作为民间外交的一种重要形式，收到了良好的效果。改革开放以后，中国的旅游事业逐渐变成旅游产业，其功能也发生了根本性的变化。这是时代的需要，也是改革开放政策的必然产物。今天的旅游业与新中国成立之后前 30 年的情况不可同日而语，这是不言而喻的。中国的改革还在不断深入，国家所面临的社会经济形势发生了巨大的变化，旅游业和其他产业一样，也需要根据变化了的形势调整发展战略，制定新的发展计划和策略。本文试图评价中国旅游业在世界的地位，审视国家关于旅游业发展政策与战略，并针对未来旅游发展的一些问题提出建议。

一 理性地判断中国旅游业的国际地位：旅游大国与旅游强国

中国旅游业的真正崛起是改革开放政策实施之后。自 20 世纪 80 年代以后，旅游被确定为经济活动，80 年代中期它以一个新型产业列入国家的社会经济发展计划。1998 年，中共中央做出了把旅游业列为国

＊ 本文刊载于《中国软科学》2011 年第 2 期。

民经济新的经济增长点的决策。在 21 世纪之初，国家旅游局即认定中国"实现了从'旅游资源大国'向'亚洲旅游大国'的跨越"，2001年国家旅游局编制的《中国旅游业发展"十五"计划和 2015 年、2020年远景目标纲要》中明确指出，要在 21 世纪前 20 年实现"从旅游资源大国到亚洲旅游大国的基础上，继续开拓奋进，实现从亚洲旅游大国向世界旅游强国的历史跨越"[①]。简单地说，就是从世界"旅游大国"向世界"旅游强国"迈进。

那么，中国现在是不是世界"旅游大国"呢？答案是，也不是。

"旅游大国"。人们都愿意称中国为世界旅游大国，其依据是联合国世界旅游组织（UNWTO）近年来所公布的旅游统计数据。的确，自1995 年以来，在入境旅游接待人次数和旅游收入方面，中国已经进入世界前十名，甚至跃居第四的位置，在亚洲来说，肯定是名列榜首。从这个角度说中国是个"旅游大国"似乎没有什么不妥。确实，过去 30年的时间里，中国的旅游业有了长足的发展，这也是举世瞩目的。然而，实事求是地说，中国旅游业目前取得的成绩似乎还没有太多值得骄傲的资本。长期以来，我们习惯了纵向比较，即自己与自己比来看进步，看发展，看成绩。其实，中国旅游目前的这个位次是个接近比较正常的体现，而以往的位次则是太低了，是不正常的，仅此而已。今天，则要求我们进行横向比较，把自己放到整个世界范围里，冷静客观地判断中国旅游业的地位。

（一）旅游统计：绝对量不小，但就国家规模而言，算不上大

1. 从统计数据本身分析

现在，政府部门公布的旅游相关数据主要是三个市场的变化，即入境旅游、国内旅游与出境旅游。

作为"入境旅游业实绩"，有三套数据，入境旅游人数、入境过夜旅游人数和国际旅游（外汇）收入。其中，所谓的"入境旅游人数"是个模糊概念，实际上，这只是国家口岸记录的入境人次数，包括所有的人。严格地说，这并非入境"旅游"人次数，只是入境人次数，这

---

① 中华人民共和国国家旅游局：《中国旅游业发展"十五"计划和 2015 年、2020 年远景目标纲要（总体篇）》中国旅游出版社，2001，第 35 页。

个数字看起来颇为庞大，但它并不反映我国入境旅游发展的实际。尤其是在这个数据中，香港和澳门人的比重保持在80%左右（见表1）。这个数据之所以庞大，是因为这两个特别行政区的居民当日往返的跨境活动，而且主要的也不是跨境旅游活动，这是个不争的事实。很多国家在旅游数据中，往往会把这些不具有旅游统计意义的数据剔除。

表1　中国入境旅游人数统计

单位：人次，%

年度	入境旅游人次数	香港与澳门入境人数与所占比重	
		入境人次数	所占比重
2001	89 012 924	74 344 579	83. 52
2002	97 908 252	89 898 190	82. 53
2003	91 662 082	77 527 300	84. 58
2004	109 038 218	88 420 462	81. 09
2005	120 292 255	95 927 931	79. 74
2006	124 942 096	98 318 360	78. 69
2007	131 873 300	101 135 700	76. 69
2008	130 027 393	101 316 465	77. 92

资料来源：根据历年《中国旅游统计年鉴》资料整理。

另外一组数据是入境过夜旅游人数。这个数字是剔除了上一组数据中当日往返的过境人次数和不属于"旅游者"定义的人数，这个数据可以认为是入境旅游人次数。这个数字一般只相当于总入境人次数的40%。如果再把港澳台的数据剔除，真正的外国入境过夜旅游者的人次数仅仅相当于入境过夜旅游人数的25%~40%，最多相当于入境总人次数的15%（见表2）。这个数字无论如何不算太大了。

表2　入境人次数与过夜人次数的对比

单位：人次，%

年份	入境总人次数	过夜总人次数		外国人过夜人次数	
		人次数	占总入境人次数的比例	人次数	占过夜总人次数的比例
2001	89 012 924	33 166 700	37. 26	8 943 500	26. 97
2002	97 908 252	36 802 600	37. 59	10 715 600	29. 12

年份	入境总人次数	过夜总人次数		外国人过夜人次数	
		人次数	占总入境人次数的比例	人次数	占过夜总人次数的比例
2003	91 662 082	32 970 500	35.97	8 890 000	26.96
2004	109 038 218	41 761 400	38.30	13 659 900	32.71
2005	120 292 255	46 809 000	38.98	16 419 100	35.08
2006	124 942 096	49 913 400	39.95	18 106 100	36.28
2007	131 873 300	54 719 800	41.55	21 398 900	39.11
2008	130 027 393	53 049 200	40.80	19 704 100	37.14

资料来源：根据历年《中国旅游统计年鉴》资料整理。

国际旅游的外汇收入是衡量入境旅游业绩的另外一个重要数据。从可比的数据来看，1998～2008 年，增长了 2.5 倍，超过 400 亿美元。但是，这个数据和中国国民经济、国际贸易和国家外汇储备总量来说，显然是个很小的数据。仅仅从外汇收入的规模来评估旅游业的重要性也是旅游业得不到国家充分重视的重要原因之一。

2. 就绝对数据的横向比较

就现有的数据与世界一些国家相比较，有些数据也存在很大的差距。虽然中国在入境旅游人次数上排名第四，但与排名第一的法国相比，只相当于它的 66.8%；在旅游外汇收入上，中国排名第五，与排名第一的美国相比，只相当于它的 43%（这里选择了 2007 年的数据，这是因为 2008 年及以后的数据受金融危机的影响有一定的偏差）。

表3　2007 年世界十大旅游目的地入境旅游相关数据比较

位次	国家或地区	入境人次数（万人次）	与中国的比较（万人次）	位次	国家或地区	旅游外汇收入（亿美元）	与中国的比较（亿美元）
1	法国	8190	+2720	1	美国	967	+548
2	西班牙	5920	+450	2	西班牙	578	+159
3	美国	5600	+130	3	法国	542	+123
4	中国	5470	－	4	意大利	427	+8
5	意大利	4370	-1100	5	中国	419	－
6	英国	3070	-2400	6	英国	376	-43

探索与辨析

位次	国家或地区	入境人次数（万人次）	与中国的比较（万人次）	位次	国家或地区	旅游外汇收入（亿美元）	与中国的比较（亿美元）
7	德国	2440	−3030	7	德国	360	−59
8	乌克兰	2310	−2860	8	澳大利亚	222	−197
9	土耳其	2220	−3250	9	奥地利	189	−230
10	墨西哥	2140	−3330	10	土耳其	185	−234

注：在"与中国比较"中，"＋"表示比中国多多少，"−"表示比中国少多少。

资料来源：联合国世界旅游组织（UNWTO）截至 2008 年的数据。

3. 就国家规模来比较

无论是按国土面积还是按人口总量来平均，中国的数字就更显得微乎其微了。

2007 年，中国入境旅游者的接待量只是香港接待量的 3 倍，澳门的 4 倍，马来西亚的 2.6 倍。中国的入境旅游收入 420 亿美元，只相当于香港的 3 倍，泰国的 2.7 倍，这恐怕也算不上太多。

再说出境旅游，世界上非常喜欢目前我们公布的那个模糊的数据，2007 年出境人次数为 4095 万人次。然而，仔细推敲，这个数字又是个不小的泡沫，其中大陆到香港和澳门访问的数字高达 2890 万人次，占 70.6%，而且没有明确的数字表明不过夜人次数的比例（从澳门的统计数字来看，2007 年到澳门的人次数为 14866391 人次，其中不过夜者达 7427450 人次，将近 50%；同期，大陆到香港的人次数为 15485789 人次）。一个洋洋 13 亿人口的大国，每年有 1200 万为各种目的出国的人次数，绝非是个大数，而其中真正的旅游者更显得不多了。目前某些人担心外汇流失恐怕有些危言耸听。同年，根据世界旅游组织的统计，中国出境旅游花费为 298 亿美元，相当于香港的两倍，但不足英国的一半，仅占德国的 36%，占美国的 40%。而中国大陆的人口则相当于香港的 188 倍，英国的 21 倍，德国的 16 倍。中国大陆人均出境花费只有 23 美元，不足世界平均水平 130 美元的 1/5，还不到俄罗斯联邦的 15%，更不用说其他经济发达的小国了[①]（见表 4）。如此说来，也就不算多了。

---

① 有关 2007 年数据引自联合国世界旅游组织：Tourism Highlights 2008 年版。

表 4 2007 年世界十大旅游客源国比较

排序	国家	出境旅游消费（亿美元）	占世界总市场的份额（%）	国家人口总数（万人）	人均出境旅游消费（美元）	人均消费相当于中国的倍数*
	全世界	8560	100.0	658600	130	5.65
1	德国	829	9.7	8200	1 008	43.83
2	美国	762	8.9	30200	252	10.96
3	英国	723	8.5	6100	1 189	51.70
4	法国	367	4.3	6200	595	25.87
5	中国	298	3.5	132100	23	—
6	意大利	273	3.2	5900	464	20.17
7	日本	265	3.1	12800	207	9.00
8	加拿大	248	2.9	3300	755	32.83
9	俄罗斯联邦	223	2.6	14200	157	8.83
10	韩国	209	2.4	4800	431	18.74

注：＊根据该表中数字计算的。

资料来源：联合国世界旅游组织截至 2008 年的数据。

至于国内旅游的统计，这是世界上的一个难题，几乎没有哪个国家有真正完善的统计数据，何况中国到目前为止，甚至还没有明确的统计口径，有些数字没有真正的统计意义，只是一种说法或估计。一个简单的人次数，既没有逗留时间，也没有旅行距离限定，没有什么可比性。如果把各省市的数字相加，总数不知道和全国的总数是个什么关系。就拿目前公布的数据来说，全国人均国内旅游次也不过 1.3 次，显然还处于一个非常低的水平。因为发达国家的人均旅游次数多在 7 ~ 8 次。

（二）国家旅游竞争力：排名居中，但许多单项指标偏低，维持相对容易，而提升困难颇多

自 2007 年以来，世界经济论坛（WEF）连续发布关于世界各国旅游竞争力报告。这个报告不是简单的国家旅游规模排序，而是通过一系列指数的分析做出国家旅游竞争力的综合评价，主要基础数据来自联合

国或其他国际组织①。虽然，很难说这些数据收集和评价的体系完全科学可靠，但是具有一定的可比性，至少为我们判断中国旅游发展在国际社会中的地位和水平，或者说，对我们优势与劣势的评价提供了一个衡量的标尺。

从近三年来《旅游竞争力报告》的数据来看，中国的旅游竞争力在不断上升，已经从 2007 年的 71 位（在 124 个国家和地区中）上升到 2008 年的 62 位（在 130 个国家中），进而再上升到 2009 年的 47 位（在 133 个国家中），是在世界范围内位次上升最快的国家之一。但目前的这个排位虽然已经从原来的中等偏下上升到中等偏上，跻身前 50 名，但仍然属于中等，这与中国的国际地位是不太相称的。在世界经济论坛发布的 2009 年全球竞争力的报告中，中国在全世界排行榜上名列 29 位，而在 2004 ~ 2006 年一直是在 44 ~ 54 位，直到 2007 年才升至 34 位，2008 年再升到 30 位②。

在 2007 年世界经济论坛第一次旅游竞争力排行榜中，中国排位第 71 名，当时参与排行的国家共 124 个，这显然是中等偏下的，即使是在亚洲和大洋洲国家中，中国也只是排在中间的位置。在 2008 年排行榜上，中国的位次有所提升，在全世界 130 个国家中，排序为第 62 名，这只能看作是个中游的水平。2009 年的情况变化最大。中国的排位从上一年的第 62 位（国家总数为 130 个）提升到第 47 位（国家总数为 133 个），提升了 15 个位次。在亚太地区 25 个国家中的排位第 10。③

不过值得注意的是，这还不能仅仅看在竞争力排行榜上的综合指数的排名，而单项指标的排位情况，更能看出我国旅游发展的一些问题所在。从这三年的分项指标上来看，中国旅游竞争力的强势指标主要是在资源禀赋上，如世界自然遗产地与文化遗产地的数量、初级教育的在校生数量、民航可供座位公里数以及参加国际旅游会展的次数等很少几个

---

① 根据世界经济论坛关于该报告的技术说明和资料来源介绍，报告主要资料来源包括联合国世界旅游组织、世界贸易组织、世界银行、国际自然保护联盟、世界卫生组织、世界旅游理事会、国际航空运输联合会、国际电信联合会、联合国教科文组织、国际会议协会、联合国贸易发展会议以及国际公认的商业机构如博斯管理咨询公司、德勤审计公司和维萨卡国际公司等。
② 世界经济论坛（WEF）最近几年的全球竞争力年度报告（The Global Competitiveness Reports）。
③ 世界经济论坛（WEF）最近几年旅游竞争力报告（The Travel & Tourism Competitiveness Reports）。

方面，2009年新增了一个创意产业出口指标，中国名列第一。但是，中国的弱势则主要体现在环境的可持续、环境质量、对外开放、旅游基础设施和旅游者流动的自由度等方面。从大类上看，旅游管理框架、资源以及商业环境都有所提升，但从小类指标上看，多数还是排的位次靠后，而旅游价格竞争力作为中国的一个强项则在年年下降。以下是最近三年单项指标排行榜中把排位在前十的和百名之后的单项指标进行一下比较。

表5 中国旅游竞争力强势比较（单项指标前十名者）

2007 年		2008 年		2009 年	
指标数量	指标名称（排位）	指标数量	指标名称（排位）	指标数量	指标名称（排位）
4	航空座位公里数（2）	4	航空座位公里数（2）	10	运营的航空公司数量（10）
	初级教育在校人数（1）		世界自然遗产地数量（3）		国内航空座位公里数（2）
	世界遗产地数量（3）		世界文化遗产数量（5）		国际航空座位公里数（7）
	旅游交易会出席量（4）		国际展览与交易会数（10）		旅游交易会出席量（3）
					初级教育在校人数（5）
					世界自然遗产地数量（3）
					现有已知物种综述（6）
					世界文化遗产地数量（3）
					国际交易会与展览会数量（10）
					创意产业出口（1）

探索与辨析

表6　中国旅游竞争力弱势比较（单项指标在100名之后者）

2007 年（124）		2008 年（130）		2009 年（133）	
指标数量	指标名称（排位）	指标数量	指标名称（排位）	指标数量	指标名称（排位）
6	对延长商务旅行的推荐（122）	14	自然环境的质量（126）	11	签证要求（128）
	机场密度（121）		机场密度（125）		道路交通事故（128）
	对待旅游者的态度（112）		道路交通事故（125）		自然环境质量（127）
	双边航空服务协议的开放度（105）		体育场馆（124）		体育场馆（126）
	恐怖活动的商业成本（104）		对延长商务旅行的推荐（123）		机场密度（125）
	世界大汽车租赁公司进入数量（102）		居民对待外国旅游者的态度（121）		公民对外国到访者的态度（121）
			签证的要求（120）		濒危物种（119）
			濒危物种（119）		旅游的开放度（113）
			世界大汽车租赁公司进入数（117）		双边航空服务协议的开放度（112）
			双边航空服务协议的开放度（109）		外国人所有制普及率（105）
			恐怖活动的商业成本（109）		可吸入颗粒物集中度（104）
			良好卫生设施的使用率（104）		
			外国所有权的普及率（103）		
			旅游的开放度（102）		

从这个排行榜上可以看到，中国旅游竞争力的强项多体现在国家的

规模上，如世界遗产地的数量、航空的座位公里数以及已知物种数量和初级教育在校生人数等，而其弱项则体现在环境、基础设施和对外开放程度上。很显然，前者是个存量维持的问题，相对来讲比较容易；而后者则是个提升的问题，相对来讲要困难得多。

（三）国家的形象：自我的感觉与国际的认知存在较大的差距

新中国诞生60年来，社会经济各个方面都有了翻天覆地的变化，所取得的成就是举世公认的。改革开放政策实施30年来，中国国民经济的增长速度更是有目共睹，面对影响深重的全球性金融危机，中国的经济稳定发展更令世界瞩目和羡慕。这是事实。但是，我们还必须冷静地认识到，尽管中国有了长足的发展，和自己比有了很大的进步，但毕竟是个发展中的人口大国，无论是经济实力还是软实力，距离世界经济强国还有很大的距离，国家的总体形象还有许多改善的地方，在这一点上，我们自己的感觉可能和国际社会存在差距。

国际上有个 FutureBrand 机构，到2009年连续5年发布"国家品牌指数报告"中有个国家品牌的排行榜。这个结果是游客调查、专家评审和结合相关研究成果而得出来的。对其成果的权威性和科学性权且不做评判，但是从近两年发布的国家品牌排行榜的分析，可以对国际社会对中国国家形象的认知有个清晰了解。

其一是，总体排位次偏低。中国作为一个发展中大国，但其品牌在排行榜的位置却相当低，2008年在78个国家中排名第56，而在2009年102个国家中仅名列第48。虽然相比之下这两年的位次有了不小的上升，但充其量是从低到了中等略微偏上。而在2008年亚洲19个国家中排名第13。这个机构在其2008年的报告中提及，从国家内部的评价来看，"奥运会是展示中国人对其历史、进步和对未来期望而骄傲的橱窗。今天的中国具有强烈的命运感——相信这个国家一定能够提升到超级大国的地位，并将在世界事务中发挥越来越有影响的作用"，但从国家外部的评价来看，中国的国家品牌表现为"低水平的成熟"。

其二是，单项指标更显差距。关于品牌的排行由 29 个子项指标构成①。2009 年中国在 29 个子项指标中，只有 4 项被列入前 10 名中，即历史（位居第 6）、艺术与文化（位居第 8）、理想的生意之地（位居第 7）和后起之秀（位居第 2）。也许人们不会想到，在当地人友好（friendly locals）、户外活动与体育、休息与放松、环境保护意识、旅行便捷、夜生活、度假地与住宿设施、政治自由度、生活标准等子项的排位均在第 50 之后，其中环境保护意识、休息与放松和旅行的便捷度竟在 80 名之后。

其三是，最近两年排行上升多是基于奥运会的影响。奥运会的举办对中国国家品牌产生了正面影响，从原来的第 56 位升至第 48 位。尤其是媒体对奥运会的报道，使中国的知晓度和熟悉度大大提高，有更多的人对中国旅游产生兴趣，或者准备到中国旅游。但是，奥运会的影响也并不完全是正面的，对环境污染、签证限制、基础设施、商业环境以及百姓的生活水平等方面评价较前下降了，希望访问或重访中国的子项排序反而下降了许多。这个报告在分析奥运会对中国国家品牌影响后的结论是："中国如何认识其弱点和利用近期的改善将决定着目前强劲势头是继续还是减缓②"。

（四）支柱产业地位的确定：可能性有多大

长期以来，我们引以骄傲的另一个概念是，全国已有 24 个省（区、市）将旅游业确定为支柱产业、先导产业或优势产业③。也就是说，全

---

① 2009 年国家品牌子项指标分别是：真实性（authenticity）、历史（history）、艺术与文化（art & culture）、度假地与住宿设施选择（resort & lodging options）、旅行轻松（ease of travel）、安全（safety）、休息与放松（rest & relaxation）、风光秀丽（natural beauty）、海滨（beach）、夜生活（nightlife）、购物（shopping）、美食（fine dining）、户外活动与运动（outdoor activities & sports）、当地人友善（friendly locals）、家庭（families）、钱花所值（value for money）、新秀（rising star）、生活标准（standard of living）、理想的生意之所（ideal for business）、做生意最方便（easiest to do business in）、开展生意的新国家（new country for business）、会议（conferences）、商务旅游延伸（extend a business trip）、政治自由（political freedom）、最宜居住（most like to live in）、高质量的产品（quality products）、愿意访问/重访（desire to visit/visit again）、先进技术（advanced technology）和环境意识（environmentalism）。

② FutureBrand：Country Brand Index 2008.

③ 这个说法在国家旅游局领导的讲话中多次出现，2006 年 1 月 10 日国务院副总理吴仪在全国旅游工作会议上的讲话中也引用了国家旅游局的说法。

国已经有 2/3 以上的省级行政区对旅游业确定了这样的目标。然而，在很多情况下，这都是一些说法，缺乏严格的限定，更不用说可比性的口径了。到底什么是国民经济支柱产业的最低标准，到底如何判断旅游业的产业范围和经济贡献，政府都没有一个明确的计算方式。按理说，如果全国有这么多省份都把旅游确定为支柱产业，甚至已经是支柱产业，而且这些省份大多是经济发达的省份，依照这个逻辑，旅游业必将是中国国民经济的支柱产业或已经成为支柱产业，这显然是缺乏根据的。对中国这样一个大国，看来也是不大可能的。至少要为这些判断提供令人信服的数据。也正是这个原因，各相关省份在发展战略的制定上，还基本上停留在"说法"上，并没有落实到具体的政策和策略上。2009 年底，国务院 41 号文件①中明确地提出，"把旅游业培育成国民经济的战略性支柱产业"，这可理解为是一个长远的发展目标，目前离这一目标还有相当大的距离。而且，必须还得提醒一句，旅游业作为中国这样一个大国国民经济的支柱产业是存在一定风险的，对此应当有充分的认识。但是，到目前为止，似乎很少看到有人对这一潜在问题进行分析。

没有人企图抹杀中国旅游业所取得的成就，这也是抹杀不了的。但是，的确目前我们取得的成就还远远不值得过多的陶醉和骄傲，在当今世界上，只强调自己和自己比较来说明成就的方式已经过时了。必须要放眼世界，从全球角度确定自己的位置，认真地思考在发展中面对的挑战。总之，不要过多地渲染中国是旅游大国的地位，中国旅游业的发展与世界保持着很大距离，片面追求旅游强国的目标没有太大的意义，努力提高国家旅游整体的竞争力和国民旅游的质量更加重要。

二 理性地调整旅游发展政策，科学地限定三大市场的关系

（一）旅游功能的限定

旅游是人的活动，旅游活动是人类社会发展的产物，这一活动的影响也是多方面的。对于个人来说，参与旅游活动与否，更多地取决于个

---

① 国务院〔2009〕41 号文件为《国务院关于加快发展旅游业的意见》，2009 年 12 月 1 日发布。

人的意愿、健康状况以及经济支付能力和可自由支配的时间，还取决于与之相关的政府政策等外部条件。但是，作为一个经济体是否积极支持这个行业的发展，重要的是对其发展的预期，进而对其功能与地位的确定。虽然，主流倾向是把旅游确定为产业，但旅游的发展绝不仅仅是简单的经济问题，也绝不是简单的创汇与贸易问题，尽管这些作用在一段时间里、不同的国家中是非常明显的。早在1980年世界旅游组织的《马尼拉宣言》就明确地指出，"不论旅游的经济效益多么现实与重要，都不会，也不可能，是各个国家做出鼓励旅游发展决策的唯一标准"[1]。明确旅游的政治功能或经济功能是历史的选择，但也要根据社会经济的发展形势和阶段进行调整。在中国，调整三大市场的优先顺序成为旅游发展政策表述的重要方式。

(二) 近年来关于旅游功能的调整

在新中国成立以来的60年中，关于旅游政策的表述做过一次重大的调整，即改革开放政策实施之后，将单纯的政治（外交）功能转变为经济功能。这一转变是根本性的，进而，从行政管理方式、产业经营方式等做了革命性的变化。简单地说，使其功能从政治逐渐转向了经济。而在改革开放政策实施的30多年中，不同时期对三大市场发展方式的陈述和优先顺序的调整，体现了对旅游功能认定的调整。

改革开放到现在，中国的旅游发展政策有了很大的变化，但是国家对旅游业发展并没有一个清晰的限定。改革开放初期，只是提出大力发展旅游业，当时的旅游业也只是"国际旅游"中的"入境旅游"。直到20世纪90年代末期才逐渐有了一个比较明确的表述，不过这个表述只是对三个旅游市场发展优先次序的说法。到目前为止，已经有过如下三个表述。

1. 大力发展入境旅游，积极发展国内旅游，适度发展出境旅游

这是关于中国旅游发展的方针第一个比较清晰的表述，是从"先大力发展入境旅游，再积极发展国内旅游，适度发展出境旅游"的说法提炼出来的。这一政策提出来的时间应当是20世纪90年代中期。这一说法，把三个市场的优先顺序排列出来。也就是说，把入境旅游放到优先

---

① 见世界旅游组织（WTO）：《马尼拉宣言》，1980年。

的地位，在保证入境旅游发展的前提下再考虑发展国内旅游，这是对此前确定的对国内旅游"不提倡、不宣传、不反对"方针的纠正，但把发展旅游的功能仍然定位在增加外汇收入上。而对出境旅游则说得比较委婉，所谓"适度发展"，即不是"大力"，也不是"积极"，所谓"有组织、有计划、有控制"的发展，基调是控制和限制。

2. 大力发展入境旅游，规范发展出境旅游，全面提升国内旅游

这一表述是在 2005 年提出的。调整的背景是 20 世纪 90 年代后期，国家先后推出了刺激消费、拉动内需的"双休日"、"长假期"制度和《中国公民自费出国旅游暂行管理办法》。虽然在文字表述上变化不大，但政策导向发生了变化。其中，入境旅游优先发展的地位没有变化，但对国内和出境旅游政策有了明显的调整。突出了国内旅游的重要性，对出境旅游由原来的"控制"调整为规范，显然要扩大开放，促进其健康发展。在这个表述中增加了国民旅游的分量，强调了发展旅游刺激国民消费、带动国民经济的作用，改变了以往发展旅游只是为了赚取外汇的单一目的。

3. 大力发展国内旅游，积极发展入境旅游，有序发展出境旅游

2008 年，国家旅游局再次调整了表述，是对三个市场优先发展顺序最大的变动。首次明确把国内旅游放到优先地位，把国内旅游作为基本立足点，旨在刺激国民旅游消费，培养消费热点。进而提出兼顾入境旅游和出境旅游。很显然，这一调整主要是针对全球性金融危机的应对措施，这种表述似乎给人一种临时性的对策，而并非长期的政策。

值得说明的是，目前这种政策表述的缺陷是，不能真正地体现出新时期旅游功能的变化。改革开放 30 年来，中国发展旅游的目的发生了两次重大的调整。其一是，改革开放初期，扭转了发展旅游完全服务于政治的观点，把赚取外汇和促进经济放到了重要位置，当时的关注点是入境旅游，或者说，是外国人的旅游。第二次是进入 21 世纪后，发展旅游不再仅是为了赚取外汇，也不仅是为了带动经济，而是改善民生，促进社会和谐。或者说，更加关注国民旅游。虽然当年假期制度的调整可能考虑的是刺激消费，但这个制度的调整越来越考虑百姓的实际需求和福祉了。据此，中国旅游发展政策这样表述其政策导向更突出，即大力发展入境旅游，全面提升国民旅游，着力改善产品质量。之所以这样调整，一是坚持发展入境旅游长期不变的方针，二是突出政府对民生的重视，三是实现政策预期的保障。

首先，作为一个发展中大国，中国应当始终坚持大力发展入境旅游，因为只有入境旅游才能为国家增加财富，这并非取决于国家外汇储备的多寡。从服务贸易的角度讲，发展入境旅游是中国作为发展中大国的一个优势，具有突出的竞争力。况且，其中还有非常重要的改善国家形象和提高"软实力"的功能。发展入境旅游无论如何也不能放松。从全世界的范围来看，即使是欧美许多发达国家，也往往把入境旅游放到非常重要的位置上。日本 2008 年提出"观光立国"的战略，突出地强调了入境旅游的重要性。

所谓提升国民旅游，是指重视国民参与的国内旅游和出境旅游。国内旅游是国民参与最广泛的旅游活动，旅游和休闲作为国民的一种权利，更多地体现在国内旅游上，这对越来越多的普通大众来说，旅游活动逐渐成为人们生活的一个组成部分，或者成为生活质量的一个评价指标。因此，国内旅游的发展要考虑不同社会群体的需求，并要特别注意普通公众的需求，不要一味地鼓励开发只满足特殊群体的奢侈的高端产品，一味地崇尚高价、高消费的贵族旅游，把普通大众排斥在外。这一点要体现在旅游业的各个环节。差异性旅游产品开发的选择，对于企业来说是无可指责的，就像有些房地产商不愿意为穷人盖房子一样，但是作为政府则就不一样了。应当将国民的旅游需求和权利作为出发点，努力开发满足普通百姓旅游需求的产品，交通方式、住宿方式、活动方式等旅游公共产品的归位应当是个方向。

另外，在过去国力低下的情况下，公民出境旅游不能发展的主要原因是支付能力低，政府的政策预期是控制国家短缺的外汇流失。从当前情况来看，这一形势显然发生了重大的变化。因此，出境旅游应当看作是满足公民需求的一个重要方面。政府需要努力为他们的出境旅游活动创造更多的方便，最大限度地维护他们在境外旅游过程中的权益，使国民得到公正的对待，不遭受歧视。尤其是在"自由行"和"免予签证"等方面为百姓赢得实惠。况且，出境旅游还会起到"以市场换市场"的效应，促进入境旅游的发展。无论是入境旅游还是国民旅游，都需要创建诚信，改善服务，提高产品的质量，要正视我们在这方面的差距，对此应当下大功夫，坚持不懈的努力。①

应当指出的是，完整的旅游业是由入境旅游、出境旅游和国内旅游三个部分组成的。对于绝大多数发展中国家来说，政府对入境旅游和国内旅游的关注往往大于出境旅游，尤其是在强调旅游经济功能的旅游发展初级阶段，这是正常的。但是，随着国家社会经济的不断发展，旅游业开始进入常规发展期时，政府的关注点应逐渐调整。中国目前正处在这样一个转型期。通过旅游发展增加国家财富、促进整体经济和社会的发展、增强国家的"软实力"和满足国民不断增长的多种旅游需求等，都应当是政府所关注的。提高对旅游业功能和潜力的全面认识是目前需要研究的一个重要课题。正像世界旅游理事会（WTTC）几年前所告诫的那样，"如果没有出境旅游、入境旅游和国内旅游的自由流动，旅游业的这种潜力就不能得到充分的发挥。这就好比是三脚架的第三只脚，如果旅游业发展不均衡，没有发达的出境旅游市场，旅游业的发展就不具有可持续性"②。也许对中国来说，完全做到这样，目前条件尚未具备，但是，为了充分发挥旅游业的特殊功能与潜力，应当把出境旅游和入境旅游放到同等重要的战略高度来对待，这一见解是颇具远见的，是值得认真研究的，因为发达的出境旅游，也应当是衡量旅游强国的重要标准之一，没有发达的出境旅游的国家也不能算得上是旅游强国。

国务院41号文件中提出"坚持以国内旅游为重点，积极发展入境旅游，有序发展出境旅游"，这一表述与2008年的表述没有什么差别，只是把"大力发展国内旅游"换成了"以国内旅游为重点"。对待这一表述不应有误解，不应当把重视国内旅游发展看作是由于全球性金融危机对入境旅游产生不利影响后而采取的临时性措施，而应当看作是中国旅游发展从非常规到常规、从关注一般经济发展到关注民生的一个重要转折点。

---

① 匡林、聂顿在《旅游市场》2008年12期发表题为《对我国发展三大旅游市场的初步思考》的文章，阐述一些很有见地的观点。
② 世界旅游理事会（WTTC）：《中国，中国香港暨澳门特别行政区：旅游及旅行业对就业和国民经济的影响》，2006年3月10日

三 关于中国旅游未来发展战略的思考

随着改革开放的深入，中国旅游的发展又面临一个重要的转折点、一个新的调整期，为了促进中国旅游业健康、可持续发展，要在原有发展战略的基础上，进一步地明确政策、确定重点、制定措施，跃上一个新的台阶。

（一）关于旅游产业地位的明确

中国的旅游业作为一个产业已经走过了30多个年头，政府关于旅游的产业定位虽然有一些说法，但是比较含糊的。对于旅游业的功能和未来长期发展战略目标，也不是很清晰，即使是关于三个市场的发展定位也往往带有很大的随机性或应对性。这主要表现在以下几个方面。

1. 旅游发展缺乏基本法的保障

中国旅游的发展刚刚开始从非常规发展走向常规发展，多年来，主要是依据一些临时性决定和政策，从长远的观点看，这显然是不适宜的。经过30多年快速发展，旅游业的影响也越来越广泛和深刻。这个产业和一般工业不同，也与大多数文化产业有着明显差异，旅游发展所追求的不再是一个简单的外汇收入或者刺激消费的影响。因此，非常有必要加快关于旅游发展基本法的制定。利用法律的方式明确产业地位、产业功能、长期发展目标及其实施战略的机构设置和机制的保证。这个基本法并非某些权力的划分，而是方向、目标和保障政策的确定。

2. 旅游发展战略缺乏明确目标

所谓旅游发展目标，并非仅仅是关于吸引海外旅游者的人次数、旅游外汇收入以及国内旅游者人数与消费扩大的数字指标，还应包括关于旅游发展的社会目标，即关于公民社会福利目标、国家形象和"软实力"的目标。这样的目标不应当，也不可能，由目前国家旅游局这样的旅游行政管理机构来确定，或者说，即使能够提出这样的目标，也很难依靠国家旅游局这样的机构单独去实现。但最近一些年来，中长期旅游发展战略多是部门制定的发展战略，而不是国家发展战略，尽管涉及的面很多，指标也很具体，但是，由于不是国家战略，难以真正实施。值得欣慰的是，国务院41号文件的出台解决了这一长期存在的问题，它提出"把旅游业培育成国民经济的战略性支柱产业和人民群众更加满意的现代服务业"，实际上是把旅游业放到了国家战略层面上来考虑，其发展目标既是长期的，又是全局的；既是经济的，又是社会的。当前最重要的工作是，对国务院文件中提出的新概念做出更加明确而具体的解释，把这些意见落实到具体行动上，而不能仅仅停留在概念上。

3. 旅游发展缺乏创新型的实施方案

改革开放 30 多年以来，尤其是从第十个五年计划以来，国家旅游局也曾先后制定过旅游发展远景目标纲要，地方政府也依据要求制定了相应的中长期发展纲要，但这些纲要存在几个明显的缺陷，这包括，纲要更像是研究报告，面面俱到，包罗万象，主要目标不突出；纲要提出了一些目标，但缺乏保证这些目标实现的具体措施和政策保证；有了宏观的发展目标，缺乏详细的阶段明确、责任清晰的分步实施方案；而且，纲要一旦制定，在实施过程中没有检查、评估和调整机制。其结果是，目标制定后，就万事大吉了，在重新制定下一个五年发展纲要的时候，几乎与上一个纲要没有真正的衔接和延续。

（二）关于国家旅游行政体制的调整

国家行政管理体制对一个国家旅游业健康发展是非常重要的，尤其是对中国这样的发展中大国来说，政府旅游管理机构的作用更显得非常关键。从世界范围来看，由于政治制度、社会制度、经济发达程度和旅游发展阶段的不同，不同的国家根据自己国情设立了不同的旅游行政管理机构，而且随着条件的变化而调整。总的来说，经济发达的市场经济国家，一般是"小政府"，旅游行政管理机构的管理职能颇为有限，主要体现在预算上，而且保持较长时间的稳定。而发展中国家，政府管理机构地位较高，管理职权明显，变化的频率较大。但总的来说，政府的主要功能是长期战略和中短期计划的制订与实施、政策环境的营造和国家旅游形象的确立与促销。最近一些年来，"政府主导"成为国内比较认可的旅游发展模式，也被认为是发展中国家或旅游发展处于初级阶段时比较适宜的模式选择。但是，长期以来人们始终有一些困惑，那就是对"什么是政府主导""政府主导什么""政府如何主导"等问题没有一个清晰的限定，有的时候旅游则很容易重蹈"政府主宰""政府包办"传统计划经济的老路。最近国务院 41 号文件对这一长期流行的术语没有使用，不少人对此做出了评论。但无论怎么讲，鉴于旅游业的综合性和行业边界模糊的特征，对政府旅游管理部门权限、职能以及工作方式的限定则显得非常重要，对政府旅游管理部门相关政府部门与行业组织关系的限定也是非常重要的。这方面恐怕依然是目前我国旅游行政管理体制改革的关键。当前，中国旅游行政管理机构的调整应当考虑以下几个方面。

1. 明确管理权限，要赋予相应的管理手段

旅游业是个综合性很强的产业，无论从这个产业的发展资源还是整体运行来说，都不是一个部门可以统管的，似乎世界上也没有这样的先例。长期以来不少人呼吁的所有旅游资源管理统一归口的观点，实际上是不现实的，是不可能实现的。在过去 30 年中，旅游作为一个新部门，旅游行政管理部门在传统国家行政管理体制中挣扎、拼搏，试图找到或占据自己的一个"势力范围"，效果并不明显，而且还造成了部门之间的冲突与矛盾，也给地方和企业造成了一些困难。其结果是，应当管的事没有能力管，而不应当管的事却又推不开，想做的事情缺乏相应的法律依据或行政权力，而不想插手的事情又往往牵扯很大精力。对像中国这样一个大国来说，旅游发展中难度最大的是政府部门之间政策的协调及其功能的发挥，这是由旅游业本身的综合性和功能的多元化所决定的。在这方面，过去 30 年中进行过不少探索和实验①，似乎到现在还没有找到一个有效的机制。

2. 行政管理与促销服务的分离，充分发挥社会专业服务机构的作用

从目前世界各国国家政府旅游部门职能来看，它们都有一个重要的功能，那就是国际旅游促销。这方面存在两种情况，一是国家旅游组织（NTO），它只负责国家旅游的海外促销，没有行政管理职能，这个机构一般被称作"准政府机构"，其主要预算来自政府，实行市场运作。二是国家旅游机构（NTA），这是政府旅游行政管理机构，具有行政管理职能，但对海外促销主要是控制预算和提出目标要求，而实际业务委托专业的机构或商业机构来完成。对于中国来讲，海外旅游促销的工作是

---

① 在过去的旅游行政管理机构的设置上，地方政府曾经做过多种探索，原来旅游作为外事办公室的一个部门或旅游与外事、侨务合署办公的时代已经过去，但旅游与文物、体育、园林、贸易等共属一个部门的情况也存在。一直备受推崇的"旅游管理委员会"，有的是有其名而无其实，一会儿设，一会儿撤，并没有成功的模式可循。

庞大而繁杂的，长期以来这也是一个弱项，而这项工作由国家旅游局的一个行政管理司来承担，不仅人员配备数量上难以应付这一巨大的工作负担，而且人员的专业结构上也难适应这一不断变化的旅游发展形势。应当考虑借鉴国际上一些国家的经验，国家旅游行政管理部门只负责确定和控制年度预算，将海外营销的具体业务交由专业的社会服务机构来承担。而像专业性强且日益扩大的会议、展览、奖励旅游及其商务旅游的市场营销与组织，应当设置专门的机构或委托专门的组织来实施，把它与传统的大众旅游营销分开。

3. 行政管理应当与行业组织分离，行业协会应当独立，不应当作为政府机构的附庸

中国旅游业发展中存在的另外一个体制问题就是国家旅游行政管理机构与旅游行业组织职能不分，国家旅游行政管理机构作为旅游相关行业协会的顶头上司，旅游局局长兼任协会会长的做法，使行业组织很难独立地发挥服务行业、促进行业自律和代表行业与旅游决策部门沟通的作用，只能是旅游局的附庸。虽然这些年来，对行业协会的管理也做过一些调整，但其基本职能实际上并没有明显的改变。而且，国家旅游局的这一模式也被地方复制，产生了同样的效应。目前，我国旅游相关行业已经形成规模，也比较成熟，因此，行业组织应当与政府行政管理机构脱离，使行业组织的职能归位，依据法律赋予的权力独立地发挥作用，应当在国家法律的框架下允许同一行业有不同行业组织的存在。2009 年《国务院关于加快发展旅游业的意见》明确提出，旅游行业协会与行政管理机构脱钩要在 5 年之内完成。但值得提出的是，这一转变不仅仅是机构归属的变化，也不能把它看作仅仅是改换一个机构负责人那么简单，这应当是我国旅游管理方式和职能重大变革，还有许多认识和实际问题要解决。

近些年来，韩国和日本的国家旅游管理机构进行了几次重要调整，有些做法值得我们认真研究。例如，韩国成立了文化、体育观光部取代了原来交通运输部管理旅游，而韩国旅游发展局（即韩国观光公社）作为政府投资的公共事业机构，承担海内外促销和一些特定产品的开发，政府赋予了专门的优惠扶持政策（其中包括授权经营免税店和博彩业，其收入作为促销经费的来源等）。2008 年日本提出了"观光立国"

政策，并在日本国土交通省①内设日本观光厅。设立观光厅的目的就是全面有计划地推进观光立国战略。对外，这个机构代表日本政府进行交流；对内，它被赋予了加强与各部间横向协调的功能；面对社会，它又是政府在观光方面提供的一站式服务窗口。同时，政府还保留了日本国家旅游局（原来称日本观光公社），作为国土交通省的附属单位，专门负责海外旅游促销。这两个国家的共同特点是，将旅游决策与行政管理和旅游营销与产品开发分别交由不同的部门负责，各司其政，提高管理和运行的效率。

（三）关于旅游业开放

从总的情况来看，旅游业是改革开放政策的产物，没有改革开放就没有今天的旅游业，同时，旅游业又是改革开放的排头兵，它为相关产业的开放创造了经验。中国饭店业30年的发展就是一个很好的证明，无论是在利用境外资金、引进境外管理，还是开放人才市场、加入国际连锁经营等方面都走在其他行业的前面。和旅游相关的餐饮业、商业、旅游咨询业等也已经全面开放。旅行社业、交通业和娱乐业等产业也逐步开放，国家在这方面的限制越来越少，限制的范围也越来越小。目前国际社会对中国旅游业开放的问题反映最强烈的领域只有一个，那就是中国公民出境旅游的方式与经营，这主要包括两个方面，即 ADS 的制度安排和出境旅游业务经营权的限制。

1. 关于 ADS 的制度安排

这一政策的核心是三个方面的限制，其一是旅行社只能安排中国公民到政府批准的旅游目的地国家去旅游，其二是中国公民到这些 ADS 国家的旅游必须以团队的形式进行，其三是从事中国公民到这些目的地旅游业务的旅行社必须是中国与目的地国家核准的旅行经营商。很显然，这个政策的实施并非中国政府单方面决定的，涉及出入境方面的规定是根据国家间政府的协议来确定的。众所周知，ADS 是个过渡性政策，当世界上所有的国家，或绝大多数国家，都与中国签订了这样的协议，这个限制则自然不起作用了。到目前为止，在与我国建立外交关系

---

① 实际上，这个部的英文中包括了国土、基础设施、交通和旅游（Ministry of Land, Infrastructure, Transport and Tourism）。

的国家中，将近90%的国家已经成为中国公民出境旅游的目的地，这些目的地国家遍及全球有人居住的各大洲，涵盖了大多数具有突出旅游吸引力的重要目的地。也就是说，这一政策的特殊性已经变成普适性。进一步分析似乎可以得出这样的结论：ADS 原有政策上的特殊优惠已经消失，反而凸显了原来政策中的限制性条款。例如，给予中国公民的 ADS 签证不是 FIT 签证（个人签证），持此签证者只能随团旅游，整团进出，从事这一业务的必须是双方正式确认公布的企业，旅游活动必须严格遵循既定的路线进行等。诚然，ADS 制度的出现是中国出境旅游发展过程中的一个里程碑，在满足中国公民出境旅游消费和维护他们在境外活动的权益方面发挥了积极作用，但从一开始人们就认识到这是一种过渡性的政策安排，也是中国出境旅游发展的一种特殊安排。随着中国公民出境旅游人次数的增加和中国公民出境市场的成熟，这样的安排显然存在许多缺陷和不足。如果说这样的安排是符合中国公民出境旅游初级阶段的客观情况的话，那么随着中国公民出境旅游需求日趋多样化和中国出境旅游市场更加成熟，政府应当致力于满足他们不断变化的新需求，使他们的出境旅游更加便捷，使他们在获得目的地国家签证方面受到应有的尊重而不受歧视，使他们在境外的旅游活动更加顺畅而不受到限制，应当使更多方便旅行的国际惯例也惠及中国公民，使中国政府给予外国公民的待遇也能够得到外国政府的回应。从这个意义上讲，就是使中国公民在国际活动中享受到一个负责任大国公民应有的待遇。当然，是否给予这样的待遇是主权国家自己决定的，正像 ADS 的政策安排一样，各个国家会从自身利益出发来做出选择。

2. 关于出境旅游经营权的开放

和其他旅游相关行业相比，旅行社业改革的步伐显得颇为迟缓，经营和管理方式也显得格外保守。这些年来，随着整个行业的不断开放和新技术应用的普及，旅行社业也受到了很大冲击，一些企业也在探索创新的途径，但行业经营和管理水平仍然很低，政府也不得不进行某些形式的干预与保护。尤其是在中国公民出境旅游的经营上，设立了两道门坎。其一是，在 ADS 的框架里，并不是根据《旅行社管理条例》规定的那样，所有的国际旅行社都可以经营这项业务，因为参与经营某一海外旅游目的地国家出境旅游业务的旅行社，必须经过双方认可。其二是，合资与外资旅行社（经过特殊许可者除外）不得经营中国公民的出境旅游业务。

关于旅行社出境旅游业务开放的忧虑无非两个，其一是从国家安全考虑，其二是对民族企业的冲击。从前者来说，在今天技术如此发达的时代，在日益变"平"的世界里，各行各业都是你中有我、我中有你。送人的航空公司、送物的快递公司、传话的电信公司、交流信息的网络公司、办理支付的银行系统等，都在不断开放，旅行社业并没有那么特殊。从后者来看，对民族企业保护的说法，则表现出国家或行业自信心的缺乏，过分地夸大了境外经营商的竞争力。问题可能还是出在出境旅游的经营方式上，一些企业极力反对这个环节开放，还是不想放弃利用信息不透明或别的不太正当手段赚钱的途径。就政府部门来讲，也许怕这样做会动摇本身的权威地位。

中国加入世界贸易组织的实践证明，外来的"狼"并没有那么可怕。当年开放饭店行业的时候，国内饭店业几乎没有任何基础。当年快餐业开放的时候，国内快餐业简直是个空白。现在中国的饭店业、快餐业都在快速发展。实践证明，在行业开放上，成功的外资企业都有一个重要经验，那就是必须有良好的中国合作伙伴，本土化是一条必经之路。国外企业，无论它多么强大，也不可能单枪匹马地在中国这个大市场上冲杀，它也不可能霸占这个市场的全部，或者说，它们也不可能这么蠢，去做自己做不好的事。值得提出的是，这样合作的目标是双赢的，各有所得。现在的情况是，一些境外旅游企业虽然不能直接经营中国公民的出境旅游团，但是都在绕开中国旅行社传统领域，在商务旅游、会议旅游、奖励旅游、休学旅游、境外培训、医疗旅游、特种旅游、在线旅游预订和旅游咨询等非传统旅游领域做得有声有色，反而是抢先了一步。也许这比组织一般观光旅游团的经济收益要大得多。

出境旅游经营的开放对一些旅行社是一种不小的冲击、一种严峻的挑战，但这会逼着它们长本事，逼着这个行业经营更加规范、服务质量更高，与此同时，也会激励境外的经营商说服它们的政府调整相关政策，最终会使中国公民在出境旅行方面得到更加公平的待遇、享受公平的价格和更多的便捷。在出境旅游经营的开放问题上，作为政府决策部门，更多的要研究游戏规则，改善市场环境，让经营商在市场中选择好自己合适的位置，要相信经过30多年改革开放洗礼的中国企业的能力。而作为国内的旅行社，也要增强自己的信心，真正了解国情的毕竟还是中国人和中国企业，只要把心术摆正，横下决心，"与狼共舞"并非就一定会败下阵来。原本就不是凭本事做事的企业，倒闭一些是好事，无损大局。最近《国务院关于加快发展旅游业的意见》中专门提到，"在试点的基础上，逐步对外商投资旅行社开发经营中国公民出境旅游业务"。《国务院关于推进海南国际旅游岛》文件中，把海南岛定位为"我国旅游业改革创新的试验区"，包括中国公民出境旅游经营权开放在内的"体制与机制创新"的政策都可能进行试验。可以预计，中国公民出境旅游业务的开放势在必行。

至于"自由行"和个人签证的开放，更多的限制在目的地国家。实际上，有一些目的地国家已经开放或有条件地开放了"自由行"市场。因此说，"自由行"有技术上的问题，最主要的是时间问题。可以相信，随着对中国出境旅游市场重要性的认识不断提高，这些来自外部的限制也会逐渐减少直到取消。

（四）关于旅游公共服务设施的建设

和世界上许多发达国家相比，中国的旅游发展走过了很长一段非常规发展的道路。这主要体现在，中国的旅游业是以入境旅游起步的，是以赢得急需的外汇收入为出发点的。鉴于当时的经济条件和理念，旅游设施并没有被看作是为社会服务的大众公共服务设施，而是专门为外国旅游者这个特殊群体服务的，因此，凡是冠之以"旅游"的设施和服务，均为特殊设施、专门的服务，或者说是"高级的"设施、特殊的服务。例如，旅游公路、旅游饭店、旅游汽车、旅游船、旅游餐馆、友谊商店、旅游商品甚至旅游厕所，都比服务于本国公民的设施要高出一等，价格也要高出很多。这和国际上"旅游"代表"大众"的概念大相径庭。30 年过去了，今天的旅游显然发生了巨大的变化，旅游业服务的对象从境外消费者变成以国内旅游消费者为主体，旅游休闲不再是"奢侈品"或者是某种特权或地位的象征，而成了越来越多普通公众的生活方式。旅游与休闲活动不仅仅是正当消费，得到了政府提倡和鼓励，甚至以法律的形式固定下来。因此，很多原来被当作特殊的旅游服务设施逐渐变成公共旅游服务设施。这些设施，不能再被看作是由特定部门投资建设、服务于特定对象的特殊设施，而是应当从整个社会需求的角度考虑、由政府建设的旅游公共服务设施，从某种意义上说，这些设施与公园、博物馆、公共汽车、公共电话、公共厕所、路灯等设施具有同样的服务大众功能。公共旅游服务设施的类别也会随着公众旅游需求的增加和扩展而不断增加。例如，旅游信息咨询中心、旅游服务电话、出租汽车、城市观光车、公共旅游网站以及在大众服务场所（如机场、车站）中的网络查询设备等。这些年来，在中国一些大城市，旅游公共服务设施不断增加与完善，但是公共投资明显不足，设施和设备远不完善，服务方式远远不能满足外来游客和当地居民的要求，有些地方还存在空白。应当看到，目前国内大多数博物馆开始免费向公众开放，公共交通保持低价位，这些做法受到社会各界的欢迎，这是发展的方向。各级政府应当改变观念，要把旅游基础设施和旅游公共服务设施列入基础设施和公共服务设施建设的范畴，加大投入，加快完善，不应当把这些设施的投入和运作只当作旅游部门的任务。

（五）关于标准化与特色化的平衡

在改革开放政策实施的 30 多年中，通过引进国际管理理念和制定国家和行业标准等途径，大大地推动了我国标准化工作的进程，而旅游服务标准化建设，不仅是具有开创性的，而且走在了世界前列，对规范旅游行业的经营、服务以及旅游消费者的行为发挥了积极的作用。自全国旅游标准化技术委员会 1995 年正式成立以来，到 2007 年底，已经颁布了 18 项旅游标准，其中国家标准 11 项，行业标准 7 项。2008 年，有 21 项国家标准和 7 项行业标准在修订或制定①。

但就旅游发展的实践来看，我国目前面临着一个新问题，那就是标准化和特色化的平衡，或者说是国际化与本土化的博弈。改革开放初期，我国旅游刚刚起步，无论是在设施建设和设备质量等硬件方面，还是在人的服务与技术等软件方面，与国际社会存在很大的差距，难以满足入境旅游者的需求，也难以适应旅游业快速发展的要求，因此，需要政府旅游管理部门和旅游经营者转变观念，学习掌握国际标准和惯例，因此，标准化建设的问题显得格外急迫和突出，这属于旅游业发展的基本保障。但是，30 年过去了，从供给的角度看，我国旅游业基础服务

---

① 汪黎明、刘莉莉：《中国旅游业标准化工作的现状与未来》，载《2009 年中国旅游发展分析与预测》，社会科学文献出版社，2009。

设施的建设有了很大提高，不少行业已经接近甚至超过一般国际水平。与此同时，从区域和国际角度来分析，中国的竞争对手也越来越多，竞争越来越激烈。无论从旅游服务设施的硬件设施来看，还是旅游服务的软件来看，我们的竞争力不仅要体现在标准化水平的提高，而且更要体现在特色化上，体现比较优势。这就说明，要想提高竞争力，必须突出特色。不仅要重视国际化，还要突出本土化，形成差异。不仅提倡统一，更要提倡创新。在标准化和特色化、国际化和本土化上寻找平衡，不可偏废。例如，在饭店行业，目前星级标准的评定制度，在一定程度上造成了追逐高星级、豪华级的导向，一些过高或不切合实际的硬件标准，不利于节约资源和能源，与世界推崇的可持续发展原则存在矛盾，而且，容易限制饭店在建筑设计和服务方式等方面的创新。另外，一些刚刚出现的新业态，例如乡村旅游，它所彰显的就是创新，是特色，是特殊的旅游度假体验，就不应当过早地进行"标准化"，把各个地方的乡村旅游设施或产品都搞成"千佛一面"。因此，今后的重点不应当是标准化，而是鼓励创意，突出差异化，这应当看作是中国旅游业进步和成熟的体现。

（六）关于几个特定旅游业态发展的可行性研究

随着改革开放的逐渐深入，国际政治经济形势不断变化，中国旅游业发展的新业态应当引起注意，有的需要选择一些地区进行试点，有的需要对现有的状况进行认真审查，还有一些更加特殊的业态则需要相关部门进行专项研究，以便制定出相应的政策或策略。这其中至少有这样4种新业态值得重视。

1. 分时度假

"分时度假"（timesharing）的概念最初在 20 世纪 60 年代出现在欧洲，到 70 年代流行于美国。到现在世界 100 多个国家和地区里出现了分时度假地，而享用这一产品的会员遍及世界 200 多个国家。这个概念是 20 世纪 80 年代后期开始传入中国的，目前在中国，这个业态的叫法很多，其中包括"景观房地产""产权酒店""度假权益"等。这些叫法上的变化有的是这个业态本身的变化，例如传统上的"分时度假"逐渐被"度假权益"（vocation ownership）所替代；有一些则是"分时度假"传入中国后的变异，如"产权酒店"和"景观房地产"。当然这些变化也体现了中国特殊的运营方式。值得注意的是，这个业态进入中国之后，由于各方面发展条件准备不足，只是一种概念的引进，造成了"未兴先乱"的窘境，从而使这个业态受到了消费者心理上的抵触，难以正常发展。需要说明的是，对于这个业态，无论是国内消费者的预期，还是经营者的操作，都与国际社会存在很大差距。但是，为数众多的失败案例也并不说明这个业态在中国不应当发展，重要的是如何探讨这个业态的本土化途径。纵观世界"分时度假"产业发展过程，最具有条件的目的地有两种，一是以海滨为特色的度假地，二是以特定旅游吸引物为特色的目的地。而对发展中国家来说，发展以国际市场为主的分时度假产业，要求这样的目的地对国际市场来说可进入性最方便，这包括空间距离、交通设施和签证等方面。墨西哥"分时度假"发展得好，是因为它有美国和加拿大这两个稳定的市场，而且坎昆和拉巴斯两个最大的分时度假地是因为它具备非常好的气候条件。美国的奥兰多的分时度假发展得好，是因为迪士尼乐园把奥兰多变成一个全天候的独特旅游目的地。就我国目前情况来看，发展分时度假产业要立足于入境旅游的发展。一些国内消费者，当前主要的关注点还是把它当作一种投资而不是定期度假，因此，应当强调本土化模式的创新。

当前这个业态发展最大的难题是政府管理的缺失，基于这个行业"未兴先乱"的现实，不仅没有政府部门主动介入管理，甚至真正关注这个行业发展并进行深入研究的部门也没有，大家似乎都在尽量回避。这是不应该的。

就分时度假产业促进旅游发展来说，尤其是就促进国际旅游发展来说，中国的海南省有着发展这个业态得天独厚的条件。因此，建议将海南省作为中国分时度假产业发展的试验区。这是因为，海南岛作为试验区的有利条件很多，首先，气候与海滩确定了它具备常年开放的可能；作为国家确定的"国际旅游岛"，并是海南航空航空公司的大本营，在国际度假者可进入性方面要优越于国内其他旅游目的地；更为重要的是，作为试验区，当地政府可以根据实际需要，制定相关的地方法规和行业规范，这比整个国家相对要容易得多。

2. 汽车租赁

汽车租赁（car rental）在欧美国家已经非常发达，有了一套完备的经营管理体系和技术，几家著名的汽车租赁公司，如 Hertz、Avis、

Budget 和 Europcar 等，在世界各地形成非常完善的运营网络，品牌效应十分明显，非常受世界各地公务旅行者和自由行旅游者的青睐。这些公司和汽车制造商、旅游相关企业有着紧密的联系，形成了巨大的服务体现能力，是旅游交通业一个生力军。

"汽车租赁"的概念也是在 20 世纪 80 年代初开始传入中国，一批汽车租赁公司首先在北京、上海等大城市出现。随着国内"驾照族"的不断扩大，自驾车旅游方式风行，汽车租赁业务发展迅速。然而，由于法律、法规以及其他各种因素的制约，一方面，国际知名汽车租赁公司进入中国步履艰难，真正形成规模，正常运营者鲜少；另一方面，国内缺乏国家级的公司品牌，形不成完善的运营网络，基本上还是本地化的独立经营。因此，这一国际上流行的服务，在中国并没有真正被国际消费者认可的品牌，没有为入境旅游业发挥应有的作用，对这一行业的监管也缺乏必要依据。而且，国内为数众多、规模巨大的汽车制造商也不能与这个潜力巨大的消费市场联姻，共同为我国特殊旅游地区的发展所利用。

从中国目前旅游发展实际来看，有必要积极倡导和扶持这个业态的地区有两类，其一是像海南岛这样相对封闭的旅游目的地；其二是像甘肃、新疆等西部地域广阔、道路通畅且人口密度小的地区。前者，因为度假旅游市场潜力大，"自由行"盛行，而且只有一个出口，车辆便于管理；后者，旅游景点相对分散，但当地风光独特，道路条件好，而公共交通配置困难，自驾车市场潜力大。前者主要是满足度假者自由活动游览全岛便捷的需要，而后者是充分发挥当地旅游资源的优势，满足国内外不断增长的自驾车旅游市场的需求。目前，我国的汽车供给和消费者的需求两个方面都具备了支持这个新业态发展的条件。因此，首先要对国际知名汽车租赁品牌开放，并积极在法律（尤其是国际驾照的认可）、救援服务、服务网点的布局以及与汽车生产的合作等方面创造这个业态运营的基础条件。这个新业态的发展对满足大众旅游需求有着特殊的意义，要充分发挥旅游、住宿和汽车行业等相关产业的积极性。

3. 差旅服务业

虽然在我国旅行社管理条例提及，旅行社的业务包括旅行相关预订服务义务，但包括政府机关、社会团体、国有大型企业在内的差旅服务，一直没有列入社会服务的范围，目前主要还是由本单位专门设立的机构（如外事办公室、办公室、老干部办公室等部门）来安排，或者由个人操持。甚至有关部门遵循旅行社凭据不能作为财务报销的规定。在国际上，商务与公务旅行是旅游业的重要组成部分，无论是组织一些大中型会议、论坛、展览、展示活动，还是出席这些活动或其他公务/商务活动安排，一般都是由专门服务的中介机构代理。另外还有一些专业的差旅咨询公司或旅行代理商，提供专业化的服务。早在20多年以前，在欧洲一些国家中，大的专业旅游经营商，如通济隆公司、运通公司，专门应大公司或机构的要求，派人提供"住店服务"（in - house service），实际上，就是专业的差旅咨询公司为其提供差旅管理服务。这样做，既能够以最经济、方便的方式满足用户的差旅业务安排，又能够对差旅预算进行有效的控制。这种差旅服务的社会化不仅提高了工作效率，而且还能够减少机构的人员开支，预防了差旅开支的浪费和漏洞。因此说，公共部门差旅服务的社会化也是机构改革的一种方式。

随着社会经济的发展，包括会议、福利旅游、奖励旅游等商务与公务旅行的业务会越来越频繁，需求也越来越复杂，与此同时，随着新技术、新媒体的不断发展，提供这些社会服务的手段也越来越专业化，而这些业务与传统的大众旅游活动差异非常大。非常有必要扶持专业差旅咨询服务业的发展，使之逐渐成为一个独立的业态。

中国的差旅服务是个具有巨大潜力的市场。据世界旅游理事会（WTTC）的测算，2009年中国商务旅行消费4121亿元人民币（618亿美元）[①]。据美国运通公司发布的2008年中国商务旅行调查报告，旅行和娱乐开支成为中国境内企业的第二大可控成本。据估计，中国企业在商务旅行方面的年消费额高达100亿美元，并每年以10%的速度增长。[②]随着改革的深入，差旅服务社会化逐渐在展开，使非传统旅游服务企业——不是传统的旅行社——首先进入这个领域。世界上最著名的旅游公司——如英国的通济隆（THOMAS COOK）、美国的运通（A-MERICAN EXPRESS）、德国的途易（TUI）以及英国的BTI、HRG等——进入中国时都非常看重中国巨大的出境差旅业务。实事求是地

---

① 见 WTTC：travel & Tourism Economic Impact，China，2009。世界旅游理事会关于"公务旅行"（Business travel）解释是"旅行与旅游的中间消费，是政府和企业为雇员公务旅行而支付的包括商品与服务（交通、住宿、餐饮、招待等）的支出"。

② 见《大旅游》2009年8月号的相关报道。

说，这一市场的潜力非常大，但远远没有开发，国内机构的出境差旅服务业务的社会化程度更低，据信不会超过10%。其原因至少有三个，其一是，这一服务受到机构与企业传统职能的限制，往往被看作是"内部"的事，已有专门机构和人员负责，将这一业务"外包"势必影响机构部门和人员设置。其二是，关于公务/商务旅行的开支和报销程序国家有既定的会计制度，通过旅行社提供服务的收费票据往往不能作为报销凭证。这些规定原本是为防止公费支付漏洞而设置的，却又限制了这一服务的社会化。其三是，差旅是具有特定任务的活动，日程安排、业务活动以及服务设施的选择不同于一般旅游者，个性化突出，不能批量生产。这不仅要求服务机构熟悉一般旅行安排的业务，能使机构或企业做到省事、省时，还要了解差旅业务的实际需求，做到高效，这并不是一般传统旅行社所具备的技能。而专业技能、专业人才和良好品牌是需要长期投入的。从改革的角度来说，政府应当下决心推行差旅服务的社会化，这不仅能提高相关机构和企业的工作效率、精简机构，还能改进财务管理，减少不合理的开支和防止可能出现的腐败行为。对此，政府应当在制度上为其提供发展的良好环境。也许有一些单位和机构出境差旅有其特殊性，不能或者不应当通过社会化的服务来实现，那么，为数众多的、明显的应当也可以通过社会化专业服务机构来实现的出境差旅业务，政府应当采取哪些有效措施来促进其加快实现，这些对社会经济发展有着突出优势的做法何时能够步入正轨，实在值得认真研究。

4. 博彩业

博彩也是一个笼统的说法，一般包括赌博和彩票两大部分，而赌博又有多种经营方式。众所周知，赌博是个古老的行业，由于管理控制不善或不力，可能会造成严重的社会问题。新中国成立后，政府明令禁止各种形式的赌博业。毋庸讳言，地下、网上乃至出境赌博的活动也是很难杜绝的。虽然，改革开放以来，一些地方为了发展旅游，也曾提出过关于在特定地区、以特定方式开设赌场的提议，但都被否决，未曾实施。

值得注意的是，在当今世界上，博彩业本身和一些政府对博彩业的态度发生了很大的变化。世界上颇为著名的赌城，例如美国的拉斯维加斯和欧洲的摩纳哥，其吸引力与竞争力逐渐向娱乐业、会议展览业等方面扩展，赌博业与娱乐服务业的收入几乎持平，甚至出现了博彩业的实际收入低于其他娱乐业的水平，而博彩业的经营方式也逐渐向大众娱乐活动转变，游戏机所占面积超过桌上赌博。据信，目前，全世界有 2/3 的国家以不同的方式开放了博彩经营。特别值得注意的是，亚太地区开放博彩业的国家和地区越来越多，除了中国澳门作为亚洲博彩中心之外，澳大利亚、韩国、日本、越南、马来西亚、斯里兰卡以及新加坡、朝鲜等国家都有合法经营的赌场。除了陆地上的博彩业之外，通过邮轮在公海开展赌博的做法早就开始，并不断发展。而且，一个不容回避的问题是，不少国家和地区在考虑设立赌场的时候，还往往把中国作为最重要的目标市场，这是不争的事实，一些目的地对此也不回避。

中国是个大国，存在一个不小的博彩市场。中国是否有限度地开放合法的博彩业，值得认真研究，尤其是探讨在我国特殊区域开设只对外国人开放赌场的可行性。赌场的开放是个复杂而敏感的问题，这个行业监管难度大，社会成本高，对待这一问题必须非常慎重。但是，有关部门应当面对现实，以实事求是的态度加强研究，也许新加坡在禁赌 40 年后重新开禁以及其为开禁所采取的一系列措施为我们认识和对待这一业态的发展有着重要的借鉴意义。

结束语

共和国走过了 60 多年的历程，改革开放政策也已经实施了 30 多年，无论从国家的经济管理体制，还是从经济发达程度，都发生了巨大变化。旅游业的发展也进入一个新的阶段。由于全球性金融危机的影响，中国的旅游业发展也面临着新的挑战、新的调整和新的发展机遇。因此，在制定第十二个五年规划的时候，应当认真分析中国旅游业发展 30 年的经验和教训，做好未来十年乃至二十年的发展目标与国家战略，特别要以科学发展观来指导未来发展规划的制定，真正做到求真务实、科学有效，使旅游业能够得以健康、可持续的发展，在中国未来社会经济发展中发挥着越来越重要的作用。

旅游意味着什么[*]

旅游业在世界上备受关注，因为它早在 20 世纪 90 年代就被认定为世界第一产业，而且它的作用也已经从原来的"无烟工业""无形贸易"逐渐演进为"动力产业""环境产业"，乃至"学习产业"。

从世界范围来讲，旅游活动已经进入大众旅游时代，普及率越来越高，成为越来越多人的生活方式，它的发展仍然方兴未艾。尽管进入 21 世纪以来，国际形势总有这样那样的危机与挑战，天灾人祸不断，在某些时段、特定地区，旅游受到了很大的挫折或打击，但实践一次又一次地证明，旅游业虽然易变但不脆弱，反弹力强，恢复期短，因为人类对旅游的需求是持续增长的，旅游业也一定是不断发展壮大的。

旅游业在中国的发展颇为火热，改革开放 20 多年的时间里，有了翻天覆地的变化，它的作用日益显现，不仅仅为国家赢得了外汇收入，成为国民经济的一个新增长点，而且也逐渐成为构建和谐社会的重要工具，成为国民过上小康生活的一个重要标志。不到 30 年的时间，它经历了中央政府重视、地方政府关注和全民关心的三大阶段。由非常规发展转向了常规发展。

中国旅游业实现了历史性的跨越，旅游业从非常规发展渐渐进入常规发展，逐渐从原来的残缺走向全面。在入境旅游方面，中国不仅居亚洲之首，而且也跻身于世界十大旅游目的地国家之一，中国在世界的排位，由 20 世纪 80 年代的第 40 位，已经跃居为世界第四。根据联合国世界旅游组织（UNWTO）的预测，到 2020 年，中国在入境旅游方面将成为世界第一大国，年接待海外旅游者人次数超过 1.3 亿，出境旅游人次数超过 1 亿，成为世界第四大客源国。到那时，中国才真正能够称得

---

* 2005 年 7 月 31 日在《中国财富论坛》上的发言稿，刊登在《旅游研究与信息》2005 年第 4 期。

上是世界旅游强国。

世界旅游理事会（WTTC）最近一份名为《播下增长种子》的关于中国旅游发展的研究报告称，2005年世界旅游经济的增加值为62010亿美元，占全球GDP的10.6%。同期，中国旅游业的直接增加值达445亿美元，相当于GDP的2.8%，旅游经济的总增加值达2178亿美元，相当于GDP的11.7%；旅游的直接就业人数为1429.56万人，占全国总就业人数的1.9%，而旅游经济一共创造就业岗位6462.51万个，占全国总就业的8.6%；旅游服务的总出口收入为581亿美元，占服务与货物总出口收入的7.7%；旅游资本投资为1003亿美元，占总资本投资的9.9%；其中政府旅游支出83亿美元，占政府总支出的3.8%。

因此说，世界关心旅游，政府关心旅游，企业关心旅游，普通百姓也关心旅游是有道理的，是理所当然的。

那么，旅游是什么？旅游业是什么？各个领域的研究人员曾经撰写了大量的专著、教科书和文章，但到目前似乎还没有说清楚。这就是旅游业的特点。如果说19世纪中期旅行代理商的出现作为现代旅游业开端的话，它的历史充其量也不过160年，显然是个年轻的行业，而构成旅游业的其他所有行业，如交通、住宿、餐饮、景观、娱乐、商业等远比它的历史长，早在旅游业出现之前就成为独立的行业。但是构成旅游业的这些行业都不能单独成为旅游业，旅游业必须是这些行业的组合。综合性就是旅游业的特性，旅游业的综合性特点在其发展过程中到处体现。

那么，在今天，旅游究竟意味着什么呢？结合本次论坛的主题，至少可以从公民、企业和政府等三个方面分析。

一　对公民来说，意味着财富的拥有

对公众来说，旅游是一种消费，而且是一种非必要消费，是在满足了必要消费之后的高层次消费，是满足了温饱之后的新需求。因此，旅游业的发展是人类社会经济发展到一定程度的结果。

对一般大众来说，旅游发展必须具备四个必要条件，即有钱（经济上的支付能力）、有闲（可自由支配的时间）、有能力（体力上的能力）和有愿望（心理上的需求）。但其中有钱是最重要的，是大多数人参与旅游活动的基础。同样，对国家来说，没有一定的经济基础，没有经济能力，不能提供满足人们旅游需求的基础设施、服务设施，同样旅游也是发展不起来的。

因此，对旅游业来说，有两个根本不同的市场。一是境外市场，即入境旅游者市场；二是国民市场，即从事国内旅游和出境旅游的本国公民市场。境外市场主要面向经济发达国家的公民，或者是许多国家收入殷实的人，当然他们之间差距很大。而对我国国民旅游来说，其市场主要面向有钱的人或比较有钱的人，在中国目前的情况下，拥有这样财富的人群主要集中在城市和一定范围内的农村。改革开放以来，经济的发展、观念的更新、财富的增加和家庭收入的增加促进了国民旅游的发展，国家旅游政策和度假政策刺激了旅游的消费，而公民收入差距的拉大创造了一个规模颇大的出境旅游市场。这可能也是对作为不太富裕的发展中国家公民的境外消费能够比发达国家的旅游者还阔绰的一个解释。总而言之，能够参加旅游的人越多，就说明拥有财富的人越多。

二 对企业来说，意味着创造财富的机会

旅游业属于服务业，国际旅游又是服务贸易的一个组成部分。

国内旅游是指旅游者在一个国家内流动，因此，国内旅游消费并不能增加一个国家财富的总量。而国际旅游消费是指旅游者的跨境旅游消费，其结果是把客源地国的财富转移到目的地国，因此，入境旅游是服务的出口，而出境旅游则是服务的进口。在国家外汇的收入和支出方面，它和货物贸易是一样的。中国作为一个发展中国家，一个欠发达的国家，在服务贸易中，旅游是具有国际竞争力的重要产业，把发展入境旅游放到首位是长期国策，这是不应当动摇的。因此，首先要考虑如何赚外国人的钱，赚外国富人的钱。同样，满足国内旅游需求，刺激消费，促进生产，这诚然也是非常重要的。鼓励中国人游中国，从经济上讲，同样也是减少外汇流失的一个重要的、行之有效的措施。

但如何发现机会，赢得机会，创造财富，这也是企业界必须认真考虑的。

旅游服务的细微化。时代不同了，旅游业发生了巨大的变化，最重要的是，旅游业向旅游者提供的服务项目增加了，向消费者提供服务的

渠道增加了。应当说，我们也都感觉到这种新的变化。同样是一个饭店，它开始把许多社会服务放到自己的范围内；同样是一个景区，它可以有数不尽让游客花钱的地方（迪士尼、嘉年华）；火车运输开出了"流动的旅馆"，汽车运输，办起了"万里观光"；等等。

旅游服务的市场细分化。市场是个大概念，也是个模糊概念，旅游市场更是如此，市场不仅仅是个地理概念，也不仅仅是个年龄概念。市场可以分成好多种，但是，任何一家企业，不可能"统吃"，占据所有的市场。根据企业自身的优势，选择自己的目标市场，是赢得市场的聪明之举，产品的差异化、特色化是最大的竞争优势所在。但是，我们的企业有的时候不愿意下这个功夫，往往是在观察别人做什么，自己也跟着做什么，"跟风"是我们的一大特色。原来看到游乐园赚钱，就到处建游乐园，后来见最初的"西游记宫"赚了钱，全国一下子出现了几百个这样那样的"宫"，有的刚刚建成就被废弃；说"高尔夫"时髦，各地的旅游发展规划中都要加上一个高尔夫球场，而且必定要和国际接轨，有的甚至冒险跨越政府制定的红线。我们或许能够从进入中国的外国企业得到一些启发，麦当劳和肯德基都有自己明确的目标市场，进入国内的国际饭店联号用自己的品牌确定市场。最近进入中国的一些外资旅行社，根本无意和我们在同一个市场上拼杀，倒是站在高山上，看我们的旅行社自己在同一个市场上通过最原始的方式残杀。

旅游服务的质量精良为本。和其他行业一样，服务质量的精良和服务的诚信是旅游企业能保持长期不败的根本。不成熟的市场助长了企业的失信，企业的失信又阻碍了市场的成熟。价格竞争成了目前企业之间竞争的主要形式，而削价竞争成了一些企业的唯一手段，不再顾及品牌、口碑，只顾眼前，不论其后。而支撑这些不理智的恶性竞争的最终只有走歪门邪道，难以支持诚信，失去了市场。例如，目前我们的出境旅游，消费者最关注的是价格，经营者则会投其所好。东南亚一些地区出现的"0团费"看起来是"挡不住的诱惑"，但忘了"买的没有卖的精"的祖训，最后只有大呼上当。中国旅游行业的这场怪风又刮向了欧洲，大有"开一个市场、乱一个市场"的气势。原本是轻松愉快的旅游团，恨不得10天看10个国家，白天坐车，晚上睡觉，回家一看照片都不知道在哪儿照的。这样做，最终受害的是企业，是消费者，是整个行业。

三 对国家来说，意味着经济的平衡发展

一般地说，旅游者是从经济发达的区域向经济欠发达的地区流动。国际上是如此，国内也是如此。因此，旅游发展的一个重要功能就是平衡经济。这在中国有着更积极的意义，因为和西方许多国家相比，我们处于经济上落后的地位，人均 GDP 1000 美元和人家的 2 万 ~ 3 万美元相距甚大，不在一个层次上。同时，我们国内东部和西部比，城市和农村比，沿海和内地比，差距也是非常之大的。差异就会带来麻烦。需要有机制来缩小这些差距，来缓解这些矛盾。旅游发展可以在这方面发挥一定的作用。世界旅游组织这些年举办过多次论坛，探讨发展旅游消除贫困的大计。

这是因为，旅游资源是一种特殊的资源，一方面它具有地域的唯一性或垄断性和不可移动性；另一方面，许多旅游资源难以被发展其他产业所利用。天时地利为一些经济欠发达地区创造了发展旅游的特殊条件。作为发展中国家，中国独特的文化对西方国家非常具有吸引力，利用文化发展旅游就成了我们的竞争优势、比较优势。一座古长城，成了世界上许多人一生中必看的景观，一个八达岭 50 年中吸引的旅游者数以亿计，前来访问的国家元首超过 300 人。同样，国内许多欠发达的地区，由于落后，由于闭塞，保存了独具特色的景观、风情，成为人们梦寐以求的目的地。西北的大漠、西藏的高原、西南的闭塞、东北的冰雪，都被认为是落后的根源，然而，大漠风光、高原奇观、民族风情、冰雪体验，都成了颇具竞争力的旅游产品，把原本偏远落后的地方变成旅游的热点。农村的一顿粗茶淡饭，乡村的一片田园情趣，农民的庄稼和猪狗牛羊，都使厌倦了大城市喧闹的人趋之若鹜，前来"享受"。应当说，时代不同了，需求变化了。新的需求创造了新的产品。旅游产品与其他产品所不同的是，消费者得到的主要是一种体验、一种感受，而体验和感受又很难用统一的标准来衡量。所以说，欠发达地区发展旅游也要改变观念，要用市场交换的理念来认识。应当认识到，发达地区旅游者到欠发达地区旅游不是扶贫，也不是恩赐，而是正常消费，因此，欠发达地区是通过开发自己的特殊资源为消费者创造特殊的体验。当然，欠发达地区也不要以自己的欠发达就不按市场规律办事，从而不考

虑服务质量，降低服务标准。发达地区与欠发达地区要沟通信息，相互合作，在市场交换的过程中实现区域平衡发展。这种平衡是依靠市场，依靠交换，而不是靠行政命令，因此只有保持良性的交换才可以持久，无论以什么方式得罪了消费者，他们也许不会大声抱怨或指责，但可以用脚投票。

在国际旅游发展中，还有一个问题需要认真研究，那就是旅游企业跟进旅游者的脚步，把服务向更广的地域和领域延伸。例如，中国的出境人次不断增加，2004 年达到 2800 多万，中国出境旅游者的足迹越来越远，国外中国人也越来越多。如何跟着他们的脚步，使自己的企业走出国门，把国内外的服务链连接起来，这是一个重要的课题，我们常常把精力放到"看家护院"上，常常把功夫放到"防狼打狼"上，似乎缺乏在国际大市场上当一回"狼"的胆识和准备。在这方面，我们的企业要学习日本同行的经验，效仿他们的做法。旅游业的发展中有很多这样的机会。

结束语

旅游业是个朝阳产业，它的发展具有巨大的潜力。实践证明，旅游的影响远不仅局限在经济方面，它在政治、社会、文化、环境等方面影响也非常明显，当然，也不仅仅是正面的影响，随着旅游活动的普及和旅游业规模的扩大，其负面影响也必须关注。政府和企业要重新认识旅游业，要以更加积极、支持的态度对待旅游业的发展。可以相信，旅游和旅游业的发展，一定会在中国走向富强、构建和谐中发挥重大的作用。这里要重复大家经常说的一句话：旅游业这个"朝阳"，需要大家的手托起。

中国旅游发展 60 年：
政治—经济—和谐之路 *

开头的话——中华人民共和国从成立到成长的 60 年

1949 年中华人民共和国的成立，无疑是中国现代史上的一次重大的革命，从那个时候起，中国的国家制度、政治体制、经济体制发生了根本性的变化。中国独立了，中国人可以自己做主了。中国人民在中国共产党的领导下，走上了一条前所未有的奋斗之路。到现在，在将近 60 年的历史长河中，虽然经历了风雨，历尽了磨难，遭受了挫折，但中国一直在发展，一直在前进，一直在成长。虽然到现在为止，中国依然是个发展中国家，国家还远不富强，面临着许多挑战和困难，但是，她所取得的成就是有目共睹的，其经济发展的速度令人鼓舞，中国人前进的信心更足，为实现一个更加现代与和谐的目标继续努力。

和其他事业一样，在过去 60 年间，中国的旅游也是在这个大环境中发展起来的，它自然也不会脱离时代给予它的历史使命，它也必然反映中国政治、经济体制的变迁，也就是说，中国旅游业的发展，既能体现出旅游业发展的一般规律，更能体现出中国独特的国情。

一　20 世纪 50~70 年代：旅游与政治

旅行与游览作为人类的社会活动由来已久，似乎无法判断它的真正起源。正如美国学者伊恩·约曼（Ian Yeoman）所说，"旅游是世界上重大经济成功的故事之一，这个故事就像时光一样，既没有开头，也没

---

　*　在"第五届东北亚旅游国际论坛"上的演讲（蒙古国乌兰巴托，2008 年 10 月）。

有结尾。这是一种被创造出来的现象，因为它的复杂性，难以对它限定。一言而蔽之，时光开始的时候，旅游也开始了。"① 但是，作为人类的一种消费方式，它应当是人类社会发展的产物，无论如何，消遣旅游不是人类的必要消费。一般地说，人们往往把旅游活动分成国际旅游和国内旅游两大类，所谓国际旅游是指旅游者跨越国境的旅行游览活动，而国内旅游则是指发生在一个国家范围之内的旅游活动。

国际旅游是人的跨越国界的流动，是不同国家、不同民族、不同政治背景下各种人群的接触与交流。也许人们外出旅游活动离不开经济，任何消费活动都要有人为之买单，但在特殊的情况下，政治比经济显得更加重要，国际旅游被作为一个工具，来实现国家的政治目的。在新中国成立后将近 30 年的时间里，旅游服务于政治是最突出的特色。

1949 年中华人民共和国成立了。但是在最初的十年，与新中国真正建立外交关系的国家只有 54 个，按照今天与中国建交国家总数 181 个来计算，当时所占比例不足 30%。欧洲除了社会主义阵营的成员外，只有 6 个国家与中国建立了外交关系，而整个美洲和大洋洲国家与中国建交者是个空白。对一个刚刚成立却遍体鳞伤的年轻共和国来说，当时所面临的国际形势是可想而知的。

以美国为代表的帝国主义列强，企图通过疯狂的政治仇视和经济封锁，把新中国扼杀在襁褓之中，为达到这一目的，真可谓无所不用其极。面对国际政治形势的压力和国内经济发展的压力，新中国必须采取措施，寻求自己的发展空间。于是，旅游被选定为一个合适的工具和渠道。因为，当时中国人很难走出去宣传自己，在严厉的封锁隔离状态下，新中国的声音很难被听到，那么就设法让境外的人到中国来，了解新中国，接触中国人，从而获得国际社会的了解、理解、同情、友谊和支持。在中国，专门为接待海外华侨、华人和国际友人的中国华侨旅行社、中国旅行社和中国国际旅行社②就是在这种政治背景下于新中国成立后不久成立的。很明确，那个时候成立的旅行社，其职能就是为海外华侨、华人和国外的朋友来华提供服务和方便，直到 1958 年，国务院

---

① 伊恩·约曼（Ian Yeoman）的《明天的旅游者：场景与趋势》（*Tomorrow's Tourist*: *Scenarios & Trends*），该书 2008 年由英国 BH 出版社出版。

② 中国大陆第一个旅行社——福建厦门中国旅行社——成立于 1949 年 10 月 18 日，福建厦门华侨服务社成立于同年的 11 月 19 日。1954 年成立中国国际旅行社。

关于中国国际旅行社总任务的限定还是"促进各国人民间的友好交往，增进各国人民间的相互了解，贯彻和平外交政策，并为国家吸收外汇，积累建设资金"。[①] 虽然提及了"为国家吸收外汇"，但是，当时的旅游服务机构并不是真正的企业，国家对它几乎没有提出严格的经济收益要求。

另外，可以设想，1950 年中国人均 GDP 只有 33 美元，相当于当时美国的 1/57，多数人还都为填饱肚皮而拼搏，不可能有多少消遣旅游的需求，更何况在被严密封锁的情况下走出国门去消费了。应当说，当时把旅游作为一种民间外交活动，当作赢得国际社会认知与友谊的做法是正确的，是有效的。

值得提出的是，在这段时间内，1958 年的"大跃进"和 1962 年前后的经济困难时期，情况颇为特殊，当时不可能过多地顾及旅游的发展，而 1966～1976 年的"文化大革命"又使中国陷入一个严重的政治与经济困境。变态的思维、扭曲的社会，使一切都陷入畸形的政治争斗中。在这段特殊的时期，政治至上，政治取代一切，旅游活动虽然也作为一种政治工具，但是这不能作为一种常态的现象对待。

二　20 世纪 80～90 年代：旅游与经济

1978 年开始的经济改革是新中国历史上的第二次革命，其深远的意义不亚于新中国的成立。这场具有深远历史意义的改革运动已经跨越了 30 年，现在仍然处于不断推进的过程中。改革与开放最重要的目标，就是改变新中国成立后建立起来的计划经济的经济体制，为了实现中国的现代化寻求适合中国国情的市场经济体制和与之相适应的上层建筑。实践证明，构建一个新制度远比破坏一个旧制度更加复杂与艰难。值得庆幸的是，中国已经迈出了可喜的一步，迈出了坚实的一大步。

中国旅游业的确立与发展是中国改革开放的一个直接结果，而旅游业的发展又促进了中国的改革与开放。当然，旅游业的功能也在不断确定、调整中。

首先，发展入境旅游业赢得实现现代化急需的外汇是当务之急。长

---

① 《中国旅游大事记》，中国旅游出版社，1995。

达十多年以"阶级斗争为纲"的"文化大革命"把中国经济推到了濒临崩溃的边缘，摆在国家和全民面前最重要的任务就是发展经济，实现现代化。无论是购买设备，还是引进技术，都需要有外汇的支付能力。但是，从新中国成立到 1979 年以前，整个国家的年外汇储备从来没有超过 10 亿美元，而 1980 年这个大国的外汇储备为 12 亿美元的赤字，也就是说，每个中国人承担 1 美元以上的外债。于是，国家下定决心，充分发挥旅游资源的优势，发展入境旅游，吸引海外旅游者到中国来旅游，到中国来消费，从而赚取宝贵的外汇。这就是邓小平同志提出发展旅游的初衷。众所周知，发展国家旅游业，第一步必须采取对外开放的政策，改变仅从政治的角度吸引海外旅游者来访，而是要从满足海外旅游者旅游消费和体验的角度打开大门。对于封闭多年的中国来说，这也是个艰难的选择。实践证明，这一政策是正确的，是及时的。中国有旅游外汇收入统计记录的 1980 年是 2.6 亿美元，到 1993 年就接近了改革开放之初当时的国家领导人提出的 50 亿美元的"伟大指标"，到 2000 年突破 160 亿美元。应当说在百废待兴的年代，这笔外汇收入是非常宝贵的。也许和后来巨大的外汇储备相比，这点外汇显得微不足道，但是入境旅游的发展对中国经济的促进绝非完全体现在外汇的收入上，更重要的是从各个方面促进了中国的对外开放。

改革与开放促进了中国社会经济的发展，社会经济的发展又催生了中国公民的旅游需求，国民的旅游消费进一步刺激国民经济的发展。政府因势利导、顺应形势，适时地制定了刺激国民旅游休闲需求的休假政策和制度安排。20 世纪 90 年代中期"双休日"制度的实施以及而后的"长假期制度"的实施，使中国的国内旅游跨进了崭新时代。这一新的决策，正好与扩大内需、促进消费的宏观经济政策相吻合。20 世纪 90 年代中期是中国国内旅游大发展时代的开始。随着国民国内旅游与休闲需求多样化，旅游与休闲产品开发的精细化、旅游基础设施和服务设施的不断完善，国内旅游经济的效应逐渐显现，尤其是在促进不同地区经济的平衡发展和消除贫困等方面发挥着越来越重要的作用。

随着改革开放的深入和国民旅游需求的增加与多样化，中国公民出境旅游在 20 世纪 90 年代中期以后也有了快速的发展。这一新现象的出现，一方面反映出随着中国社会经济的发展，中国开始出现一个比较富裕的社会群体，这个不断扩大的群体具有出境旅游的支付能力和愿望，同时也反映出中国对外更加开放，政府注意满足公民出境旅游的新需求；另一方面，这一现象也反映出国际社会对中国社会稳定、经济增长的信心，对中国公民支付能力的认可。因为，中国公民的出境旅游能够迅速发展，绝非是中国市场一方可以左右的，必须得到目的地的积极响应。值得说明的是，目前关于中国公民出境旅游的一些统计和估计有所夸大。实事求是地说，中国的出境旅游市场远远没有成熟，仍然处于一个开创期，甚至还没有到真正的增长期。

从总体上说，到 20 世纪 90 年代末，中国旅游发展开始进入常规发展阶段，国家更加开放，政策性的限制逐渐减少，政策性的鼓励更加突出，旅游的三大市场（入境、出境和国内旅游市场）同时扩大，旅游的多重效应和影响日益明显。

三　进入 21 世纪以后：旅游与和谐

有人说，21 世纪是"服务革命时代"，有人说它是"信息时代""和谐发展时代"，还有人说是"亚洲时代"。进入 21 世纪以来，中国的旅游发展又开始进入一个新阶段，其突出的特征是，旅游被赋予了新的功能。和新中国成立的头 30 年强调政治和改革开放后的前 20 年突出经济相比，进入 21 世纪之后对旅游功能的限定开始多元化，并更加强调和谐，这包括国内的城乡发展和谐，不同民族地区发展的和谐，经济发达地区与欠发达地区之间的和谐，经济发展与社会发展的和谐，也包括旅游市场与目的地的和谐，区域旅游发展合作的和谐。可以说，旅游发展到今天，其功能也在不断变化，这不仅仅是经济功能，还有突出的社会功能和政治功能。

从国内来说，三种旅游产品的发展有利于促进社会和谐的发展。

一是乡村旅游。从目前发展趋势来看，旅游与休闲行为变得越来越模糊，尤其是城市居民的旅游活动，更加关注利用周末和短假期在城市周围开展休闲活动，把度假、游览、健身等活动结合在一起。以城市居民为主体的乡村旅游得到了政府的鼓励与支持，这应当是一种双赢的预期，一方面，满足城市居民对休闲、健康和娱乐等不断增长的新需求，另一方面，又有利于农村产业结构的调整和完善，为满足城市居民旅游消费的需求而充分发挥乡村特有资源的优势，促进农村经济的发展，促进农民致富，增进城乡的社会经济联系。

二是生态旅游。尽管目前对"生态旅游"的认识还不尽一致，"生态旅游"的产品开发中还存在某些偏差，但是，社会逐渐提高了保护环境、保护生态的意识，在旅游产品开发和经营中更加崇尚绿色，更加注意传播环境友好的理念，这尤其体现在那些环境优美、生态（包括自然生态和社会生态）脆弱的少数民族居住区域开展特种旅游的过程中。实践证明，只有认识到资源的重要性，才能提高保护资源的自觉性，也只有具备一定的经济基础，才有可能将保护的理念变成现实，只有能够使当地人受益，才能够得到广泛的支持，实现可持续发展。

三是红色旅游。红色旅游可以说是一种特种兴趣旅游，一种文化旅游，不是一般意义上的旅游度假活动，这是在新时期中国旅游发展中的一个创新。红色旅游的开展，巧妙地把传统教育、传播知识、旅行游览、休闲度假和促进消费结合起来。一般地说，红色旅游资源集中的地方多在经济比较落后的乡村、边陲地区或少数民族集聚的地区，这项活动的开展有着突出的政治色彩，但是改变了以往"关门说教"的传统，是通过一种生动活泼的方式，达到了解历史知识、加强传统教育的效果。与此同时，旅游活动的开展，促进当地服务业的发展，增强与经济发达地区的联系。也许这些活动开展的初期，会增加一些政府投资和开支，但这要从实际效果上来评估利弊。通过政府政策性的投资扶持当地的旅游业发展，要比纯属救济性的拨款会更加有效，政府在教育等方面的开支总是要支付的，这样做可以产生多种效果。当然，经过一段时间的发展，一些红色旅游开展成熟的区域，自然就会变成一些成熟的有竞争力的旅游目的地，市场会进一步扩大，社会经济自然也就会得到新的发展。

从国际上来看，旅游活动的政治功能更不能小视。中国的旅游发展过程说明了这一点。在世界范围内，绝大多数国家和地区，包括欧盟和美国，都已经与中国政府签订了旅游合作的相关协议，成为中国公民出境旅游的目的地。东北亚地区的国际旅游更显示出新的活力。东北亚地区主要国家和地区之间，都已经成为彼此的旅游客源地和目的地，有了更加明确的合作意向和行动。目前，所有东北亚国家都已经成为中国公民的出境旅游目的地，中国内地与香港、澳门特区之间的旅游合作效果更加明显，中国大陆与台湾地区之间旅游活动的开展有了新的突破。人们有理由相信，区域内跨境旅游活动的频繁和便捷一定会进一步促进睦邻关系，促进相互之间的经济发展，促进区域内的和平与友好。尤其是现在中日韩三国都非常重视青年旅游的发展，其意义是更加深远的。

结束语：面对新的挑战与机遇

早在20世纪90年代，世界旅游组织对21世纪头20年旅游的发展做出了颇为乐观的预测。从进入21世纪的头8年的情况来看，这一预测是正确的，而且，有望提前实现原来预测的目标。然而，近年来，也出现了一些新的情况，为未来全球旅游的发展蒙上了一些阴影，提出了一些新的挑战。

其一，世界经济发展总体形势并不太乐观。这主要是源自作为超级经济大国的美国经济形势出现了一些不确定的因素，金融危机蔓延，经济增长变缓，这一形势是否会真正导致全球性衰退令世人担忧，而美国经济的变数会连带更多的国家，只好拭目以待。

其二，全球石油价格的上涨为旅游造成困难。近些年来，石油价格扑朔迷离，虽然起伏不定，但持续走高已成定局。近30年来，油价一直在攀升，据统计，现在的油价已经是20世纪70年代的十多倍。从1974年每桶石油价格为10美元，到2008年初突破100美元大关，而到7月突破了140美元。尽管世界对能源价格上涨有心理准备，然而如此大幅度的上涨还是出乎意料的，致使一些人开始讨论假如石油价格超过200美元将如何应对。想不到的是，到10月竟然又跌回70美元。石油价格波动的原因非常复杂，对石油价格将大幅度回落的预测人们也颇为谨慎。各个国家资源的状况各不相同，石油涨价，有人欢喜有人愁，但无疑这对旅游业的发展来说不是个好消息，首先受到冲击的是航空业，导致燃油附加费水涨船高，有些航线的附加费已经超过原来的机票价格，有些航空公司的经营亮起了红灯。毫无疑问对长途旅游的发展前景会产生不小的影响。油价的上涨是否也会波及邮轮业、汽车、旅游，要看局势的进一步发展。

其三，恐怖活动花样翻新大大增加了维护安全的成本。2001年发生在美国的"9·11"事件震惊了世界，从那以后，恐怖活动在世界各地不断发生，从直接针对某些国家外交机构的袭击，到"人肉炸弹"

等各种各样针对旅游者和平民的爆炸活动，时有发生，防不胜防。世界各国，尤其是在举办大型活动的时期，不得不付出大量的人力和财力进行防范，也不得不增加更加严格的安全检查措施，很不幸这虽然是必要的，但对旅游者来说，无疑是非常反感的、厌恶的。致使一些旅游者不得不尽量避开这些烦恼而减少出游的频率，或者选择那些自认为更加安全的目的地。

其四是自然灾害的频发增加了外出旅游者的心理负担。自然灾害是难以避免的，有的甚至是难以预料的。不幸的是，进入 21 世纪以来，国际上破坏巨大的自然灾害也似乎特别多，在一些原本很安全的地方发生了特大灾害，造成了巨大的损失，这包括印度洋地区的海啸、加勒比海地区的飓风、中国四川的大地震，造成了数以千计甚至数以万计的人员伤亡，也包括像 SARS、禽流感、炭疽热等疫病的发生，波及许多国家和地区。这些自然灾害的发生往往会给外出的旅游者造成很大的心理压力，灾害的阴影会持续很长一段时间。

另外，国际社会对环境保护责任意识的提高也对旅游者的旅游活动形成一定的约束。自从 1992 年世界环境与发展大会发布《21 世纪日程》以来，整个国际社会对环境保护的意识逐渐加强，无论是政府、业界还是国民，都采取行动，保护环境，减少污染，将可持续发展作为目标。进入 21 世纪以来，2003 年和 2007 年分别举行了两次主题为"气候变化与旅游"的国际峰会，其中讨论激烈的"一氧化碳减排"问题与旅游有很大的关系，据分析，全球大约 5% 的排放量与旅游业相关。出于道德责任和成本负担的考虑，这也将会对一些人外出旅行与旅游的决策和交通工具的选择产生影响。

上面所提及的一些因素可能会对未来旅游的发展速度产生一些不利的影响，给旅游业的发展提出一些挑战，这将迫使政府和业界调整有关战略和策略，但这并不意味着旅游业将会止步不前或者衰退。可能的结果是，旅游业发展的格局、旅游产品的结构以及旅游业经营的方式会有些新的变化，这种变化有可能是一种新的发展机遇。

其一，国内旅游可能是未来旅游的新的增长点。尤其对于中国这样的幅员大国，旅游的空间很大，无论是观光还是度假，无论是长途旅游还是短途旅游，都有很多的选择，这也是政府所倡导和支持的，与刺激内需、扩大国内消费的总政策是一致的。

其二，国际旅游中，区域旅游显得更加受欢迎。旅行时间短，交通成本低且交通工具选择多，便于安排，适合短假期多频率的旅游活动，尤其是像东北亚地区国家之间更具有这方面的优势。与此同时，受宏观经济不景气的影响，长途公务旅游将会有所减少，近期远途入境旅游也不容乐观。

其三，在产品开发上，特种兴趣旅游和文化旅游更受旅游者的青睐。随着旅游者出游频率的增加，旅游者也会逐渐成熟，旅游兴趣差异会越来越明显，市场更加细分化，无论是国内旅游还是出境旅游，旅游者更希望有新的独特的体验，在未来的时间里，供给的拉动可能成为促进旅游业发展的新趋势。

总而言之，旅游业是个发展潜力巨大的产业，宏观政治和经济环境对旅游业发展有着重要的影响，在一段时间里、一些区域内，特定因素的变化，可能会引起旅游业发展的起伏，但是，从总体上讲，旅游业将会继续保持增长的势头，在人类社会经济发展中发挥越来越明显的作用。处于挑战的时刻，机会总是属于那些具有创造和发现能力的智者。

补白　本人与高涤陈先生曾在英国《旅游管理》（*Tourism Management*）杂志 1989 年 9 月刊上发表过一篇题为《中国旅游十年发展的回顾与评价》（Ten Years of Chinuas Tourism）的论文，对改革开放后第一个十年中国旅游发展做了评述；那是国内学术界在这一国际旅游学术期刊上发表的第一篇论文。本论文是那篇论文的接续。

中国旅游发展：21世纪以来的
探索与未来展望*

开头的话：新十年的开始

21世纪已经进入第二个十年，第二个十年的第二年已经结束。从全球的角度来看，和21世纪头十年中的最后两年相比，世界旅游的发展有了一些复苏的迹象，但是还远远没有让人们充分乐观的理由。目前的现实是，笼罩整个世界政治、经济形势的阴霾还没有散去，存在于世界各地诸多的不确定性依然存在，商业信心和百姓的消费信心的增长仍然不明显。这也是世界旅游业发展的大环境。中国作为小小地球村的一个成员，尽管自己的小气候会有些许差异，但也很难善独其身，其旅游的发展更是如此。和以往相比，最近两年中国的旅游领域似乎没有太多令人激动之处，而更多的是应对、调整、筹划与期待。不过，值得欣喜的是，十八大的召开，为中国未来一段时间内社会经济的发展明确了方向、目标与战略。这一切，也将对中国旅游发展产生重要的影响。本文试图对最近两年来中国旅游发展的基本特点进行一些分析，对目前存在的一些问题和倾向进行梳理，并对未来的发展做出一些简单的展望。

一 中国旅游发展的基本特点

1. 中国旅游开始进入常规发展阶段，"两高一低"的市场发展格局基本定型

进入21世纪以来，中国的旅游开始步入常规发展，其主要的标志

---

* 刊载于《经济管理》2013年第1期。

是入境旅游、国内旅游和出境旅游三大市场共同发展，国内旅游成为旅游市场的主体。自改革开放以来，随着国家旅游发展政策的不断调整，单一入境旅游的发展模式自20世纪80年代中期开始转变，随着居民可支配收入的提高、观念的改变和假期政策的调整，国内旅游得以迅速发展。进入21世纪以来，出境旅游发展更加迅猛，自2008年开始，中国的旅游市场发生了重大变化，入境旅游市场保持低迷，国内旅游市场持续增长，出境旅游市场保持高速增长，形成了明显的"两高"（国内旅游与出境旅游高增长）、"一低"（入境旅游增长低迷）的发展新格局，这一格局形成后一直延续下来。统计表明，2007～2011年的五年间，中国的国内旅游人次数平均年增长10.4%，出境人次数增长11.4%，而入境过夜的外国游客只增长了0.5%。自2009年开始，中国入境旅游收入首次低于中国公民境外旅游消费，出现了逆差，此后，这个逆差在逐年扩大。虽然这一格局的形成可以用外部环境变化的影响来解释，但它义和世界许多国家的情况存在巨大的差异，其中"一高"（国内旅游比重和增速加大）和"一低"（入境旅游增速降低）可以说是个共性，而出境旅游呈高速增长且居高不下的现象则是中国所独有的，或者说是不多见的，这在某种程度上，也为世界旅游发展复苏迹象增添了一些光彩。从目前的发展趋势来看，这一格局基本定型，并会继续保持下去。

表1 2001～2011年中国旅游市场基本数据比较

年度	过夜入境旅游者人次数（万人次）	过夜外国旅游者人次数（万人次）	旅游外汇收入（亿美元）	出境人次数（万人次）	境外旅游消费（亿美元）
2001	3316.67	894.34	—	1200	139.09
2002	3680.26	1071.56	—	1660	153.98
2003	3297.05	889.00	—	2022	151.87
2004	4176.14	1365.99	—	2885	191.49
2005	4680.90	1641.91	—	3100	217.95
2006	4991.34	1810.61		3452	
2007	5471.98	2139.89	419.20	4095	298.00
2008	5304.92	1970.41	408.40	4584	362.00
2009	5087.00	1769.70	396.80	4750	437.00

续表

年度	过夜入境旅游者人次数（万人次）	过夜外国旅游者人次数（万人次）	旅游外汇收入（亿美元）	出境人次数（万人次）	境外旅游消费（亿美元）
2010	5566.50	2127.60	458.10	5739	549.00
2011	5758.10	2194.10	484.60	7025	726.00
2007~2011年年均增长率（%）	1.10	0.50	3.00	11.40	19.50

资料来源：依据联合国世界旅游组织相关年度统计数据计算得出。

2. 中央和地方政府对旅游发展重视空前

自改革开放政策实施以来，中国政府对发展旅游业重要性的认识不断提高，中央和地方政府出台了一系列促进旅游业发展的政策和措施，2009年12月《国务院关于加快旅游业发展的意见》（即国务院41号文件）的发布，进一步清晰明确地提出旅游业发展的定位和目标，首次提出"把旅游业培育成国民经济的战略性支柱产业和人民群众更加满意的现代服务业"的总体要求，制定了一整套实施措施，改变了以往多是就事论事的部门政策和短期措施的做法，把旅游业的发展推向了一个新的高度。

2009~2010年间，整个国家一直在为"十二五"规划进行筹划，先后制定了大批的全国性、区域性、地区性和行业与产业等规划，为中国未来的发展战略进行了全面的设计与调整。值得注意的是，无论是国家级的规划还是地方级的规划以及特定区域性的规划，都给了旅游业发展一个说法，或将其放到一个重要的位置。

从国家层面上看，《中华人民共和国国民经济和社会发展第十二个五年规划纲要》（以下简称"十二五纲要"）中多次提及"旅游"、"旅游业"和"旅游休闲"等内容。不仅在"大力发展生活性服务业"的章节中明确了旅游的发展优先顺序、发展原则和重点产品等定位，并在新农村建设、区域经济、对外贸易等部分又有了具体的阐述。中共中央办公厅和国务院办公厅制定的《全国红色旅游发展纲要II》和国家旅游局制定的《中国旅游业"十二五"发展规划纲要》都从全国的角度对旅游业的发展进行了全面的规划。

从区域发展规划方面看，先后在涉及西部、中部、中西部、东北部、长三角、珠三角、粤港澳、海峡西岸、山东半岛蓝色经济区和海南岛等 20 多个单行区域性的规划中，根据不同的区域位置、资源等条件，都分别做出了相关旅游发展的具体部署和要求。在已经正式公布的 28 个省级单位区域规划纲要中，均把旅游休闲列入服务业的重点产业或第一重点产业。目前各省份都完成了当地旅游发展规划纲要的制定，对当地旅游发展的目标、空间布局和重点任务都明确确定。从这些规划中可以看出，国家和地方政府对旅游业的发展给予了从来没有过的重视。

另外，中央政府在制定行业发展战略和规划的时候，也根据不同行业的特色，提出了支持和促进旅游业发展的内容，其中包括工业、农业、林业、商业、文化产业与事业、服务贸易、金融产业、海洋发展与环境保护等领域。更为特殊的是，国务院在 41 号文件发布后的一两年内，对其规定的任务在相关部委之间做出了具体落实的分工，相关部门又联合发布专门的文件贯彻执行。为了保障这些政策和战略的落实，全国人大也加快了《旅游法》审定的过程。旅游业的发展在政府推动、投资推动和营销推动的新形势下进入一个新的发展时期。

但是，从最近一段时间内出现的旅游发展规划热潮来看，有两种倾向值得注意，其一，对于中国这样一个社会经济差异巨大的发展中大国，工业化的任务尚未真正完成，服务业的基础并不牢固，旅游业作为国民经济战略性支柱产业的依据是否充分还值得进一步论证；其二，即使是中央政府确定了旅游业作为国民经济支柱产业的发展目标，但这也绝不意味着，全国各地（各个省、区、县、市、乡）不论市场与资源条件，都要把旅游业作为支柱产业去定位。这样做是违反区域经济发展规律的，是不正确的，但当前这一错误倾向苗头确实是存在的。

3. 旅游产业发展异常活跃，产业融合形成共识

在一系列政府加快旅游发展的文件和政策的激励下，自 2009 年以来，全国各地，从中央到地方，出现了一个大力发展旅游业的热潮，这一热潮所涉及的行政区域与行业范围之广、投资规模之大是前所未有的。从总体来看，各级政府对公共旅游服务体系的建设与完善非常关注，增加了资金投入，为旅游业的发展奠定了新的基础。虽然这些公共设施的投入是从整个国家经济的发展战略着眼，但对旅游发展的影响颇大，其中最为突出的是机场与航空的建设、高铁和高速公路等交通设施建设，不仅使旅行和旅游变得更加便捷舒适，而且这些新的交通网络的

扩大与完善，改变了很多地区的旅游组织模式和人们的旅行方式，使一些城市迅速变成旅游的新热点。连接内地和西藏的青藏铁路使西藏年接待游客量超过千万人次，已投入运营的京津、广武、京沪、沪杭、广深等高铁客运迅速改变了中国的旅游版图。这就是一个很好的例证。

与此同时，很多关于促进旅游业发展的举措都列入了地方和行业的"十二五"发展规划中，将旅游业作为支柱产业几乎成为全国各地的统一口径。这一现象，不仅体现在传统的经济发达地区，也体现在更多的经济欠发达地区；不仅体现在传统的旅游产业领域（如饭店、交通、景区、商业、娱乐等），还体现在一批新业态上，如会议与展览、高尔夫、邮轮、房车以及医疗旅游、体育旅游、旅游装备等，其中最为突出的是旅游房地产（或旅游地产、旅游房产）和城市旅游综合体这些全新的领域，而这些新型业态的发展投资之巨似乎也是前所未有的。和以往所不同的是，目前社会上逐渐形成这样一个共识，即旅游业不是简单的单一产业，促进传统旅游业与相关产业的融合是将旅游业做大的必由之路，因此，在促进旅游业的发展中，公共部门之间、公营与私营之间的合作变得同等重要。

4. 新技术推动着产业的发展，在线旅游不断推陈出新

技术进步是社会发展的重要推动力，中国最近 20 多年的发展实践使人们对这一判断有了更加切身的体验。电脑技术、网络技术、移动技术等 IT 相关技术的发展对人类生活、生产乃至思维方式的影响如何估计也不为过。联合国世界旅游组织专家十多年前提出的警示，在旅游业发展中，对待新技术的运用"准备上的失败就是准备失败"的观点逐渐被政府和业界所认识。对在中国颇为保守的旅游业来说，这些新技术的不断改进升级在其业态创新、经营与管理创新方面的作用都是令人惊异的。今天"智慧"成了新的流行语，智慧城市、智慧旅游、智慧饭店等都有着许多独特的创意，产生了特殊的效果。新技术的应用给旅游者带来了更多的方便，提供了更多的实惠，尤其是各类旅游设施与服务的在线预订与购买，实现了许多的超越。据艾瑞咨询估计，2011 年中国在线预订交易规模达 167. 9 亿元，比上一年增加了 60% 以上。① 而以

① 张广瑞、刘德谦、宋瑞：《2012 年中国旅游发展分析与预测》，社会科学文献出版社，2012。

这些新技术为支撑的新媒体——如网站、博客、微博、微信、飞信等——的作用日益显现，实力再大的企业也不敢对它们置若罔闻。毫无疑问，这对旅游企业来说，意味着更多新的机会和更加激烈的挑战。在这方面令人欣慰的是，许多中国本土的企业和品牌不仅在中国彰显了优势，也迅速地向世界更大的空间扩散，其中携程（CTRIP）就是一个突出的代表，这个以网络预订为主业的公司，其业务覆盖海内外300多个旅游目的地，其旅游业务年度营业净收入从2009年的1.77亿元猛增到2011年的5.35亿元①，年均增长45%。这在一个侧面说明在线旅游业发展的巨大潜力。

5. 中国旅游发展备受全球关注，其关注点发生明显变化

世界对中国的关注由来已久，"中国现象"可以做出不同的解释，褒贬不一，有喜有忧。然而，进入21世纪以来，国际社会对中国旅游的关注程度，尤其是在美国引爆全球金融危机以来，实在是前所未有的。其间一个重要的变化是，其关注点从原来的"中国旅游"（China Tourism）逐渐转向"中国旅游者"（Chinese Tourist），或者说从中国作为一个"新兴旅游目的地"转向中国人作为一个"新兴旅游市场"。在这一转变中，面对中国市场的潜力与现实，他们不仅改变了长期坚持的"不屑一顾"或"既爱又恨"的心态，开始反思自己整体的对华政策，主动或并非完全情愿地进行调整。近些年来，从积极争取成为中国公民出境旅游目的地的地位（ADS），到主动调整针对中国公民的签证政策，都说明了这一点。

近年来，世界对中国旅游的关注主要体现以下几个方面。

其一，在世界权威国际机构发布的年度报告中，经常把中国旅游的发展作为重要的内容，或发布关于中国旅游的专项研究报告。其中，联合国世界旅游组织（UNWTO）、世界旅游理事会（WTTC）和亚太旅游协会（PATA）等著名的国际旅游组织近年来一直是这样做的。有些著名的年度报告，如世界经济论坛（WEF）发布的《全球竞争力报告》和《全球旅游竞争力报告》中，都对中国的排行做出突出的表述。

---

① 张一言：《携程旅游业务已全面领先在线旅游市场》，本文转载自中国互联网行业社交媒体－速途网（2012年5月18日），http://www.sootoo.com/content/283955.shtml。

其二，世界最著名的旅游交易会发布的年度世界旅游发展趋势报告中涉及中国旅游发展的内容越来越多。其中包括英国伦敦旅游交易会（WTM）每年 11 月发布的《世界旅游市场全球发展趋势报告》（*World Tourism Market Global Trends Report*）和每年 3 月德国柏林国际旅游交易会（ITB）的《世界旅游趋势报告》（*World Travel Trends Report*）。这些报告是在交易会期间发布的，并往往会以此举行专题论坛，因此，在世界旅游业界影响非常大。

其三，一些国家的旅游行业协会或旅游研究机构组织专家撰写关于与中国旅游相关的研究报告，讨论中国旅游近年来发展趋势，呼吁本国政府重视中国旅游市场的开发，放宽对中国公民在签证方面的限制，从制度、服务方式等方面给予平等或优惠的待遇，不少国家已经采取了积极措施解决这些问题。其中比较突出的是 2011 年 5 月美国旅游协会发布的题为《整装待发》（*Ready for Take off*）的报告，对美国奥巴马政府调整对中国公民签证政策发挥了重要的作用。而 2011 年 10 月澳大利亚昆士兰州研究机构制定的《中国项目》（*China Project*）则非常详细地分析了中国旅游市场的潜力、特点，提出了详尽的开发计划和与中国有关部门合作的设想。

其四，国际旅游企业加大对中国旅游者消费行为的深入研究，提出了许多行之有效的对策。在这方面，美国运通公司（American Express）是先驱者，特别关注中国商务旅行的发展研究。而最近几年，世界著名国际饭店联号下的功夫更大，美国希尔顿饭店集团 2011 年专门发布了题为《中国旅游业的崛起将如何改变欧洲旅游业的面貌》的蓝皮书，并在希尔顿饭店集团世界各地的饭店里，开展了一项名为"欢迎"的统一活动，从多方面满足中国旅游者的特殊需求。尔后，万豪饭店集团开展了一项名为"中国礼遇"的类似活动。世界奢侈品协会每年发布的年度《世界奢侈品蓝皮书》更是将中国放到了突出的地位。德国专门成立了中国出境旅游研究所（China Outbound Tourism Research Institute），定期发布关于中国出境旅游的研究报告。

国际社会对中国旅游的关注越来越明显，不同的国家、机构和企业有着不同的目的，其中一个共同点是看中了中国出境旅游这个不断扩大的市场所创造的商业机会。这些关注也确实促进了世界不少国家对华政策的调整，尤其是对中国公民签证政策的调整。不过，世界上一些国家，尤其是那些面临严重经济衰退的发达国家，在调整对华旅游政策的时候，往往主要是出于自身经济发展的考虑。尽管在这方面有了不少改进和突破，但这还只是个开始，现实中存在的问题依然很多。在世界范围内旅行，中国护照还是最困难的证件之一，中国人出境旅游在很多方面还没有完全得到平等的待遇。最近一则新闻报道称，到2012年11月，世界上已经有114个国家和地区给予中国台湾地区居民免于签证的待遇，而"持中国护照可以免签证进入的国家全球更是不到20个，在世界排名仅位于巴基斯坦和孟加拉国之前"①。因此，随着中国公民出境旅游人数的增加和范围的扩大，如何使国民在境外旅行、度假中得到公平、公正的待遇，他们合法权益得到保障和保护显得尤为重要。

二 中国旅游发展中的八大纠结

总的来说，最近两年中国旅游的发展相对稳定，但在世界政治、经济形势的大环境下，在国内经济战略进一步调整和重新布局的情况下，也的确存在一些问题值得认真研究和思考。以下仅就比较突出的几个方面进行探讨。

1. 国际旅游逆向发展，是耶非耶？

中国国际旅游市场呈逆向发展，这就是说，入境旅游市场与出境旅游市场发展的差异在不断加大。根据官方的统计数据，在21世纪头十年（2001～2010年）中，中国公民出境的人次数与消费支出的年增长率分别超过15.9%和14.7%，在最近5年（2007～2011年）中，这组数据分别是11.4%和19.5%。反过来看，入境旅游在21世纪的头十年中，过夜旅游人次数与旅游外汇总收入（含港澳）的年均增长率分别是5.3%与9.9%，而在最近5年中，这两个数字分别是1%与3.0%。显而易见，入境旅游的增长速度大大低于出境旅游。2011年中国公民的海外消费支出达726亿美元，其年度增长速度为32%，为世界最高增速，使入境旅游收入与境外旅游消费支出之间的逆差扩大到240亿美元。另据中国旅游研究院的预测，2012年中国公民出境人次数将达到

①　见 Bwchinese 中文网2012年11月6日署名文章《美国为何不给中国人签证？》。

8200 人次，他们的海外旅游支出将达到 850 亿美元①，届时，其国家旅游外汇收入与出境旅游支出的逆差达到 400 亿美元。如果不出现特殊的政策或特殊的变化，这一趋势将会继续保持下去。这一状况与发展趋势给我们提出的警示是：作为一个发展中国家，从服务贸易发展的角度来看，必须重视旅游服务出口（即扩大入境旅游）的重要性和比较优势，在扩大内需的同时，不应当忽视扩大外需增加国家财富的作用。越是在外部环境条件不利的情况下，越应当加大营销力度，维持老市场，开拓新市场，保证入境旅游发展长远目标的实现。积极发展入境旅游应当是一个发展中国家需要长期坚持的国策。

不过，在中国，这一现象是过渡性的，在不少发展中国家经济快速增长的时期都曾出现过。当前国民境外消费快速增长的原因颇为复杂，形成非理性消费的因素很多，至少目前这一逆差也并未对国民经济产生明显的负面影响，也没有到需要政府采取措施对国民出境旅游加以限制的程度，但是从长远的观点看，相应的政策引导是必要的。

2. "黄金周" 效应备受关注，去耶留耶？

"黄金周" 的假期安排虽非中国的独创，但它对中国旅游的影响很大。的确，这一假期安排的出台在提高中国公民对旅游的认识和促进旅游业的发展方面都发挥了重要的作用，在特定时期刺激内需、促进消费也是功不可没的。但是，无论从对公共服务设施、旅游景区以及相关服务行业的接待能力、服务质量的压力来看，还是从对旅游者本身的体验来说，都存在不少问题值得认真研究。一个不容忽视的事实是，用占全年总天数不足 4% 的时间（14～15 天）来接待全年 16%～20% 的游客，这一负担之重是可想而知的。自这一制度开始实施以来，社会各界总是以一种 "运动" 的方式来应付。这一政策从 1999 年推出到现在的十多年的时间里，长假期制度安排几经调整，但似乎依然没有找到良好的解决方法。最近两年来，"黄金周" 成为 "黄金粥" 的现象难以改变，关于恢复 "五一黄金周" 和延长 "春节黄金周" 的呼声迭起，尤其是 2012 年 "十一黄金周" 期间高速公路免费通行政策推出后产生的意想不到的拥堵现象后，"黄金周" 又激起了新一轮的热议，"黄金周" 的

---

① http：//life. cqnews. net/html/2012－11/29/content_ 21946293. htm.

去留、增减问题再次被提出。

表2　2005～2011年"黄金周"旅游人次数所占比例变化

单位：亿人次,%

年度	全年国内旅游接待量	"春节黄金周"	"五一黄金周"	"十一黄金周"	"黄金周"接待量占全年总量的比重
2012	30.00（预计）	1.76	—	4.24（8天）	20.00
2011	26.40	1.35	—	3.02	16.55
2010	21.00	1.25	—	2.54	18.05
2009	19.00	1.09	—	2.28（8天）	17.74
2008	17.12	0.8737	取消	1.78	15.50
2007	16.10	0.9220	1.79	1.46	25.91
2006	13.90	0.7832	1.46	1.33	25.71
2005	12.12	0.6902	1.21	1.11	24.84

资料来源：根据相关年度国家旅游局"黄金周"旅游统计信息通报整理。

　　另外，从这几年"黄金周"实行的情况来看，还有一个效应存在争议，那就是，"黄金周"到底是"谁的黄金周"？从"黄金周"制度安排的初衷来看，主要是促进国民的旅游消费，因此，它一直被称作"旅游黄金周"，然而，从实际效果来看，这样的旅游方式难以使大多数旅游者满意，良好的旅游体验难以获得。仅仅把这样一个个长假期变成各类商家的促销大战，使假期变了味，与"旅游黄金周"的意义相左。另外一个值得注意的效应是，尤其是最近两年，"黄金周"变成境外奢侈品消费的"黄金周"。据《世界奢侈品协会2012"黄金周"中国境外消费分析报告》统计，2012年"十一黄金周"期间，"中国人出境消费奢侈品集中累计约38.5亿欧元，同比去年黄金周境外奢侈品消费总额增加了14%，加上黄金周期间境外隐形消费与奢侈品服务业消费，预计超过60亿欧元，中国'黄金周'已经成为境外奢侈品市场最重要的赢利周期"[①]。这个问题也许是制定相关政策时未曾想到的结果。

　　这些现象的出现值得政府反思的是，长假期制度安排的真正的政策预期是什么，面临新的挑战应当如何应对。很显然，过于频繁地调整假期安排所产生的效果可能会更差，而从实际看，目前落实带薪假期制度

---

① 《黄金周中国人境外消费超60亿欧元 欧洲成扫货主战场》，《美南新闻》2012年10月18日，http://www.scdaily.com/News_intro.aspx? Nid=61742。

也是困难重重，尽管个别省市制定了《国民休闲纲要》和类似的安排，但多是从发展旅游业或休闲产业的角度考虑，似难以减小当前"黄金周"度假方式带来的压力和矛盾。社会强烈呼吁，"别让假期看上去很美"，也不能让百姓提心吊胆地度过长假期。无论如何，促进带薪假期的落实，让更多的国民有条件根据自己的愿望安排度假或旅游，是减小"黄金周"人满为患压力的重要出路所在。

3. 关注民生语境下的"嫌贫爱富"还要持续多久

随着国民经济的快速发展和经济改革的日益深入，保障和改善民生成为各级政府的重要职责，这也成为发展旅游的重要功能之一。这一观点曾在国务院41号文件中予以阐述。这就是说，在旅游发展中，不仅强调要把旅游培育成战略性支柱产业，还要强调不断满足人民群众的旅游需求，要充分注意满足大众市场的旅游需求。由于特殊的历史原因和当时的国情，中国旅游发展伊始就表现出一种"嫌贫爱富"的态势，把满足海外旅游者的需求放到第一位，把获得外汇收入优先考虑。虽然，今天中国的社会经济状况发生了巨大的变化，中国旅游业所面临的市场格局发生了根本性的变化，但是，在旅游设施的建设和旅游产品的开发上，仍存在一种过分追求豪华、偏重满足高端市场需求的倾向，存在对高档住宿、度假和娱乐设施投资积极性高，对奢华的产品开发的力度大，而对满足普通公众旅游消费关注不足的倾向。很显然，这与中国旅游主体市场转变的现实和关注民生的新理念存在明显的错位。而且，在实践中，一些地方把会议、展览、商务旅游、奖励旅游以及体育旅游等均列入高端产品或指向高端市场也是一种误导，因为，这些旅游需求所需要的是特定旅游产品和服务，不意味着都是豪华和高档的。自然，对于市场和产品的选择，作为企业可以根据自己的资源和能力做出自己独立的选择，但是作为公共政策的指向，不仅要考虑特殊市场的高端需求，更要关注普通百姓的大众需求；考虑刺激消费和促进经济发展的目标，但也必须考虑普通公众的实际需求。尤其是在今天，从可持续旅游发展的角度，政府要充分注意支持和鼓励有利于百姓身体健康、低碳、低耗的旅游活动（如徒步旅游等）的开展。从社会发展的角度来看，不能仅把旅游当作刺激消费的商业活动，还应当考虑其改善民生与福祉目标的实现，因此，旅游和文化一样，它不应当是个纯粹的经济产业，还应当为旅游事业保留一定的空间。

4. "免税生意"是刺激消费还是饮鸩止渴？

中国公民出境旅游的高消费引起了国际社会的极大关注，中国奢侈品消费的高速提高成为世界旅游目的地国家和地区争相开拓和扩大中国旅游市场的重要原因所在。据世界奢侈品协会公布的数据，2011 年，中国奢侈品市场年消费总额已经达到 126 亿美元（不包括私人飞机、游艇与豪华车），占全球份额的 28%。中国已经成为全球占有率最大的奢侈品消费国家。而中国人在境外旅游过程中——尤其是在"黄金周"期间——的购物消费令世人咂舌。这个组织公布的数据表明，2012 年龙年春节期间，中国人在境外消费累计达 72 亿美元，同比增长 28.57%，远高于年前预期的 57 亿美元，创下历史新高。[①] 中国人已成为节假日境外最具奢侈品购买力的消费群体，居全球之首，超过日本。另据麦肯锡公司发布的一份题为《解读中国人对奢侈品不断升温的热情》的报告称，到 2015 年，中国消费者的奢侈品支出将占全球市场的 20%，每年用于购买奢侈品的花销将为 270 亿美元左右。[②]

奢侈品消费激增的现象也引起了国家的关注。在 2009 年 12 月国务院发布的《国务院关于推进海南国际旅游岛建设发展的若干意见》中提出"由财政部牵头抓紧研究在海南试行境外旅客购物离境退税的具体办法和离岛旅客免税购物政策的可行性"的工作。尔后，继 2011 年 1 月 1 日海南岛海外游客购物离境退税政策出台之后，同年 5 月 1 日，又推出了针对国民的离岛退税政策。很显然，这一政策的实施是促进海南岛旅游发展的一项特殊优惠政策。时隔不久，国内包括上海、北京等大城市也提出实施这一政策，扩大免税店的范围和业务的要求，希望通过这一措施，能够把更多的国民境外奢侈品消费转移到国内。出于同样的目的，也有人提出降低进口奢侈品的关税以降低其销售价格，提高国民在境内购买奢侈品的消费。但人们似乎忽视了当前国内外免税店经营中的一个特点，那就是，无论是海外的免税店还是中国境内的免税店，它们所经营的主要商品中属于"中国制造"的屈指可数，微乎其微，对国人具有某些吸引力的无非"中华牌"的香烟或国酒茅台。在这个行业，"中国制造"（Made in China）已经被"中国销售"（Sold in China）

---

① www. sjfzxm. com.

② 中国奢侈品贸易委员会：《中国将成奢侈品市场"重心"》，2012 年 11 月 10 日，http://www.ccpit - cltc. org/a/11111/2012/1109/9802. html。

替代。目前所采取的关于增设免税店一些措施,能使国内一些机构从免税商品经营中多获得一些利润,而难以从根本上解决"中国制造"商品的国际竞争力仍居弱势的难题。一个可以预见的严重后果是,这样做只能提高中国消费者对外国奢侈品品牌的忠诚度和依赖性,为洋品牌创造赚取高额利润的良机,而不能促进"中国制造"商品的品牌和品牌忠诚度的提升。因此,在更多的区域增加免税店经营的含金量令人质疑,尤其是从长远的发展来看,这更不是上策。

近来,据媒体透露,国内免税品价格全球最高,于是得出这是国民竞相出境旅游购物的重要原因之一。但不少专家对通过降低奢侈品进口关税抑制国内销售价格攀升的建议也有异议。一个颇为大多数人接受的判断是,面对中国公民对奢侈品消费巨大潜力的现实,境外生产商不可能会主动降价而割舍巨大的利润。退一步说,即使是国内价格与海外价格的差异有所减少,国民也未必能大幅度地削减在境外的消费,因为这还与购物环境、服务质量以及诚信等多种因素相关。无论如何,加大国内名、特、优产品品牌建设,增加国民对国货的信心才是最为重要的,是一项长期有效的战略性国策。

5. 差旅服务社会化与"三公开支"有效控制:艰难的一步

虽然在我国 2009 年刚刚修改过的《旅行社条例实施细则》中提及,旅行社的业务包括"接受机关、事业单位和社会团体以及企业的委托,为其差旅、考察、会议、展览等公务/商务活动代办交通、住宿、餐饮、会议等事务"的条款,但在实际中,绝大多数政府部门、事业单位和国有大型企业的这些活动依然由本单位专门设立的机构——如外事办公室、办公室、老干部办公室等部门——自行安排,甚至有些部门还在执行有关于旅行社的凭据不能作为财务报销的规定,也就是说,大量公费开支的公务活动依然没有真正进入社会化的服务,在这方面与国际惯例差异较大。在国际上,商务与公务旅行是旅游业的重要组成部分,无论是组织一些大中型会议、论坛、展览、展示活动,还是出席这些活动或其他公务/商务活动的安排,一般情况下都是由专门提供服务的中介机构代理。另外,还有一些专业的差旅咨询公司或旅行代理商提供专业化的服务。早在 20 多年以前,在欧洲一些国家中,大的专业旅游经营商,如通济隆公司、运通公司等,专门应大公司或机构的要求,派人提供"住店服务"(in-house service),实际上,就是请专业的差旅咨询公司为其提供差旅管理服务。这样做，既能够以最经济方便的方式满足用户的差旅业务需求，又能够对差旅预算进行有效的控制，成为部门和企业财务管理的一个组成部分。这种差旅服务的社会化不仅提高了工作效率，而且还能够减少机构的人员开支，预防差旅开支的浪费和漏洞。因此说，公共部门差旅服务的社会化也是机构改革的一项内容。

近年来，社会各界对各级政府的"三公"消费——政府部门人员在因公出国（出境）经费、公务车购置及运行费、公务招待产生的消费——颇有微词，"三公"消费一直是全国人民代表大会的热议焦点。2011年中央政府各部委和部分地方政府"三公"消费信息公布之后，由于缺乏应有的透明度，不能令公众满意。这里权且不去讨论这些开支的合理性或可能存在的不良现象，至少就现有资料表明，这项开支是庞大的。据新华社报道，2011年仅中央单位财政部拨款的"三公"经费超过93.64亿元[①]，另据估计，2010年全国"三公"经费高达9000亿元[②]。这其中一个值得探讨的问题是，政府的"三公"消费开支如何才能做到公开、透明、有效、可控。实际上，"三公"消费开支与旅游服务业关系紧密，其中有很大一部分服务是可以也应该实行社会化，例如，包括会议和考察在内的公务旅行、公务用车和公务接待等活动，都可以通过社会服务企业来承担。这样做，不仅有利于成本的节约与控制，也有利于政府行政机构的改革。有关这方面的改革在不少地方曾经尝试过，之所以没有取得应有的效果，或不能真正坚持下来，其阻力还是来自政府机构本身，因此，这仍然是难以迈出的一步。

6. 企业"走出去"：美好愿景与漫长的路

就旅游业的发展来说，改革开放的一个直接结果就是"引进来"，从投资、项目建设到管理、技术、人才的引进，促进了中国旅游业的全面发展，其中饭店行业是引进资金、管理和与国际接轨的排头兵，对促进旅游业的发展和深化行业改革功不可没。30多年过去了，中国的经济发展发生了根本性的变化，对旅游业来说，不仅产业的规模扩大了，企业管理水平有了质的飞跃，而且培养和锻炼了一批专业人才。与此同时，中国出境旅游的高速发展，数以千万计的国民走出国门，足迹遍布

---

① 据新华社2012年6月27日的报道中援引财政部公布的数据。

② 桑振龙：《中国"三公"消费公开政策及数据分析》，http：//wenku.baidu.com/view/fceb28d0195f312b3169a5fb.html。

世界各地，中国公民的海外旅游消费引起了国际社会的广泛关注。面对这一市场发展的巨大潜力，政府曾在许多规划和纲要中提出鼓励企业走出国门，在更加开放的国际市场上进行竞争。然而，时至今日，这个目标依然多停留在愿景中，真正迈出这一步并取得良好业绩者很少，而以往的失败更使一些企业小心谨慎，缩手缩脚。这一现实固然与当前的国际政治、经济形势变幻莫测有关，但也应当说与政府和企业在这方面的决心不大和努力不足是分不开的。一方面是认识问题，中国加入世界贸易组织之后一直强调"请进来"的政绩，一些政府往往把"引进"作为一种任务和政绩来考核，而发挥优势、利用机会"走出去"的意识淡薄，政府鼓励和支持企业"走出去"的政策乏力；另一方面，无论是政府还是企业都缺乏"走出去"的自信心，也缺乏对境外市场条件进行深入细致研究的准备。旅游业和其他不少工业企业一样，民族品牌建设缓慢，在国内外的影响依然偏低。即使是相对成熟的饭店业，还是迎来一个又一个国际饭店管理集团涌入的高潮，而真正具有实力和经验的饭店公司走出国门则是步履蹒跚，举步维艰，甚至只能在国内某一特定区域发展。在这方面，中国旅游企业"走出去"的步伐似乎落后于一些亚洲旅游发达国家。2011年11月商务部等单位的《服务贸易发展"十二五"规划纲要》的制定对作为服务贸易重点领域的旅游业、住宿业和餐饮业走出国门确定了方向和任务，无疑这也是一个机会和促进因素，但这条路还是漫长的。

7. "以发展旅游的名义"的滥用造成严重的后果

由于中央和地方政府对旅游业发展的重视，近些年来出现了"以发展旅游的名义"被滥用的现象，其中最为突出的至少表现在两个领域，一是房地产，二是城市建设。

旅游房地产（或称"旅游地产"或"旅游房产"）是近年来颇为时髦的词语，这也是目前一个复杂且非常难以限定的业态。它的出现与发展可以看作国家相关产业政策限定模糊的产物，是投资开发商们一种"擦边球"的动作。为了控制房地产不正常开发与房价上扬，政府采取了严厉的调控政策，使房地产市场保持较长时间的低迷，与此同时，旅游业被提升至国家重点培育与发展的产业，全国各地兴起了一场加快旅游业发展的高潮。于是，一个旅游与房地产联姻的业态应运而生，这样都可以冠之以"促进旅游发展的名义"，放开手脚，堂而皇之地参与。

从目前情况来看，旅游房地产成为国内发展最为迅速的行业。当前这个产业发展的特点之一是名目繁多，从商业性住宿设施、主题公园、高尔夫球场到综合性景区和城市综合体，五花八门，应有尽有；特点之二是规模巨大，不少项目的开发面积常以平方公里计算，投资从几十亿元到上百亿元或更多；特点之三是覆盖面广，从城市中心到靠近城市的乡村，从沿海、山地到河湖水畔，遍地开花。而且，这些旅游房地产项目的背景颇为复杂，其真正的性质难以确定。全国各地未经批准的高尔夫球场越禁越多，在自然保护区内兴建高档商业住宿设施（尤其是高级公寓）等做法屡禁不止，其中有不少是以发展旅游的名义做的。这一新业态的出现与兴旺常给人们这样的思考：到底是旅游促进了房地产的发展，还是房地产绑架了旅游业。

旅游业受到政府的重视，建设旅游城市也成了各个地方追逐的目标，创建旅游城市、优秀旅游城市、最佳旅游城市，成为许多市领导的一项要务，调动各种资源去实现。为实现这一目标，自然会突出地体现在城市建设上。近来，围绕发展旅游，城市建设出现了两种倾向，一是"国际化"，二是复古化。一方面，全国各地很多城市都在侈谈国际化，更加确切地说是"洋化"，无论大城市还是小城市，无论是内地城市还是沿海城市，都把建设成"著名国际化城市"作为目标，甚至要成为"世界一流的国际化城市"，于是公共服务设施的定位多在高端、奢侈、豪华、洋气上，争相建设超大型广场、超大型购物中心、超豪华的饭店、超级功能的会议展览中心以及欧美小镇或街区等，希望以此打造形象，招揽海外投资商和游客。另一方面，不少城市又在复古上大做文章，不惜花十亿元、百亿元乃至千亿元的巨金，以超出现有全市 GDP为代价，举债来恢复或重建一个历史古城。据媒体报道，河南一个年GDP 约为千亿元的城市，计划投资千亿元搬迁原城区居民，重建北宋古城，"再现大宋王朝的风光"，并说"不光是城市建筑，就连街上的公交指示标志、旅游咨询点等细节将来都要体现出宋文化的韵味"。此豪言壮语确实雷人。总之，总是想把现在的城市，不是整容成"洋妞"，就是变成"仕女"。有人警告说，做这样的事，最好要谨慎，不要酿成"功在当代、祸殃千年"的噩梦。值得注意的是，不少城市这样做，也总是以发展旅游的名义。其实，这些年来，在这方面我们已经有了足够惨痛的教训，政府应当采取有效措施加以遏制。

8. 可持续旅游发展：是口号还是行动

从全球范围来看，自 20 世纪 90 年代以来，可持续发展的理念日趋流行，可持续发展成为各个行业发展的目标与归宿，可持续旅游发展的原则也开始受到世界各国的关注，并随着时代的发展，不断被赋予了新的内容，当前更加强调将低碳、减排、低能耗以及生态文明的理念注入旅游发展的各个环节之中，并提出了做"负责任的旅游者"的号召。中国作为一个以旅游大国为发展目标的国家，在促进旅游发展的过程中也非常重视这一理念的培养和这一原则的贯彻实施。在一些特定的旅游相关行业，例如饭店业和景区业，通过制定激励政策和行业标准将这些原则和理念付诸发展的实践，成效较为明显。然而，就总体而言，目前我国在这方面还存在不少差距。世界经济论坛发布的《2011 年旅游竞争力报告》中，中国环境可持续性政策方面在 144 个国家中排行第 95 位。报告中特别提及，"在环境可持续的政策方面，尽管也取得了一些改进，但还值得进一步的关注"[①]。这一点也反映在不少旅游规划、开发和经营中，这一原则往往体现在口号或说法上，缺乏相应的动力和具体的行动计划，并没有完全落实在行动中，破坏性的开发或"抹绿现象"广泛存在。在旅游活动中，旅游者也往往缺乏应有的责任感，延续一些传统的消费习惯，浪费性、炫耀性的休闲消费依然很严重，人们在旅游或度假过程中往往只关注自身享受，忽视了行为制约，没有把可持续发展的原则变成自觉的行动。

值得欣慰的是，在中国旅游发展的过程中涌现了一批热心于公益旅游活动的非政府组织和志愿者，近年来一直比较活跃的公益旅游组织，如"自然之友""地球村""多背一公斤"等，在这方面发挥了重要的示范作用，而 2008 年出现的志愿者运动也推动了我国旅游公益活动的开展，其中网络社区平台也发挥了重要作用。多种形式的徒步旅行组织和"驴友"组织也做出了自己的贡献。在目前我国旅游发展非常强调商业效益的时代，热心于包括环境保护在内的公益旅游活动的 NGO 组织充分显示了它们的优势。不过值得提出的是，政府在鼓励和支持 NGO 在促进旅游可持续发展中充分发挥作用方面还显得力度不足。

---

① WEF: The Travel & Tourism Competitiveness Report 2011, Geneva, Switzerland 2011.

三 中国旅游业发展展望

一个国家旅游业的发展与世界总体的政治经济形势有着很大关系，当然，本国的政治经济形势的稳定发展是更加重要的条件所在。尽管国际经济形势近期还难以有重大的改观，政治上的不确定因素依然很复杂，但普遍认为，全球旅游业已经开始复苏，其增长速度会快于全球经济增长的速度。对中国来说，旅游业的发展正面临着新的机遇，三年多来的战略调整与筹划将逐渐产生效果。中国共产党第十八次代表大会提出来的精神对中国社会经济发展提出了新的思路，这些新的思路也必定成为中国旅游业未来发展的大政方针，为旅游业的进一步发展增添了活力。中国旅游业未来五年的发展纲要早已确定，但可以相信，党的十八人所强调的三个新理念将会产生重大的影响，成为指导中国旅游业长期发展的重要原则和依据。

1. "美丽中国"：中国旅游发展的基石

"美丽中国"，这个描述简单而朴实，寓意丰富而深刻。"美丽中国"所强调的不仅仅是外在的形象，还包括内在的素质，这既是对未来的憧憬，又昭示着实现的途径。无论从哪个意义上讲，"美丽中国"都是中国旅游发展的基石。一个美丽的国家，海外旅游者才会慕名而至，同样，大好河山的美丽，国民才愿意离开家门出去走一走，看一看，去体验和享受。国际旅游发展的经验表明，越来越多的旅游者对美丽的追求绝非仅仅是对某些个别景点或景区的游览，也不是按照某些机构规划或大力促销的线路旅行，而是希望根据自己的意愿，自由自在地选择，所到之处，都能找到美的感受，"无景区旅游"才是一个美丽国家的象征，才是一个成熟旅游目的地的标准，无论你走到哪里，是城市还是乡村；无论在哪个季节，是冬天还是夏天，旅游都会让人感到心旷神怡。人们对美丽的期待更多的是自然的，主要的不是靠打扮和营造，而是靠对人类生存环境和生态的悉心呵护和精心培育；不是靠某些部门去宣传或靠"运动"去造势，而是要整个社会的共同努力去实现，靠每个人的自觉的行动去推动。当然，对旅游来说，美丽不仅仅是风景，也包括丰富而独特的文化和人的精神面貌等。中国和世界都在呼唤、期盼用诚信造就美丽，旅游更是如此。

2. "小康生活": 创新生活方式与旅游方式

小康生活是中国人的世代期盼，在很长时间内，它是一种理想的境界，是一种颇为模糊的概念，尤其是在中国这样一个人口众多的大国，不同的人有着不同理解。党的十八大将"建设小康生活"作为一种奋斗的方向改为"建成小康生活"实实在在的任务；把原来的一种理想，具体到通过8年的时间人均收入翻两番的数据，使之成为一种可以核查的现实。在建设小康社会的过程中，中国人的生活方式、消费方式乃至休闲方式也必定会随之不断变化。对普通百姓来说，人们所渴望的并非一次或几次外出旅游活动，而是根据个人意愿所选择的一种独特体验的享受，人们追求的不仅仅是刺激消费的旅游业或休闲产业发展，而是体现以人为本的休闲社会。小康生活是实实在在的生活方式，是人类跨越浮躁、浪费和炫耀的理性消费选择。这种新的社会需求为旅游产品的开发和经营提出了新的标准。这看似长期的挑战，可能很快就出现在未来的现实中。

3. "中国特色": 立于世界之林的基础

中国发展道路的选择是艰难的，改革开放30多年来一直探寻，30多年的风风雨雨使大家坚定了这样一个概念，即走具有中国特色的发展之路。全球化、国际化是一种必然趋势，但一个国家要想发展，要想强大，必须根据自身的条件，选择适合本国国情的发展道路。别人成功的经验可以借鉴，别人先进的理念可以学习，但绝不是全盘照搬，更不能削足适履。旅游的发展更是如此。如果说过去30年的时间更多的是学习和借鉴，在学习和借鉴中推动改革，而未来的时间要突出创造，在旅游发展中，更要强化"中国制造""中国创造""中国服务"的理念，以自己的品牌、自己的特色、自己的质量赢得本国和外国人的共同认可。也许经济的全球化还会不断推进，工业产品的标准化进一步提高，但是文化的全球化不大可能为世界所接受，一个国家旅游发展的实力更多地体现在文化上，因为独特的文化是旅游吸引力的源泉，旅游发展根植于中国独特的文化中，发挥独特文化优势是中国旅游未来发展的根本所在。

结束语

世界进入21世纪第二个十年之初，联合国世界旅游组织秘书长瑞法先生曾对前后两个十年的旅游发展做过精辟的判断，他认为，"2001～2010年：最美好的十年，也是最糟糕的十年"，而"2011～2020年，是旅游的十年"①。对中国来说，未来的十年是社会经济发展的黄金十年。因此，这十年也是中国旅游发展走向更加成熟的十年，旅游的发展应当为实现"美丽中国""小康生活"的目标做出自己的贡献。也许十年以后，中国无须太在意自己的哪些指标是否位居世界第一，因为中国原本就应当是人们心中的世界第一了。

中国旅游发展战略研究国家课题的成果

---

① *The Decade of Travel and Tourism*：*Remarks by* Mr. Taleb Rifai at ITB，Berlin，Germany，March 2011.

旅游发展的政治解析*

旅游是人类一种有意识的活动，也是人类社会发展和进步的产物。长期以来，人们在研究其发展的过程时，非常重视影响这一活动的经济元素——旅游行为产生的动机、旅游活动的外部条件及其经济影响等，然而，实践还表明，促进旅游发展的政治因素也是非常重要的，在很多情况下，政治因素的作用更加明显，或者说，旅游发展的政治影响更受关注。旅游发展的经济影响是客观存在的，而旅游发展的政治目的则是国家政府所期待的，政府许多旅游政策设计的基点往往偏重政治，也许未必用政治的词汇来表述。

一 世界旅游发展中的政治功能

关于旅游的政治性并非中国所独有的，世界各国的旅游发展政策都不同程度地体现了政治性。政治因素不可能回避的，回避不了，也没有必要回避。

（一）联合国世界旅游组织（UNWTO）重视旅游发展的政治性

联合国世界旅游组织是联合国处理旅游相关事务的专门机构，是世界旅游领域最重要的国际组织。该机构一向重视全球旅游发展的政治性，这体现在它制定和发布的一系列宣言、声明等文件中。早在1980年发表的《马尼拉世界旅游宣言》中指出，"旅游可以成为世界和平的关键力量，并能为国际理解和相互依赖提供道义和理智的基础"，其中

---

* 2011 年 11 月在"中国社会科学院论坛"上的演说稿，后收入 2013 年《中国旅游评论》2013 年刊。

第 7 条中特别提出，"不论旅游的经济效益多么现实、重要，都不会也不可能是各国做出鼓励发展旅游之决策的唯一标准"①。该组织 1997 年发布了《旅游社会影响宣言》，1999 年发表了《全球旅游伦理规范》，这个文献表示"坚信通过不同文化和生活方式的人们之间产生的直接的、自发的和平等的接触，旅游是推进和平的重要力量和增进世界人民之间的友谊与理解的重要因素"。另外，重视旅游发展的政治性还体现在它每年发布的年度主题口号上。1980 ~ 2010 年提出的 32 个年度主题口号中，涉及促进和平与和谐发展的口号有十条之多，而只有一条是直接针对产业的，那是 1990 年的年度口号——"旅游：尚未认知的产业，尚待开发的服务"。②

（二）世界各国旅游行政管理机构的变迁更加突出其社会发展的功能

从全球的角度来看，虽然不重视旅游发展的国家微乎其微，但是对旅游功能的限定各有不同，旅游政策也在不断调整。20 世纪 70 年代之前，在大多数国家中，旅游的地位并不高，在不少国家中，将旅游的管理置于国家的外交部或外贸部管理，尤其是在当时的社会主义阵营国家中，都是作为外事管理，突出的是政治。到 80 年代以后，大多数设立旅游管理机构的国家则开始强调旅游的经济性，管理旅游的职能大多置于中央政府的经济、产业、贸易、商业或交通运输部门下。而现在，除了设立独立的旅游部之外，越来越多的国家把旅游与文化、社会发展和环境保护归属于一个部门管理。很显然，这样的调整一方面反映出政府对旅游发展的重视，另一方面也反映出对旅游政治、文化功能的关注。目前，在东盟国家中，两个国家设立了独立的旅游部，一个国家由总理府负责，而其他四个国家组建了文化与旅游部。作为东亚地区两个重要的旅游国家，韩国在 20 世纪 90 年代末就将旅游与文化合并为一个部（现在称"文化、体育和观光部"），提出了"旅游兴国"的战略。日本在 2003 年就探讨"建设一个住得好、玩得好的国家"的观光立国的基本理念，2006 年制定了《旅游立国推进基本法》，依据这个法案于 2008

---

① 世界旅游组织：《关于旅游的马尼拉宣言》，1980，马尼拉。

② 详见附件。

年创建了观光厅，提出了"观光立国"的具体目标，改善国家形象仍然是其中的重要内容。

（三）面对世界发展格局变化，国家旅游政策的调整

世界旅游发展的政治功能，不同社会制度和经济发达程度的国家所强调的方面有所不同，但都重视国家间的相互了解和国家形象的改善。经济发达国家更加强调本国文化和价值观的输出。早在第二次世界大战结束后不久，美国就把鼓励企业家向境外投资建饭店作为马歇尔计划的一个组成部分，促进与那些国家和地方的贸易、旅游和其他交往，为美国赢得更多的海外援助，实际上，这也是向海外推销美国文化的重要措施，通过鼓励美国人出国旅游以向世界灌输美国的生活方式。日本在1965～1987年的20多年间，曾经制定过3次出境旅游倍增计划，这不能简单地看作是平衡过大的贸易顺差，更重要的政策指向是改变日本在国际社会的形象。

世界进入20世纪80年代，区域经济一体化和经济全球化成为一个不可逆转的发展趋势，开放是各种政治、经济制度国家所采取的大政方针，发展与合作成为当今世界发展的主流，旅游又是这一形势的受益者。世界国际旅游原本主要集中在欧洲和北美国家之间，后来扩展到欧美国家原来所控制的殖民国家和地区，政治上相互对立的两大阵营国家之间几乎没有旅游者流动，这是政治所致。亚洲地区，虽然国家多，人口多，经济增长也很明显，但是由于政治与意识形态的阻隔，相互之间的旅游交流也非常有限，这在东亚地区更加突出，这自然也是政治。中日旅游交往较早，但长期以来只是单向的，中韩两国旅游的交往是在90年代之后，即使是当年曾经的"好朋友""好邻居"苏联、越南也因政治关系骤变，兵戎相见，不可能有正常的旅游活动。后来的旅游发展，皆是相关国家与地区政治关系的改变所致。世界旅游在20世纪80年代到21世纪初的高速发展，与世界各国积极开放政策直接相关。

进入21世纪以来，尤其是2008年之后，面对不景气的经济环境和动荡不安的国际形势，中国等新兴经济体的崛起引起了世界的关注，这些国家旅游的发展受到格外关注。促进旅游合作成了许多国家领导人与中国首脑会谈的重要内容之一，这在以前是不多见的。

近些年来，随着中俄两国全面战略协作伙伴关系的不断发展，两国

在旅游领域的交流与合作日益深化，继中俄两国举办国家年和语言年之后，在 2012～2013 年双方又举办了旅游年。在每次旅游年开幕式上国家领导人致辞时，都会特别强调旅游在"促进两国人民之间的相互了解和友谊，扩大经济和人文合作，深化中俄全面战略协作伙伴关系具有重要意义"。2013 年在莫斯科中国旅游年开幕式上，中俄两国元首出席并致辞，普京总统重申，中国旅游年的举办会"增进相互了解，加强我们特殊的战略关系"，习近平主席在讲话中说，"希望双方以举办旅游年为契机，把旅游合作培育成中俄战略合作的新亮点"。

（四）世界各国旅游签证政策的调整体现了政治上的诉求

外交政策是体现一个国家政府最突出的政治倾向，也是国家关系的风向标和晴雨表，签证政策也经常成为实现国家政治目的的有效工具。一个国家公民享有国际旅行的自由度，不但是相关国家国力强弱的体现，也显现了国家或地区经济发达程度和国际政治关系的好坏。有的时候，表面上看起来是经济关系，实际上是政治关系。据亨氏顾问公司发布的《2012 年亨氏全球签证受限指数报告》[1]，在世界范围内 159 个国家和地区以上享受免签的 24 个国家中，除了日本、韩国、新加坡、澳大利亚、新西兰和美国外，其他都是欧洲国家。而中国（92）、俄罗斯（49）和印度（82）等大国的排位都很靠后，就是旅游签证也是非常困难的。长期以来，绝大多数国家不给中国公民旅游签证，并在签证程序上对中国人采取明显的歧视政策，这是政治；而近年来纷纷改变针对中国的旅游政策，向中国人投以笑脸，主动放松限制、逐渐简化程序的做法，这也是政治。2011 年 7 月，美国旅游协会上书，批评政府在对中国、印度和巴西等国家不公平的签证政策，并警告这些政策可能会影响奥巴马政府目标的实现。[2] 同期，英国议员也批评英国政府烦琐的签证政策，并警告政府，"仅仅是对现有系统进行监督是远远不够的，现在需要实际行动"[3]。2012 年 6 月 18～19 日在墨西哥洛斯卡沃斯举办的第四届 20 国集团峰会

①　*Henley & Partners Visa Restrictions Index* 2012.

②　见美国旅游协会的报告，*Ready for Takeoff*，2011 年 7 月。

③　见 House of Commons Business，Innovation and Skills Committee：*Trade and Investment*：*China*，July 2011，UK。

上，发布了《二十国集团首脑峰会宣言》①，宣言提出，"我们认识到旅游作为一个工具在创造就业、经济增长和发展中的作用，在承认各国拥有控制外国公民入境主权的同时，我们将努力制定使旅行便利化的措施，以支持创造就业、高质量工作、减少贫困和全增长"。这在以前也是不多见的，这在一个侧面可以体现出旅游在国家间关系发展中的重要性。

二 中国旅游发展功能变化的轨迹

用一句简单的话说，新中国成立后的 60 年，中国政府确定的旅游发展的功能经历了"政治－经济－社会和谐"的变化过程。在过去的60 多年的历史进程中，旅游的发展大致可以分成两个大阶段，即前 30年和后 30 年。从 1949 年至 1978 年的前 30 年，政府一直直白地宣布旅游为政治服务，称其为"旅游事业"，强调是民间外交，是外事工作的一个组成部分；而自 1979 年到 2009 年的后 30 年，政府开始把发展旅游的目标调整为经济，改称为"旅游业"，突出作为国民经济的一个重要产业。实际上，无论哪个时期，旅游的政治功能都是非常明显的，政治一直指引着旅游发展的大方向。

1949 年中华人民共和国诞生了。但在新中国成立后最初的十年中，世界上与新中国真正建立外交关系的国家只有 34 个，按照今天与中国建交国家总数 172 个来计算，当时所占比例不足 20%②。在欧洲，除了当时社会主义阵营的成员外，只有 6 个国家与中国建立了外交关系，而整个美洲和大洋洲国家与中国建交者都是空白。对作为一个刚刚独立却遍体鳞伤的国家来说，当时所面临的国际形势压力之大是可想而知的。

以美国为代表的帝国主义列强企图通过疯狂的政治仇视和经济封锁把新中国扼杀在襁褓之中。面对国际政治形势和国内经济发展的双重压力，新中国必须要采取措施，寻求自己的发展空间，于是，旅游（只是国际旅游中的入境旅游）被选定为一个合适的工具和渠道。因为，在当时的情况下，中国人很难走出去国门宣传自己，在被严密封锁隔离的状

---

① *G20 Leaders Declaration*，June 18 – 19，2012，Los Cabos，Mexico.

② 根据中华人民共和国外交部公布截至 2011 年 7 月 31 日的数据整理，http://www.fmprc.gov.cn/chn/pds/ziliao/2193/。

态下，国际社会很难听到新中国的声音，那么就只有设法让境外的人到中国来，通过旅游的身份和形式走一走，看一看，来接触中国人，了解新中国，从而获得国际社会的了解、同情、友谊和支持。在中国，专门为接待海外华侨、华人和国际友人的中国华侨旅行社、中国旅行社和中国国际旅行社①就是在这种政治背景下于新中国成立后不久组建的。很明确，那个时候成立的旅行社，其职能就是为海外华侨、华人和其他国外的朋友来华提供服务和方便，直到 1958 年，国务院关于中国国际旅行社总任务的限定还是"促进各国人民间的友好交往，增进各国人民间的相互了解，贯彻和平外交政策，并为国家吸收外汇，积累建设资金"②。这里虽然提及了"为国家吸收外汇"，但是，当时的旅游服务机构并不是真正的企业，国家几乎没有对它们提出严格的经济收益要求，而往往是国家财政拨款进行补贴，能做到收支平衡就相当不错了。

另外，可以设想，1950 年中国人均 GDP 只有 33 美元，相当于当时美国的 1/57，绝大多数人还都在为填饱肚皮而拼搏，不可能有多少消遣旅游的需求，更不用说在被严密封锁的情况下中国人走出国门去消费了。应当说，当时把旅游作为一种具有明确政治目的的民间外交活动，当作赢得国际社会认知与友谊的做法是正确的，是非常有效的。

值得提出的是，在那 30 年中，又发生了 1958 年的"大跃进"③和 1962 年前后的经济困难④，情况非常特殊，政府当时不可能过多地顾及旅游的发展，而 1966～1976 年的"文化大革命"的劫难又使中国陷入了一个严重的政治与经济困境，变态的思维，扭曲的社会，使一切都陷入了畸形的政治争斗之中。在这段特殊的时期，政治至上，政治取代一切，旅游活动虽然也作为一种政治工具，但这不能作为一种常态的现象看待。有意思的是，中日、中美正式建交之前，正是旅游为之做了很好的铺垫，很多政治家也是以旅游者的身份在没有建交之前踏上中国领土的。

---

① 中国大陆第一个旅行社——福建厦门中国旅行社——成立于 1949 年 10 月 18 日，福建厦门华侨服务社成立于同年的 11 月 19 日。1954 年成立中国国际旅行社。
② 《中国旅游大事记》，中国旅游出版社，1995。
③ 所谓"大跃进"运动是指 1958～1960 年在中国掀起的一场在生产发展上追求高速度，以实现工农业生产高指标为目标的冒进运动。
④ 这个经济困难时期是指 1962 年前后因自然灾害和国际关系的恶化所造成全国性的饥荒灾难。

探索与辨析

对中国来说，始于1978年的改革开放无异于一场新的革命。经济的改革离不开政治，而对外开放更需要一种政治变革。关于后30年中国旅游的发展，一般习惯于说这是旅游的政治功能向经济功能的转变，将旅游事业变成旅游业，似乎所有的政策基础都是发展经济。但这并不是事实的全部，其实，无论是国际旅游还是国内旅游，都体现了政治因素的作用，实现政治目标也一直是国家发展旅游的重要战略之一。

国际旅游——无论从入境旅游还是出境旅游来说，重要政策的确定都是围绕政治目标而制定的。没有正常、良好的国家关系，就不可能有正常的旅游者跨境流动，因此，为了促进入境旅游的发展，首先就要改善国家和地区之间的政治关系和外交关系。中国与周边国家外交关系的正常化，与美国、日本、韩国关系的正常化，香港和澳门的回归，以及海峡两岸关系的改善与突破，都成为中国入境旅游市场格局重大变化的关键所在。没有这样的政治变革，不可能有我国入境旅游的今天，中国也不可能进入世界旅游大国的行列。

中国公民的出境旅游更是政治的突出体现。同样，不从政治功能分析，也没有办法解释"中国公民出境旅游目的地"（英文为 Approved Destination Status，可以直译为"被批准的目的地地位"，经常简称 ADS，以此为基本内容的国家间协议也简称为《ADS 协议》）的制度安排和实施。按照正常的逻辑，一个国家的公民到另外一个国家去旅行，目的地国家是否签发入境签证是由作为旅游目的地国的主权国而并非旅游客源国所认定的。中国之所以提出这一政策，很显然，这是作为市场的中国对旅游目的地国家的重要性来确定的。也许目的地国家在决策是否愿意从中国获得这个"地位"时，可能是从能够从中国旅游者身上获得多大经济利益来考虑的，这个协议是否可以签署，也是双方政治经济利益博弈的结果。而且，实际上，确定不同国家成为 ADS 的优先顺序，更加显示了政治的标准。众所周知，马耳他是第一个获得 ADS 地位的欧洲小国，在当时的情况下，中国的出境旅游者不可能首先单独选择这个国家为首次出国旅游的目的地，而美国和加拿大作为对中国人有着巨大吸引力的大国，几乎成为全球国家获得 ADS 最后的国家，这显然不是中国公民出境旅游实际需求的选择。大多数拉美国家和非洲国家获得 ADS 地位远远早于美国、加拿大以及一些欧洲国家，也显然不是中国公民出境旅游兴趣大小顺序的选择。2009 年经过长期多次的谈判最终中加两国签订 ADS 协议之后，加拿大哈珀总理表示，"旅游目的地国家的批准，标志着加中关系史上的重要时刻，不仅表明双边共同致力于加强外交和商业上的合作，也表明民间的交往加深"。① 中国提出的 ADS 制度安排是个创举，这在世界旅游发展史上是没有先例的。

当然，中国政府首先确定对香港和澳门特别行政区开放自由行，每年有数以千万计的内地游客和数以百亿元计的旅游消费进入这两个地区，毫无疑问，这充分体现了中央政府对这两个特别行政区社会经济发展的大力支持，否则，像澳门这样的特殊旅游目的绝不可能成为开放自由行的首选。同样，海峡两岸旅游限制的突破，尤其是大陆居民赴台湾旅游的开放以及大陆各级政府鼓励当地人去台湾旅游，也绝非仅仅是满足大陆居民的旅游需求，和许多境外旅游目的地相比，在大多数国民的心目中，台湾的旅游吸引力不会排到最优先的位置。很显然，在海峡两岸的旅游交流中，政治因素的作用远远大于经济因素，这是众所周知的。

今天，我们在讨论旅游发展的时候，往往都会提及"提高国家软实力"的概念，甚至像举办奥运会、世博会等超大型国际体育赛事或节事活动时，赢得经济收益绝不是决策的第一因素，更不是唯一因素，最为重要的是提高国家的软实力。所谓软实力，作为国家综合国力的重要组成部分，特指一个国家依靠政治制度的吸引力、文化价值的感召力和国民形象的亲和力等释放出来的无形影响力。在当今时代，软实力和硬实力同样重要，或者有的时候，它比硬实力更加重要。实践越来越清楚地证明，国际旅游的发展，在促进国家之间关系的改善、人员的交往、文化的交流，进而改善国家形象、增强国家软实力方面的作用是越来越明显的。

其实，旅游的政治性，不仅仅体现在国际旅游上，也体现在国内旅游发展之中。诚然，旅游消遣活动是人的一种消费，旅游活动的开展能通过游客的消费实现财富的转移，旅游业的发展会促进国家和地区总体经济的发展和平衡，但是，旅游产品的设计与开发，旅游者流动以及消费模式的引导，通常包含了明显的政治因素。改革开放政策实施以来，

121
探索与辨析

面对各种压力和挑战，中国一直坚持发展健康旅游的原则，尽管在本区域乃至世界范围内，博彩旅游和性旅游泛滥，曾经有一段时间在中国周围的国家和地区出现过赌场林立、数量过百的现象，对此中国一直坚守着这条不可逾越的红线，这显然不是仅仅把旅游作为纯经济活动来看待，即使在国家最为边缘的地区或者最贫困的地区以及人烟稀少的地带，也没有正式批准过任何单位作为旅游吸引物来开设一家赌场赚钱，这就是一条不可超越的底线。另外，近些年来，从中央到地方，都非常关注红色旅游的发展，并为此连续制定了国家级的中长期发展纲要。红色旅游是中国旅游发展中的一个创举，一个最具中国特色的旅游类型。"发展红色旅游，对于加强革命传统教育，增强全国人民特别是青少年的爱国情感，弘扬和培育民族精神，带动革命老区经济社会协调发展，具有重要的现实意义和深远的历史意义"①。而且，明确红色旅游是"政治工程"和文化工程②。红色旅游这个非常具有中国特色的旅游产品，适合中国的国情，发展得红红火火，这一活动的开展，不仅促进了相关地区——尤其是经济欠发达地区——的经济发展，帮助当地脱贫致富，更有利于国民教育，寓教于游之中。红色旅游的发展取得了一般性政治教育活动所不能取得的良好成效。另外，政府大力支持的乡村旅游、民族旅游以及西部旅游、边境旅游等，通过旅游的方式平衡地区经济，促进区域合作，这在促进国内城市和乡村、不同区域之间和不同民族之间的和谐发展中发挥着重要的作用，旅游也远远不仅仅是经济范畴的问题。

三　未来中国旅游发展的政治思考

过去，我们习惯于用属性来定位旅游的性质，其实，旅游的功能往往是不同国家为了自身的发展所确定的，通过合适的政策来实现的，不同的阶段会有所不同。因此，很难用经济、文化或政治来限定旅游。当年，著名经济学家孙尚青在阐述旅游属性的时候曾经说过，"从经济社会发展的总体看，旅游业是一种文化－经济事业"，而在社会主义初级

---

① 《2004～2010 年全国红色旅游发展规划纲要》，2004 年 12 月。
② 《2011～2015 年全国红色旅游发展规划纲要》，2011 年 3 月。

阶段，旅游业是"经济－文化事业"。① 虽然，今天似乎并不再使用"旅游事业"这个词语，但是旅游本身的"事业"属性还是非常突出的。在未来中国的旅游发展中，在充分发挥其经济功能的同时，必将更加重视其政治功能的体现。

1. 充分利用旅游的"中国现象"，以市场赢得国际话语权

改革开放 30 年中国社会经济的变化，令世界瞩目。而在旅游方面，世界对中国的关注点发生了重大的变化，从最初的"中国旅游"开始转向"中国旅游者"。也就是说，从最初竞相到中国旅游，了解一个相对陌生的"竹幕下"的中国，到开始关注中国旅游市场，千方百计地吸引中国旅游者去旅游。在实现这个转变的过程中，包括美国在内的西方经济发达国家，逐渐改变或放弃了长期以来在旅游签证方面的歧视政策，被动或主动地为中国出境旅游者提供更多的方便，使中国公民出境旅游走得更远，更便捷。这一变化给了中国利用旅游扩大影响的机会。也许中国公民出境旅游人数增加导致境外消费增长会使国人担心财富的流失，影响自身经济的健康增长，但无论从哪个角度来判断，目前中国公民出境旅游的消费虽然增长很快，但尚未对中国经济造成负面影响。应当看到，如果国家按照预想的形势发展，中国国际旅游贸易的逆差还将会继续扩大，并会保持比较长的一段时间。但是，中国出境旅游市场的扩大，对发展中国家来说，尤其是对经济欠发达的国家来说，是一种实实在在的支持，而对经济发达国家来说，尤其是在今天，是中国国家形象的改善和影响的扩大。当然，对我国公民来说，也是了解世界、增长见识、提高素质的一条必经之路。因此，现在没有必要采取措施限制这一市场扩大，而重要的是要为中国公民出境旅游赢得公平、公正的对待，使中国公民不受歧视，维护中国人的尊严，使公民在目的地国家的合法权益得到保证。同时，也应当鼓励和支持中国的旅游企业走出国门，通过"中国制造""中国创造"把中国的文化向世界传播。实践证明，一个国家在其旅游的发展过程中，只有国内旅游而没有国际旅游，或者在国际旅游发展中，只有入境旅游而没有出境旅游，那么这个国家不可能成为真正的旅游强国，这和国际贸易是一样的，需要保持一定程度的平衡，但是这种平衡关系是相对的，也不是局限在一个很短的时间

---

① 孙尚青：《中国旅游经济研究》，人民出版社，1990，第 2 页。

段中。

2. 充分关注国民旅游，立足于满足大众旅游需求，改善民生

随着中国经济的增长，政府有能力，也应当做到，更好地关注民生，改善公民的生活质量。积极创造条件，最大限度地满足公民的旅游需求应当是改善民生的一个重要环节。"旅游是人们生活水平提高的一个重要指标，出国旅游更为广大民众所向往。"应当承认，今天国民旅游需求的高速增长虽然是国民生活水平不断提高的象征，但是，现实旅游消费的差距也反映出不同地区、不同社会群体之间的收入差距，尤其是出境旅游的发展仍然是由巨大的收入所支撑。因此，政府的旅游政策应当体现在如何尽量满足普通百姓的大众旅游需求上，不应当将产业发展的方向过分引导到高消费、高档次、只满足特殊群体的旅游需求方面，要防止高价格、浪费型休闲消费等不健康的消费趋势。要特别关注学生、老年人和残疾人的旅游需求，认真关注农民和农民工的旅游需求。旅游的发展要成为促进社会和谐的动力，关注不同利益相关者的诉求，而不要成为激化社会矛盾的因素。从某种意义上说，旅游活动也是经济发达地区和经济欠发达地区融合的一种润滑剂、促进社会和谐的有效工具。

3. 充分发挥文化的作用，让文化旅游改善中国形象

作为一个发展中国家，入境旅游是非常重要的，是获得财富的重要渠道，是国家服务贸易的重要领域，积极发展入境旅游应当是长期的国策。作为旅游目的地，文化是旅游产品开发中最重要的元素，文化是旅游产品的核心竞争力。没有文化的旅游是不存在的。中国发展文化旅游有着突出的比较优势，应当成为吸引入境旅游最大的竞争力。除了充分利用文化遗产、民族文化外，另外还有不少最具代表意义且未得到足够重视的文化资源值得认真开发利用，例如，中文与汉语、春节等中国节庆活动、现代人的生活和当代中国人的创造等。一个国家的语言和文字在更大范围的普及是国家强大的重要象征，因此，汉语作为世界上使用人数最多的概念不应当仅仅由中国自己人口数量做支撑，要充分考虑当代世界对中国发展关注而引发的学习中文和汉语热潮，把这个难得的机会和独特的资源融入中国旅游文化产品的开发和营销中。同样，春节这个中国人自己的传统节日，是最能体现中国的传统文化，并最容易引起国际社会关注与共鸣的因素，应当以举国之力，使之成为世界范围内除

宗教节日之外最重要的节日，真正做到普天同庆，在这方面旅游完全可以大有作为，这对于把中国、中国文化和中华民族融入国际社会来说，是非常重要的。

4. 充分发挥旅游的政治影响，促进东北亚地区乃至更大范围的和平稳定发展

中国所处的东北亚地区是当今世界在政治、经济等诸多领域都颇具影响的地区。这些国家和地区在经济上有着很强的互补性，在整个西方经济出现危机和衰退的时候，东北亚国家和地区相互合作与支持则显得更为重要。由于复杂的历史原因以及政治、经济体制差异，东北亚国家和地区之间存在一些分歧和争议，很多是历史所造成的，这些障碍不应当成为阻挡寻求和平共处和加强多方合作的理由。也许，在改善国家和地区关系方面，区域旅游的发展能够起到其他产业难以发挥的作用。中韩两国建交后旅游的发展把两国关系推向了新的高度。经过老一代领导人的努力，中日关系正常化已经取得了很大的进展，最近由于日方一些政客的短视又出现了反复，但是我们有理由相信，历史的车轮不会倒退，民意难违，当前出现的困难不应当持续很久。在今天，东北亚地区各经济体之间互为市场的局面已经形成，在旅游发展中相互依赖的程度更高，毫无疑问，旅游的合作成为维护区域和平稳定、共同发展的重要推动力，这一机遇应当引起东北亚各国的充分重视。作为一个大国，一个新兴经济体，中国在这方面一定会做出自己的贡献。

众所周知，今天中国已经成为世界旅游大国之一，无论是作为国际旅游目的地还是国际旅游市场来说，在全球旅游发展中发挥着举足轻重的作用，国内旅游的规模更是独一无二的。根据中共十八大所确定的目标，到2020年中国居民的收入将再翻一番，基本上实现小康生活水平，中国入出境旅游将超过1亿人次，可以预计，到那时，中国旅游在促进世界政治、经济与和平、稳定的国际秩序方面的作用将会更加突出，贡献也会更加明显。中国发展越好，越能给亚洲和世界带来发展机遇。

总而言之，旅游的经济功能是非常重要的，旅游业作为现代服务业的一个组成部分，有着促进国家经济增长、改善民生的巨大潜力。但是，在重视旅游发展经济功能的同时，也要充分认识它的政治功能，使旅游发展在中国走向真正世界强国的过程中发挥更大的作用，在促进地区乃至世界和平稳定、共同发展中做出更大的贡献。

附件

1980～2017 年世界旅游组织公布的年度旅游主题口号

年度	世界旅游组织的年度主题口号	
	英　文	中文译文
1980	Tourism's contribution to the preservation of cultural heritage and to peace and mutual understanding	旅游的贡献在于对文化遗产的保护和促进和平与相互了解
1981	Tourism and the quality of life	旅游与生活质量
1982	Pride in travel：good guests and good hosts	旅游之骄傲：好客人与好主人
1983	Travel and holidays are a right but also a responsibility for all	旅游和假期对所有人来说，都是一种权利，但也是一种责任
1984	Tourism for international understanding, peace and cooperation	发展旅游促进国际了解、和平与合作
1985	Youth tourism：cultural and historical heritage for peace and friendship	青年旅游：促进和平与友谊的文化和历史遗产
1986	Tourism：a vital force for world peace	旅游：维护世界和平的重要力量。
1987	Tourism for development	旅游促进发展
1988	Tourism：education for all	旅游：全民教育
1989	The free movement of tourists creates one world	旅游者的自由流动使寰宇为一家
1990	Tourism：an unrecognized industry, a service to be released	旅游：尚未认知的产业，尚待开发的服务
1991	Communication, information and education：power lines of tourism development	通信、信息和教育：旅游发展的动力线
1992	Tourism：a factor of growing social and economic solidarity and of encounter between people	旅游：促进社会经济合作和人民之间接触的因素
1993	Tourism development and environmental protection：towards a lasting harmony	旅游发展与环境保护：迈向持久的和谐
1994	Quality staff, quality tourism	优质员工，优质旅游
1995	WTO：serving world tourism for twenty years	世界旅游组织：为世界旅游效力了 20 年
1996	Tourism：a factor of tolerance and peace	旅游：宽容与和平的因素
1997	Tourism：a leading activity of the twenty - first century for job creation and environmental protection	旅游：21 世纪初创造就业和环境保护的重要活动
1998	Public - private sector partnership：the key to tourism development and promotion	公营与私营部门的伙伴关系：旅游开发和促销的关键
1999	Tourism：preserving world heritage for the new millennium	旅游：为新千年保护世界遗产

年度	世界旅游组织的年度主题口号	
	英　文	中文译文
2000	Technology and nature: two challenges for tourism at the start of the 21st century	技术和自然: 21世纪旅游所面临的两大挑战
2001	Tourism: instrument at the service of peace and dialogue between civilizations	旅游: 为文明之间和平和对话服务的工具
2002	Ecotourism, the key to sustainable development	生态旅游: 可持续发展的关键
2003	Tourism: a driving force for poverty alleviation, job creation and social harmony	旅游: 消除贫困、创造就业与社会和谐的驱动力
2004	Sport and tourism: two living forces for mutual understanding, culture and the development of societies	体育与旅游: 促进相互理解、文化和社会发展的两股生命力
2005	Travel and transport: from the imaginary of Jules Verne to the reality of the 21st century	旅游和交通: 从儒勒·凡尔纳的幻想到21世纪的现实
2006	Tourism Enriches	旅游让世界受益
2007	Tourism opens doors for women	旅游为妇女敞开大门
2008	Tourism: responding to the challenge of climate change	旅游应对气候变化的挑战
2009	Tourism celebrating diversity	旅游庆祝多样性
2010	Tourism and biodiversity	旅游与生物多样性
2011	Tourism linking cultures	旅游连接多种文化
2012	Tourism & Sustainable Energy: Powering Sustainable Development	旅游与可持续能源: 给力可持续发展
2013	Tourism and Water: Protecting our Common Future	旅游与水: 保护我们共同的未来
2014	Tourism and Community Development	旅游与社区发展
2015	1 Billion Tourists 1 Billion Opportunities	十亿个游客, 十亿个机会
2016	Tourism for all – Promoting universal accessibility	人人旅游, 促进完全无障碍
2017	Sustainable Tourism: a tool for development	可持续旅游——发展的工具
2018	Tourism and the Digital Transformation	旅游与数字转型

注: 自1980年开始,"世界旅游组织"(WTO) 和2005年正式启用"联合国世界旅游组织"(UNWTO) 名称后, 每年发布当年世界旅游日 (9月27日) 的年度主题口号。本表中所列的英文口号是该组织正式发布的, 没有年度主题口号的正式中文翻译。因此, 这些年度口号在不同媒体或文献上使用的中文翻译会有所不同。本表中所列的中文口号是作者依据英文原文并参考相关译文确定的, 仅供参考。2013年后的资料是本书出版时增补的。

127

探索与辨析

补白

关于 WTO 的故事

到目前为止，世界上至少有三个名为 WTO 的著名国际组织，而且都是联合国的相关机构。

第一个 WTO 是 World Tourism Organization 的缩写，中文名称为"世界旅游组织"。这个组织名称于 1970 年 9 月 27 日正式出现，其前身是成立于 1947 年的国际旅游组织联盟（IUOTO），该机构在 1948 年获得联合国咨询机构的地位。1976 年成为联合国开发署（UNDP）的一个执行机构，2003 年正式成为联合国负责旅游的专门机构。2005 年，该组织的英文缩写更改为 UNWTO。每年 9 月 27 日是世界旅游日。

第二个 WTO 是 World Trade Organization 的缩写，中文名称为"世界贸易组织"，该组织正式成立于 1995 年 1 月 1 日，其前身是成立于 1947 年的关税与贸易总协定（GATT），这个全球性的机构也是联合国的组织。它的出现，使联合国内部同时有了两个 WTO 组织。这个世界贸易组织的强大，才迫使世界旅游组织在其英文缩写名称前又加上了 UN 的字样，为 UNWTO 以示区别。

第三个 WTO 是 World Toilet Organization 的缩写，中文名称为"世界厕所组织"。也许这个 WTO 没有前两个那么风光威风，但却是与地球村所有的人都有关系。这个组织的创始人是新加坡人沈税华（Jack Sim），2001 年 11 月 19 日在新加坡举办的全球首次世界厕所峰会上宣布成立，发布了厕所峰会宣言，尔后成立了世界厕所大学。2003 年联合国大会确认这个机构为联合国经济及社会理事会（UN ECOSOC）非政府组织会员，并给予它该理事会厕所卫生问题的特别顾问地位，同时联合国还确定每年 11 月 19 日为世界厕所日。

从"中国制造"说起[*]

开头的话

"中国服务"是个新命题，是个新概念、新思维，对它需要进行深入的探讨。应当说，"中国服务"是"中国制造"的延伸，属于广义"中国制造"的一个组成部分，这里的"制造"并非仅限于由中国制造和创造的"工业品"，也应当包括作为无形产品的"服务"。而且，"中国服务"也不仅仅体现在旅游业上，应当涵盖所有的服务业，当然，旅游作为服务业的重要组成部分，"中国服务"更能在国家和国际层面上展现。因此，从这个意义上说，这里的"中国服务"所强调的是一个品牌，"中国服务"也是未来中国需要下大力气打造的一个品牌，一个更加重要的品牌。

"中国制造""中国创造""中国品牌"，所强调的是"中国"。它们是"中国"形象的载体、中国经济实力的体现、中国竞争力的表现、中国国际地位的标志，因此是非常重要的。也许在较短的历史时期内，中文不能像英文那样成为国际通用的语言，我们也许不应当有这样的奢望，但是，我们要举国之力，要让地球村的人都学会两个汉字，那就是"中国"，或者四个汉字，那就是"中国制造"。这里的"中国制造"不仅仅是商品的产地标识，它应当能够充分诠释中国产品的特质，凝结了中国人特有的文化，成为中国的形象。当然这个形象必须是清晰的、积极的、正面的形象和良好的、可信任的声誉，也自然是中国人自己热爱、珍惜并引以为荣、倍感自豪的。

---

* 在首届"中国服务"发展论坛上的主题演讲（2010 年 9 月 28 日）。

一 封闭的中国："中国制造"只为中国人制造，只有中国人知道

中华民族是伟大的，几千年的文明史及其对人类社会发展做出的贡献可以证明。

新中国成立之后，在中国共产党的领导下，遵循自力更生、艰苦奋斗的方针，建设社会主义的新中国，以全新的面貌在世界东方站立了起来，这也是举世瞩目的。

人类在发展，社会在进步，这是必然趋势，但是任何发展都不可能是一帆风顺的，也一定会有挫折，甚至会倒退。但这些挫折和倒退毕竟都是暂时的，一个短暂的插曲而已。20世纪60～70年代发生在中国的"文化大革命"就是这样的一个插曲。一场意想不到的"文化大革命"竟然搞了十多年。无休无止的政治斗争，把一个刚刚恢复和发展的中国推到了崩溃的边缘。在这十多年的时间里，中国把自己封闭起来，与世界隔绝了。对内，搞了一场自我消耗、自我毁灭、没有目标的糊涂"革命"；对外，又以救世主的身份自居，抱着要"解放全人类"的宏图，变得自负、孤立。也许十几年在漫漫的历史长河中被看作"弹指一挥间"，然而，它的影响则不是十几年，而是一代人或更长。况且那个十几年，正好是世界发展的大好时期，这场"革命"使中国贻误了时机，失去了发展的机遇，导致中国落后了，落伍了，拉大了中国与许多国家的差距。无论是中国的产品，还是中国的形象，都让世界觉得非常陌生，不可思议。其实，糊涂的人中也包括中国人自己。

于是，在那段时间里，"中国制造"只是中国为中国人制造，别无选择；"中国制造"也只是中国人知道，不言自明。作为商品，"中国制造"无牌无品，其实在计划经济的体制下，在短缺经济的现实中，品和牌都没有太大的意义。中国的产品偶尔也会出现在境外，那也只能在地摊上摆放，成捆成堆的廉价出售。于是，这也就逐渐形成了国际社会对"中国制造"挥之不去的深刻印象。

二 开放之初的中国："中国制造"突遭冲击，失去了自我

对中国来说，改革开放无异于一场新的革命。这一决策是明智的，但也是艰难的，是需要勇气和胆识的。也许正是毛泽东同志所言"不破不立""人间正道是沧桑"的真谛。

开放，向世界开放，宛如打开了窗户和大门，这让中国人看到了外部世界，看到了一个意想不到的外部世界，一个不看不知道的奇妙的世界。外来的信息，外来的产品，外来的理念，让中国开始了解世界，逐渐意识到并承认与现代世界的差距。

这的确是一场革命，一个颠覆性的变革。中国人觉得一切要按照西方的方式改变，按照别人的模式去改造。似乎只有"洋的"才是好的，只有外国人说的才是对的。转了一圈又回到了"言必称外国""月亮还是外国的圆"的位置。

中国人又迷惑了，又开始不相信自己，怀疑自己的主义，甚至也信不过自己的产品。一下子，"中国制造"不时兴了。在国内，买东西，有条件的尽量不买国货，最好是进口的，或者合资生产的，或者是"出口转内销"的，带有外国字的，尽管不知道这些洋文说的是什么。购买商品时，眼睛盯着商品上是否标着"日本制造""德国制造""英国制造""美国制造"等。到了国外，绝不购买"中国制造"的产品，不论其真正的质量如何，也不大考虑价格体现的"钱花所值"，哪怕是心里头喜欢也怕买回去掉价。在日本，一些商店曾经有个不成文的规则，允许中国人误买了"中国制造"的商品可以无条件退货。其实这里所说的是商品，但反映在所有的"中国制造"的领域，远非仅仅是商品。

开放之初，外国人也并不相信"中国服务"。一些在北京的外国机构，竟然会打电话到香港地区、新加坡，甚至是他们本国，请那里的旅行社代购中国的飞机票、安排旅行活动或预订中国的饭店；一些要进入或已经进入中国的公司，要花大价钱，请外国咨询公司、会计审计公司、法律服务公司或顾问提供咨询服务，尽管很多信息的获得还得找中国人、中国的机构提供。于是，逼着一些中国人给自己起一个英文名字，或者给自己的公司起一个外国名字，自己也想办法办一个外国护

照，尽量说外国话或说香港话，用英文写报告。好像只有如此，才能获得认可、信任和名分。

中国的一些老字号黯然失色，民族品牌无人喝彩，不得已也开始被迫出售或寄人篱下，甚至贴上了洋商标或标牌。为了表示自己产品的质量，让更多的外人有所比较，一些本来名声不小的"中国制造"也不得不加上外国的名字，甚至销声匿迹了。就连一些响当当的城市或景区，也甘心用外国的品牌为自己贴金，于是就有了"中国的威尼斯""中国的夏威夷""中国的迪士尼"等。殊不知，这样做的结果，充其量是表明中国有了可以与世界某些品牌类比的东西，但这绝不意味着"贴牌"的做法是提高了自己，可能是适得其反。

中国最初的旅游业只是入境旅游，面对国际市场，具有天然开放的特性，但作为经济部门，旅游的开放在中国还是比较谨慎的，或者说是比较保守的。饭店业倒是个特例，从改革一开始饭店业则成了旅游业乃至整个服务业对外开放的排头兵。的确，饭店业资本、管理和经营的开放，自由竞争机制的引进与运行，促进了中国饭店业跳跃式的发展，成为接近和达到国际相关标准、与国际接轨最早的行业之一。毋庸讳言，国际品牌的大批涌入，抢滩中国，并不断扩大，几乎在高端饭店领域把"中国制造"挤到了边缘，甚至淹没，"中国服务"自然也显得很苍白无力。与此同时，商业也是开放得比较彻底的行业之一，与入境旅游相关的购物，尤其是免税店、纪念品经营等，"中国制造"与中国的品牌也没有太大的比较优势。

虽然一些领域或机构，例如旅行社、交通（航空、铁路、汽车租赁）、景区开发等，在对外开放方面仍然有一些保留，但面对中国这一巨大的市场，境外的竞争者也一直是瞪大了眼睛，积极做着准备，伺机进入，而且在一些特定的领域，例如商务旅游、奖励旅游、会议旅游等特种旅游领域，以及旅游咨询、设计、策划等方面已经悄然进入，抢先占据了一些重要的市场，为今后这些领域的开放做好了准备。

在一定的范围内，在中国旅游发展中——当然在其他领域中也是如此——出现了一轮新的国际品牌和外国制造与中国品牌和中国制造的激烈博弈。在这场博弈中，自然有得有失，有的是固守力保，也有的是先失后得，有的则是被无情地淘汰了。

三　原因何在：是怨天还是尤人？

上述现象的存在是现实，仔细分析这也是正常的、合乎情理的，当然也有其特殊性、偶然性。

必须承认，多种原因所致，一些"中国制造"的确不具备竞争力。在短缺经济历史时期，在没有外来竞争的条件下，国人没有比较和选择，对此感觉并不明显，甚至熟视无睹，麻木不仁。而且长期以来，中国又形成了一种自己和自己比较的思维方式，非常容易满足，淡漠了品牌意识，不去在这方面下功夫。然而，一旦"狼来了"，则显得忧心忡忡，束手无策。这是因为，无论对于产品还是服务来说，长期以来，缺乏标准，没有规矩，供给和需求没有必然的联系。政府监督缺位，机制残缺不全，倚仗人治定是非，质量与诚信难以保证，甚至对"中国制造"这样的公共资源，只有人尽情分享，没有人为其负责和保护。

但更为关键的是，政府缺乏明确的引导和支持政策。在改革开放初期，为了开放，为了吸引境外的资金、管理模式和技术，中央政府提出了许多优惠的政策，地方政府则更加慷慨大方，但同时对培育"中国品牌"、"中国制造"和"中国创造"方面理念缺乏认识，没有能够及时制定出缜密的长期规划和重点选择，一方面给了境外投资人或企业以"超国民待遇"，另一方面，却没有及时对"中国制造"和"中国品牌"的建设做出预案，对一些具有明显优势的品牌，只注意了保护，但没有下功夫鼓励它们创新，形成新的活力，从而使"中国制造"处于被动衰退的境地。

从实际效果来说，改革开放以来出现这样的冲击是有益的，是积极的、有效的。也许在一段时间内会对国内企业造成压力，会对传统造成冲击，甚至促成一些产品或企业被淘汰，但会培养起一批新的具有活力的企业和品牌，为经济发展注入活力和希望。

这是现实，有的是不得已而为之，这已经成为历史，历史事实是不能改变的，现在更重要的是总结经验，而不是怨天尤人。或许可以说这就是改革的成本，也是发展所必须缴纳的学费。

探索与辨析

四 国际经验：如果连本国人都不相信"本国制造"的产品，那也别指望世界能够认可它

从世界范围来看，各国都有着自己特殊的国情和发展模式，世界范围内很难有现成的模式让大家来照搬。实际上，尽管现在不少人都在谈论"全球化"和"世界是平的"，但同时人们都知道，"本土化""世界是弯的"依然非常重要，不可偏废。世界社会经济发展都有一些规律可循，但各国都有自己的特点，都有自己的特殊性，都要依据自己的国情做出明智的选择，只有这样才可能找到通往成功之路。当然，在发展过程中，国际上有许多成功的经验是可以借鉴的，或者根据别人经验进一步创新，也是一条捷径。在创建"中国制造""中国品牌""中国创造"方面也应如此。

比如说瑞士的钟表。众所周知，最初世界上钟表最出名的是英国，英国早期钟表的精品在世界许多博物馆里都有展示。当英国人的钟表产品在世界各地受到推崇的时候，瑞士还是个颇为贫穷的国家，且一年冬季很长，山谷里的农民很长时间没有事情可做，凑巧一些在欧洲其他国家受到迫害的有知识和技艺的精英到瑞士受到了庇护，他们开始倾心研究、模仿英国的钟表技术，从复制、改造转向创新，精益求精，把"英国制造"逐渐变成举世公认的"瑞士制造"。而"瑞士制造"往往又有着突出的代表国家的红色十字标识来担保。

日本也是这样的典型。二战后的日本，其政治、经济困难窘境是可想而知的，那时候除了"战争贩子"的骂名之外，也并没有多少可以享誉于世的产品可炫耀。然而，他们在后来靠"日本制造"出口导向闯入世界发展经济的过程中，似乎也走了诸如瑞士的路子。在钟表技术上，突出电子技术的应用，超过瑞士一筹，创造了"精工"等著名品牌；在汽车制造上，尤其是在满足普通大众市场需求的汽车产品上，叫板"福特"，竟然喊出诸如"车到山前必有路，有路就有丰田车"雷人的口号。几十年的时间，一个弹丸小国，推出了一系列汽车的"日本制造"，令世界刮目相看，让一些国家既恨又爱。

北欧国家在世界经济论坛（WEF）发布的年度全球竞争力排行榜上居高位者最多。芬兰一直居于前十名，但这个国家自己却一直保持着

低调，只做不说，或多做少说，以至于一些"芬兰制造"的产品似乎比这个国家还出名。诺基亚（Nokia）手机、Iittala 玻璃制品、Fiskcar 剪刀，久负盛名。它们的理念是"东西应当是永远适合的、耐用的并有功能的"。一个带有芬兰国旗和钥匙标志的"芬兰制造"成为芬兰人的骄傲、永远的信任。

在汽车领域，也许韩国的做法给我们一个重要的启示。在韩国大街上跑的汽车中，几乎都是"韩国制造"，无论是国家元首，还是平民百姓，绝大多数人使用的都是本国品牌的汽车，在日、美汽车充市的今天，委实少见。笔者没有调查，不知道真实的原因，但总有一点可以说明，这并非行政命令或保护主义的结果，也不完全是爱国主义的表现。至少本国的消费者对自己的"韩国制造"情有独钟有它的道理。

在服务业领域中，这样的例子也是不胜枚举。麦当劳（McDonald's）、肯德基（KFC）、硬石餐厅（Hard Rock）、星巴克（Starbuck）以及迪士尼（Disney）等，这些品牌也绝不仅仅是那里的食品或者游览项目，更为重要的是其品牌所能让消费者可以信赖的服务。

名牌是消费者信任的标志，是忠诚度的标尺。一个所谓的名牌，如果连本国人都不信任，都不认可，企图让外国人认可，让世界认可和信任，那是不可能的。在一个开放的世界里，在一个规范的市场经济中，只靠"爱国"的情感要人们接受本国制造，在特殊的时期和特殊的情况下，是可以发挥作用的，但是，绝不会长期永远奏效的。因此说，所谓的"国家制造"，绝非仅仅标明的是"产地"，更重要的是一个国家的责任和诚信，这个国家的信誉。当然，作为一个品牌，首先代表的是这个生产厂商的理念与对消费者的责任。名牌是创出来的，是扎根在消费者心中的，不是自封的。

毋庸讳言，在中国，很多的所谓名牌，是某些社会组织给的，甚至是通过某种商业性的潜规则获得的。所以，它是脆弱的，没有底气的，没有那么大的信任度，这不得不说是个缺憾或软肋。中国目前在国内各个领域——包括旅游领域——持有的各类国际驰名品牌的产品、商品或服务远比世界所认可或知晓的数量要多得多。名牌、名品在中国已经到了普及的地步，因此，也就变得越来越无所谓名牌了。有的名牌也许在一定范围内被认可，例如，"中华""中南海""熊猫"等在中国人心目中具有特殊情感的名字，但不知道为什么偏偏作为"中国制造"的

"名牌"落到了那些"危害健康"的香烟上，似乎也很难让国民觉得非常骄傲与光荣。

五　今天的中国：自我感觉与国际社会认知存在错位

新中国成立之后，社会经济的发展变化是巨大的，30年改革开放的成就也是有目共睹的，尤其是在包括美国在内的一些经济发达国家遭遇金融危机时，中国的表现令世界关注和羡慕。但是有一个事实我们也必须承认和面对，我们和世界发达国家存在很大的差距，不仅仅是经济实力的差距，人均可自由支配的财富的差距，更重要的是生活方式与理念的不同，人的文化素质的差距。不要以为一场灾难的幸免就可以沾沾自喜。长期以来，我们已经习惯了自己和自己比，似乎国际社会也用这样的方式来衡量中国的变化。这样做，对国民来说，有利于增强信心，鼓起勇气，再接再厉，继续前进，但也往往会造成满足于已经取得的成绩，沾沾自喜，忘乎所以，成为骄傲的资本，阻碍进步。

中国是世界大国，这是事实。但是，"大"只是一种规模的概念，是优势也是劣势。疆域大，人口多，经济总量大，但这并非强的概念，也不是竞争力的象征。整天在炫耀自己大，挖空心思地寻找具备多少个世界第一，是没有意义的。正像不少学者分析的那样，即使是中国的GDP真正超过日本，也绝不意味着中国的经济实力和竞争力能够与日本相提并论。

在闭关自守的时候，往往表现出唯我独尊，我行我素，不愿意和别人去比较，感觉良好。开放之后，则经常错位比较——就像一些相声里讲的，"和说相声的比唱歌，和音乐家比打拳，和农民比说外语"等——感觉也很不错。总愿意说历史上的伟大和曾经的辉煌，而不敢真正面对现实。这一点也体现在"中国制造"和"中国创造"上。不是吗？按说"瓷"和"茶"是中国产品的强项，也应当最具有"中国制造"的资格，因为前者是世界把它当成中国的名字——China或chinaware；后者则是世界接受了这个产品的中国名称，不管它从北方发音叫cha，还是依南方的发音叫ti。然而，在世界范围内，对于这两种原本非常中国的"中国制造"产品，几乎并没有形成尽人皆知的名牌，或者说是一个模糊的中国产品的概念，是个历史的记忆。无论是瓷器还是茶叶，在世界上并没有打造出一个让消费者推崇的品牌，在国外的超市里，或许人们更愿意选择立顿的黄牌茶或斯里兰卡/印度红茶，更青睐于日本、英国、荷兰产的瓷器，而不是中国的景德镇和湖南的醴陵，就连中国人除了说出作为地域名称的"龙井"、祁门或景德镇、石湾等名称外，也说不出还有哪个响当当的品牌。中国的丝绸产品也早已不是海外人士馈赠亲朋的物品，连中国人也要到免税店里购买"意大利制造"的丝巾或其他丝绸产品。就连带有中国名字的"中餐"也往往是没有定数、没有标准的菜肴，包括谁也说不清楚的"杂烩菜"。更何况，在瓷器、茶叶等产品上，创新显得更加突出，制造"瓷器"的原料不再是当年地道的"高岭土"，今天称其为"茶"的也不再是传统意义上的茶了。

然而，我们可以在报刊上、网上搜一搜，还是到大街上浏览一下店铺的牌匾，"国家名牌""行业名牌""著名品牌""信得过的产品"等名堂非常多，名气也非常大了，可惜很多消费者踏进这些殿堂的时候，往往还是心有余悸，害怕上当。更不用说，我们的很多店铺，在卖一般商品的同时，顾客还可以另外花钱买到任何级别的包装盒，自己再给买到的商品"定级"的怪事了。以致端起酒杯，喝出杯中顶级品牌的名酒与白开水并无差别的时候，谁也不愿意捅破这张窗户纸以保留自己或者他人的面子，这已成为一种大家恪守的"潜规则"。

再看一看我们各个行业评出来的那些"优秀""最佳""百强"，大到一个城市，一个企业，小到一个产品，一项技艺，但是到底有多少能经得起推敲。这些年来，优秀旅游城市几乎在全国即将普及，是与不是看不出什么差别，大概主要体现在是否有"马踏飞燕"的标牌上。每年被各种机构"认真"评选出来的名目繁多的"最佳"饭店，同行们都会知道其中的奥秘，但大家也不愿去拒绝，这毕竟也是一个名声，有总比没有强，挂在殿堂里面还是比风景画更体面。

一个更值得关注和深思的问题是，世界对中国的认知与中国人自己对自己的评价存在严重的错位。对此，不是认真地分析，认真地对待，有的时候，却是采取一种"独特"的方式，不得不自己花钱，甚至花大钱，购买外国人敷衍的好话，购买外国人廉价的标签，抬高他们的身价，以满足自己的虚荣，给了不少境外"专家"和"国际认证机构"名利双收的机会。

结束语

　　历史的选择：让世界从"中国制造"中了解中国，认识中国

　　可喜的是，30年的改革开放所主动引进的公平竞争，使大家的头脑冷静了许多，对"中国制造""中国品牌"有了新的认识。在世界范围内也开始有了一些不俗的表现。对于普通百姓来说，虽然对卫星上天、"玉兔"登月感到高兴和自豪，但是，这对他们生活的影响并不那么重要，一个海尔这样品牌的冰箱，一个信得过的同仁堂药店，对他们生活的关系则显得更加直接。

　　中国选择了开放，中国的发展是开放的发展，那么中国就必须用自己的努力提高自己的竞争力，也许"中国制造"和"中国创造"就是一个重要的工具。

　　——"中国制造"和"中国创造"要靠国人来做，不是仅仅靠中国人来说。实践证明，做比说更重要。"山寨"不是真正的创造，顶多是一种模仿，也可能是一种短期行为。

　　——要把"中国制造"真正拿到市场上去检验，让世界去认可，去承认，去追随，留在心中。不仅仅满足于印在包装上，出现在广告中，或做成匾额悬挂在大堂之上或镶嵌在显眼的墙面上。

　　——要找到自己的优势，充分发挥自己的优势，要采取一切措施，保护真正的"中国制造"，真心真意地保护自己的成果和专利。

　　——要把"中国制造"字写大，要把创造这些产品品牌的人写清楚，要有人、有机构为之负责，要让损害、破坏它的人付出代价，付出高昂的代价。令人高兴地看到，北京首都旅游集团站出来，要扛"中国服务"的大旗，显示了一个大型企业要主动承担的责任。

　　值得说明的是，在这里使用了"中国制造"，似乎更突出了"产品"或"商品"的概念，也举了一些"产品"和"商品"的例子。实际上，这里要强调的是一个完全的"中国创造"，中国的品牌，要使"中国产品"乃至"中国服务"有自己特定的含义，让世界了解它，认可它，通过它展示中国的形象，提高自己的竞争力，确定自己在世界的地位。希望有一天，不论什么地方，不论那里的人使用什么语言，他们都能够非常容易地辨认出"中国"和"中国制造"的汉字或者标识，知道"中国"和"中国制造"、"中国创造"和"中国服务"真正含义所在。

战略与策略

面对入境旅游面临严重挑战的
思考与建议[*]

2017 年，世界政治经济发展面临着更大的变数，不确定的因素更加明显，尤其是一些大国政府更迭，国家重大政策和战略的调整，多边国际争端的增加，使国际形势变得更加复杂和难以预测。自然，这对刚刚复苏的全球国际旅游来说，增加了不少压力。同样，对作为世界重要国际旅游目的地的中国来说，其入境旅游①也必将面临更大的挑战。

一 近年来中国入境旅游市场发展趋势远不乐观

（一）东北亚地区主要旅游市场难以走高

长期以来，东北亚国家一直是中国入境旅游市场的主体。近年来，作为中国第一大客源国的韩国，政治危机层出不穷，政府首脑更替后政策的调整还需要较长的一段时间，政府危机的平息会一直受到朝野各党派、企业乃至全民的关注，可能出现的诸多变化，令社会普遍担忧。而与世界不少国家有着直接利害关系的朝鲜半岛局势显得更加纷繁复杂，变幻莫测，又会对整个半岛乃至东北亚地区安定和平的环境产生不利影响，自然，这些变数与干扰肯定会给韩国的经济带来意想不到的困难，最终会影响到韩国国民出境旅游决策，来华游客数量增长将会继续减速甚至持续负增长。日本，中国另外一个重要的国际旅游市场，囿于中日关系改善缓慢，日本国民对华的态度也在变化，这个市场复苏振兴更加艰难，同样也会持续走低。与此同时，海峡两岸关系处于非常敏感微妙

＊ 刊载于《中国旅游评论》2017 年第三辑。
① 本文中的"入境旅游"仅指外国旅游者来中国旅游，一般不包括来自香港、澳门居民到内地旅游和台湾来大陆旅游。

的时刻，多种迹象表明，台胞访问大陆会面临一些新的障碍。虽然，中国的东南亚旅游市场会保持较好的发展势头，但其增长也不太可能会有新的高潮出现。港澳市场经过多年的增长，其规模也接近饱和程度，剔除非旅游跨境活动的人次数，常规旅游市场能基本保持平稳，市场进一步的扩大需要更新产品和营销方式。

（二）恐怖活动会令欧洲长距离旅游市场增长低迷

2016 年是世界恐怖活动颇为猖狂的一年，恶性袭击事件一年来竟有十多次，遍及各大洲，尤其是下半年，恐怖袭击集中在欧洲一些旅游大国，直接威胁到当地民众与旅游者集中的机场、地铁以及重要的旅游城市或景区，如此频发的恐怖活动把目标锁定为欧洲公民和旅游者，引起很多国家政府的高度关注，这也会让欧洲人的出境旅游活动——尤其是远程旅游活动——的决策更加谨慎，旅游安全成为大多数人主要的考虑因素。2017 年的情况似乎更糟糕，各种恐怖活动的发生与蔓延，使远程出境旅游变得更加谨慎，尽管中国是个较为安全的旅游目的地，直接针对海外旅游者的恐怖活动不多，但是，游客自身存在的心理障碍影响深远。英国脱欧、欧盟内部矛盾的增加，都形成一些不利于出境旅游发展的因素，因此，中国作为欧洲旅游市场的单一旅游目的地，也难以吸引远途游客。

（三）国家旅游形象的改善面临新的障碍

中国入境旅游发展在改革开放初期所享有的超长红利已经逐渐消失，原有的神秘感和强烈的发现欲望也逐渐淡化，尽管改革开放以来国家的经济高速发展以及基础设施和服务设施的改进有了根本性的改变，国际社会也给予了很高的评价，然而，新时期出现的一些新问题又给国家整体形象蒙上了一些阴影，经过多重力量的发酵，国家旅游形象受到严重挑战。

首先，中国的环境污染、食品安全和社会不良现象影响着国家形象和国际旅游形象的改善，其实际影响远比我们自己的感觉更严重。2016 年入冬以来，雾霾频发，PM2.5 值多地"爆表"，受影响的范围之大、之重，令国人恐慌，令邻邦警觉，令世界诧异。尽管依据现在科技水平与经济支撑能力，国家和地方政府都采取了严厉的限制乃至制裁措施，然而，这毕竟是个时代难题，虽然发现和确定了一些污染源，但具有充分科学依据的根源还并没有真正找到。而且，就是已经确定的源头根治起来障碍颇大，措施也难以做到立竿见影，因此，这一灾害很难在短时间内有很大的改观，有些机构预测或许需要几十年的时间。期盼中一蹴而就的奇迹难以出现。而在治理的过程中，由此而产生的新矛盾和难题还会出现，对雾霾治理的长期性必须要有充分认识。与此相关的是，近年来频频曝光的食品安全、金融安全、造假诈骗等社会问题与环境问题交织在一起，对潜在来华旅游市场来说，无疑是一些威胁，给潜在旅游者造成很大的心理障碍。在全世界环境、安全意识更加强烈的宏观背景下，在一定程度上，这些负面的影响会抵消国家和地方的国际旅游营销宣传效果。而大量国人以"逃离"为理由的出境旅游活动和"狂购"现象，又会在另外一个侧面强化这一负面印象，使负面影响产生叠加效应。

另外，还有一个现象也值得注意，国内反腐倡廉活动深入开展以及取得的成就得到了国内普通公众的热烈拥护和欢迎，对政府的执政能力赞赏有加。然而，从现有贪腐整治揭露出来的问题来看，涉及各级政府官员与大型企业的数量之多、层次之高、数额之大与领域之广，令国际社会震惊。很显然，这一整治还在继续进行，国内外对反腐进程有着许多的猜测和担忧。因此，国际社会在普遍赞赏中国政府在这一领域做出成效的同时，也会因对中国贪腐严重性及其深远影响的了解对原有的良好形象产生怀疑，由于心理上对贪腐的厌恶影响到对中国作为旅游目的地的选择。在这一点上，我们也要换位思考，理解国民与国际社会认识上的差异。

（四）中国旅游价格优势在下降

囿于世界政治形势不确定因素的增加和经济增长动力不足，最近一些年来，国际货币汇率变化无常。但总的来讲，欧洲货币持续疲软，不少国家货币不断贬值，这对一些长期以来人员自由流动度比较大的旅游客源国来说，其国民对币值变化颇为敏感。本国货币持续贬值自然不利于国民出境旅游的增长。虽然中国的人民币对一些国际货币的汇率也曾出现过起伏，但相对很多国际货币来讲，依然保持坚挺。随着劳动力成本提高，物价持续上扬，尤其是和周边旅游目的地国家的币值和价格相比，现在价格比较优势非常微弱，无论是来华旅游者人次数还是在华旅游的消费都难以有大的增长。实际上，这些年来，周边国家入境旅游便捷度、旅游产品与服务以及价格优势造就的竞争力对中国入境旅游市场形成了不小的压力，以至于形成周边国家入境旅游市场在扩大而中国入境旅游市场增长低迷，对此不得视而不见。

（五）新市场处于启动阶段，真正形成规模尚需时日

中国改革开放以来 30 多年的时间里，入境旅游市场曾经有过高增长的历史时期，这主要表现在 2007 年之前，其中的原因也是多方面的，既有全球国际旅游市场急剧扩大的大环境，也有改革开放初期中国具有的独特魅力，还有中国入境旅游市场规模由小到大的变迁，2007 年后总体发展速度的下降有其合理性。然而，中国入境旅游市场的区域格局没有太大的变化，除了韩国以及中国台湾地区市场扩大较快之外，没有太多的新市场加入，尤其是颇具潜力的印度和中东地区都没有实现较大的突破。随着我国"一带一路"倡议得到越来越多国家积极响应，尤其是在以"互联互通"等基础建设方面合作的积极性日益高涨，其结果也一定会促进相关国家之间国际旅游交流的扩大。然而，从目前来看，旅游活动只是这个倡议中的一个组成部分，不可能被确定为优先考虑项目。而且，在现实中，这个倡议所涉及的国家很多，政治经济制度、经济发展水平、文化传统以及不同国家之间的政治关系颇为复杂，将潜在的旅游市场变成现实的市场，不仅需要在国家层面上加快可进入性和旅行便利化程度的提高，还需要业界努力创新旅游产品，对大众旅游市场形成吸引力，这也是个比较漫长的过程。就像传统上的"丝绸之路旅游"一样，联合国世界旅游组织和包括中国在内的沿线国家多方探讨和磋商，2011 年初曾有 25 个国家签订了《丝绸之路行动计划》，到现在这个计划已经有第四个版本，然而，还基本上停留在一些政策的探讨之中，真正变成政策并付诸实施还有很多工作要做。从目前的情况看，一个明显的趋势是，不少相关国家和地区，其关注点放到如何从作为巨大潜力的中国出境旅游市场上多分得一勺羹，翘首以待，而中国如何在这个也具相当规模的旅游市场蛋糕中赢得应有的份额，似乎思路并不清晰。其次是印度，这个世界人口仅次于中国且只有一山之隔的邻邦，其来华旅游市场规模显然增长缓慢，原地徘徊，几乎难以出现新的

突破。另外一个最具发展潜力并应当保持良好态势的俄罗斯，最近几年来华入境旅游不增反降，这个结果虽说是事出有因，但的确又有点出乎意料。至于更遥远的拉美、非洲和中东市场的扩大，其期望的实现或许比实际空间距离更加遥远。

二　关于中国入境旅游发展态势的反思

（一）入境旅游发展形势与趋势：谨慎的乐观还是严重关切

多少年来，对于形势的判断，在我们的官方表述上总习惯于"积极乐观"。真正好的时候自然是"一片大好"，当不那么好的时候，则会用"趋于平稳"，遇到下降时会说"小幅回落"，或者"触底回升"，"谨慎乐观"，不大使用"形势严重"等令人担忧的词语。旅游界也经常遵循这一套路，总是给人一种希望和激励。然而，这种表述，往往会造成误导或误读。这里不妨就2007年以来入境旅游官方公布的数字做一简单的形势分析，主体指标是入境旅游者人次数年度变化比较，设定2007年为基期，指数为100。

表1　中国入境旅游者人次数年度变化情况

年份	世界（人次）	比较	中国（人次）	比较	日本（人次）	比较	韩国（人次）	比较
2007	910000000	100	26109700	100	8346969	100	6448000	100
2008	927000000	102	24325300	93	8350835	100	6890000	169
2009	891000000	98	21937500	84	6789658	81	7817000	121
2010	949000000	102	26126900	100	8611175	103	8797000	135
2011	997000000	110	27112100	138	6218752	75	9795000	152
2012	1038000000	114	27191600	104	8358105	100	11140000	173
2013	1087000000	119	26190300	100	10363904	124	12176000	189
2014	1138000000	125	26360800	100	13413467	161	14202000	220
2015	1184000000	130	25985400	99	19737409	236	13232000	221
2016	1235000000	136	28142000	108	24039053	288	17242000	267

注：中国的数据为外国人入境旅游人次数。

资料来源：根据联合国世界旅游组织和中国、日本、韩国国家旅游部门发布的统计数据整理。

从全球的角度看，在2007～2016年的9年中，全球国际旅游人次数，只有 2009 年出现负增长，以 2007 年为基点，其指数从 100 增加到 136，年增长率约为 3.4%；而同期中国出现三次负增长，三次为零增长，其指数从 100 增加到 108，年均增长率约为 0.9%，低于全球年均增长率 2.5 个百分点。

同期与中国的近邻日本和韩国相比较，其情况似更加严峻。在这 9 年中，日本曾有两次为负增长，两次为零增长，但到 2016 年，其指数猛升到 288，年的增长率约为 14.1%。韩国在过去的 9 年中，一直保持着较高速增长，其指数升到 267，年均增长率约为 13.1%。日韩两国入境旅游增长速度均高于全球相应数据 10 个百分点左右。值得说明的是，从外部环境来说，中日韩同在东北亚地区，面临相似的经济形势，从国内政治局势来看，这两个国家显然麻烦更多。更值得分析的是，同期中国公民赴日韩的游客有增无减，高潮迭起，而这两个中国最大的客源国来华游客却持续减少，两种不同效果的叠加，更令人深思。

从目前的情况看，东北亚地区的政治形势短期内难以得到突破性的改善，东南亚地区来华游客总体上能够保持原有态势就算不错，重要的是，从入境客源地的角度看，似乎还没有新的突破点，而从国内市场营销来看，并没有看到国家有新的应对政策出台或企业有新的国际营销动力，由此判断，中国入境旅游"触底回升"的判断过于乐观，远未到"进入全面恢复向持续增长的新阶段"。

（二）入境旅游发展低迷的部分原因可能在于对国家旅游发展政策的误读

关于中国入境旅游发展低迷不振局面的形成多归咎于全球范围内的金融危机、经济萧条和国际旅游客源市场竞争日趋激烈。诚然，国际宏观政治经济环境不利对全球跨境旅游的确会形成制约，或许对长距离国际市场影响更突出。而国际旅游目的地之间的竞争激烈早已是一种常态，这一趋势在大环境不景气下将会进一步加剧。这里需要分析的是，国际政治经济环境所产生的影响覆盖世界各地，对西方经济发达国家影响应当更加明显。但是，从总体上来看，至少联合国世界旅游组织的资料显示，尤其是在 21 世纪第一个十年过后，全球国际旅游呈明显的上升趋势。而我们的邻国和东南亚国家的入境旅游发展速度多高于全球平均水平。作为全球经济持续低迷的一个后果，越来越多的国家更加关注入境旅游的发展，包括一些经济发达国家，就连美国也迫于压力，加大了促进入境旅游振兴的力度。实际上，世界各国旅游发展的经验表明，入境旅游的发展不仅能给旅游目的地国家和地区带去理想的经济收益，同时，还能提高国家的国际形象，促进国际关系的改善。入境旅游一直被认为是旅游目的地国家和地区旅游竞争力的象征。从旅游发展的历史分析，除了在特定的时期为实现特定的目标外，世界上真正鼓励本国公民出境旅游的国家凤毛麟角。有鉴于此，我们实在有必要认真探究中国入境旅游近十年来持续低迷的真正原因所在。

首先反思对入境旅游功能的认识。观察旅游市场的构成有两种解析方式，一是分为国际旅游和国内旅游两个市场；二是分成国民旅游和非国民旅游市场。前者是从旅游活动是否跨越国境和旅游消费是否影响国家财富向境外流动来划分；后者指的是旅游主体是本国居民还是境外居民。不同国家会依据自己国情和需要制定不同的政策，引导旅游的发展。在正常的情况下，各国政府会从提高百姓福祉出发，创造条件，满足本国居民的旅游需求，创造国民旅游发展的良好环境；与此同时，越来越多的国家政府关注入境旅游，就连一向非常矜持的国家，如美国、加拿大、英国和日本等，都纷纷提高了对入境旅游的关注，主动调整签证和市场营销政策，向中国、印度、巴西等新兴经济国家投出了橄榄枝，以吸引更多海外游客。

在中国，自旅游活动开展以来一直到 2009 年国务院 41 号文件发布之前，入境旅游一直被置于国家旅游发展的优先位置，无论是初期的服务于政治，还是改革开放之初旅游发展以期赢得外汇收入以及促进整体经济发展的目的。经过长时间的努力，到 1995 年，中国终于跻身世界旅游十强之一，2004 年进入五强之列。随着改革开放的不断深入，国家经济不断持续发展，不仅外汇短缺时代已经结束，国家经济越来越强大，而且，国民的可支付收入不断增加，旅游消费需求不断提高，为此，中央政府适时地调整了假期安排和相关政策，逐渐放宽了国民出境旅游限制，从改善民生的角度，开始把国民旅游放到重要的位置。2009 年 41 号文件和以后出台的相关政策都充分体现了这一重要变革，这也是中国旅游发展结束了非常规方式的拐点。

把国民旅游放到重要位置，这应当看作国家旅游政策的一个调整，使之更加符合国情和民意，毫无疑问这是正确的。但是，这并不意味着，作为一个发展中大国，依据自身区位、资源等优势，大力发展作为服务贸易重要组成部分的入境旅游的政策发生改变，因为入境旅游是旅游活动中直接增加国家财富的渠道，这也是世界上包括欧洲国家在内的发达国家坚持促进入境旅游的原因所在。从某种意义上讲，入境旅游的发达程度（包括入境旅游人次数和消费）才是国家旅游竞争力的真正体现。

然而，在过去的十几年来，从整体上看，国家和地方政府旅游相关部门以及一些大型旅游企业，对入境旅游发展的积极性明显减弱。一个客观原因是，国际政治经济环境不佳制约着全球国际旅游发展的增长速度，从而使旅游目的地国家的竞争加剧，扩大客源市场规模与旅游消费显得更加困难。与此同时，持续增长的国内旅游和爆炸式增长的出境旅游，用不着花多大力气就可以轻而易举地赢得政绩，企业通过出境旅游的经营，可以获得更高的利润。因此说，客观原因是存在的，而入境旅游市场营销不力也同样是存在的。其中一个重要的原因是对中央相关旅游发展政策的误读和认识上的片面性。从经济角度来探讨，发展国际旅游和国际贸易是一样的，发挥优势扩大出口的努力不会因国家富强而放松，作为政府的旅游机构，也应从这个角度看待入境旅游，不会因为国家经济实力增强而轻视入境旅游在服务贸易中优势的发挥。企业的驱利行为无可指责，然而，政府不能适时给予有效的激励和支持也是企业积极性不高的一个原因。

（三）入境旅游市场营销的体制与实效值得高度重视

从以上角度探讨近些年的中国入境旅游发展态势，从中找出制约因素是非常重要的。简单地说，国家和地方现行入境旅游市场的营销不力，突出体现在制度和效率上，其中包括以下几个方面。

其一，政府国际市场营销体制的保守。长期以来，政府管理部门一直把市场营销与管理职能混在一起，国家缺乏独立并强有力的专业市场营销队伍，甚至把"旅游外交"与市场营销功能合二为一，致使国际旅游营销专业化程度低，手段传统，效果不突出。

其二，缺乏明确的目标市场营销。无论是国家还是地方政府的市场营销活动，缺乏深入的、专业的市场调查，因而不能在全面调查的基础上确定明确的阶段性目标市场，并根据目标市场做出详细可行的分年度的实施行动计划，因此，缺乏针对性和差异化。

其三，国家旅游形象标识缺乏张力。目前国家整体旅游形象设计太具象化，失于呆板，缺乏张力。"马踏飞燕"的寓意需要对历史文物含义做过多的解释，作为面对多元文化的国际市场，这个国际旅游形象难以给旅游市场以想象的空间，更难以体现经过30多年改革开放，中国取得巨大变化的全新面貌。而国际营销口号用"美丽中国"显得平淡寻常，缺乏深刻的寓意，更显得缺少新意和吸引力。

其四，市场营销手段亟待创新。和以前相比较，中国现行国际市场营销的制约因素发生了根本性的变化，资金缺乏不再是主要矛盾，关键应当是专业人力资源不足，市场营销的手段与方式创新性差，缺乏行之有效的市场营销评估制度和方法，市场营销的效率难以提高。

其五，缺乏适时有效的激励政策。在国际环境较长期处于不利的形势下，政府缺乏适时的、行之有效的支持政策，激励和帮助相关企业强化开拓市场和优化产品和服务，提高地方或行业国际市场营销的积极性，增强旅游行业的国际竞争力。中央政府外交部门缺乏目标明确的支持入境旅游的专项政策出台。

总之，针对当前我国入境旅游发展中存在的问题，国家旅游主管部门应当进行深入的调查研究，充分听取行业和地方政府的意见和建议，重视来自国际旅游市场的反馈，随着国家政治经济体制的改革深入，国家各级旅游管理部门应当积极适应旅游业发展的新形势，进行体制与观念的更新。

三　几个可参考的具体建议

本文旨在提出问题，引起政府有关部门和行业进行探讨和反思。希望政府有关部门能够听取不同的意见，促进中国入境旅游的振兴与发展。遇到困难和问题更应当集思广益，体现管理部门的领导能力，使"看得见的手"发挥出更加有效的作用。为了抛砖引玉，笔者在这里提出一些具体的建议供有关部门在决策中参考，这里不做更加详细的阐述。

1. **提高认识**

重新定义和明确入境旅游的意义，厘清入境旅游与国内旅游的共性与差异，特别突出强调入境旅游的发达程度是国家旅游竞争力的体现，重申大力发展入境旅游应是长期坚持的基本国策。

2. **创新政策**

依据当前的发展形势，明确振兴入境旅游的专项政策，提高政策的针对性、创新性和有效性，尤其在国家外交政策中，制定针对特定旅游市场来华入境旅行的便利化和手续简化的新政策。

3. **体制改革**

组建专门的工作组，制定国家振兴入境旅游的专项行动计划，建立定期专项旅游市场营销效果的评估制度。深入探讨国际旅游市场营销专业化的体制改革，直接从事市场营销的机构要有充分的独立性和专业性，与政府的管理职能分开，创造条件，推行市场营销服务的政府采购。

4. **市场导向**

要振兴入境旅游，必须坚持市场导向，真正做到依据国际不同市场的需求创新产品，改善服务，要承认和体现入境旅游市场与国内旅游市场的差异。改变僵化的资源观，要特别充分发现和发挥最能满足国际旅游市场需求的非传统旅游资源优势，特别应当下功夫开发在我国最普通、最丰富、最能体现中国文化的基础资源，包括中国的语言和文字，最具国际影响力的节庆活动春节，中医、中药与养生，中餐等社会资源，动员全社会力量，使之发挥长效。

5. **国家旅游形象设计**

聘请专业咨询机构——了解国内外专业市场营销的专业机构——重新独立评估现有国家的旅游形象标识和口号，根据评估意见，公开招标设计以适合国际旅游市场营销的国家旅游形象标识和口号体系方案。作为一个大国，在这方面，要处理好国家与地方的统一与差异的关系，充分调动地方和企业的积极性。

6. **制定特定激励政策**

面对入境旅游市场长期低迷的现实，中央和地方政府，根据旅游相关行业和区域的特殊性，制定出在一定时期内激励和支持入境旅游振兴、指向明确的专项政策。

四 补遗：要正确理解"旅游外交"与旅游市场营销的差异

从严格意义上说，任何跨越国境的人员流动都会受到国家外交关系的制约，因为这一活动涉及国家主权。在两国没有建立正式外交关系的情况下，即使是公民的纯因私入境，出于人道主义的考虑，也需要做出特殊安排。然而，一些国家出于国家利益的考虑，会允许一些国家的公民，在没有正式外交关系的情况下，前去旅游。这一点在中日和中美建交之前颇为流行。于是，早在新中国成立到改革开放政策实施之前，曾允许日本、美国以及其他一些尚未建交国家的公民到中国来旅游，当时把吸引这些外国人来华旅游活动称为"民间外交"或"人民外交"，跨越外交关系的障碍，以民间"旅游"的方式促进人民之间的相互了解，进而促进国家关系的改善。在对方不承认国家主权的情况下，允许该国居民以旅游者的身份访问中国，自然不是正常的外交活动，而是在相关政府默认下的一个特殊的国际人员交流，不是国家政府之间的外交活动，只是民间的人员往来。实践证明，这一做法是有效的，是国家间改善关系的一个创新。不过，有一个现象值得注意，那就是中日两个在正式建交前和建交后国家关系出现僵局时，曾开展过一些政府官员以非官方身份组织大型旅游团到对方访问的活动，其间，会传递政府首脑的信件或口信，与官方进行一些非正式接触，以期寻求改善两国关系的途径。其实，这只是借用了"民间"的身份所进行的外交活动。或许这样的活动可以被称作"旅游外交"，但不应当是"民间外交"。

值得说明的是，"旅游外交"是官方的外交活动，这与"民间外交"不是一个概念。"旅游外交"是政府促进或限制国家间旅游活动的一个手段，是国家意志。而作为普通公众的旅游活动可以产生促进不同国家人民之间的了解和理解，改善公民之间情感的效应，但这种旅游依然是旅游者自身的决策，是以满足本人的需求做出的决策，因此，这是旅游活动，不应被看作"旅游外交"。有意思的是，随着大众旅游的兴起，国际旅游规模与影响不断扩大，一些国家主动积极地动用外交工具，单方面简化签证手续或者推出一些特殊的签证，简化入境手续，开展大量的双边或单边的"旅游外交"，旨在促进国际旅游交流。与此同时，还有一些国家或地区，在国家间出现矛盾或纠纷时，也会动用外交工具，停止签发旅游签证、限制旅游范围以及增加签证难度、增加签证费用或手续等，或者由外交部门发布不同等级的旅游出行警示等，影响旅游者出行决策。因此说，旅游外交也是一把"双刃剑"。因此，百姓自己选择的旅游活动可以促进两国和两国人民之间的关系改善，但不宜把旅游作为一种外交手段，去影响民间的旅游活动，其中的道理是不言自明的。

贵州苗乡迎远客

邻邦旅游：认识、经验与战略选择[*]

开场白：邻邦旅游——一个老话题

在一个国家内，人们依据自己的愿望选择邻居似乎并非难事，想当年，孟子的母亲为了后人的成长，曾三择其邻，传为佳话。然而，在世界范围内，择国为邻，则很难实现。但无论如何，邻邦关系是非常重要的，正如俗语所言，"百金买屋，千金买邻，好邻居金不换"。

邻邦即相邻的国家。邻邦至少有两种不同的形式，一是国家接壤，地界相接，"国中国"是特例，因为它只有一个邻邦；二是虽不接壤，但彼此距离很近，仅一水相隔。由于国家规模大小与地理位置的不同，其邻邦的数量与形式也不同，相对而言，大国的邻邦多一些，小国则会少一些。

邻邦之间人员往来构成了一种特殊类型的跨国旅游，这是本文所探讨的邻邦旅游的含义。邻邦旅游的经济意义是显而易见的，实际上，这种旅游活动的意义远远超越经济的范畴，在维护相邻国家之间的政治、经济以及文化关系中发挥着重要的作用，因此，邻邦旅游被视为国际旅游的一种特殊形式，备受相邻国家政府、业界和百姓的关注。邻邦旅游不是新话题，是个老生常谈的话题，而老生常谈绝非不重要。

一 邻邦旅游的一般特点

与其他类型的国际旅游相比，邻邦旅游有以下几个突出的特点。

---

[*] 2015 年"旅游绿皮书"专稿（2015 年 1 月）。

1. 边境旅游是邻邦旅游的主体

关系正常的邻邦一般都会开展边境旅游，旅游活动多集中在双方的边境地区。接壤的邻邦，当地居民又多以陆路交通为主，方便而经济。

2. 跨境旅游手续相对简便

一般情况下，相邻国家和地区在跨境旅行中往往会采取一些特殊优惠的安排。很多邻邦之间彼此实行免签，甚至不需要护照，凭相互认可的身份证件即可通关，有的颁发一种通行证，持证人可以方便地进出边境和多次往返。

3. 游客流量大，重访率高

邻邦之间的跨境游客流量大，但在境外逗留的时间较短。甚至邻邦旅游有很大比重的一日游活动。正是这个原因，邻邦旅游的统计数据也往往算作另类，与其他跨境旅游分开。

4. 双向流动，相对稳定

由于多方面的便利，邻邦旅游多是双向的，有出又有进。虽然由于人口数量或经济水平的差异，双向流动并不总是一直保持平衡，但会不断扩大与深入。

5. 旅游目的呈多元化

邻邦旅游活动的目的是多种多样的，有商务/公务旅行、探亲访友，也有纯粹的观光度假。而且，由于资源类型不同和价格、税收或者国家法律等方面的差异，还有一些特殊类型的专项旅游，例如跨境购物（英国人到法国购买红酒）、跨境医疗与生育（东欧与西欧国家等）、博彩旅游等。

6. 邻邦合作，为第三方旅游者提供方便

由于接壤，邻邦往往会共同拥有特定的实体旅游资源，如山脉、河流、湖泊、瀑布，或者邻邦之间在自然、文化或政治制度之间有着突出的差异，为提升共同的旅游竞争力合作发展旅游，共同为第三方旅游者在出入境手续、货币流通、交通工具过境等方面给予方便，从而使邻邦旅游优势彰显：对内可以把局部的边境旅游活动引向各自国家的腹地，与国内旅游多向衔接；对外可以促进邻邦在旅游领域的合作，打造新的区域旅游目的地，共同受益。

二 国际案例与经验

从世界范围来看，邻邦旅游非常发达，早已成为国际旅游的重要组成部分。欧洲国家规模比较小，经济发展水平差距不大，政治与经济体制相似，由于在跨境、语言、货币支付、交通工具等方面几乎没有障碍，因此，欧洲邻邦旅游很成熟。其他一些地区，如北美、东南亚地区，邻邦旅游也非常活跃，形成了许多独特的类型积累了成功的经验，值得认真研究与借鉴。

1. 邻邦旅游在大多数国家或地区中基本格局长期保持不变

得益于"天时、地利、人和"，在正常的国家关系下，邻邦之间的跨境旅游是相邻国家或地区国际旅游的主体。因此，邻邦国家或地区特别关注这一旅游活动，尽量使其基本格局保持不变，因为这样的旅游最能使邻邦共同受益。一般情况下，在邻邦旅游发展中，小国或地区比大国或地区受益更明显，经济上相对落后的国家或地区比经济发达的国家或地区受益更大，开放程度高的国家或地区比开放程度低的国家或地区受益更多。

在北美，墨西哥和加拿大是美国的邻国，这两个国家向美国输送的游客占美国入境旅游市场的60%，美国也是加拿大和墨西哥两大邻邦的第一大市场，分别占其邻邦入境旅游市场的30%和80%左右的份额。在欧洲，旅游大国西班牙，来自其邻邦法国和葡萄牙的游客占其入境旅游市场的40%，早在东、西德国还没有统一之前，西德、瑞士和意大利的游客占其共同邻邦奥地利入境旅游市场的70%；另外一个旅游大国——法国，80%以上的游客来自相邻的比利时、卢森堡、瑞士和德国。芬兰和瑞典与爱沙尼亚隔海相望，这两个北欧国家为爱沙尼亚输送的游客占其市场总额的80%。在大洋洲，澳大利亚和新西兰一水相隔，长期以来保持着互为第一大旅游市场的地位，新西兰人口少，其游客量一直占澳大利亚入境市场20%的份额，澳大利亚游客占新西兰入境市场的45%。在东南亚，新加坡和泰国到马来西亚的旅游者占其市场总额的2/3以上。这些数字虽然在不同的年度会有所变化，但是总体格局基本上保持不变，这就充分说明了邻邦旅游的特殊性。

2. 边境旅游：邻邦国家或地区跨境旅游的奇葩

邻邦之间有明显的边界线，以此宣示各自主权的范围。设立边界线的初衷是限制相邻国家或地区人员自由流动，以阻止边境两侧政治、经济活动的任意延伸。边境线是相邻国家或地区旅游活动的障碍。虽然近在咫尺，跨越边境会给人以遥远的感觉，有的时候是可望而不可即。然而，边境又是相邻国家或地区旅游活动的连接点，口岸是通道，把边陲变成前沿，成为两国或地区交流最方便之所。这就是边境旅游的特殊之处。

边境口岸不仅仅是人们交往的通道，边境地区本身有可能就是具有独特吸引力的旅游目的地。由于自然或文化的原因，边境两侧会有许多共同之处，彼此有明显的认同感。但是，由于政治体制、意识形态等方面的原因，边境两侧又会存在明显的不同，也许边民对这些相似与差异不那么敏感，司空见惯，常来常往走亲戚式的旅游活动可以增进彼此的亲近感，然而对内地或第三方的游客来说，边境风情与景观则具有一种特殊的神秘感。以某种方式跨越似有似无的边境，在相同之中发现差距，在不同之中找到相似，这就是一种难得的特殊体验。

利用边境大作旅游文章是邻邦发展旅游的独特优势。一些邻邦以山水相隔，于是隔离且连接两国或地区的界河、界山、界湖成为独特的旅游目的地。邻邦共享的自然景观又因所处位置不同，一个举世闻名的景观又成为两个不同的景区（美国与加拿大之间的尼亚加拉大瀑布），相辅相成。为了发展旅游，一个颇为流行的做法是，在边境地区，相邻国家或地区会把原本寻常的生活设施或环境变成景观，一座桥，一间房，一座庙，一个咖啡馆，会因跨越边境而身价倍增；一个门廊，一座界碑，一个仪式，一尊雕塑，都会产生特殊的效应。越来越多的邻邦充分利用边境地区独具特色的风光与风情，人为地建造一些设施，组织一些活动，开发独特的旅游吸引物，发展旅游，例如，设置独特的地标建筑、保留原始的边防换岗仪式（如印巴之间边防军每天开关边门的仪式，韩朝之间非军事区两侧的瞭望塔台等）和设立国际和平公园等，以彰显边境双方不同的氛围。

边境旅游活动活跃且不断创新，成为相邻国家或地区促进社会经济发展的助推器。在边境地区设立边境一条街、边城互市的商业区或联合设立的开发区，使跨境购物活动成为一种常规的旅游形式，或因税率、汇率不同而形成的价格差异，或因品种、质地的不同所产生的吸引力，不仅得以优势互补、取长补短，而且这种特殊的购物方式又会强化特殊的体验。有的邻邦充分发挥各自的人才、技术、资源的优势，提供特殊的服务，如医疗旅游等。不同国家立法的差异，给博彩、婚庆等与旅游相关的特殊行业提供了发展空间。

总而言之，从全球的范围来看，边境旅游是相邻国家或地区独具特色的旅游方式，有着良好的发展前景。尽管区域一体化的推进，有些国家或地区之间的边境意识被淡化，原本颇具吸引力的旅游活动受到了影响，例如，欧盟国家统一税率之后冲击了原来各国的免税生意，一些原本分裂的国家重新统一后拆除了原来的界墙，但是，人们总会以自己的智慧创造新的机会（例如，当年东西德国之间的柏林墙拆后又设法保留一些遗址，开设博物馆；欧盟国家之间的邮轮设法绕道经停非欧盟国家或领地，使免税经营得以继续等），继续发挥邻邦旅游的特殊优势。

3. 邻邦旅游保持健康发展的关键是稳定的睦邻关系与真诚合作的愿望

邻邦本应友好相处，中国人的格言是"远亲不如近邻""亲仁善邦，国之宝也"，邻邦友好，让人心里踏实，邻邦相助来得直接，优势互补，相得益彰。诚然，因为相邻，彼此间的利害关系更加直接，比较敏感，处理不好，影响重人，延续长久。这是邻邦之间的辩证关系，正是这种辩证关系的存在，旅游发展则显得格外重要，良好的睦邻关系维系着两国的旅游发展，友好相处会减少或化解误会，增进相互间的资源互补。在历史的长河中，邻邦旅游有许多良好的案例，也创造出很多合作共赢的模式。

（1）"申根协议"：邻邦旅游合作的典范

邻邦为了促进相互的旅游发展，经常采取一些简化入出境手续的措施，与人方便，与己方便。有些邻邦用通行证代替国际通用的护照，取代签证，有的更为简便，邻邦给予对方公民"国民待遇"，凭身份证出入境。早在1985年，西欧五个相邻的国家——德国、法国、荷兰、比利时和卢森堡——在卢森堡一个叫申根的小镇签署了一项特殊协议，协议规定，在这五国的范围内取消相互之间的边境检查点，持有任意成员国有效身份证可以在所有成员国境内自由流动，该协议还规定，旅游者如持有其中一国的有效签证即可合法地到所有其他申根协议国家旅游。这一做法，开创了邻邦联合简化入出境手续的先河，由此前的双边互惠变成多边共赢。这一协议深受欢迎，到 2010 年，申根协议成员国扩大到 26 个，几乎涵盖了整个欧盟区。这是一个邻邦合作的典范，是个历史性的创举，它代表了时代发展的趋势。

（2）国际和平公园：联合开发邻邦旅游产品的典范

早在 1932 年，根据双方立法机构的提议，处于美国和加拿大之间的两个国家公园合并，组成沃特顿冰川国际和平公园（Waterton – Glacier International Peace Park），其目的是医治第一次世界大战遗留的创伤，巩固邻邦的和谐关系，保护自然的原始生态，为世界提供了一个维护和平的新范式。这是世界上第一个国际和平公园。尔后，在世界各地，尤其是曾经经历战事和纠纷的邻邦之间，设立了很多国际和平公园，这些国际和平公园迅速成为保护自然环境、促进睦邻友好合作、发展旅游的载体，其中的典型包括：位于南非、莫桑比克和津巴布韦之间的林波波跨界和平公园（Greater Limpopo Trans frontier Peace Park），以色列和约旦之间的红海海洋和平公园（Red Sea Marine Peace Park），秘鲁与厄瓜多尔之间的科迪勒拉（Cordillera）跨界和平公园以及哥斯达黎加与巴拿马、哥伦比亚与巴拿马、南非与莱索托、法国和西班牙之间的和平公园等。这一做法在很多地方获得成功，得到了相邻国家和地区政府的支持，保护了环境和生态，增强了相互之间的合作，并在发展旅游等方面赢得了收益。

（3）友好年/旅游年：邻邦旅游市场营销的典范

早在 1987 年，泰国首次在世界上推出"旅游年"的做法，成为国家旅游促销的新模式，这一做法后来被许多国家效仿，成为一种国家旅游营销模式。然而，这毕竟是一个目的地国家单独向国际市场进行促销的方式，更加有效的国家间旅游促销的做法是两个国家对口合作促销。当然，愿意这样做首先是国家关系好，在旅游交流上双方都有积极性，而且，彼此有相互成为旅游客源国的基础。尽管目前这样的案例很多，但是，邻邦国家这样做效果更显著。而更加有效的是，邻邦之间的"国家年"连续做，其主题不仅仅是"旅游年"，可以延伸到"语言年""友好年""文化交流年""青年交流年"等，从不同的角度促进邻邦的人员双向交流，使效应叠加。

（4）跨国交通建设：邻邦旅游合作的基础设施

旅游离不开旅行，没有旅行就不成其为旅游。从旅游发展的角度来说，连接两国便利的交通设施最为重要，尤其是便捷的大众交通设施，把"断头"变"通途"。现在，在跨国交通中，空中交通被放到优先发展的位置，邻国之间更是如此，而且逐渐摆脱了"首都对首都"的传统模式，逐渐转向"地方对地方"的多点连接，不再舍近求远，绕大弯子。与此同时，彼此努力，相向而行，邻邦之间的陆路交通变得更加通畅便捷。欧洲国家的铁路交通早已不再是一国之内的交通体系，从技术标准到管理、运营、销售、服务做到统一化、网络化，模糊了国内交通与跨境交通的差异。高速公路网络的建设充分考虑与邻邦的连接。铁路与公路的无缝连接将国内旅游与跨境旅游联系在一起。以水相隔的邻邦，建立起通畅的邮轮、游船以及班轮线路，瑞典斯德哥尔摩与芬兰赫尔辛基之间、赫尔辛基与爱沙尼亚塔林之间，邮轮几乎变成班轮，交通工具与旅游体验有机结合在一起，保障了两国之间旅游者流动，也成为吸引第三国旅游者的共同产品。在历史的长河中，邻邦之间架桥相连的故事很多，而更为独特的是，英法两国修建了海底隧道，以快速火车相通，实现了邻邦之间交通发展的立体跨越。

（5）语言互通：邻邦旅游长远合作的软环境

随着大众旅游时代的到来，旅游模式不断发生变化。对发展中国家来说，出境旅游初级阶段主要是游山玩水，借以弥补人生某种缺憾或满足个人的虚荣心，随着旅游市场的不断成熟，人们会更加追求独特体验，并把这种追求作为自身能力建设的一种途径。远程旅游会随着公民收入的增加而增多，是在实现梦想或夙愿，但这样的旅游多是一生一次，而邻邦旅游则可以变成一种常态，成为一种生活方式，重访率高。实体基础设施的建设固然重要，没有良好的公共旅游服务设施不能使旅游通畅便捷，但是，体验旅游与更加深入地交流，语言交流显得更加重要。语言作为人们沟通的桥梁，它不仅能使旅行更加方便，交流更加广泛直接，更为重要的是，能够增进情感，增强互信，提高彼此的安全感与合作的愿望。由于历史的原因，语言障碍在欧洲国家不再突出，在长期的交流与合作中彼此主动学习对方的语言，增强交流的能力。拉美国家有其主体语言作为区域地区的共同语言。在东南亚国家中，第三方语言——英语——的普及使邻邦交流也比较方便，沟通信息更加直接与准确，为邻邦旅游发展打造了一个良好轻松的软环境。

（6）统一服务标准：旅游管理合作的典范

邻邦旅游以旅游者自由行为主要特色，团体旅游所占比重较小，而且邻邦旅游发展得越成熟，规模越大，散客比重也越大。因此，很多国家为使旅游者活动方便，改善旅游经营，邻邦政府之间积极协调，统一相关标准和服务方式。早在 20 世纪 70 年代，欧洲的荷兰、比利时和卢森堡三国统一了旅馆分级标准，2009 年，奥地利、德国、荷兰、瑞士、匈牙利、瑞士、捷克等邻邦一起，创建了旅馆星级联盟（Hotelstars Union），统一了联盟成员国家的旅馆评级标准，到 2013 年，这个联盟成员扩大到 18 个国家。欧洲还组建了欧洲城市营销网络（European Cities Marketing），23 个国家的 41 个城市推出了城市卡（City Card），提供相似的服务和优惠条件。欧洲国家的旅游信息中心体系（Tourist Information Centre）虽然各国有其自己的网络和文化特色，但相对统一的服务方式使邻邦旅游者感到熟悉方便。功能、设施和运营方式相同或相似的城市观光车体系也是如此。当今世界，移动信息服务制式与方式的统一，为邻邦旅游发展创造了新的便利。

总之，相邻国家都在努力，主动采取方便旅游的措施，促进邻邦旅游的双向流动，逐渐成为一种合作发展旅游的趋势，得到了普遍认可和支持。

三　中国邻邦旅游发展的模式与战略选择

中国是个大国，从前常以"疆域广大、人口众多"来形容，今天，经过 30 多年的经济改革，国民经济保持较长时期的持续增长，使中国的经济规模发生了巨大改变，成为仅次于美国的第二大经济体，使"大国"概念增加了新的含义。这一变化在世界上引起了很大的关注，中国的崛起被看作是一种"中国现象"，对此，国际社会更是褒贬不一，心态各异，进而使中国面临更加复杂的国际关系。在此期间，中国的旅游也发生了变化，出现了入境旅游、国内旅游和出境旅游同时增长的新局面，致使国际社会对中国旅游的关注点也发生了重大变化，从"中国旅游"转向"中国旅游者"，即从关注中国作为一个特殊的旅游目的地国家开始转向中国作为一个潜力巨大的新兴市场。面对这一新变化，中国的国际旅游发展模式也应做出新的调整，那就是大力发展邻邦旅游，并应尽快据此确定新时期邻邦旅游的发展战略。

中国的国际旅游要突出重视邻邦旅游，其主要的根据有以下几个方面。

1. 中国是世界上邻邦最多的国家，中国的发展需要一个稳定良好的邻邦关系

从世界上看，中国的面积虽然不是最大，但邻邦数量最多，边境线长达 22000 公里，周围的邻国有 20 个，其中陆上接壤邻国 14 个，海上邻国 6 个，[①] 邻邦国家政治制度、经济体制、发达程度与文化背景非常复杂，漫长的历史渊源与多元外部势力的交错，彼此之间的关系变得非常微妙。因此，对中国来说，长期维持一个良好稳定的邻邦关系不仅是必要的，而且是非常重要的，也是非常不容易的。这一点在中国半个多世纪的发展历程中得到了充分的印证。中国提出的亲、诚、惠、容的周边外交理念进一步表述了维护良好邻邦关系的决心和努力。

2. 邻邦旅游是构建睦邻关系的增效剂和润滑剂

从历史的经验来看，保持与邻邦之间政府与民间接触通畅，增进彼此之间的了解与信任，是非常重要的，而作为民间外交的旅游活动发挥着良好的作用。在邻邦关系出现问题时，旅游活动可以作为缓解矛盾的润滑剂，在彼此关系良好时，它则成为增效剂，这是其他途径所难以替代的。这一点，在当年中日关系的解冻、中韩关系正常化、中俄关系的改善等实践中都得到了验证。

3. 中国具备了大力发展邻邦旅游的条件

邻邦旅游发展的一个重要前提是邻邦之间双边关系正常、良好，彼此保持相互开放，旅游流动便利顺畅，其中一个重要的特征是旅游者的流动是双向的。中国在改革开放之前没有这个条件，改革开放后的很长一段时间里，中国实施大力发展入境旅游的国际旅游单向流动政策，也不具备这个条件。只有从新千年开始，中国与周边国家的关系得到了空前的改善，中国出境旅游市场逐渐扩大，政府的相关政策更加宽松与开

---

① 中国的陆地邻邦分别是俄罗斯、哈萨克斯坦、吉尔吉斯斯坦、塔吉克斯坦、蒙古国、朝鲜、越南、老挝、缅甸、印度、不丹、尼泊尔、巴基斯坦和阿富汗等 14 个国家。锡金因并入印度，不再是一个独立的主权国家，不再算作邻邦；海上邻邦包括印度尼西亚、马来西亚、文莱、菲律宾、日本和韩国等 6 个国家。

放，从而使与许多邻邦之间的旅游实现了双向流动，而且，这一趋势越来越明显，彻底打破了中国旅游市场的原有格局，成为国际旅游发展中的新生力量。

4. 邻邦旅游的发展得到了邻邦的认可与支持

中国的对外开放使越来越多的外国人实现了到中国旅游的愿望，在旅游的过程中更加深入地了解了中国、中国人和中国文化，了解了中国独特的发展道路和未来发展趋势，对中国政治、经济体制与发展道路的选择更加理解。而随着中国经济的发展与振兴，尤其是在世界总体经济出现衰退、经济复苏缓慢的国际形势下，中国对促进世界发展所释放的正能量更令邻邦关注。中国公民出境旅游的激增对邻邦国家经济的贡献显得格外突出，因此，努力发展与中国的邻邦旅游不仅是民众的意愿，而且逐渐变成政府的政策。针对中国公民出境旅游所采取的便利化措施远远突破了传统上对等外交惯例。尽管不同国家的做法不尽相同，但促进与中国发展邻邦旅游都表现出更加主动与积极支持的态度。

四 促进邻邦的积极举措

有鉴于此，最近几年以来，中国政府通过各种媒体与渠道向自己的邻邦传递积极发展邻邦旅游愿望的信号，提出了促进邻邦旅游发展的主张，制定了许多具体有效的实施措施，而且得到了邻邦的积极响应与支持。这一点，在中国与邻邦首脑互访、会谈活动取得成果中得到充分的体现。

据此，促进邻邦旅游的战略是个历史性的选择，其意义远远超过旅游的经济范畴。这个战略应当进一步明确，中国的国际旅游——入境旅游和出境旅游——发展应当把邻邦旅游放到首位，使邻邦旅游作为国家国际旅游的重要组成部分——这不仅体现在游客人次数的统计上，而且体现在旅游实际效应的多元化目标上：努力推动旅游双向流动，以市场换市场，以满足本国公民旅游需求为出发点，把最便利的方式与优惠的政策优先运用到邻邦旅游发展上，对签证和入出境手续便利化，不必强调外交上的对等，在条件成熟时主动推出；在旅游的双向流动上，也不必强调短期平衡，而是努力促进邻邦能相向而行，逐渐扩大；邻邦旅游的合作，不仅仅在旅游的营销上，要不断扩大领域，向更多的产业和地区延伸；不仅强调双边受益，逐渐扩大外延，还要努力促进区域旅游发展，进而构建更加健康的全面睦邻关系。

从这一战略目标出发，中国与周边国家（包括与本区域内的其他国家和地区）邻邦旅游要采取"全面展开、重点突破"的积极战略，考虑采取以下一些促进邻邦旅游的重大举措。

1. 地域上以东北亚地区为重点，同时要对中印邻邦旅游下功夫筹划

东北亚的地理概念并无严格的限定，一般认为包括属于亚洲东北部地区的中国、韩国、朝鲜、日本，蒙古国五国和中国台湾地区，传统上还包括俄罗斯的远东地区。由于多方面的原因，该区域国家和地区，一方面文化上历史渊源悠久深远，有很多共同点和相似之处，而另一方面，政治、经济体制存在明显的差异，各自保持着自己独特的发展模式。在历史长河中，曾有过良好、亲密的合作关系，也发生过残酷的战争与冲突，从而长期以来东北亚国家和地区之间关系微妙而敏感，相互信任低于相互警惕。但从总体上来说，最近 40 年以来，区域内不同经济体之间在关系正常化方面有了突破性的发展，友好合作的愿望在增强，开放的广度与深度在扩展，这是有目共睹的，东北亚地区旅游的交流与发展是一个很好的佐证。毋庸讳言，国家和地区之间存在的分歧依然很多，不和谐的声音此起彼伏，不时地影响着国家之间的关系与合作，但这不是大多数人所希望看到的，人们也相信，凭着政治家与民众的意愿与智慧，能够找到解决分歧、寻求发展的途径和方法，历史总是要前进而不是倒退。无论如何，东北亚国家和地区应当珍惜这些年来通过多方努力而取得的成果，地区旅游的合作是能够发挥作用的重要领域。在过去 30 多年的时间里联合国世界旅游组织也曾多次强调"旅游促进国际了解、和平与合作"与"旅游是世界和平的重要力量"的理念。因此，东北亚国家和地区作为邻邦，应当从整个区域和各个国家和地区的利益出发，把促进邻邦旅游发展放到重要的位置去对待，巩固已经取得的成果，总结成功的经验。

从整体上来讲，中国与印度的邻邦旅游是个弱项，这是一个非常值得认真对待的问题。中印两国都是世界最著名的文明古国，是最大的发展中国家，是世界人口最多的国家，也是世界多极化进程中的两支重要力量。中印两国人口加起来超过 25 亿人，一旦中印携手，全世界都会关注，因为这样做不仅利在两国，而且惠及全球。喜马拉雅山虽高，并没有成为中印历史上交往的障碍，现在更不应如此。从长远的观点来看，中国应当更加积极主动的努力，拓展中印邻邦旅游的道路，实现新的突破。国家有关部门应当把中印之间的邻邦旅游作为一个重大战略来研究和推动。

2. 在入境旅游政策上应以签证便利化为突破口

从目前来看，中国与周边国家的邻邦旅游已经有了良好的发展基础，尤其是在认识上取得了很多共识，而且都在从各自的角度释放谋求发展的信号，采取有效的措施，这的确是个利好的时机。中国作为大国，应当利用这个大好的时机，推动邻邦旅游的发展，这其中最重要和有效的措施是与邻邦之间合作，在邻邦之间旅行、签证便利化方面实现新的突破。在这方面，似应考虑三步走，其一，为了促进邻邦旅游的发展，打破外交对等的惯例，对特定邻邦市场单方给予签证优惠，增强签证优惠的指向性（在这方面，韩国和日本都采取了措施，且效果明显）；其二，对主动给予中国公民签证便利化的国家或地区做出积极响应，给予对方以相对应的优惠待遇；其三，效仿"申根模式"，主动与相关国家和地区协商，探讨与邻邦之间签订签证便利化多边协议的可能性，可先从东北亚地区或东南亚地区寻求突破。

3. 在邻邦旅游合作上，要以重大项目为引导，使之落地见效

邻邦旅游合作，政府间的共识是基础，但最终必须落实到相关的政策上，而是否能取得成效，必须从具体的项目开始，通过探讨、试验、磨合而达到真正合作共赢的目标。应当说，这些年来，在这方面政府之间说得多，"声明""宣言"发表得多，这是个必经阶段，接下来是采取行动，付诸实施，改变"说得多，做得少"和"只说不做"的现象。目前，从国家的角度已经提出了不少与邻邦合作的重大项目，虽然并非直接针对邻邦旅游的，但是很多都与邻邦旅游发展相关，或者说，邻邦旅游的合作都会在这些重大国际合作项目中发挥重要的作用。因此，至少应当在以下几个方面对邻邦旅游发展与合作进行认真深入的研究。

——在国际旅游发展中，制定国家的边境旅游政策和战略。边境旅游应全面推进，但应因地制宜，采取不同的发展模式，突出地方特色，充分考虑我国边境地区经济发展的实际和相邻国家的利益与可能。我国西部地区与西亚邻邦开展多种商贸旅游，南部边境地区与东南亚国家的

邻邦旅游应有更多的扩展。在这方面已有很多具体方案提出，重在积极落实。

——配合国家重大发展战略构想选择重大邻邦旅游合作项目。邻邦旅游合作项目的选择要配合国家重大发展战略构想①的实施，以实现双赢和多赢为目标，应以历史文化传统为基础和出发点，以现代文化和经济发展为动力，相关旅游产品的开发必须要根植百姓，让更多的百姓参与其中，共同受益，这其中包括以下几点。

（1）"一带一路"，即"丝绸之路经济带"和"21世纪海上丝绸之路"。这是邻邦国家与世界在陆地上和海洋上合作战略的新选择，是中国领导人在新的历史时期提出来的重大倡议，这一倡议很快得到了相关国家积极的评价与响应。无论是陆地上的"丝绸之路"还是大海上的"丝绸之路"，历史上都与人的旅行交往相关，而今后这"一带一路"繁荣、振兴与创新，也离不开旅游，或许旅游再次成为开路先锋。虽然这一倡议的核心并不完全是促进旅游发展，但在新形势下的旅游发展合作一定会成为一个重要的内容，对此，联合国世界旅游组织和教科文组织早已参与了相关项目的筹划与实施，国家和地方也提出了一些设想和规划。目前的关键不是把什么都装进这个大筐子里，而是如何启动具体的方案把设想变成现实。

（2）南北贯通的"茶叶之路"。虽然中国不是世界上唯一生产茶叶的国家，但茶与茶文化主要是从中国向世界各地传播出去的，这也是为什么在世界各地"茶"的发音均源于中国的语言。② 历史上的北方"茶叶之路"（或称"草原之路"）从中国的福建经蒙古大草原（当时尚无蒙古国）到俄罗斯进入欧洲腹地；西南、西北边疆地区的"茶马古道"则直到南亚、西亚与西非；同时，还有海上的"茶叶之路"通过南洋进入世界各地。饮茶与茶文化虽然在历史的传播中多兴于朝廷王室等上

---

① 2014年8月《国务院关于促进旅游业改革发展的若干意见》"推动区域旅游一体化"中提出"围绕丝绸之路经济带和21世纪海上丝绸之路建设，在东盟—湄公河流域开发合作、大湄公河次区域经济合作、中亚区域经济合作、图们江地区开发合作以及孟中印缅经济走廊、中巴经济走廊等区域次区域合作机制框架下，采取有利于边境旅游的出入境政策，推动中国同东南亚、南亚、中亚、东北亚、中东欧的区域旅游合作"。

② 对此，世界上有多种研究发现，世界各国关于"茶"的发音大致有两种，源于海陆两条不同的传播途径，经丝绸之路等陆地传播的"茶"之发音从广东话，为［chai］；从海上传播的"茶"之发音从福建话，为［ti:］。

流社会，但茶在百姓中的普及之广，似无其他饮品可比。以茶文化为主题的"茶叶之路"跨国旅游已经得到中、蒙、俄三国的共识，目前主要是地方积极性大，还尚未提升到国家级旅游合作项目进行推动。

（3）连接亚欧的图们江地区项目的推进。应中国、朝鲜、韩国、俄罗斯、蒙古国等五国的要求，早在1992年联合国发展计划署（UNDP）主持之下，启动了图们江区域的多国合作项目，旨在促进东北亚，特别是图们江经济开发区社会和谐的可持续发展，在过去20多年的时间里取得了一些进展，其间还专门制定了该地区的旅游发展规划。但是，由于复杂的政治关系，旅游紧密合作的进展远不理想，作为区域性的旅游目的地还存在体制、政策和产品开发等方面的障碍，还需要多方的继续努力。但是，图们江区域相关国家和地区对旅游合作促进东北亚地区经济发展和政治稳定的作用达成了共识，各自在自己的领土范围内制定了发展规划，一些基础设施也在建设。因此，目前非常有必要采取积极主动措施，促进该区域邻邦旅游发展合作，进而在打造东北亚区域旅游合作上有所突破。

——在旅游产品上打造亚洲地区的新版本，这包括以下几点。

文化旅游的升级版——文化是旅游的核心，没有文化的旅游是不存在的。虽然，在中国的国际旅游发展中，文化元素的利用一直受到重视，但囿于当时的历史条件和对旅游认识所限，文化在旅游产品开发中的体现是肤浅的、零碎的，多在景观游览上下功夫，关注旅游者的感官满足，但缺乏真正的体验和交流。在入境旅游产品开发上，经常把文化旅游简单化，局限于少数民族文化或历史文化，过分强调逝去的、凝固的文化，过分地商业化和功利化让旅游者所接触的只是文化的外壳，见物不见人，实际上，中国的文化旅游依然处于初级阶段的水平。30多年前被海外旅游者批评的"看庙"现象依然存在，而最能体现中国大众文化旅游资源，例如，作为中国最重要文化载体的"中文与汉语"、最具魅力的食品旅游和最突出体现中国传统与现代文化的"春节"等举国节庆活动，似乎都没有很好地被利用。在中国，被称作主题公园的项目成百上千，然而真正能体现中国文化的主题公园微乎其微，而且也远远没有形成独立的产业体系。与此同时，中国出境旅游的崛起引起国际社会的广泛重视，然而，中国公民出境旅游的消费方式所体现的也是明显的初级阶段特征。因此，作为旅游大国，文化旅游产品的升级是当务之急，尤其是在邻邦旅游中的文化旅游更需要深耕细作。

邮轮旅游的亚洲版——近年来，邮轮旅游受到国家和地方的重视，国务院关于促进旅游发展的重要文献中都有所提及。作为邮轮旅游的发展，欧美超大型邮轮公司控制着整个行业的发展，并开始逐步把发展的重点向亚太地区延伸。邮轮旅游业的发展有着很大的潜力和良好的发展前景，但是在这一领域，亚洲地区依然处于弱势，在邮轮建造、邮轮旅游经营和管理、邮轮线路的开发、邮轮旅游运行规则以及人才等方面，主动权和发言权非常有限。这是整个地区所面临的挑战。因此，亚洲地区，尤其是东北亚沿海地区国家应当充分利用水域资源、旅游资源和市场资源，通力合作，发展具有鲜明地域特色和满足区域邮轮旅游消费的船队、运营模式以及管理与服务标准，形成地区邮轮旅游业的竞争力。

世界和平公园亚洲版——世界和平公园在非洲、美洲等地区颇为发达，但在亚洲地区发展缓慢，有着充裕的发展空间和良好的发展机遇。这一独特的项目不仅能成为重要的旅游吸引物或旅游目的地，更重要的是在维护稳定的邻邦关系、地区关系和保护自然和人文生态中可以发挥难以替代的作用。目前这一设施在亚洲还非常少，但是，亚洲地区有很多地方适宜创建这样的世界和平公园。例如，朝鲜半岛三八线上的非军事区以冷战为主题的世界和平公园以及在中国与南亚国家之间以喜马拉雅山为主题的世界和平公园等，都值得认真研究和倡导。

——在基础设施上，构建邻邦旅游的大通道

大众交通基础设施是促进邻邦国家长期紧密合作的重要条件，国家间相互连接的交通基础设施更为重要。目前，中国与周边国家在陆地交通基础设施方面的合作越来越频繁，投资规模也越来越大，这是国家间睦邻关系稳定改善、相互合作互信提高的象征。在这些大型交通基础设施设计和建造时，应当充分考虑跨境旅游功能的发挥。此前曾讨论过的莫斯科－北京的高速铁路，贯通朝鲜半岛，连接中、韩、俄、蒙等国家环形铁路和铁路－公路－海上运输的东北亚通道，以及中国向西亚和南亚相连接的陆地交通的设想，都为未来的邻邦旅游勾画着美好的蓝图。这些大通道虽然不可能专门为旅游而建造，但是这些通道的建设必将改变中国的邻邦旅游乃至世界旅游的版图与旅行模式，这是非常值得期待的重大突破。

结束语

作为国际旅游的重要组成部分，邻邦旅游的发展从来就不是孤立的，不可能一厢情愿，因此，中国应当处理好"远亲近邻"的关系，以"邻望邻好，亲望亲好"的心态对待邻邦旅游的发展与合作，以双赢和多赢作为合作的出发点和最终目标。为此，相邻国家和地区要努力做到在旅游政策上保持相向而行，使旅游在促进相邻各国经济发展与睦邻关系方面发挥越来越重要的作用。今天在这方面，邻邦旅游发展的"地利""天时"的条件已经初步具备，"人和"则显得更加重要。对此，周边国家对中国给予了厚望。中国有条件和义务与其邻邦一道积极努力，在本地区创造更多睦邻旅游发展的典范，真正实现联合国世界旅游组织曾经提出的年度旅游口号所表述的那样：旅游让世界受益。

中俄旅游年

俄罗斯茶叶之路节

边境旅游的昨天、今天与未来[*]

一　边境的特点

边境，靠近边界的地方。边界，国家或地区的交界线。边境线即为国家的边界，边境线内的地域是一个国家政治主权所管辖的范围。尽管边境线是无形的，在陆地、天空、水域，似有似无，若隐若现，但它的的确确地存在，并常以各种醒目的标识物提醒人们它存在的意义。

边境线是一个障碍，边境的重要功能就是限制边境两侧不同国家人员的接触与交流，限制两侧政治、经济活动的任意延伸与发展。对旅游者来说，这就是人为的障碍，使跨境旅游活动变得颇为不便，造成咫尺之隔，可望而不可即的现实。边境又是连接点，对相邻的两个国家来说，陆地相通的边境口岸，宛如一个大"沙漏"蔓延在边界线上，为人为隔开的边界两岸开辟出一条通道。众所周知，边境地区往往是展现相邻国家关系微妙变化的晴雨表。

各国都重视门面，把它打扮得与众不同，令人瞩目，创造一种特殊的氛围；因为跨越这个边境，就进入了另外一个国家，也许自然状况与自己的环境并没有特别的差异，但是，踏上人家的国土，心里的感觉会截然不同，一种神秘的感觉油然而生，隔离的时间越长，离边境越远，这种神秘感越强；差异是实实在在地存在，这不仅仅表现在自然环境方面，还表现在政治制度、经济状况、文化传统乃至日常的生活中，在相似中找到差异，在差异中发现相似，这就是旅游者跨越边境时所寻觅的感受。

---

　　* 在丹东边境旅游论坛（2009 年 4 月 18 日）上的发言。

二 边境旅游：概述

边境旅游，顾名思义，是指人们在边境地区所从事的旅游活动；总体上说有两种不同的类型：其一，只在本国一侧边境地区的旅游活动；其二，跨越边境口岸到邻国边境地区的旅游活动。因此，边境旅游大多是国内旅游与出境旅游相结合的一种特殊旅游形式，一般来说，人们更关注跨境旅游活动。

中国的边境旅游作为一种旅游形式始于 20 世纪 80 年代中期，是中国出国旅游发展的雏形，也是一种试验。30 多年来，边境旅游大致经过了探索、突起与调整三个大阶段。最初只限于边境地区的居民到边境邻国一侧边境城市的一日游，往往只需要双方认可的边境证，不必使用护照和签证。20 世纪 90 年代初期，伴随着边贸的发展，边境旅游出现了高潮，全国各地的边境省区都开展了边境旅游活动，红红火火，如火如荼，参与边境旅游的范围也突破边民的范围，跨境旅游活动也开始向内地扩展。但是，到 90 年代中期以后边境旅游开始萎缩，其原因是多方面的，但最为突出的有两点，一是来自中国公民出国、出境旅游急剧增长的冲击，人们的旅游需求与兴趣发生了变化，外汇也不再是出境旅游的制约，跨境旅游证件的调整使原来的边境旅游的优势下降。二是边境旅游经营中出现了一些不良的现象，政府不得不停止了一些地区的边境旅游。进入 21 世纪初的一段时间里，大部分边境旅游处于停滞状态，直到 2009 年之后开始恢复，以新的面貌和形式繁荣起来。

三 东北是边境旅游发展的先驱

中国的边境旅游始于东北三省。1987 年 11 月 4 日，国家旅游局批复同意辽宁省丹东市与朝鲜新义州开展中朝边境一日游，开创了中国边境旅游的先河。尔后，边境旅游先后在吉林延吉与朝鲜稳城、黑龙江黑河与俄罗斯的布拉戈维申斯克等地开展，1989 年 9 月 23 日国家旅游局颁发《关于中苏边境地区开展自费旅游业务的暂行管理办法》，成为中国政府公布的第一个关于边境旅游的重要文件。从这个意义上讲，东北地区为全国各地边境省区开展边境旅游创造了经验，做出了突出有益的贡献。1992 年 7 月 24 日，国务院批复国家旅游局《关于扩大边境旅游，促进边疆繁荣的意见》，把边境旅游扩展到全国 23 个地区，遍及绝大部分边境口岸城市，于是中国出现了像绥芬河、黑河、漠河、满洲里、二连、丹东、珲春，瑞丽、畹町、东兴、塔城、伊宁、巴拉图等著名的边境旅游明星城市。

四　东北有着发展边境旅游的优势

东北地区之所以成为中国开展边境旅游的先驱，因为东北三省具有天时地利的优势。其一，这三个省从南到北，都有与邻国接壤的陆路口岸，地处最北端的黑龙江省与俄罗斯接壤，有 19 个市县与俄罗斯为邻。吉林省地处东北地区的中部，与朝鲜和俄罗斯接壤，辽宁省与朝鲜接壤，丹东是国内最大的边境城市。其二，与东北三省接壤的国家与我国有着密切的关系。虽然中苏之间曾经有过一段不愉快的经历，但这毕竟是短暂的，是在特殊历史时期发生的，而中朝之间的关系更为特殊。其三，东北三省与相邻国家的边境地区都有着扩大交往、增进友谊的强烈愿望，中国改革开放之后经济的高速发展，创造了更多的边境贸易和经济往来与合作的机会，边境旅游与边贸的发展实属众望所归，水到渠成。

五　边境旅游为东北带来了人气与商机

边境旅游之所以得以快速发展，最为重要的是相邻国家的边境城市和地区可以从中共同受惠，边境旅游能取得双赢或多赢的效果。其一是开辟了"不动外汇、以货换货"的边贸途径，实现了"互通有无，优势互补"的共同愿望。1987 年 9 月黑龙江黑河的一船西瓜换回了俄罗斯阿穆尔州一船尿素的交易成为中俄边贸的佳话。其二是特殊的跨境旅游形式实现了相邻国家的人员交往，绕过了外汇短缺的门槛，睦邻关系接续，邻邦重归于好，形成了和平安定的好环境。其三是人员的交流，促进了了解，捐弃前嫌，找到了更多、更广的合作机会。其四是促进了边境省区与内地的经济联系和人员往来。边境旅游发展的一个直接结果是，在东北边境地区出现了像绥芬河、黑河、丹东、延吉、珲春等新兴的城市，名声大噪，原来的边陲偏远的城镇，很快变成国家开放的前沿，为东北地区的发展凝聚了人气，带来了活力，竖起了样板。

六　边境旅游有着新的发展前景

在与相邻国家政府共同努力下，经过一段时间的调整，到 2009 年之后，边境旅游以新的面貌和方式重新振兴。在新的形势下，旅行证件更加规范和便捷，经营更加有序，旅游线路根据旅游者的需求进行了多方面的调整，旅行的方式更加灵活，逐渐从边境贸易拉动边境旅游的初级阶段向边境旅游促进睦邻合作的方向发展，得到了相邻国家的积极响应。黑龙江沿边地区充分发挥黑龙江界河的优势，积极开展"大美龙江中俄边境欢乐行"，而一岛两国的黑瞎子岛旅游独具魅力。吉林省积极创办边境旅游示范区，以多种形式开辟赴朝旅游线路。丹东充分发挥其地利与铁路的优势，一直保持着中朝边境游主力军的地位。在加大与东南亚地区和西亚国家合作的新战略指导下，云南等西南边境省区和新疆维吾尔自治区的边境旅游都被放到优先发展的地位。

2009 年 3 月，习近平主席出席了在莫斯科举办的中国旅游年开幕式，他在开幕式的致辞中，特别强调了睦邻关系的重要性，他指出，"亲仁善邻，国之宝也"。他提出，"旅游是增强人们亲近感的最好方式"，"把旅游合作培育成中俄战略合作的新亮点"。尔后在 4 月，习近平在博鳌亚洲论坛开幕式上的演讲中，重申"中国将坚持与邻为善、以邻为伴，巩固睦邻友好，深化互利合作，努力使自身发展更好惠及周边国家"，"中国越发展，越能给亚洲和世界带来发展机遇"。毫无疑问，习近平的这些讲话为边境旅游的发展赋予了新的使命，为具备促进睦邻友好的边境旅游开创了新的契机。因此，包括东北三省在内的全国各边境省区都对边境旅游的发展进行了新的规划和设计，边境旅游的新发展已经开始。

补白　本人一直关注边境旅游的发展，曾在 20 世纪 90 年代初，承担过一个"中国边境旅游发展战略选择"的课题，对我国云南、新疆、辽宁等省份做过系统的实地考察，1994 年编辑出版了《中国边境旅游发展的战略选择》一书。后来，一直关注中俄、中蒙、中老、中缅、中朝以及中国与西亚国家边境旅游的发展。在国外，对朝鲜与韩国的非军事区、美国和加拿大尼亚拉加大瀑布等独具特色的边境旅游进行过案例研究。边境旅游作为旅游的一种特殊形式，对相邻国家经济发展和社会稳定发挥着独特的作用，是国家关系的润滑剂。同时，边境旅游也存在一些复杂管理的难题。边境旅游活动虽然在边境地区，但相关政策却均由国家的中央政府制定，因为它直接涉及国家的安全与主权。

中朝鸭绿江断桥

中俄边境城市海拉尔机场候机楼壁画

透视中国的出境旅游[*]

引 言

　　中国公民的出境旅游发展迅速，势头凶猛，引起了各方面的关注，这既表现在政府的政策上，也表现在普通百姓的行动上；既反映在作为旅游市场的客源地方，也反映在作为服务供给的目的地方；既体现在一系列的统计数字上，也体现在国际交往的关系上。对中国出境旅游的发展，不仅中国政府关心，外国政府也关心；不仅中国的业界关注，海外许多国家的业界也关注；对这一现象，不仅中国学者关注，海外的学者更关注。然而，看得出来，不同国家、不同部门、不同机构、不同人群，对它的关注点和关注程度有所不同。有的为之欢喜雀跃，希望它发展得更快，更猛，一路畅通无阻；有的为之惆怅焦虑，行动上格外谨慎，甚至希望有关部门尽快采取措施，使之得到应有的控制。笔者在此，就中国出境旅游发展的问题提出自己的看法，与大家交流。

一　出境旅游是中国旅游走向成熟的标志

　　旅行是指人在空间的移动。旅行可以是无意识的，无目的的，或者是非主动的，被迫的。但随着人类社会的发展，越来越多的旅行是主动的，有目的的，有意识的，从而世界上出现了丰富多彩的旅行与旅游活动。

　　人类最初的旅行活动是自由的，没有限制的，如果说有限制，那只是人类体能本身的限制，这一现象持续了很久。人类对自身行为的限制

---

　　*　在东北亚国际旅游论坛（2006 年 9 月 18 日，日本新潟）上的演说稿。

是一种社会进步，国家间旅行存在人为障碍的现象也将会持续很长时间。但是，最终人类还会自己解放自己，主动取消那些自己设定的限制，诚然，这需要时间。正是因为如此，人类的旅行与旅游活动范围的扩大总是遵循"先近后远、先易后难"的方式进行的，这就是常规。

中国人的旅行与旅游活动开展得并不晚，或者说相当早，因为旅行与旅游活动是人类社会发展的标志，而中国的文明社会出现得很早，这有史为证。与旅行和旅游相关的服务和行业随着旅游活动的增加应运而生，并不断发展。中国人旅行的距离、范围也曾是相当大的，中国的交通、住宿、餐饮、景观等服务业的发展历史悠久，源远流长，这也有史为证。

现代旅游业的真正出现距今只有一个半世纪多的时间。在这期间，出于国内、国际的多种原因，中国社会经济的发展经历了多种磨难，受到了多种限制，中国落后了，从而使中国在全球旅游业的发展中成了后来者。新中国成立之后，旅游的发展又走了一条非常规的道路，经历了一个特殊的发展过程，使旅行与旅游变得颇为复杂。新中国成立不久就组建了办理国际业务的旅行社，为了赢得国际社会的了解、理解与支持，开展入境旅游接待业务，不过当时考虑的不是经济上的收益，而更多的是政治。改革开放以后，中国的经济体制发生了重大的变化，加快经济发展成为重要的目标。为了赚取外汇以支持国家现代化建设，开始考虑大力发展入境旅游；尔后，为了刺激消费又开始鼓励国内旅游；为了满足公民的日益增长的需求和外交工作的需要开始逐渐放开公民的出境旅游。现在审视中国旅游业的整个发展过程，并不是说以往的政策是不对的，相反，这些政策是正确的，是符合中国当时国情的。与此同时，随着社会经济的发展，发展旅游，尤其是发展出境旅游，必须要认真考虑另外一个问题，那就是如何满足公民自身的发展、自身的需求、自身的福祉、自身的健康。也就是说，社会的需要和自身的需要很好地平衡和兼顾。

今天，中国的入境旅游有了相当大的规模，中国早已进入世界旅游大国的行列，其成就是举世瞩目的。这一成绩的取得，不仅反映了中国自然风光与民族文化的魅力，更反映出世界对当代中国发展的兴趣和信心。国内旅游红红火火，蓬蓬勃勃，这正反映出中国社会稳定、经济发展的现实。出境旅游方兴未艾，但实事求是地讲，它仍然处于初级阶段，限制多于自由，制约多于方便。这一现象的存在有我国自身政策的限制，也有境外目的地的制约；有消费者自身认识的局限，也有市场运行和社会诚信等多种因素的缺憾。但应当说，在中国公民的出境旅游方面，最近一些年来在很多方面都已经有突破性的进展，取得了人们意想不到的进步，这是值得肯定的、值得珍惜的。出境旅游的发展，才真正使中国旅游业变得更加完整，出境旅游的发展是中国旅游业进入常规发展的重要标志。这是发展中国家发展旅游的基本规律，也是发展中国家得以发展步入旅游发达国家的一个必经阶段。

二 中国出境旅游发展的宏观背景

在不同的国家，出境旅游的发展过程不尽相同，尽管政府的政策会在促进和限制这一发展中发挥重要的作用，但作为一种社会现象，它的发展是有其基本条件的，这些条件是需要不断创造和完善的，而这些条件的变化也是政府制定相关政策的重要依据。

从总体上说，最基本的条件是经济发达水平，即人们能够赢得温饱并有结余的经济能力，没有这一基本条件，出境旅游则无从谈起。不过这里所讨论的是公民以消遣、度假为主要目的的旅游活动，不是广义上的出境旅游。指责中国没有更早地开放出境旅游是没有道理的，因为那时候，大多数中国人，不具备支付能力，也没有这种意识和需求。

其次是休闲时间，即人们可以自由支配的时间。虽然休闲时间的长短在很大程度上和政府制定的工作时间和度假制度相关，但政府制定这一政策的依据是劳动生产率水平，是总体经济发达水平，没有这一基础，即使名义上人们可以有很多休闲时间，也不可能真正地享用，也不可能都能用在旅游休闲消费上。

再次是国家之间的关系，这对出境旅游来说是至关重要的。国际旅游的发展不能是一厢情愿，必须是客源发生地和旅游目的地共同认可。记得当年，社会主义阵营内国家之间曾经是不需要签证的，有护照就可以自由出入。后来国际形势变化了，签证就变成一种刚性制约。在20世纪70年代国际旅游发展热潮兴起的时候，美国人曾经抱怨说"到中国旅游简直比在美国进入一所名牌大学还难"。同样，虽然中国现在与世界绝大多数的国家和地区保持着良好的外交关系，但直到21世纪之前，很少国家给中国人旅游签证，直至今日，由于多种原因，中国公民出境旅游在签证方面受到的限制还很多，手续还相当繁杂，真正像国际上许多国家那样相互之间给予免签待遇的做法，还没有真正在中国实现。

当然，还必须考虑公民本身的出游能力（这里指的是体力上的能力）和愿望。有人有钱，但未必有时间；有人有时间，但未必有钱；也有人既有钱，又有时间，可能没有出游的能力，或没有出游的愿望，同样也不能成为出境旅游者。

鉴于上述，中国出境旅游得以快速发展的原因主要体现在这样几个重要的方面。

1. 经济的增长，外汇充裕

中国的国民经济保持着良好的发展势头，GDP 的增长速度保持较高的水平，人均 GDP 的水平有了明显的提高，全国人均超过 1000 美元，一些大城市和发达地区高达 3000～5000 美元。中国的外汇储备居高不下，到 2006 年初，国家外汇储备高达 8500 亿美元，居民个人外汇来源增多，外汇储蓄充裕，外汇短缺的瓶颈不复存在。尤其是最近几年来，中国的人民币保持坚挺，有利于境外消费。

2. 政府放宽管制，多方提供方便

对待出境旅游，政府不断放宽限制，公民的因私护照由审批制改为申领制，经营出境旅游业务机构与日俱增，中国公民出境旅游目的地的确定成为外交活动的重要内容，"外交为民"的新观念使出境旅游者增强了安全感，《中国公民自费出境旅游管理办法》的出台，使出境旅游更加规范。与此同时，居民出境旅游外汇携带限额大大放宽，而随着双币信用卡的出现与普及，实际上外汇限额形同虚设。

3. 政府调整假期制度，出境旅游有了充裕的时间

中国 1995 年开始实行 5 天工作制，1999 年 10 月推出了 3 个为期七天的"长假期"。这不仅使公民的公共假期增加，更重要的是给予了充裕的自由支配的时间，这在一定意义上，是对公民度假消费的激励。特定人群的假期（学生、教师）和带薪假期制度的推进，使度假旅游逐渐成为越来越多人的生活方式。

4. 消费观念的改变成为度假旅游发展的动因

改革开放不仅不断改变国家经济体制和运行机制，更重要的是不断

转变人们的观念和生活方式。与旅游相关的观念转变至少有三个，即从"存钱"转向"花钱"；从"为别人存钱"转向"为自己消遣享受"；从"购买用品"转向"寻求体验与健康"。

5. 境外一些政府与企业的积极促销宣传，激起了公民出境旅游的欲望

国家间的"友好年"活动、针对中国普通公众的广告宣传和多种多样的"文化周"活动，以及各种新媒体的互动交流，使出境旅游成为"挡不住的诱惑"。

总的来说，中国出境旅游发展的经济条件有两个重要的特征，其一，公民总体经济收入的增加和公民之间经济收入的差异支撑着中国公民休闲度假出境旅游的发展。其二，在广义上的出境旅游中，非自费旅游（即多种多样的公务、商务旅游）仍然发挥着主导作用。应当说，中国出境旅游发展的条件正在逐步改善，出境旅游的发展速度很快，但距国际发达国家的水平还相差甚远。这从另一个侧面反映出我们与发达国家的差距。

三 客观分析中国出境旅游的规模与影响

关于出境旅游的规模，无非有两种重要的度量方式，一是出境旅游的人次数，二是出境旅游的境外消费。从目前情况来看，使用这两种方式度量中国出境旅游都存在一定的缺陷。

（一）对中国公民出境旅游的规模估计偏大

中国公民的出境旅游早在20世纪80年代就开始出现，国家有关部门也开始公布由边防部门记录的中国公民出境人次数。这个人次数所表明的是持中华人民共和国护照的人离开我国口岸次数的记录。这个数据没有说明出境的目的，也没有表明离开口岸后的方向，还包括一些持有中国护照但长期居住在国外或境外，甚至已经持有境外、国外的"绿卡"的人。所以说，"中国公民出境人次数"和"中国公民出境旅游人次数"不是一个概念，也不能准确地说明这一市场的规模。

这里要说明的是，在研究国家出境旅游政策的时候，出境人次数和出境旅游人次数是应当加以区别的。尽管世界旅游组织（UNWTO）在关于出境旅游的统计定义中，包含了上述所有人群，目的地国在测定本国入境旅游的规模与影响时也是依靠这一数据，但客源产生国（即客源国）在作为制定相关出境旅游政策依据时要认真分析和研究。必须看到，中国政府关于出境旅游政策的变化主要体现在公民以休闲、度假为目的的自费出境旅游活动上，而它对因公出境活动并没有真正的影响。而非休闲、度假目的的一日往返与港、澳之间的跨境活动没有太大的旅游统计意义。那些只持有中国护照并不居住在国内的人，他们的出境记录更不能反映中国公民出境旅游的变化。因此说，真正反映中国出境旅游现实的数据有两个，一是经过旅行社组织的出国、出境旅游人次数；二是以休闲、度假为目的的个人出境、出国人次数。前者是目前我国公民出境旅游的主渠道，因为，时至今日，我国和大多数国家政府签订的有关"中国公民出境旅游目的地"（ADS）的协议，仍然指的是给旅游团队签发旅游签证，并非针对独立旅游者。而后者是个新变化，因为中央政府针对香港和澳门两个特区的特殊情况开放了个人游，突破了原有组团出境旅游的限制。除此之外，到其他境外旅游目的地的"个人游"数量还非常有限，即使是"个人游"，很可能获得的是"商务签证"，而并非"旅游签证"。

根据上述可以做出这样的判断：其一，近年来，我国出境人员结构发生了很大变化，已由原来因公出境人次数为绝大多数的"一头沉"变为因公、因私"平分秋色"。尽管如此，真正因私出境人次数仅占出境总人次数的一半[1]，而实际在境外逗留的夜次数肯定会少于公务、商务旅游者。其二，参加旅游团出境的大多数是真正以休闲度假为目的的，虽然这个数字在不断增长，所占比例也在不断上升，但其比重仍不大，例如，2003年旅行社组织的出境旅游总人数为387万人次，仅占因私出境人次数的26%，占整个出境人次数的19%。[2] 这里不妨再换一种方法比较。中国约有13亿人口，城市人口约占1/3，就算所有的因私出境人数（这并非全都是出境旅游人数）都来自城市，那么其所占比重充其量也不过3%，更何况这个数字也不可能是大平均，因此说，真

---

[1] 所谓"因私"和"因公"，目前仍然是以所持护照的类型来区分的，持公务护照者则视为"因公"，实际上，目前有不少人，为了签证方便，使用个人护照出国、出境从事"公务"。

[2] 根据国家旅游局年度统计公报计算出来的。

正出境旅游的人数在中国公民中的比例是非常小的。这个比例不仅远远低于经济发达国家，也低于许多发展中国家。因此，目前政府公布的统计数据所描绘的出境旅游的规模比实际偏高。

（二）出境旅游的花费也是一笔糊涂账

出境旅游的外汇支出是个非常敏感的问题，也是大家非常关注的问题。如果从出境旅游发展政策制定的角度来说，这里也必须区分中国人的境外消费和出境旅游消费，这两个数据也不可混为一谈。而且，尽管有关部门也公布出境旅游支出的数据，但没有公布数据的计算方法，似乎国家也没有对国民出境旅游花费做过系统的抽样调查。

1. 因公出境活动——无论是公务还是商务——的支出虽然都是国家外汇的外流，但这主要是国家、社会团体和企业的正常开支，属于生产性的支出，这些消费与国家出境旅游政策没有太多的关联

即使是在那些非常封闭的年代，中国因公的出境人数虽然数量少，但也从来没有中断过。公务和商务的出境活动是国家之间政治、经济、文化等方面的往来，它会随着国家经济的发展、国际关系的改善而扩大，并非因国家出境旅游政策的变化而变化。所以说，公务、商务出境旅行活动的开支，是通过国家相关政策或企业经营管理来控制的，并非属于完全的出境旅游消费支出。笔者一向认为，许多非自费旅行是正常的经济活动，是社会经济发展所不可或缺的，这些出境活动不仅不能限制，反而应当鼓励。

2. 因公出境活动的消费总体上要大于出境旅游的支出

从境外支出来看，显然因公出境要大于个人因私出境活动。这是因为，因公出境（国）旅行，国家和企业都有相应的规定和标准，在住宿、交通、公共关系和其他方面的应酬等开支要高于一般个人出境旅游消费。当然，因公出境活动中也有个人的消费支出，例如购物等消费，在某种意义上讲，这一部分个人消费可以理解为是与因私旅游相同的。至于一些人利用因公出境的机会参与赌博、色情等不良消费，应另作别论，不要都放到因公出境的花费上，更不能作为出境旅游的花费。

3. 中国人目前出境旅游的消费是否与其收入相匹配

目前还有一种说法，叫作"出境旅游的高额人均花费与人均国民收入极端不成比例"，这恐怕在认识上存在偏颇。一方面，中国这样一个人口超级大国，人均 GDP 或者 GNI 肯定是低的，要使中国人均值达到或超过许多小国、富国的水平，虽然不能说是不可能的，但是个长期而艰巨的过程。另一方面，今天不大富裕的大国中也不乏富人，这些富人即使在总人口中所占比例不大，但绝对量也是相当可观的。举一个比较极端的例子，中国人口的 5% 就是 6500 万，而这个数量恐怕要比欧洲绝大多数国家的人口都要多。可以肯定，中国这个 5% 的群体的收入要比许多富国中总人口的平均收入要高。中国人出境花费高，部分是中国公民收入差异的反映。这些人在出境旅游初期消费高一些，应当说是正常的，是成比例的。

4. 目前中国人出境消费属于非理性的

在考察中国公民自费出境旅游的花费时，一个重要的因素必须考虑，那就是，中国公民出境旅游刚刚开始，参加出境旅游的人中不少是首次出境（国）的人，其中还有一部分人由于年龄等方面的因素，也许是他们平生中唯一的"出国潇洒走一回"（至少他们自己是这样想的），因此，他们在境外、国外的消费带有很大程度的特殊性、非理性，他们本人要享受从前没有享受到的，要购买在国内买不到的，要给亲戚朋友、家人购买礼品，甚至代表那些没有机会出去的人购买物品。表面上看起来，中国人在境外的消费很高，甚至在一些旅游目的地高于同期来自经济发达国家的旅游者。应当说，这种非理性的消费是正常的，是发展中国家刚刚开放后的一种特殊现象。一旦出境旅游变成中国公民多数人、经常性的度假消遣活动时，这种非理性的消费方式就会逐渐理性化。世界上很多国家都经历了这样的一个过程。因此，目前中国公民在境外的消费不能直接与经济发达国家相比，或者在一定意义上说，目前中国公民在境外的消费并不能完全反映中国公民的实际收入水平，这个道理应当说是显而易见的。如果按照世界旅游组织公布的数据，中国人均出境旅游支出只相当于世界平均水平的 1/6。[①]

（三）"外汇的流出"与"内需的外漏"

作为一个发展中国家，凭借旅游资源的优势，在发展旅游业的过程

---

① 世界旅游组织 2003 年 9 月公布的数据，2002 年中国出境旅游支出占全球市场的份额仅为 3.2%，全国人均出境旅游消费额为 12 美元，这个数字还不到世界平均水平（76 美元）的 1/6，仅仅约为俄罗斯（83 美元）的 1/7。

中强调入境旅游，不断扩大旅游的外汇收入，无疑是非常正确的，是应当坚持的基本方针。但是，必须看到，20多年来，中国的经济状况发生了天翻地覆的变化，中国的国际收支平衡状况也和改革开放之前或之初大不相同了，中国的国家外汇储备大大增加了，虽然，在外汇储备的结构上有很多不合理之处，但外汇短缺的状况发生了根本性的转变。与此同时，由于经济的发展和国际经济往来的增加，国民的私人外汇储蓄状况更不能同日而语。尽管这部分外汇比较集中在某些特殊群体之中，但国民获得外汇的公开渠道已经很畅通，外汇不再是国民出境旅游的瓶颈。个人外汇存款的存在是事实，对私人外汇的流向，只能引导，而不能过多地限制，或者说目前尚没有完全限制私人外汇向境外流动的条件。① 面对国内缺乏吸引外汇投资和消费的良好渠道，国民在境外消费自己从正当渠道获得的外汇似乎也无可厚非。至于一些人来路不明或来路不正的外汇收入，或者通过出境旅游的途径来实现"洗钱"的非法活动，应当另作别论。值得注意的是，人民币币值稳定和升值预期高，人民币信誉良好，境外直接接受人民币的地方越来越多，从而使中国公民的出境旅游消费的外汇压力在减小，这正是中国公民出境消费的大好时机，设置更多的门槛不允许国民花费自己的外汇，其实也是有悖于社会公平的原则。因此，这和货物贸易一样，出口和进口都要重视，旅游外汇的外流应视为正常的贸易行为。至于"出境旅游花费造成了内需漏出"之说，虽然从"爱国"的角度是可以理解的，但这显然也是混淆了概念，因为出境旅游和国内旅游不可能完全相互取代，即使国家完全限制国民出境旅游消费，国民的旅游消费也不可能是现有出境旅游消费与国内旅游消费相加之和，换句话说，即使他们不出境旅游消费，也不可能把预计用作出境旅游消费的钱都花在国内旅游上，更何况其中还有至少一半左右的出境消费是公务/商务旅行的消费支出，这一部分消费是很难置换的。虽然在国际收支平衡中，国民在境外的消费算作"外汇的漏出"，但这种漏出是正常的，是合理的，是不可避免的。

总之，中国出境旅游仍然处于初始阶段，作为一个大国，真正以消

---

① 在国家经济安全受到威胁时，国家可以制定限制外汇使用的措施，如中国以前的外汇管理政策，东南亚国家、韩国乃至欧洲的法国，也都曾经制定和实施过对国民携带外汇出境的限额，但都是在特殊情况下采取的一些临时性的措施，而不是常规外汇管理政策。

遣度假为目的的出境旅游活动才刚刚开始，无论是在旅游者人次数方面，还是在旅游消费支出方面，并没有对国家经济安全造成负面影响，更谈不到"威胁"。

四　对中国出境旅游发展的反应：有喜也有忧

作为一个发展中国家，中国一直坚持大力发展入境旅游的大政方针，这个原则是要长期坚持的国策，希望通过入境旅游的发展为国家赢得更多的外汇，改善国际收支，增强国力。这个方针是不能动摇的，也是所有发展中国家旅游发展的基本方针。出境旅游则是中国旅游发展的新现象，出境旅游增长速度之快似乎超出人们原来的想象。就目前官方的数据，2005 年中国公民出境人次数已超过 3000 万，而这个数字在进入 21 世纪后在跳跃，2000 年首次突破 1000 万，2003 年突破 2000 万，2005 年突破 3000 万。官方公布的中国公民出境旅游消费也接近 200 亿美元，逐渐逼近中国入境旅游的外汇收入。面对这一事实，不同的部门的反应大相径庭。

1. **国际社会为之欢呼，"中国现象"位置凸显，国际上出现了千军万马进军中国市场的热潮**

中国出境旅游市场开放始于 20 世纪 80 年代初期的港澳探亲游和边境旅游，但是那时的"出境旅游"并非真正意义上的出境旅游，直到进入 90 年代以后，国家专门制定了出境旅游的管理办法，逐渐转变为中国与相关国家签订双边协议，正式确定中国公民出境旅游目的地，即官方认可的旅游目的地国（ADS）。21 世纪初，确定中国公民出境旅游目的地几乎成为外交活动的重要议程，以至于国家总理乃至国家主席主持签字仪式，成为国事访问的重要成果之一。到 2006 年底，与中国签订 ADS 协议的国家和地区超过 100 个，遍及世界各大洲。在国际上，凡是重要的旅游论坛几乎经常把中国旅游发展作为重要的议题之一。已经签订 ADS 协议的国家和一些尚未签订协议的国家纷纷在中国设立旅游办事处，举办各式各样针对中国市场的促销活动，不仅在中国举办的国际旅游交易会上外国旅游机构设立摊位越来越多，而且以中国出境旅游为主题的论坛和交易会连年不断。尤其是在各种各样的媒体上关于国外旅游的广告宣传更是层出不穷，花样翻新。针对中国旅游者的需求，目的地国印制了大量包括旅游地图、旅游指南等在内的中文宣传品，设立了内容丰富的中文网站。从 2003 年开始，德国的一个旅游专家专门设立了欢迎中国旅游者奖，奖励那些在中国市场促销中做得出色的城市旅游部门、机构和企业。相关机构反映强烈，并得到了世界旅游组织的认可。

2. 国内业界激动不已，争先恐后要分享这碗"美餐"，演绎了一场促销境外旅游目的地的大战

国家调整了旅行社分类方法，并对从事出境旅游经营的范围进一步扩大，从原来的小范围垄断到大范围的放开，经营出境旅游业务的旅行社由当年的几家扩大到现在 600 多家。但是，这个范围的扩大仍然有所保留，虽然理论上说国际旅行社都可以从事出境旅游业务，但是对从事出境旅游旅行社的保证金提高了门槛，同时在与外国政府签订 ADS 协议后，往往对各自从事双边出境旅游业务的旅行社要双方认可，等于又从中进行了一次遴选。而且，合资旅行社和外国独资旅行社仍然不能从事中国公民的出境旅游业务。也正是由于有这个门槛和一些限制，经营某些出境旅游线路仍然有较高的利润空间，于是，国内业界都争先恐后地进入这个市场。经过两三年的努力，经营出境旅游的市场上逐渐出现了一些在某些特定市场颇具优势的旅游批发商，也出现了一些具有较好品牌的出境旅游产品，出境旅游生意红红火火。

3. 政府政策在悄然调整，但对出境旅游的增长保持谨慎，表态颇为低调

国家旅游局在 2005 年 8 月提出了关于三个市场发展的新的战略表述，这个表述可以看作中国旅游政策的一次调整。这个新表述将原来的"大力发展入境旅游，积极发展国内旅游，适度发展出境旅游"调整为"大力发展入境旅游，全面提升国内旅游，规范发展出境旅游"。这个新表述重申了入境旅游的优先地位，继续保持大力发展的方针，突出了对国民旅游的重视，出境旅游由原来的"适度发展"改为"规范发展"，实际上，是从原来的"控制或限制"改为"规范或放开"。但是，由于多种原因，国家对出境旅游的政策一直比较暧昧，有的时候给人一种躲躲闪闪的姿态，而且不同的政府部门有不同的表现。例如，国家外汇管理部门在外汇管理上、外交部门和公安部门在出境旅游目的地的确定和护照管理上，都显得颇为积极和灵活，放开的步伐很大，反而是直接管理旅游的国家旅游局显得颇为低调，很少有新的政策与之匹配，就是对待出境旅游的"自由行"，也显得缩手缩脚。另外，在如何使中国公民在出境旅行和旅游方面更加方便，如何促使相关国家政府简化入境签证和入境手续、在外出旅行和旅游中如何使本国公民合法的权益和安全得到保障方面，则显得积极性不高。

4. 国内外学术界对中国出境旅游现象有喜也有忧

国内外学术界对中国出境旅游发展这一新现象也非常关注，不少旅游研究和教育机构设立专门的课题在研究，发表了大量的论文，分析中国出境旅游现象的背景及发展前景，普遍认为中国出境旅游的发展将改变全球旅游发展的格局。在 2005 年 11 月举办的第二届中国出境旅游论坛上，世界旅游组织市场调查与促销官员 Sandra Carvao 女士在她的演讲时用了拿破仑的一句名言结束，"'让中国沉睡吧，因为一旦中国醒来，它将令世界震惊'，它的确已经震惊了世界"①。最近在中国出境旅游交易会期间举办的论坛上，世界旅游组织的特别顾问李普曼先生针对中国出境旅游的发展提出了两个战略思考：一是"双向贸易的价值在于它能促进平衡和减少摩擦，这不仅局限在可交易的部门，而且贯穿整个经济领域"。他预测，"包括航空在内的双向旅游流动将成为全球贸易平衡和世界贸易组织谈判中一个非常重要的方面——特别是对未来十年的发展来说。这将使这个部门在全球贸易中变得更为重要，这将放大中国的作用"。二是"不断增加的中国出境旅游人数能够在发展和实现联合国制定的《世纪发展目标》方面发挥巨大的作用"。他提出，"如果鼓励这些旅游者访问世界上最贫穷的国家，这能够真正改变那些国家出口和投资的方式。一个叫非洲使团（Mission Africa）的非政府机构的主席承诺，到 2015 年将其旅游出口收入扩大三倍来帮助非洲持续发展，但是，我想不出还有任何单个因素能比中国出境旅游市场更大"。②

有意思的是，国内一些学者对待当前出境旅游发展的认识存在很大的差异。一些研究人员提出，中国应当促进出境旅游的发展，可以借此满足中国公民日益增长的出境旅游消费需求，同时，也可以利用这一渠道，削减目前存在的国际贸易中的顺差，缓和贸易摩擦。另外一些学者

---

① 摘自《第二届中国出境旅游国际论坛会刊》，2005 年 11 月 20～21 日。

② 摘自世界旅游组织特别顾问 Geoffery Lipman 于 2006 年 4 月 4 日在 "2006 中国出境旅游交易会" 论坛上的演讲稿。

则对出境旅游的增长颇为担忧，担心公民的出境旅游支出增长过快，造成外汇流失，用来之不易的外汇收入支持资本主义国家的经济发展，于是提出对出境旅游消费征税或者设立闸口的建议。

五　中国出境旅游发展中的几个观念

在探讨中国出境旅游政策的时候，有几个问题特别受到关注，这些问题也亟待进一步地统一认识。

1. ADS 协议与"自由行"

所谓 ADS 是英文 Approved Destination Status 的英文缩写，是关于确定某个国家作为中国公民出境旅游目的地地位的协议。这是中国在特定时期关于公民出境旅游政策的一个创造，这在国际上原本是没有先例的。从长远的观点看，这只是个过渡性政策，当越来越多的国家成为中国公民出境旅游的目的地时，这个协议就会失去意义。相对于过去中国公民出境旅游受到限制来说，这无疑是一种放宽的做法，但应当将使本国公民在国际旅游中得到公正的待遇作为政策目标，而不是以此来限制本国公民的出境旅游的活动。因此，不应过分坚持其限制性的内容，对外国机构对中国公民和中国旅游经营者在签证等方面的不公正的待遇不应当置之不理。

2. "滞留不归"与"签证歧视"

在发展出境旅游的过程中，一些人利用合法的渠道在境外滞留不归是个令人头痛的问题，在一定程度上，它的存在往往影响着中国出境旅游政策的制定和实施。但是，应当看到，这一现象的出现是不同国家经济状况和意识形态差异造成的。目前这一现象的存在有长期的历史原因，既有一些对境外情况的误解和无知，也有目的地国家移民政策和管理上的缺陷。虽然，滞留不归现象会给客源国和目的地国家和地区造成很多社会问题，但也不要把它看得过于严重，更不能把它与政治挂钩。目的地国也不要以此把签证搞得更加复杂，甚至制定出一些歧视性的政策。这一现象正在改变。相信这一现象一定会改变。不应当头痛医脚。中国是否也应当考虑制定更加灵活的劳动力出口政策，加强国家之间的合作，开辟正常的、通常的多种劳务出口渠道，从而使非法渠道干枯。

3. 出境税

控制出境人数和境外消费可以有许多途径，其中包括设定最高外国货币携带出境数额、征收个人进口物品关税、征收出境税等，但这样的措施一般都是在特定时期或为了特定的目的而设定的，尤其是当一个国家出现金融危机（如东南亚金融危机期间泰国、韩国等国）时会采取一种临时性措施。因此，针对中国目前的现实，对出境旅游的人数不要过早地考虑限制而设立"闸口"。如果现在设立这样的税种，很可能不能达到政策的预期，只是限制了不该限制的消费，加重了国家的负担，带来了新的负面效果。

4. 公务/商务旅游服务社会化

由于政治、经济体制的原因，我国政府机构和社会团体等单位工作人员的商务、公务出境旅游活动一直是由本单位或本系统的外事部门来操作的，改革开放以来，随着国际交往的增多，相关的服务也越来越多，开支也不断增加。其实，公共部门的很多这类服务应当社会化，也采取政府采购的方式，由专业化的外部机构来承担。这样做一方面可以节约人力和财力，提高效率，另一方面，也能够做到公开透明，可以减少或防止一些腐败现象产生。应加快政府机构商务、公务出境旅行和旅游服务社会化的步伐。

结束语

中国的出境旅游发展正处在一个大发展的前期，无论是从客源国的旅游需求方还是从目的地国家的供给方来看，无论是从作为旅游者的消费者还是作为旅游企业的经营者来说，都非常关注中国出境旅游业的健康发展，期待出境旅游者的行为更加理智，市场更加成熟，产品质量更加完美，经营更加规范。毫无疑问，这一目标的实现，需要客源国和目的地国家的共同努力，双方的旅游政策更加适宜，部门利益与国家利益要协调一致，为世界和平发展做出各自的贡献。

关于发展国内旅游业的几点认识[*]

开头的话

从世界旅游业发展历史来看，国内旅游不仅是旅游发展的先导，而且一直是世界旅游的主体与基础。无论是从旅游者人次数上看，还是从旅游消费额来看，国内旅游均占 90% 左右，处于绝对的优势。由于种种原因，中国公民的国内旅游活动开展得较晚。虽然今天的国内旅游已经具备了一定的规模与影响，但总起来看，处于一种自发、无序的状态。不仅有许多实际问题尚未解决，而且有许多认识问题远未取得共识。显然，面对日益增长的国内旅游需求，采取视而不见、置若罔闻的态度是不可取的，应对国内旅游进行认真的研究与探讨，这对中国旅游业健康发展，对整个社会经济的发展来说无疑是非常有意义的。

一　说不清的数字

从字面上讲，似乎很清楚，凡国民在本国境内从事的旅行游览活动均为"国内旅游"。然而，这只是规定了国内旅游的一个大致范围。很显然，如果要想研究国内旅游的意义和作用，对其做深入细致的分析，仅仅有这样一个界定，是远远不够的。

无论是国际旅游者还是国内旅游者，都是旅游者。为了统计与研究分析的方便，国际上对旅游者有个比较认同的界定，即作为旅游者，在空间上——必须是离开自己常住地一定的距离（有的国家规定为 100 英里），应在正常生活工作的活动范围以外，因此，上下班、上下学、去

---

　*　刊载于《财贸经济》1992 年第 3 期/《旅游纵横》1992 年第 1 期。

电影院或剧场或商店者，均不应算旅游者；在时间上——必须在外过夜或逗留 24 小时以上，但又不能无限期地逗留，一般限定在一年之内；在外出旅行的目的上——一般是以消遣、度假，也经常包括公务和因私探亲等活动，但不包括谋生、定居、迁徙以及外交、军事与其他专业人员执行公务、学生就读等目的。

目前在中国，整个旅游业起步比较晚，虽然国际旅游统计仍不完善，但已经有了一定的基础，而国内旅游的统计依然是个空白。有的地方仅以游览景点门票购买人数作为国内旅游者人次数，不分过夜与不过夜，没有逗留夜次数。国内旅游的消费更是如此。每年虽然有关部门都公布一次国内旅游者人次数与消费额，但从未解释过这些数据的来源和获得的方法。因此，这个数字尽管说仅有的、官方的，但其实际意义并不大。

同样，"国内旅游业"更是个模糊的概念了。除了目前规定的专门从事国内旅游业务的三类旅行社外，似乎尚无专门为国内旅游者服务的界定，也不存在"定点饭店"和"定点餐馆"。国内旅游业的范围更是难以确定，行业管理也就无从谈起。诚然，这一切和我国国内旅游的实际情况是分不开的。目前，虽然以消遣、度假为目的的旅游者不断增加，但所占比重很小，尤其是通过旅行社组织做长途消遣、度假旅游的人数更少。对大多数公众来说，国内旅游消费很低，其活动也不通过旅行社，而是尽量自己安排。

因此，要研究国内旅游，判断它对一个地区或整个国家的社会经济影响，当务之急是，国家有关行政部门，根据我国的国情和统计分析的需要，尽快对国内旅游的有关统计体系、口径进行确定，并在一些具有典型意义的城市或旅游目的地，利用连续抽样调查的办法，取得数据，逐渐健全与完善国内旅游的统计体系。

二　由来已久的偏见

1. "游山玩水"似与"游手好闲"同义

虽然在中华民族发展的历史长河中，曾有许多文人墨客，遍游祖国山川，留下了许多不朽的文学和艺术的佳作，但这一切却与普通百姓无缘。虽然人人都愿领略大自然秀丽奇特的风光，都想欣赏那璀璨丰富的历史文化遗产与现代艺术，然而又受到一些传统思想的束缚，"游山玩水"往往被视为不正当的行为，常不敢堂堂正正而为之；旅游同样是一种消费，但远不如其他消费那么体面。这种认识虽然随着旅游活动的增加在不断改变，但其影响远未消除，还在发挥着作用。

2. 国内旅游需求未受到应有的重视

改革开放政策实施以来，广大城乡居民的生活水平在不断改善，实际可自由支配的收入普遍增加，领导干部职务终身制的废止，退休制度的改革，职工带薪假期的明确，以及城乡各种承包责任制的实行，使更多的人有了旅游的时间。随着思想的开放，在入境旅游者的示范效应下，人们的国内旅游需求不断增强。但是，由于客观条件的限制和种种其他因素，这种新的需求并未受到应有的重视，甚至遭到压制。在很长的一段时间里，政府对国内旅游实行"不提倡、不宣传、不反对"的政策。实际上，这种政策就是不支持搞国内旅游。反映在实际工作中，国家旅游行政管理部门（或其他国家职能部门）对如何满足国内旅游者需求的设施建设缺乏具体规划和指导。时至今日，国内旅游者的出游受到种种歧视，"花钱买罪受"和被"宰"被"骗"的事屡屡发生。而这种现象的存在，对各级政府职能部门并未产生多大的压力。

3. 难以改变的地位

不知从什么时候开始，一提到旅游，人们想到的就是接待海外旅游者，尽量为他们提供高级旅游车，安排高级饭店，优先提供机票和车票，因为他们使用的是外汇。而在一些国内旅游人数颇多、海外旅游者很少的地方，也往往把主要的财力、物力和人力投放到搞国际旅游上，国内旅游却无人过问。仔细分析一下，其中有市场因素，如搞国内旅游获利小（其实也未必）；有传统观念的作用，如"涉外重要""外事无小事"等外事工作的原则也直接影响着经济活动；也有体制上的原因，国家旅游行政管理部门对国际旅游的发展有长远的规划、年度计划、具体目标和日常工作的指导，管理机构齐全，职能明确，而对国内旅游的管理则是徒有其名。国家旅游局曾一度设置的国内旅游司早被撤销，国家其他部门又不便介入。这事关普通百姓需求的大事，却很难摆到应有的位置。

所有这些现象都表明，国内旅游发展的意义尚未被真正地认识，而认识问题不解决，实际问题解决的难度就大，国内旅游也难以得到健康有序的发展。

三 国内旅游发展的困扰

1. 困扰之一是"国内旅游挤国际旅游说"

20 世纪 80 年代初，随着改革开放政策的实施，大批海外旅游者涌入中国，使中国颇为薄弱的旅游服务业陷入全面极度的紧张中。与此同时，国内旅游业也随之兴起，这在实际上加剧了旅游供给的紧张。对国内旅游发展所实行的"三不政策"也是在这种大背景下提出来的。毫无疑问，这是为了尽快赚取外汇以促进四化建设的进程。国家提出优先发展入境旅游的战略是正确的。但是，就国家总体而言，这绝不意味着全国各地都不去发展国内旅游，也不意味着，发展国内旅游就一定会妨碍国际旅游的发展。从目前的实际情况来看，由于国内外旅游消费水平与兴趣偏好的差异，住宿、餐饮、长途交通运输工具等方面的矛盾并不明显，一些旅游景点（或一些旅游热点城市）人满为患的问题突出，也多在节假期间和容量小的地方，而许多中国年轻人喜欢去的自然景区或游乐园等场所，并不是海外旅游者的集中地。当然，国际旅游与国内旅游发展之间的矛盾是存在的，有的可以用价格来调节，重要的是靠宣传来引导，靠满足国内游客需求的活动和开发新旅游项目来分流。实践证明，国内许多新的景点首先接待的是国内旅游者，国内旅游的开展促进了景区基础设施与服务设施的建设，改善了当地的环境，积累了经营与管理的经验，提高了知名度，为接待国际旅游者打下了基础，这也是旅游发展的常规模式。

2. 困扰之二是"公费旅游与自费旅游说"

一提到国内旅游，最敏感的问题是"自费"还是"公费"。国家行政管理部门对公费旅游视同"不正之风"，曾三令五申，严加禁止。不少调查表明，各地国内旅游者中，真正自己花钱者仍为少数。其原因是多方面的。一是由国民收入水平决定的。就我国人均国民生产总值来看，大约为 340 美元，按经验数据来推测，刚刚达到产生国内旅游需求的开始时期。大多数人，尤其是靠固定工资生活的国家职工，还难以承担（或不愿承担）长途旅游的费用，而且，带薪假期尚未法律化，因此，完全的自费旅游变得很困难。二是"公费"的概念含混，界定不清，虽然有些人外出旅行并非由本人负担全部的费用，但也并非不合理，更不能说是"不正之风"。例如，奖励旅游和社会旅游，即一些企业利用奖金或福利基金，安排职工到外地旅游或休假，或作为对那些在工作中有贡献、完成任务好的职工的奖励，组织他们去旅游，这应当说是合理的，而且也是值得提倡的。这样做，不仅使职工得到休息，增长见识，提高素质，同时作为一种社会集团的消费，也减小了市场商品供应的压力，对职工来说，还会有一种荣誉感、成就感，是一种激励。再如，一些富裕起来的农村，组织农民集体旅游，虽然农民本身不用负担旅游的费用，但集体的积累也属于各个劳动者，这和国家的钱不是一回事，也不宜进行限制。还有会议旅游。根据国际旅游统计的通例，这是旅游业的一个重要的组成部分，而且是逐年增加的。许多国家和地区专门设有招徕、组织会议旅游的机构，建造了各种会议设施或综合的会议中心。目前，我国每年各种行政、专业、行业、学术等会议也是相当多的，接待会议已经成为许多饭店的主要业务和收入来源。问题的关键是公私要分开，应当个人负担的不要由公家开支，不合理的旅行开支要靠财务制度去解决，而不能笼统地反对公费旅游。应当看到，由于国内旅游服务体系不完善，往往以"公"出面要比以"私"出面办事方便，在一定程度上助长了人们"假公济私"。如果国内旅行代理业发达，方便合理的专业化社会性服务代替了各个单位繁杂的会议组织工作，不仅可以大大节约人力、财力，合理地利用设施，提升会议效果，同时也有利于控制一些变相的公费旅游，促进政府部门的廉政建设。

四　应当明确的几个问题

国内旅游是一种公民的正当消费形式，国内旅游的发展是一个国家国民生活水平提高的象征。人民的这种需求是随着社会经济的发展而产生的，因此，要不断为之创造条件，不断满足这种国民的需求，引导这种日益增长的消费，而不应当，也不能去人为地扼制。为了使我国国内旅游得到健康发展，有关部门应当组织力量，进行深入的调查研究，统一认识，制定出符合客观实际的政策。现在，有这样几个问题需要进一步的明确和认真研究。

1. 充分认识发展国内旅游的意义

国内旅游活动的开展，对整个国家来说，并不像国际旅游那样可以增加财富，但是它与每个国家的社会经济生活的其他领域有着密切关联和相互依存的关系，其经济意义是显而易见的。在中国目前的经济形势下更为突出。

首先，回笼货币，减少市场的压力。改革与开放政策的实施，促进了国民经济的发展，广大城乡居民的实际收入有了大幅度的提高，从而也使储蓄存款成倍增长。据统计，1978年城乡居民年末储蓄存款余额为218.6亿元，到1990年增加到7034亿元。这样巨额的储蓄的确对实物商品市场是一种巨大的压力。而通过引导，使居民的部分储蓄用于旅游消费，可以回笼货币，使市场压力得以缓解。在市场疲软、消费萎缩时，适当引导人们的旅游消费不失为一种有效的途径。

其次，增加就业。国内旅游的发展，不仅可以吸收一部分人充实到直接为旅游者服务的行业，而且，它可以促进和带动相关产业——特别是第三产业——的发展，为更多的人，尤其是许多非专业人员，提供就业机会，对稳定社会秩序有特殊的作用。

最后，促进地方经济的发展。一般来讲，城乡旅游者的流动是双向的，但从总体上说，经济发达地区的旅游者向不发达且有特殊吸引力的地区流动是主流。少数民族地区、山区和其他旅游资源丰富的地区，仗恃其独特的旅游吸引物，发展国内旅游有明显的比较优势，以此弥补当地其他资源匮乏的短板。旅游活动是人的流动和人与人之间的交往，旅游者又是文化、知识、信息的载体，自然会促进经济、文化方面的广泛交流与合作，这对老、少、边、穷地区的发展具有特殊意义。根据国际上普遍认可的旅游收入的乘数效应，对一个地区来说，其旅游收入（即外来旅游者的消费）会不断增殖，可能会是最初收入的几倍。所以，其经济意义远非旅游接待部门的直接收入，更不仅仅是旅游景点的门票收入。

国内旅游的开展，其政治意义也是不可小觑的。首先，旅游活动，能促进旅游者对祖国、民族文化、历史传统的了解，激发爱国热情，增强民族意识，克服盲目崇洋媚外的思想，这是精神文明建设的一个重要内容。其次，引导国内旅游健康有益的消费，有利于移风易俗，提高人们的个人素质与生活质量。

2. 国内旅游的发展要适度，吸引物的建设要因地制宜，充分发挥各个方面的积极性

应当看到，国内旅游发展也是有条件的，除了旅游者本身有需求，除经济上、时间上与身体条件允许外，旅游活动还受整个社会经济发展程度的制约，必须考虑交通运输能力、景点的接待能力以及旅游目的地居民的承受能力等客观条件。从中国目前的实际情况出发，国内旅游不宜大力提倡，特别不宜大力提倡远距离的旅游。还应当看到，虽然目前有些国内旅游者消费档次较高，但毕竟这些人还是少数，绝大多数国内旅游者消费水平仍然很低，文化需求层次也属于低水平，因此，在旅游吸引物与旅游基础设施的建设上一定要克服盲目性，力戒贪大求洋，一哄而起，要从国内旅游者，特别是大多数当地旅游者的实际需求出发。新旅游吸引物的建设思路要宽，特别是考虑知识性、教育性、娱乐性，要考虑普通百姓负担得起的项目，眼睛不要老盯在建庙、修墓、造游乐园上。从根本上说，国内旅游活动不少具有一定的社会福利性。修建公园、博物馆、纪念馆、艺术馆等文化娱乐和休息场所和公用设施都不是纯商业性的。旅游设施的建设、投资绝非旅游部门一家的事，在基础设施与服务设施的建设上，应充分发挥国家、地方、部门、集体和个人等多方面的积极性。这样便于筹措资金，合理利用，加快旅游景点的建设，将社会福利与商业性的设施有机结合起来。

3. 改善旅游服务体系，加强国内旅游的协调与管理

随着国内旅游者人数的增加，旅游活动的范围不断扩大，旅游服务内容逐渐丰富，为旅游者服务的社会体系应尽快建立，并不断完善。不仅要根据旅游者的消费习惯和水平建设适合他们需求的住宿、餐饮、交通、游览、消遣等方面的设施，还要大力加强国内旅行社的建设，使之真正发挥行业龙头的作用，使国内旅游活动逐渐标准化、系列化。有条件的地方，应当成立专业旅行社，专门从事一些特定市场（如青年、退休者、教师、艺术家、工人等）的组织接待工作，将通常由机关、企业自己组织的游览和会议等业务，改由旅游专业服务公司负责，以便减少成本，节约人力，提高效率，改进服务。

4. 处理好国内旅游的发展与社会的关系

旅游活动是人的流动。随着国内旅游的开展，一些地方旅游资源开发不当会造成植物的破坏、环境与水资源的污染，不仅使旅游景点的吸

引力降低，而且破坏了生态平衡，这些负面影响是长远的。个别的游览点（苏州园林、北京故宫等）活动空间小，文化价值高，游人过于拥挤，不仅旅游者难以得到期望的享受，而且很容易使历史遗产遭到破坏，而且这种破坏又很难补救。另外，国内旅游的开展，由于受季节、假日、传统观念以及时尚潮流的影响，旅游者流向往往比较集中，从而对一些城市或区域造成压力，造成交通拥挤、供应紧张、物价上涨、社会治安混乱，干扰了旅游目的地居民生产、生活和社会活动的正常秩序，在一定程度上，造成了当地居民对外来游客的不满。因此，一方面，要对旅游目的地居民加强宣传，介绍旅游的开展对当地文化、经济、社会发展的促进作用，赢得他们的支持；另一方面，也必须考虑当地居民的切身利益，对旅游者进行疏导分流，减少干扰，并在参观、游览等方面对当地居民给予一定的优惠照顾，不要把他们排斥在外。

总之，国内旅游远比国际旅游复杂，它波及范围广，涉及人员多，有纷繁复杂的经济关系，必须认真对待，采取妥善措施，使之健康发展。

载歌载舞迎远客

全球视野下的“红色旅游”[*]

导　言

在中国，“红色旅游”作为旅游产品早就存在，但作为一个概念的正式提出始于 2004 年。在过去的 4 年时间里，在党中央和有关部门的倡导、关怀和支持下，红色旅游在全国各地广泛地开展起来，这一活动的开展，在丰富旅游产品、促进相关地区社会经济发展和构建和谐社会的进程中发挥着日益显现的作用。作为中国旅游业发展过程中的一件新生事物，它的发展也引起了国内外旅游学术界、业界和政府部门的广泛关注，大家以不同方式对这一新生事物的产生、发展、影响以及存在的问题和发展前景不断进行着探讨。在这里，笔者拟从全球旅游发展的大背景下，分析一下在中国改革开放新时期出现的这一旅游新现象，探讨发展红色旅游的前景与相关对策，以促进红色旅游健康发展。

一　全球旅游发展的新形势

旅游作为人类的一种活动历史悠久，而作为一个产业则不过一个多世纪的时间。在这个不算太长的历史时期，旅游业的发展经过了崛起、高速发展，进入平稳发展的新时期，虽然对这一产业的规模和影响的判断还存在不同的观点，但是旅游业作为“世界第一大产业”的说法逐渐被人们所接受，旅游业发展的影响也越来越受到不同政治、经济制度和经济发达程度的国家和地区所重视。在最近 20 年间，尤其是进入 21 世纪以来，全世界旅游发展中所出现的许多新变化非常值得注意。

---

　　* 刊载于《旅游科学》2008 年第 5 期。

1. 世界旅游的发展格局在变化

旅游活动已经走出了"富人""富国"的围墙，进入大众旅游时代。在世界旅游的发展过程中，在很长一段时间内，旅游，尤其是国际旅游，往往是富国和富人的"专利"。世界旅游组织（UNWTO）的统计显示，1950 年，所有的国际旅游者几乎都集中在欧美等 15 个经济发达国家和地区，占全球国际旅游者到客人次数的 88%，这个比例到1970 年降到 75%，2005 年降到 57%，现在世界上有 70 多个国家年接待外国旅游者超过 100 万人次。现在全球范围内用于跨国旅游的开支每年超过 7000 亿美元，相当于每天国际旅游的花费超过 20 亿美元①。国内旅游更是天文数字，几乎没有完全的统计数据。据世界旅游理事会（WTTC）的判断，旅游消费已经成为当代人类除了食品之外的最重要的消费了。电影《尼罗河上的惨案》和《泰坦尼克号》等展现的邮轮旅游也不再完全由名流富翁们所主宰。在越来越多的国家中，包括中国在内的一些发展中国家，旅游也开始被认为是一种正当的消费，已经逐渐成为一种生活方式，外出旅游的距离越来越远，外出旅游的频率也越来越高。

旅游的国际版图在不断改写，亚太地区成为世界旅游发展的热点。在全球范围内，国际旅游崛起于 20 世纪中期，当时几乎完全由欧美国家和地区所垄断。据世界旅游组织的统计数据，1950 年，欧洲拥有国际旅游市场的 66%，美洲拥有 30%，亚太地区所占比重仅有 1%。到20 世纪 80 年代，欧洲的比重降到 60%，美洲降到 20% 以下，亚太地区上升到 8% ~ 10%，进入 21 世纪这个格局被打破了，欧洲降到 50%，亚太地区超过 20%，取代了美洲第二的位置②。近年来的发展趋势表明，亚太地区、中东和非洲国家旅游发展的速度大大超过世界平均水平，尤其是中国、印度等发展中国家的崛起改变了世界旅游发展的版图。

中国的崛起引起了国际社会的关注。进入 21 世纪以来，中国的旅游已经开始逐渐走向常规发展，不仅旅游业的规模不断扩大，而且旅游业也逐渐完善，在世界的地位逐渐提高。无论从入境旅游者的人次数还

---

① 作者根据世界旅游组织有关年份公布的统计数字整理。
② 作者根据世界旅游组织有关年份公布的统计数字整理。

是国际旅游收入来说，中国早已跻身世界前五位，保持着亚洲第一的地位。早在 10 年以前的 1997 年，世界旅游组织就做出了令世界震惊的预测，到 2020 年，中国将成为世界第一大国际旅游接待国，同时成为世界第四大旅游客源国。从现在的发展状况来看，这个预测可能会提前实现。值得注意的是，国际社会对中国旅游发展的关注，也已经开始从"中国旅游"（到中国旅游）向"中国旅游者"（欢迎中国旅游者）转变，中国作为旅游大国的地位得以确认。

2. 旅游的功能在调整

旅游的经济功能得以确定，其贡献与日俱增。就旅游业的发展来看，国际社会最初关注它对国家外汇流动的作用，并冠以"无形贸易""无形出口"的美名，后来又称之为"无烟工业""服务贸易"的一个组成部分。在很长一段时间内，许多国家都非常重视国际旅游的收入或支出对一个国家国际收支平衡的作用。外汇丰厚的国家，如 20 世纪 80 年代的日本，通过鼓励本国公民出境旅游以削减过多的贸易顺差，缓解国家间贸易的摩擦，而外汇短缺的国家则想办法吸引外来旅游者的消费，赢得外汇收入，甚至不惜以限制本国公民自己的消费为代价。

早在 20 世纪 70 年代，曾有未来学家预测，到 20 世纪末，旅游业将成为世界最大的产业之一，如果不是最大的产业的话。但旅游的经济规模与贡献到底有多大，这曾经一直是一个疑团，这也是倡导和支持旅游发展的政府机构和业界颇感头疼的一个难题。直到 1990 年，作为最重要的政府国际旅游机构——世界旅游组织——提出的年度口号还是"旅游：尚未认知的产业，尚待开发的服务"。[①] 就在 20 世纪 90 年代初，美国运通公司的老板 Robinson 提出了一个动议，创建了一个由世界旅游业界领导人组成的非政府的国际组织——世界旅游理事会（World Travel & Tourism Council），这个组织根据当时提出的旅游卫星账户的理论（这一理论框架已经被联合国确定为测量旅游经济贡献的工具），对旅游经济对全球经济的贡献进行了定量分析，从而提出了旅游业是全球第一大产业的论断。根据这个组织的测算，目前旅游对全球 GDP 的贡献接近或超过 10%，到 2018 年，这个比重将提高到 10.5%。在很多国

---

① 引自世界旅游组织公布的 1990 年年度旅游口号，其原文是 *Tourism：an unrecognized industry，a service to be released*，见 www. unwto. org。

家，尤其是发展中国家，旅游业成为那里最重要的外汇来源或支柱产业。

但是，旅游的经济功能并不仅仅体现在国际收支平衡方面。无论是经济发达国家还是发展中国家，政府都非常重视旅游业在创造就业方面的特殊功能。据世界旅游理事会的测算，现在全球旅游提供就业超过 2 亿个，相当于总就业数量的 8.4%，或者说，每 12 个就业机会中就有一个是属于旅游业创造的。据该组织的预测，到 2018 年，旅游提供的就业机会将接近 3 亿，相当于总就业数量的 9.2%。另外，旅游业的另外一个重要的经济功能是促进地区的经济平衡，很多发达国家也是把促进旅游业的发展作为平衡经济的一个重要工具。其中的道理很简单，那就是，旅游者一般是从经济发达地区向经济欠发达地区流动，旅游的消费，尤其是国内旅游的消费，实际上促进了财富从发达地区流向欠发达地区。从产业发展的意义上说，这是一种正常的商品交换现象，不要把它称作"旅游扶贫"，因为，也许就是因为工业化程度低，保护了经济相对落后地区的自然与文化旅游资源，而依靠这些特殊的资源开发出来的产品能够满足现代旅游者旅游消费的新需求。

经济功能只是旅游多元功能之一，旅游的非经济功能日益显现。从全球范围内来看，旅游经济的贡献逐渐被广泛地认可，各个国家和地区在一定时期内，制定了发展旅游促进经济的战略规划和行动计划。但是，随着旅游业规模不断扩大和影响的不断提升，旅游业的其他功能也逐渐被认识和重视，在很多地方，旅游的非经济功能也非常突出，同样受到重视。

首先，旅游的发展对世界和平与稳定的影响。世界旅游组织自 1980 年开始公布主题年度口号以来，涉及这一内容的主题口号共有 10 个，其中一个重要的口号是"旅游：维护世界和平的重要力量"（1986）。① 旅游活动不会制止战争，战争可以阻止旅游活动，但旅游活动往往是促进人类相互了解的途径、构建和平互信的工具，旅游者往往是促进国家关系改善的先驱。无论是东方还是西方，都有大量的事实可以成为这一论断的佐证。中国旅游业的发展过程就是个很好的证明。中日、中美乃至海峡两岸关系的改善，旅游者的交流发挥着重要的作用，功不可没。

---

① 根据世界旅游组织公布的年度旅游口号整理，见 www.unwto.org。

旅游活动能够促进知识的积累，使人类开阔眼界，提高人类本身的素质和能力。中国有"行千里路，读万卷书"的古训，这形象地描绘出旅游对促进人类本身认识世界、认识自己的能力提高的作用。旅游活动是一种学习的过程，欧洲国家曾经有过一个"大巡游"的旅游时代。作为旅游者可以在旅游过程中受益，同样东道主也会在与接待外来旅游者的过程中受益。因为旅游者本身就是一个知识、信息的载体，他们在旅游过程中也会有意或无意地把知识和信息传递给旅游目的地，近些年来，中国国内旅游的发展充分证明了这一点。

旅游发展促进构建和谐社会。如果说国际旅游是促进世界和平的动力，那么，国内旅游促进和谐社会的构建。不同区域居民之间，由于自然、经济、社会、文化等发展条件的差异，民族、宗教、风俗、理念的差异，难免会出现误解、矛盾乃至冲突，彼此接触是最好的相互了解的方式。旅游的亲身体验，会加深彼此的理解，增进相互的感情，旅游者的流动会增强不同文化的交融与尊重。

国内外旅游发展的实践证明，旅游的经济影响是重要的，这也是旅游业得以快速发展的重要原因。但是，正像世界旅游组织在其著名的《马尼拉宣言》（1980年）所阐述的那样："无论旅游业的经济收益多么现实和重要，都不应当，也不可能成为各国鼓励发展旅游之决策的唯一标准。"[①] 实际上，世界旅游组织20多年以前提出的这一原则的正确性被越来越多的实践所证实。旅游业发展在政治、文化、社会和环境等多方面的功能，在不同的国家、不同的历史时期和旅游业发展的不同时期，发挥着独特的作用，旅游发展多元化的功能正在被广泛关注。近些年来，世界一些国家政府旅游管理部门从原来负责交通、经济、贸易的机构转变为文化等机构就是一个重要的信号。

3. 旅游的资源观在深化

众所周知，旅游资源是旅游业发展的基础和重要前提。但什么是旅游资源，和其他资源相比，旅游资源具有哪些特性，人们至今仍然在探讨，一些传统的观念也在不断地更新和发展，其中有一些观点特别值得注意，其一，旅游的资源是无限的，不可能像对其他"物质资源"那

---

① 见世界旅游组织的《马尼拉宣言》，魏小安、张凌云主编《共同的声音：世界旅游宣言》，旅游教育出版社，2003，第87页。

样，对其"储量"进行测量和估计，因为它将随着人类旅游需求的变化和科学技术的进步而扩展和变化，其他产业发展所不能利用的资源可以成为旅游资源，甚至其他产业本身也可以成为旅游发展的资源，例如，工业旅游、农业旅游等。因此，就总体而言，旅游资源并不存在"枯竭"的威胁；其二，旅游资源价值的高低，不能以其他领域确定的专业标准来衡量，最为重要的是它通过开发能够成为满足市场需求的有效产品的能力；其三，对目的地来说，某些既定旅游资源种类和数量的多少并不是旅游业发展成功的保证，其关键在于是否真正具有市场开发价值。

学术界对旅游资源做出了多种分类，但其中文化是最为重要的旅游资源。实践证明，没有文化的旅游是不存在的。文化是旅游的灵魂，以文化为核心的旅游产品具有永久性的吸引力。值得指出的是，文化并非只是少数民族文化，文化更不仅仅是文艺表演。科学利用文化旅游资源是旅游目的地提高竞争力的关键所在。

4. 可持续旅游发展理念成为政府、业界和旅游者的责任

旅游业是当今世界重要的产业，它对人类社会经济发展中产生了重要的影响，旅游业的发展受到越来越多国家的政府、业界和社会的关注。值得指出的是，过去20多年的时间里，旅游学术界最关注的是影响旅游业发展的因素和旅游业发展所产生的影响。也许在旅游业发展的初期，人们普遍关注它的积极影响，而随着它规模扩大，则更加关注它可能带来的消极影响。

和其他产业一样，不恰当的发展也一定会带来麻烦，旅游业的可持续发展也成为当今世界的关注点。无论是作为旅游业赖以生存和发展的自然资源还是文化资源，都是比较脆弱的，无论是过度或者不当的开发利用都会造成难以弥补的破坏，反过来又会制约旅游业的发展。

可持续旅游发展是个原则，也是个长期为之奋斗的目标，根据《里约宣言》的精神，世界旅游组织等国际组织制定了《关于世界旅游发展的21世纪议程》，提出了政府、企业和旅游者在实现可持续发展目标时应当承担的责任。与此相关的另外一个流行的概念是生态旅游。国际生态旅游学会（TIES）把它定义为"旨在保护环境和改善当地人福祉

到自然区域的负责任的旅游"①。联合国曾将 2002 年确定为"国际生态旅游年",并提出"生态旅游"是实现可持续旅游发展的一种工具。联合国的这一呼吁得到了世界各国的响应,对促进可持续旅游发展产生了一定的积极效果,但是,5 年以后发布的《奥斯陆生态旅游声明》(2007) 中严肃地提出,"生态旅游的术语越来越受到广泛地认可和使用,但却被滥用了,没有能够充分地恪守它的定义。因此,生态旅游界仍然继续面临着认知建设和教育以及积极努力抵御旅游业内'漂绿'的做法……越来越多的政府制定了生态旅游的战略,但是并没有能够把这些战略很好地融入主流旅游和环境政策之中,或者也没有行动上的支持"。② 与此同时,2002 年,世界旅游组织专门发起了一个叫 ST - EP("可持续旅游—消除贫困")的倡议,相关的 ST - EP 项目在世界许多国家开展。把可持续旅游发展的原则具体化,付诸实践。

最近,联合国世界旅游组织和世界气象组织等机构发布了题为"气候变化与旅游:应对全球性挑战"的《达沃斯宣言》③,宣言指出,"气候是旅游的基础资源,旅游对气候变化与全球变暖的影响极为敏感……据估计,旅游产生的二氧化碳的排放量相当于全球总排放量的 5%",并提出,"由于旅游在全球气候变化和消除贫困挑战中的重要性,有必要立即制定一系列政策,鼓励真正的可持续旅游……"因此说,可持续旅游发展是当今世界上旅游发展的主旋律。

全世界旅游业的大发展已经持续了半个多世纪,虽然在一些特殊的年代由于政治、经济和自然等极为特殊的宏观条件的变化也曾出现过起伏,但从总体上讲,一直保持了良好的发展势头,世界旅游组织和世界旅游理事会等国际权威机构,对旅游业未来的发展趋势做出了颇为乐观的预测,尤其是预测包括中国、印度在内的亚太地区将继续领导世界旅游业发展的潮流。良好的国际政治、经济形势,也为中国的旅游发展提供了良好的机遇,尤其是通过 2008 年北京奥运会和 2010 年上海世界博览会,将大大提高中国旅游的知晓度和改善中国的旅游形象。当然,旅

---

① 根据国际生态旅游学会的定义翻译,原文为 Responsible Travel to Natural Areas that Conserves the Environment and Improves the Well - being of Local People. 见 www. ecotourism. org。

② 见张广瑞、刘德谦《2008 年中国旅游发展分析与预测》,社会科学文献出版社,2008,第 29 页。

③ 《达沃斯宣言》,见中国社会学院旅游研究中心《旅游研究与信息》2007 年第 6 期,第 3 页。

游业的发展也面临着严峻的挑战，也需要政府不断调整政策和战略，业界不断调整策略和行动，促进中国旅游业的良性发展。

二 在国际背景下对中国"红色旅游"发展的思考

中国是个具有特殊发展过程的东方国家，中国旅游业的发展道路也和许多西方发达国家有所不同，要走出一条非常规的旅游发展道路。但是，在经济全球化、世界逐渐变"平"的背景下，中国的旅游发展也必须从国际的视角去审视，"红色旅游"作为独具中国特色的旅游现象，也要放置于这个背景下，去探讨它的发展潜力与前景。

1. "红色旅游"是新时期体现中国旅游发展的一个创举

"红色旅游"是在特定的历史条件下，由党中央和中央政府倡导，中央和地方各级政府支持和推动的一项旅游活动，并不是在一般情况下由旅游部门或旅游业界根据市场的需求而开发的一种旅游产品。因此，从一开始就充满着浓郁的政治色彩，带有明确的政治目的，有着独特的旅游开发与运作方式。然而，这次开展的红色旅游，并不意味着这是一场传统意义上的政治教育运动，是具有特殊政治和经济体制的中国开展旅游的一个独特方式，是一个创举。这一创意的提出，一方面，这是在新的历史时期倡导的一种新的社会教育形式，通过一种更加轻松、更加容易接受的方式，让公民重温历史，感受革命精神，增强历史责任感；另一方面，这一做法适应了日益增长的国内旅游休闲需求的增长，满足人们的不同旅游需求，进而促进国内旅游消费，刺激整个社会经济的发展。

2. "红色旅游"是一种独特的文化旅游

从本质上讲，"红色旅游"是一种赋有特殊使命的文化旅游。也许人们对"红色"所代表的革命精神比较敏感，提及"红色"，就想到了"接受教育"，就感到无比的沉重，感到一种无形的压力。实际上，"红色旅游"所涉及的旅游活动，就是一种文化的认知。无论是革命的博物馆、展览馆、纪念馆，还是革命遗址和纪念地，它们所传递的是关于革命历史的信息，介绍的是革命精神，人们通过各种游览活动，从发展的角度认识历史，从现实的角度评价历史和历史人物，可以丰富自己的知识，提高自己的分析能力，这样的活动，可以使经历过那个时代的人重温过去，回顾以往，不忘初心得到新的感受；也可以使那些没有经历过

战略与策略

那个时代的人了解过去，审视过去，更好地认识现实。当然，对于海外旅游者来说，通过这样的活动可以更好地了解中国发展的历程，中国人民取得发展与进步的原因，从而能够更好地理解中国人民的情感，更好地理解中国的政治制度与社会制度的选择。这样的活动对不同的人来说，都可能获得一些不同的体验。

"红色旅游"肩负着重要的政治和社会责任，在其开展初期需要政府的引导和规范，也需要政府财政上和政策上的支持做保障。政府的这些引导和支持，实现政府的意志，是无可非议的。但是，既然是一种旅游形式，就不能完全做成一次政治活动，而是，通过努力，使之逐渐变成一种大众喜闻乐见的旅游产品，成为一种可持续发展的文化旅游产品，产生积极的经济效益。因此，开展红色旅游也必须遵循旅游业发展的基本规律，要从文化资源的开发和满足旅游者实际需求上下功夫，促进"中国人游中国"的国内旅游活动，不应当沿用僵化死板的说教或简单、肤浅的展示和行政命令的办法，追求一时的虚假繁荣。

3. "红色旅游"的发展要确保当地人受益，有利于维护社会的和谐

"红色旅游"活动的主要目的大多地不是城市，而是在乡村，不是在经济发达的区域，而主要是处于被称作"老、少、边、穷"的欠发达地区，这些地区多是革命根据地，在历史上为中国人民的解放、新中国的成立做出了巨大的贡献，而囿于自然环境、地理位置、发展资源等多种条件的制约，经济上仍然很落后，与发达地区存在差距。但是，由于在漫长的革命过程中，留下了丰富的革命历史遗址、文化，其本身就是重要的文化遗产，同时经济的落后和可进入性差，又保护了传统的民族文化遗产和良好的自然环境，特定的文化遗产和良好的生态环境又是现代旅游者的追求。在政府的积极支持和引导下，通过红色旅游活动的开展，把特定的旅游资源根据市场的需求开发出有效的产品，繁荣这些"红色旅游"目的地的旅游业发展。

"红色旅游"被列入国家消除贫困的计划中。红色旅游产品的突出特点是充分发挥难以被其他产业所利用的革命文化资源的优势，吸引外来旅游者在旅游目的地的消费；积极扩大当地居民参与的机会，通过独特的旅游产品开发和多种多样的服务，使他们在经济上获得收益。通过一种正常的旅游消费，正常的交换，促进当地的经济发展。在"红色旅游"的发展过程中，要克服一种富人恩赐的误导，到那里去旅游不是一

种施舍，而是一种旅游消费；同样，开展红色旅游的地区，也必须考虑到旅游者是一个消费群体，要为他们提供相应的服务，而不应当以各种理由降低应有的服务标准。只有当地居民在红色旅游开展中获得好处，他们才能积极地参与与支持，只有旅游者的体验得到满足，才可能积极、主动参与这种旅游活动，才能真正使红色旅游促进社会和谐，得以可持续发展。

4. 开拓"红色旅游"发展的思路，提高旅游目的地的总体竞争力

红色旅游属于特种文化主题旅游，面对的是一些特定的群体，但是，作为吸引物的景区、景点，要么规模比较小，或者分布比较分散，因此，作为旅游目的地，应当考虑现代旅游者需求的特点，红色旅游的开发不应当孤立地进行，而是尽量整合旅游目的地的各种资源，开发出符合旅游者需求的多种产品。例如，红色旅游点往往在风景秀丽的自然旅游区域，就可以将红色旅游与绿色旅游结合在一起；有些处于特殊的自然条件地区，可以与探险旅游、体育旅游结合在一起；由于多数红色旅游景区处于农村，尤其是少数民族集聚的地区，就可以把乡村旅游、民族文化旅游也结合在一起，内容丰富，动静结合，市场的覆盖面就广，吸引力和竞争力就显著。

如上所述，红色旅游属于主题性的文化旅游，这样的旅游产品不仅仅对国内旅游者具有吸引力，应当说，在海外也有一定的市场。例如毛泽东、周恩来、邓小平等已故国家领导人，被视为"传奇式"的人物，在国际社会有很高的知名度；又如，井冈山、庐山、延安、北戴河等中国历史上著名的革命圣地，与中国革命进程中的许多重大事件相关，而像白求恩、斯诺、柯棣华、艾黎等曾对中国革命做出过卓越贡献的外国人，又与国际社会有着广泛的影响和联系，关于他们的事迹和与他们有关的遗址对许多海外游客有很大的吸引力。所以说，红色旅游的市场不仅仅限于国内，国际市场的开发潜力也同样存在。

三 值得注意的几种倾向

"红色旅游"开展4年来，在党中央和中央政府的关心与支持下，在各级政府和业界的积极努力下，发展迅速，其政治、社会和经济的影响也非常明显。由于这是中国旅游发展过程中的一个新生事物，如何使

之健康发展，还需要不断地探索和引导。从目前各地红色旅游开展的情况来看，有以下几种倾向值得注意引导。

1. 开展红色旅游，必须认真考虑需求和供给的有效结合，不要盲目建设

虽然，红色旅游有着突出的政治目的，但它毕竟不是一场具有时限的政治运动，而是具有持续吸引力的旅游活动。要想使这个活动健康发展，必须从需求和供给两个方面来考虑。实际上，并不是所有的革命遗址或与革命有关的人或事都适宜开展旅游活动，也没有必要都要根据旅游者的兴趣建设和改造革命纪念地。一些地方以开展红色旅游的名义，不考虑市场需求和开展旅游的基础条件，急于上项目，盲目地大兴土木，不仅造成了资金的浪费，也给以后的经营管理带来巨大的负担。其深层次的原因还在于，按照传统上搞运动的思路搞经济活动，"等、靠、要"的观念还相当明显。

2. 注意避免内容和形式的雷同，保持历史的真实性

漫长的革命历史给我们留下了无数的革命遗址和丰富的文化，不少地方也曾以各种方式来纪念先烈、弘扬革命精神，这是非常有意义的，需要世代坚持的。不过，虽然纪念和缅怀革命先烈和开展红色旅游有着密切的关系，但并不完全是一回事。有些地方，为了发展旅游，争相建造纪念馆、纪念碑，但往往使建设的设施形式和展示的内容雷同，近距离重复，同质化严重，难以形成吸引力。也有的地方为了吸引人，不尊重历史事实，不认真研究历史资料，凭猜测、想象甚至编故事的办法，把红色旅游"迪士尼"化，"创造"新的"红色旅游"景点，做"红色旅游游戏"，造成了不良的后果。

与此同时，在现有的展示内容和手段上还存在很大的缺陷，很多地方，还没有走出传统纪念馆、博物馆的运行模式，只考虑向访问者灌输教育，不看对象，尤其是对当代人、年轻人的经历、观念缺乏认真的研究，千篇一律，缺乏有针对性的解说，缺乏互动的环节，使人们难以产生共鸣和兴趣。

3. 控制不正当的"公费旅游"与"免费旅游"

红色旅游是一种带有独特政治色彩的旅游活动，在特定历史时期，这项活动的开展有着特殊的教育意义。为了这一目的，一些机构、单位组织有关人员参与这样的活动，由机构和单位支付相关的费用是无可非议的，也就是说，即使是用"公费"参与红色旅游，也是正当的。政府应当鼓励有条件、有能力的单位和机构开展类似的"奖励旅游"或"教育旅游"活动。当前出现的问题是，有些单位和机构，以开展红色旅游的名义，利用政府的经费，组织许多与红色旅游无关的消遣活动。也有一些部门，利用政府资源，以红色旅游的名义，到开展红色旅游的地方做免费旅游，给地方政府造成了很大的经济和人力的负担。这样的活动应当要严格控制。

4. 严格提防"抹红"现象的出现

红色旅游得到了各级政府的重视，也得到了各个方面的支持，一些具有吸引力的红色旅游景区、景点也获得良好的经济效益。这一新现象的出现，被看作是一个很好的商机。但是，面对这一机会，有的地方或企业、个人，在"红色旅游"的旗帜下，打起了歪点子，把一些不健康、不正当的经营抹上了"红色"，戏谑历史，搞低级趣味，误导、欺骗消费者，把红色旅游引入歧途。一些红色旅游景区或周围大兴土木建造各种各样的度假村、娱乐中心的做法值得有关部门关注。虽然这些问题的出现多是个别现象，但是其影响是恶劣的，必须采取坚决措施予以制止。

结束语

红色旅游正在如火如荼地开展着，红色旅游在中国旅游业发展和全国社会经济发展中的作用日渐显现。这一颇具特色的旅游活动，有着良好的发展前景，但这毕竟是一种新的旅游形式，在发展过程中也一定会遇到一些新的情况和问题，因此，要对这一新生事物给予突出的关注，加强引导和监督，使之沿着健康的道路发展。

补白
"漂绿"的来历

"漂绿"是英文词 greenwash 的中文翻译，另有"抹绿""捺绿"等多种译法。从构词法的角度看，它所对应的英文是 whitewash，意为"漂白"或"洗白"，还有"修正液"的说法，就是把原来痕迹掩盖起来，由此引申出"瞒弄、补缀、粉饰"等寓意。

据信，greenwash 一词是美国纽约环保主义者杰伊·韦斯特维尔德

（Jay Westerveld）杜撰的。一个自称约翰·苏利文（John Sullivan）的人在其 2009 年 8 月 1 日的个人的博客中讲述了杰伊创造这一词语的故事。

那是在 1986 年某一天，杰伊在他下榻的旅馆客房里发现了一张告示塑料卡片，告示的标题是"拯救我们的地球"。告示说，每天有上百万加仑的水用来洗涤只用过一次的毛巾。你可以做出选择：将毛巾放在架子上表示"我还要再用"；将毛巾置于地板上表示"请更换"。谢谢你帮助我们保护地球的重要资源。卡片右下角还有个三个绿色箭头循环符号。这一告示逗乐了这位环保主义者，于是他就写下一篇短评。短评中说，旅馆在"拯救毛巾"运动上所花的钱本可以很容易地投入实际行动中，以去减少旅馆对环境的影响。旅馆却在花不少钱告诉人们拿起毛巾，以节约洗涤毛巾的钱。在他看来，具有讽刺意味的是，旅馆还在以其他很多更为严重的方式污染环境，例如，他们使用的洗衣粉，这和让顾客拿起毛巾相比，显得微不足道。看来旅馆更感兴趣的是展示自己的环保形象，而不是真正关心绿色。于是，他写下"请洗我的毛巾，可别把我'漂绿'"（Wash my towels please, just don't "greenwash" me）的妙语，流传了下来。

井冈山红旗飘飘

关于 SARS 后中国旅游发展的冷静思考 *

SARS 是一场突发性的自然灾害。它直接危及人们生命，因此，它所冲击的不仅仅是中国某些行业及整个经济发展，而是对整个社会——包括我们的政治体制、运行机制乃至人们的道德观念——产生了影响。然而，它毕竟是短暂的，在一定意义上，它发挥了"防疫针"的作用，提高了整个社会的"防病机能"。一般地说，"坏事变好事"是一种理想主义的思考，坏事的性质很难改变，但是，经过一场劫难之后，认真考虑并从中汲取经验和教训是非常必要的，从这个意义上讲，过去的坏事可能对未来的防范是个警告和提醒，因此，SARS 之后，认真而冷静地思考它对中国旅游业未来发展的影响以及它给我们的启示是非常必要的，是能够长期受益的。

一 思考之一：为什么社会如此关注旅游业的发展

SARS 疫情发生之后，除了对 SARS 本身的关注外，从中央到地方，都非常关注旅游业，出台了一系列指令和政策①，整个社会对旅游业的关注程度似乎超出了此前的任何一个历史时期，其中，除了考虑旅游活动可能会导致 SARS 的传播之外，还有许多其他方面的原因，其中包括以下几个。

1. 旅游业已经成为中国经济发展中一个重要产业

改革开放 20 多年来，中国的旅游业有了长足的发展，形成了一定的规模和相对完整的产业系统，因此，它的兴衰会直接影响整个国家经

---

* 刊载于《财贸经济》2003 年第 11 期。
① 国家有关部门和各级政府、协会发布的有关指令和政策请见中国社会科学院旅游研究
   中心编的《中国旅游业："非典"影响与全面振兴》一书，社会科学文献出版社，
   2003。

济的波动。SARS 发生之初，有人只从旅行社、旅游饭店几个与旅游直接相关的行业规模来判断，提出了旅游业无足轻重的观点，实际上，这样判断忽视了一个重要方面，即旅游业对相关行业的带动作用，或者说旅游业在经济发展中的关联作用。尽管行业带动作用不是旅游业一个行业的"专利"，但是，它的这个特性非常明显，超过其他许多行业。旅游活动因 SARS 被"冷冻"之后，航空业和其他客运交通业、住宿业、餐饮业、景区景点业和以旅游者为消费主体的商业都同样处于"冷冻状态"，不少地方就业顿时出现了危机，很多人立刻面临下岗甚至失业的困境。和其他服务业一样，旅游服务产品具有不能储藏的特点，这就造成了它的损失是一逝即失的，没有"挽救"的余地。我们还注意到，由于休闲性旅游活动的停止，还直接殃及了农村经济，特别是一些大城市郊区近些年来出现的休闲农业受到很大的打击，原本可以获得可观收入的观光农业陷入困境。就是在一般人看来和旅游业没有太多联系的国际贸易，也由于商务旅游活动的锐减或停止而受到了影响。贸易双方没有面对面的接触，即使有互联网这样的现代通信手段，也难以进行正常的贸易洽谈。总之，旅游业不再是一个无足轻重的行业，而是国民经济的一个组成部分，也许从目前的国民账户上没有能够反映出旅游业重要性的实际，但它是客观存在的，在危机时期人们的感觉会更加明显。

2. 旅游业的行业性质再次引起关注

随着的发生，旅游业遭重创，一个对旅游业性质的疑虑再次被提出，又有人重提"旅游业是脆弱的"的观点。由于近年来旅游业的发展出现了良好的态势，越来越多的投资者看中这个行业，不仅现有的旅游企业集团加大了投资力度，一些其他产业的企业集团也开始行动起来，以不同的方式进入旅游业。像钢铁业的巨头宝钢集团、首钢集团，石油业的巨头大庆集团、电器业的巨头海尔公司以及烟草、铁路等行业的大型国有和私营部门的集团公司，都加大了对旅游业的投入或做出了旅游发展的长远规划，他们当然对旅游业的性质非常关心。实践是检验真理的唯一标准。实际上，一个多世纪以来，特别是自 20 世纪 50 年代以来世界旅游业发展的实践表明，旅游业的确是个敏感的行业，其犹如"含羞草"，对外界各种形势的变化反应非常迅速。但是，"敏感"和"脆弱"不是同义词。正像世界旅游组织秘书长弗朗加利所说过的那样，"在旅游的历史上，从来没有出现过深度的、长期的萧条"①。这也就是说，旅游业不是"脆弱的"，而是具有很强的"耐性"，具有很快的"反弹力"。从世界范围来看，最近半个多世纪以来，国际旅游业一直保持了5%左右的发展速度。虽然在这个历史时期内，世界上曾经出现过石油危机、战争、动乱、恐怖活动以及重大的自然灾害，旅游业也曾因此而降低了增长速度甚至出现负增长，但是，每次危机后的反弹都比人们预想得要快得多。在中国旅游发展过程中，上海甲肝、千岛湖的凶杀案等危机，其影响也不过1～2年的事，而当时的中国旅游业无论从规模还是从实力上讲，都不可与今天的旅游业相提并论。旅游业的这个特性主要是由日益增强的旅游需求所决定的。国际旅游需求是这样，国内旅游需求也是这样。一场危机的出现，不会改变旅游业的基本特性。当然，不同的危机对旅游业的影响是有区别的，旅游业振兴所延迟的时间也是不同的。

3. 旅游活动不再是与百姓无关的"外事"

20多年来，中国旅游业发展中一个最为重要的变化是，随着旅游业基本功能的变化，社会对它的关注点发生了重大转变，即由完全的"外国人旅游"变成"以国民旅游为主的旅游"。在改革开放之前和开放之初的一段时间里，中国的旅游只是国际旅游中的入境旅游，所以当时被确定为是一种"外事"，与中国的老百姓没有多大关系，充其量是为了国家的声誉而接待好外宾。即使后来确定了旅游发展的经济意义，制定了发展旅游赢得外汇收入的目标，但对它关心的也主要是中央政府，没有真正引起地方政府和老百姓的关注。直到国内旅游发展提上日程之后，旅游活动才真正被地方政府所重视，因为它可以刺激消费，直接促进当地经济发展和就业，以至于不少省市都把旅游业当作当地的支柱产业来培育，来发展。也只有到了国内旅游兴旺、出境旅游开禁之后，尤其是长假期制度的实施之后，老百姓才开始把旅游当作与自己休戚相关的事，而不再是与己无关的"外事"。旅游活动逐渐成为许多中国人（特别是城市居民）日常生活的一项内容和一个基本需求，甚至成为中国人小康生活的标志之一，全社会自然会给予它特殊的关注。

应当说，这一切表明，中国的旅游业开始走向成熟，并逐渐融入整

211

战略与策略

---

① 转引自世界旅游组织秘书长弗朗加利2003年3月20日给成员国的信。

个社会经济的发展中。目前，国内对旅游业的贡献缺乏一个科学的分析，对旅游业贡献的判断随意性很大，难以令人信服，以至于造成对旅游业产业定位的随机性忽高忽低。因此，国家有关部门，特别是国家旅游局和统计局，要把在中国如何实施"旅游卫星账户"的问题尽快提上日程，实现科学量度旅游业对国民经济的贡献。

二　思考之二：旅游业要回避危机还是要和危机长期"共舞"

　　旅游业的发展需要一个和平安定的环境，没有这样的基本条件也就无旅游休闲可言，因为，对大多数旅游者来说，无论如何，他们所追求的是享受生活，是幸福和欢乐的体验。但是，树欲静而风不止。危机是无时不在的。尤其是对国际旅游业来说，国际政治、经济形势的变化和天灾人祸的发生都可能随时影响着旅游者的出游决策或旅游目的地旅游活动的进行。回首近半个多世纪旅游业的发展，影响旅游业发展的各种危机不断发生，既有政治危机也有经济危机；既有区域性的危机，也有全球性的危机；既有天灾，也有人祸。值得庆幸的是，在中国旅游业发展的20多年中，国际上出现的诸多危机为我们提供了一个良好的发展机会，在很多情况下我们是受益者而不是受害者。震惊世界并对全球旅游业发展产生重大影响的"9·11"恐怖事件，印度尼西亚巴厘岛爆炸事件，阿富汗、波黑和最近的伊拉克战争，造就了中国是"世界上最佳投资沃土、最为安全的旅游目的地"的形象。即使是在世界经济影响最大的亚洲金融危机发生的年月，中国的旅游业也保持了令世界及其邻邦嫉妒的成就[①]，以至于世界旅游组织一再表示，20年后中国将成为世界第一大国际旅游目的地和第四大旅游客源国的预测不会改变。正是这个原因，在SARS发生之前，我们对旅游发展可能面临的危机有体会，但并不十分深刻。这次SARS的发生使中国成了重灾区，这场灾难再次警

[①] 据国家旅游局的数据，2001年我国接待的入境旅游者总人次数为3316.67万人次，旅游外汇收入178亿美元，分别比上一年增长了6.2%和9.7%，而据世界旅游组织的统计数据，同期全球国际旅游者到客人次数和旅游收入分别下降了0.6%和2.6%。见《2001~2003年中国旅游发展：分析与预测》，社会科学文献出版社，2002。

告我们，"保护神"不会总是在我们左右，旅游业难以回避风险。这使我们进一步认识到，旅游业是个充满危机的行业，旅游业的发展就是要与危机"共舞"。应当看到，危机是多种多样的，其中许多危机是旅游目的地没有办法控制甚至是没有办法预测的。SARS 疫情被控制之后，人们还经常在思考，SARS 是否真正被遏制而不会重发？是否还有其他类似传染病的爆发？是否还会有其他更为严重的自然灾害出现？这次SARS 疫情使我们认识到面对危机旅游业要同舟共济，共渡难关。所以说，无论是政府、行业协会还是各个企业，都应当树立危机意识，建立健全危机管理的机制。这是我们所必须面临的一个现实，需要认真研究，做出预案，真正做到处事不惊、有备无患，将损失降低到最小。

三　思考之三：SARS 后的旅游应当是恢复还是提升

在世界卫生组织宣布世界范围内 SARS 疫情被控制之后的一段时间里，一些发生疫情的国家和地区都立刻行动起来，为全面重振旅游业而努力。亚洲国家受害最深，因此在这方面是首当其冲，一些国家首脑级、部长级别的高层研讨会、论坛和磋商此起彼伏①，各类国家和地方旅游振兴方案相继出台并付诸实施，一些行业，尤其是航空公司、饭店、旅行社等也纷纷推出了"跳水价"等令人难以抵挡的诱惑以启动市场。但是，值得我们进一步思考的是，旅游业将要恢复的目标是什么，SARS 后的旅游和 SARS 之前有没有区别？我们追求的是旅游者人次数的恢复，旅游收入的恢复，还是旅游整体水平的提升以追求旅游业长期健康的发展？

旅游业的振兴需要时间和努力，但是这正是我们重新改善旅游环境、提高旅游产品质量和服务水平的一个契机。在中国香港举行的博鳌亚洲论坛上，新西兰前总理 Jenny Shipley 发表演说时特别提及了中文中对危机的解释：危机就是"有危有机"。因此，重要的是，利用遭到重

---

① 5 月 23 日在泰国普吉举办了"亚洲对话合作组织首次旅游业论坛"，5 月 25 日在马来西亚吉隆坡举办了"第三次东盟与中、日、韩旅游部门会议"，6 月 3 日世界旅游组织第 70 次执行委员会会议，7 月 13～14 日在中国香港举行的振兴亚洲旅游业的博鳌亚洲论坛以及 8 月 9 日在北京举办的"东盟 10＋3 旅游部长会议"等国际会议。

创之后的恢复振兴期，使中国旅游业跃上一个新台阶。

　　SARS之后，人们对生命有了新的认识，对健康有了新的理解，对享受生活有了新的看法，对旅游活动和环境有了新的要求，因此，我们的旅游业也应当根据这种变化了的新形势重新定位或调整。针对这一形势，应当适时地提出"洁净旅游"的观念。之所以这样做，是因为目前旅游业还存在不少"不洁净"的地方。例如，环境不洁净，各类污染严重；旅游景区不整洁，公共设施不完备，公共秩序不理想，当地人生活习惯不卫生等，长期困扰着一些地方旅游业发展，它影响着整个旅游目的地的形象，甚至会使独特而灿烂的历史文化遗产的吸引力减弱，给人以"不来遗憾终身，来了终身遗憾"的感觉。从用餐的方式和"方便"的场所这些日常活动不可避免的事项来说，有许多做法会令人谈虎色变。在对待人类的朋友——野生动物——的态度等方面也颇有微词，有的甚至成为一些旅游目的地的难题；还有，产品欠洁净。旅游是创造幸福的产业，但是，它不应当仅仅为旅游消费者创造幸福，也要为目的地社区创造幸福，实现目的地、经营者和旅游者的多赢。只有这样，旅游的发展才能实现可持续。然而，时至今日，一些公众所不愿意看到的现象在很多地方依然存在，一些不太洁净的旅游产品依然在公开交易，甚至大肆宣扬。在一些地方，色情、赌博竟被当成目的地的吸引力，成为一个地区的旅游品牌或形象。再有，违反道德规范的经营仍然有市场。所谓旅行社经营中的"零团费"或"负团费"，企业之间的恶意拖欠，还有许许多多"宰客"的现象屡禁不止。违规经营打乱了正常的经营秩序，使消费者对经营者失去了信任感，致使一些旅游者参加旅游团归来发出"一辈子再也不参加旅游团旅游"的誓言；在旅游过程中，"宰客"之风盛行，尤其是一些商家利用信息不对称、消费者语言有障碍等缺陷屡屡得手，动摇了人们对"诚信"的理解，而这一点在目的地的旅游购物中表现最甚。在旅游购物活动中，名堂最多，陷阱最多，以次充好、以假乱真、偷梁换柱、强买强卖的做法比比皆是，对于一些贵重商品，在价格标签上随便加上几个0的做法已经成了惯例，而真正明码实价的商品更容易令人生疑，唯恐有诈。把"诚信"变成宰客的盾牌。如此种种，实在令人生畏。另外一个值得提出的现象是，"绿色经营与绿色消费"的理念仍然淡薄。作为发展中国家，从节约资源、减少浪费的角度说，应当更支持"绿色概念"，因为这些地区原本资源就比较缺乏，更缺乏浪费的资本。而且，我们中国人具有悠久的东方文化，一直是崇尚勤劳节俭的。但是，奇怪的是，目前非理性的消费依然盛行，致使绿色经营的开展在中国步履蹒跚。最突出的是观念淡薄，眼光短浅。因为急功近利，经营者不愿意在实现绿色经营设备设施方面多投资，一些经营者只是把"绿色"作为促销的标签，只愿做表面文章，不愿意下真功夫。一些消费者，尤其是刚刚摆脱贫困成为新贵的这个阶层，更追求虚荣，乐于奢侈，挥霍盛行，对"绿色消费"的观念存在心理障碍。不久前在中国曾经出现过的 36 万元一桌豪宴的做法则可见一斑。

有鉴于此，我们对 SARS 之后的旅游应当提出这样的要求：所有的旅游目的地，无论是自然风景名胜区还是人造景观，都要尽最大的努力控制污染，减少破坏，提供清洁、卫生、安全的旅游环境；所有的旅游经营者都应当提供不危害旅游者健康的产品，进行公平、正当的经营，不欺诈，不设陷阱，自觉地以诚信为本，行业协会要真正发挥行业自律的功能，大力提倡"绿色经营"的观念；所有的旅游者在旅游过程中要对自己的行为负责，为了自己和东道主的共同利益而进行健康有益的旅游度假，提倡"绿色消费""公平旅游"。从总体上讲，旅游目的地永久性的竞争力在于产品的质量，在于信誉，而并不仅仅是价格。应当花大力气，树立良好的形象，使之长期发挥作用。推广"洁净旅游"，一方面为了在市场上重塑旅游业的良好形象，实现旅游业的可持续发展；另一方面也要利用旅游这个平台，促进社会文明和整个社会经济的可持续发展。也许后者是更重要的。

四　思考之四：以新的视角看待出境旅游的发展

SARS 之后如何启动市场，首先启动哪个市场，大家有共识，也有分歧。作为一个发展中国家，中国旅游业的发展始终把入境旅游放到第一位，这无疑是符合中国国情的，是正确的，是需要在较长一个历史时期内坚持的方针。很显然，启动入境市场是重要的，也是非常艰难的，需要巨大的资金和人力的投入。优先启动国内市场是正确的，也是可行的。但是，随着国家社会经济的发展，对我国公民的出境旅游发展观察的视角应当改变，观念和政策也应当做出适当调整。

其一，在认识上要进行调整。出境旅游的发展是一个国家国民经济发达程度和开放程度的象征，也是一个国家旅游业成熟的标志之一。就服务贸易而言，入境旅游和出境旅游是服务产品的国际交换。正像一个国家的外贸中不能只出口而不进口一样，一个国家同样也不能长期只发展入境旅游而限制出境旅游。当一个国家或地区经济发展到一定程度的时候，这种旅游服务的国际交换是非常必要的，或者说是必需的。而且，这也是一种满足本国公民正常旅游需求的途径。亚洲许多国家都经历了这样一个政策变化的过程。日本早在 1964 年就开始推行出境旅游自由化，韩国为了举办好奥运会，在 1990 年（奥运会举办的 4 年前）就取消了公民出国旅游的所有限制。值得注意的是，人民币长期保持稳定和坚挺，面临升值的压力很大。适当鼓励有能力的人出境消费，一方面是给公民私人外汇储蓄一个消费的出路，另一方面，这个时候是钱花所值，更为合算。应当看到，中国的社会经济形势发生了很大的变化，公民的经济收入有了很大的增长，尽管城乡之间、东西部之间以及行业之间的收入还存在差距，甚至是很大的差距，但是，不少人有了出境旅游的支付能力，出境旅游的需求与日俱增，出境旅游市场已经形成了规模。无论是国家还是个人的外汇存款都比较充裕，国际上许多国家都相继向中国出境旅游市场开放，为中国公民出境旅游创造了良好的条件。

其二，公民出境旅游有助于提高整个国家的形象，从中国人身上能看到现代中国，看到发展中的中国，会增强世界对中国社会经济发展的信心，有助于入境旅游的发展。如果说 SARS 的发生或其他因素对中国作为重要旅游目的地形象产生了一些不良的影响，或者说国际公众对中国、中国政府和中国社会还缺乏了解的话，那么到国外旅游的中国公民则是生动的载体和最为直接的展现。从中国人在境外的表现中增强对中国的了解，也会因此增强访问中国的愿望。

其三，公民的出境旅游，不能仅仅被看作一种消遣性消费，或简单地说是外汇的流失，要看成人们了解世界、认识世界、开阔眼界、自我提高的投资手段。出境旅游的经历有助于公民认识别人的长处与自己的短处，有利于吸收别人的优点和克服自身的缺点，有助于公民素质的提高。至于滞留不归等方面的问题毕竟是个别现象，不应当影响大局。

有鉴于此，适当调整出境旅游政策也是启动旅游市场的一个重要方面。从中国经济发展的现实出发，似不宜把旅游外汇的流失看得过重，应更加考虑国民出境旅游的实际需要，在简化入出境手续和扩大出境旅游的方式和渠道、出境旅游的目的地等方面有所突破。东亚和东南亚一些国家和地区（如韩国、中国台湾、泰国）的许多做法是值得我们借鉴的。在出境旅游发展上，中国应当借鉴日本的经验。虽然中国在经济实力上和日本有很大的差距，中国也没有到要通过促进出境旅游来减少国际收支平衡中过大顺差的时候，但是，日本通过紧紧跟随国民出境旅游的踪迹，把旅游服务业的链条延续到世界各地的做法，的确值得中国旅游业界认真研究，是在未来发展中非常值得重视的一个战略。我国国民出境旅游不完全是把钱送给境外的旅游目的地，也可以通过产业链条和企业的努力再使相当一部分公民的境外消费流回国内。至于这个战略能否实现，那当然要看我们企业家的经济实力和运筹帷幄的本事了。

20 多年来的改革开放，不仅为我国旅游业的发展奠定了良好的物质基础，同时，在实践中也积累了非常有益的经验和教训。随着我国经济发展水平不断提高，国民的各类旅游需求与日俱增，旅游业具有非常大的发展潜力。旅游业这个朝阳产业，不但需要各级政府的重视和政策的支持，还必须得到整个社会的积极支持，从而真正为促进我国社会经济的全面发展、国民素质的全面提高和小康生活目标的实现做出应有的贡献。SARS 疫情的出现对旅游业的负面影响是明显的，但是，在与 SARS 拼搏与战胜 SARS 的过程中获得的经验对我国未来旅游业的发展也是非常重要的。这就是我们对 SARS 影响深刻认识和思考的意义所在。

关于四川汶川大地震后旅游发展的思考[*]

开头的话

2008 年 5 月 12 日，在中国四川汶川发生了里氏 8 级地震，地震破坏力之大，波及范围之广，是近些年来所罕见的，而这个大地震所引起的中央和地方各级政府、社会公众乃至整个国际社会的关注也是前所未有的。

地震造成的损失是巨大的，是多方面的，这恐怕很难用货币来计算的。

旅游业作为一个新兴产业在地震中也蒙受了巨大的损失，对这一损失的判断也不是一个简单的数字可以说清楚的，这和旅游业本身的特性有着重要的关系，因为旅游是一个综合性很强的行业，旅游服务是一个链条，它的发展需要这个链条正常的运行，而非仅仅是某一个环节的独立运动；旅游活动是人的运动，旅游决策是旅游者自己做出的，这在很大程度上超出目的地的掌控范围，对于外部环境和市场，只可以影响和引导，不能指挥和控制。因此，目前重要的不是想办法弄明白到底损失有多大，而是应当面对现实，做出理性的决策，努力弥补损失和振兴旅游，更为重要的是，如何从旅游发展的战略出发，对现行旅游管理体制进行反思，考虑长期应对灾难和风险，使旅游业得以健康和可持续的发展。

一 关于震后旅游恢复和重振的考虑

（一）关于地震的影响要全面考虑

这次汶川大地震，对旅游发展的影响是巨大的，是多方面的，对此

* 刊载于《经济管理》2008 年第 17 期。

要有充分的认识。

1. 震区与全国

地震的震中在汶川，地震直接波及的地区包括四川、重庆、陕西等多个省市和地区，而由于抗灾、救援、重建等工作的需要，这也必将影响到全国各地，在特殊的情况下，也会打破正常的工作秩序，而且在一定程度上也影响着整个中国的旅游需求，影响着中国境外市场。

2. 当前与未来

地震的发生立刻终止了到震区的旅游，同时也终止了到震区所波及范围内的旅游活动，当然震区外出的旅游也中断了，然而，这个现象也不会因为地震的停止而恢复，这是个现实，而这个影响会延续一段时间。但是，何时恢复，这却和当时要求停止不是一个概念。"禁"可"止"，而"令"未必"行"，这需要供需双方的契合。

3. 实体破坏与心理干扰

地震破坏了长期建立起来的基础设施和旅游服务设施，有的是直接的，例如道路、桥梁、景区和饭店；有的是间接的，例如外部进入的条件和相应的供给系统等，这些设施、设备的重建不仅需要金钱，更需要时间。但与此同时，地震给人们心理上带来的创伤和干扰，也是不可小视的，这既包括当地居民、业界，也包括外地的旅游者和旅游经营者。例如，灾区当地人不可能外出旅游，这个市场肯定要停止一段时间，即使是"四川人游四川"的号召也恐怕不会立即得到预期的反应。人们对次生灾害的判断和预期会影响外来旅游者的决策。在巨大灾难发生时，任何即时的新闻报道，都会产生放大的效应，外界对震区的认识总会存在一定的时间差；例如，外地的旅游者在选择到灾区游览、度假和娱乐时总会有心理和伦理上的障碍，难以做到"心安理得"，而旅游活动也不能被当作一种"善举"或"施舍"，这与旅游活动的目的有差距，看来这一点恐怕也会延续相当长的时间。再例如，长距离旅游市场的反应可能更特殊，由于经营者对未来发展的实际难以做出清晰的判断，而作为商业经营又不可能给它们太多的时间静观形势，很可能在对目的地促销的重点上做出新的选择，因此，这样的影响更值得关注和重视。

4. 充分利用积极的影响

作为一次灾难，汶川地震对四川乃至全国旅游造成了巨大困难和损失，然而，另外一个现实我们也必须考虑，灾难和应对灾难，使汶川和四川成为全国和世界的关注点，大大提高了这些地方的知名度，虽然这个代价是巨大的，然而，也不能不说这为地震灾区旅游发展带来了新的机遇，这个机遇也是非常值得重视和利用的。没有这场地震，世界上哪会有如此多的人知道这个在地图上都难以找到的地方，不可能让人们如此深入地了解这里的一座座山、一条条河、一个个村落、一个个景区乃至一所所学校，不可能给人们带来如此深刻的感动和激动，也不可能让如此多的人——中国人和外国人，媒体和其他专业人员、志愿者，几十万乃至上百万的人流，汇集到这些地方，留下了他们刻骨铭心、毕生难以忘怀的感受和经历，而这些经历酷似战场上的残酷与艰辛，但留在心中的只有关爱、同情和感动，没有仇恨。世界上数以亿计的人关注中国汶川的灾情，心系震区人民的安危，以不同的方式表达了他们的关切、支持和援助。这是从来没有过的宣传活动，这是任何其他形式的宣传促销活动所难以达到的效果，这些效果也必将转化为未来汶川、四川旅游发展的巨大潜在市场。对此，地震灾区的旅游界应当给予充分关注和利用。

我们中国人知道，汶川的地震破坏虽然巨大，震灾的影响虽然广泛，但毕竟是局部性的，但是对外国来说，尤其是对很多规模不大、对中国了解有限的远距离市场来说，汶川就意味着四川，四川就代表着中国。尤其是这次规模空前的救援行动，更给世界一个信号，地震的影响应当是全国性的，也就是说，地震对旅游的影响，不仅仅是对四川和相关联的灾区，而是影响整个中国，振兴旅游，不仅仅是四川的事，应当是整个中国旅游界的一个重要战略。

（二）关于救灾、重建与旅游启动与振兴

1. 救灾与重建是第一性的

不管旅游业发展就其经济意义来说如何重要，但是就灾区来说，救灾和安排当地人的生活还是第一位的，这应当是未来所有发展的基础，因此，不宜过早地考虑全面启动灾区旅游，尤其是重灾区、次生灾难隐患比较显著的地区，更是如此，不能因小失大。与此同时，还应当注意到，世界上有那么一批人，往往热衷于"灾难旅游"或者叫"黑暗旅游"，到受灾严重的地区观察灾难的创伤，寻求特殊的好奇和乐趣，这

对灾区来说，在情感上和实际上都不是好主意。不要组织伤害灾区人感情、刺激灾难幸存者痛苦的过度商业性的旅游活动。

2. 做好重建的规划

地震灾难发生后，基础设施和服务设施等都发生了很大的变化。就灾区来讲，未来的旅游活动和震前会有很大的区别，即使是那些在地震中受到破坏不大的地区，由于外部条件的变化，也必须调整战略与策略，因此，做好重建的规划和旅游振兴的行动计划是非常重要的。

关于重建的规划，有两个观念是非常重要的，一是旅游的重建规划要与整个震区重建规划相一致，要认真地调查，冷静地研究，要区分长期规划和启动市场不是一回事，启动市场是临时性的，而规划主要在未来。和震前所不同的是，原来的行政区域内的社会经济发展规划需要重新调整，因此旅游规划也必须进行新的调整，而这个调整应当与新的总体规划相适应，也就是说，就规划来说，应当等总体社会发展规划确定之后，再做旅游重建与振兴的规划，而不是相反。当然，在制定总体社会经济发展规划时，要充分考虑旅游发展的因素。尤其是在设计重大建设项目时，要考虑未来旅游功能的发挥。二是重建不是简单地恢复原状，而应当被视为调整产业布局的机会，创新更重要，而不是简单地"修旧如旧"。由于地震使一些地方发生了根本性的变化，需要整体搬迁、异地建设，应当借鉴国内外有关城市灾后重建的经验和教训，把以往不敢想、难以下决心做的事情可通盘考虑，这里可能有一个重要的问题是产业结构和产业布局的新思路、新方案，有条件的地方，把旅游发展重新定位。

3. 新遗产的保护和利用

汶川地震的发生，给人类造成了很大的灾害和破坏，而人类在自救、救援的过程中，对自然和人类自己有了新的认识，展现了特殊时期的文化现象，这些对未来来说都是宝贵的知识和遗产。对这些遗产和知识应当进行保存、保护。而且，这样的工作也应当尽早考虑，否则会失去良好的机会。从现在的情况来看，有些地方不再重建，应当尽快选择典型的场所，确定要保护的遗址，划定范围，保护现场，制定保护的具体办法。

关于地震新文物的保存和保护，至少要注意这样三个问题。

——要区别情况，尽量不要做太多的人为修补。保护遗址，只要把这次地震发生那一刻的历史凝固，因此，后人除了安全考虑之外，尽量不要做太多的人为修补。有的时候保持"残缺"更具有震撼力，像澳门的大三巴和欧洲一些被战争破坏的建筑物那样，没有修复，没有重建，而是保持着残垣断壁，给后人留下更多的想象空间。有些重建和再建的项目中，可以艺术性地展现一些地震的痕迹，形成一些对比和反差。

——建造博物馆也是一种保存和保护、展示的好形式，但博物馆的思路要宽，要体现地震科学知识的普及、基础科学的教育、抗震救灾文化的展示和灾难文化的记录。但博物馆的建设要通盘考虑，不宜过多，分布不宜过散，要精心设计，精心筹划，不宜仓促上马，要特别注意不能有太多的重复。

——博物馆最好不要和遗址、纪念的场所放到一起，而且纪念性、缅怀性的场所也不宜设立太多，要尽量引导人们乐观地向前看，而不是把人们长期留在痛苦的阴影中。

从全国的角度，如果可以考虑设计建造一个国家级的灾难博物馆将具有世界意义。因此，当前的重要任务是广泛收集文物，要注意收集实物、照片、音像等各种可以作为证据的东西，文化部门、旅游部门都可以从这个意义上考虑，要发动社会收集，而不仅仅局限在汶川地震灾区的范围内。

4. 四川旅游业的振兴

就中国的旅游业来说，进入 21 世纪以来，已经经历了不少磨难，有些是全国性的，例如 2003 年的 SARS，有些是局部的，例如 2008 年春节南方的一场雪灾。应当说，旅游业已经积累了很多经验，这些经验和教训，四川应当很好地利用。

其一，同舟共济。诸如汶川大地震这样的灾害，对四川的影响是深远的，因此，灾难后的旅游振兴，是不能靠一个地区、一个行业单独的行动，尤其是不能靠自己降价的办法来实现，应当是大家共同合作、同舟共济。尤其是旅游相关行业，例如航空、火车等交通运输业，餐饮服务等行业，联合制定吸引旅游者的积极措施，形成合力。平时发展旅游经常讲"大旅游"的观念，恢复与振兴也应当提倡这个理念。这需要政府（中央政府和地方政府）和行业的共同努力，而政府和行业协会的协调更重要。

其二，靠产品启动市场。旅游是天生的外向型产业，虽然作为供给方的目的地掌握着启动市场的主动权，但是能否使市场得以启动，动力在于市场需求，而引导需求的是产品，是有效的产品，是有竞争力的产品。鉴于目前四川省的实际，应针对不同市场分别制定不同的战略和策略，提出相应的行动计划

——地震灾害破坏小并不存在明显的次生灾害隐患的地区要积极恢复传统市场。四川有些旅游景区，基础设施、服务设施和人员基本上没有什么太大的变化，例如乐山、峨眉山、九寨沟、黄龙等世界著名的景区，其本身没有受到很大的影响，一旦外部交通和环境条件具备时，应当尽快宣布解除到这些地区旅游的禁令，加强对外宣传。尤其是加大对传统市场的宣传和实际情况的说明，选择合适的时机、设计特色的节事活动和特定的优惠价格启动市场。这些地方，通过各种渠道联络原有的国内外合作伙伴启动市场，根据他们的实际做定向的宣传，对长期合作的伙伴要尽早安排他们到现场考察。有关政府部门要支持旅行社和相关企业开展积极的公关活动，要组织好相应的考察旅游活动。另外，作为一种支持，应当建议政府在实施财政部关于《出差和会议定点饭店政府采购工作的通知》的规定时，对在特殊时期的四川一些景区给予特别的对待。

——地震灾害破坏较人，但经过努力具备了开放条件的地区，应当考虑通过特种旅游产品启动市场。

一方面，成都市应当考虑设计有特色的会议和展览旅游活动。例如，开展关于探讨地震科学、救援与救护、危机管理、志愿者组织等相关主题的国际研讨会，关于建筑技术、建筑材料、救护与救援设备等方面的展览会，或者征集纪实的照片，举办摄影展；另一方面，可以考虑组织专业机构的专业考察和交流活动。这些人是专业人员，各方面的素质较高，其兴趣不在于享受或娱乐，而是关注其专业领域的考察和交流，这对当地的重建也是非常有意义的。其中包括地学、地质学、灾难学、材料学、建筑学、医学、遗产保护、民俗学、人类学、心理学以及文学、艺术等领域的人员。这个市场也是非常大的。另外，近些年来，在国际上，尤其是在欧美国家，志愿旅游（或"公益旅游"）颇为流行，旅游者愿意专门到发生灾难的地区从事公益性活动，其中不乏许多专业人员和青年。在一些知名的宗教圣地，也围绕祈福等主题开展特种

旅游活动，这无论在国内还是在国外，尤其是东亚地区（日本、韩国）和东南亚地区，市场潜力颇大。但特种旅游一定要做好充分的准备，有关活动和生活的安排以及相关背景材料方面都要专门设计，不要追求数量，而要把产品做精，做好。由于特殊的服务，费用也应当高一些，一定要避免削价竞争，以降低服务为代价。这个时候，市场可能对接待设施的期望值有所降低，但更关注情感的交流。恢复后的旅游活动要突出新心态、新理念，以诚心对待"衣食父母"和关心、帮助过灾区的人们。

——地震破坏严重，或存在明显次生灾害的地区，不应当急于开展旅游活动，而应集中精力开展救援和制定重建旅游设施的规划与设计。这些地方目前不具备开展旅游活动的条件，但确实是创造新产品、新吸引物的基地，是未来旅游发展的后劲所在，一定要创造新的、独特的旅游新形象。要做到"不鸣则已，一鸣惊人"。与此同时，企业要考虑自己的情况，充分利用这一机会，进行设施和设备的维护或更新，要抓紧人员的培训，或安排到外地进修。

——营销手段的选择。在整个地震发生和后来的救灾、重建过程中，媒体发挥了极其特殊和重要的作用，而新媒体——网络——发挥了与传统媒体同等重要的作用，甚至又有着突出的优势。在四川旅游未来的发展中，还应当充分重视发挥媒体的作用，尤其是网络媒体的作用，要把地震灾区的新进展、重建的规划、新产品等信息积极、及时、准确地传递出去，创造新的热点，不断引起海内外市场的关注，尤其是在新的旅游发展过程中，如何体现人文关怀、可持续发展理念、保护和发展文化遗产等新理念和科学发展观，如何广泛地采纳社会各界的建议和意见等，通过媒体及时告诉世人，要把救灾过程中信息的透明、快速传递的传统保持下去。这也许是地震灾区旅游业发展跃上新台阶的新起点。

二 关于地震灾后旅游发展的思考

任何一场巨大的灾难都是暂时的，但未来灾难的发生是难以避免的，经一事长一智是我们从灾难的代价中所能够赢得的收获。其他产业是如此，旅游发展更是如此。

进入 21 世纪以来，世界旅游保持了良好的发展势头，尤其是亚太地区，成了全球旅游发展的新秀，其国际旅游的份额已经超过美洲，跃居世界第二，与欧洲、美洲构成三足鼎立之势，而发展速度则大大超过全球的平均水平。与此同时，这些年又是灾难丛生、危机四伏，而最近世界性的油价攀升、通胀走高等效应的叠加，使旅游的发展面临着从来未有的严峻挑战。自然灾害和人为灾祸的密集程度和影响深远更是前所未有。无论是海啸、洪水、冰雪、地震和SARS、禽流感，还是"9·11"等恐怖活动，都对当时的旅游业产生了重大的影响。然而，历史经验证明，无论是从整个世界来说，还是灾祸发生地来说，旅游业并没有因大灾而消失，而往往其恢复与振兴的时间比人们想象得要快，恢复周期要短。这使人们更加明确了一个信念，那就是，旅游业是敏感的，因为它的生存与发展严重地依靠外部的环境；旅游业不是脆弱的，因为人类的旅游需求潜力是巨大的，这些需求不会因为暂时的灾难而消失。同时还认识到，危机和灾难是难以避免的，往往是难以预料的，甚至也是不可预测的，因此，旅游业的发展要随时面对危机，与危机伴生，也就是说，对旅游发展来说，危机管理不是临时性措施，而是一种常态化的管理。因此，无论是政府还是企业，都要考虑关于危机管理的长效机制的建立，将其预案列入正常的工作程序，将安全自救和救援作为旅游工作人员业务考核内容，将安全、防灾设施列入旅游景区规划的组成部分，不仅仅讲原则，还要有具体设施的设置与设计。从国家来说，应当将安全教育和灾难常识列入基础教育内容。这一切都是灾难给我们的教育，是我们为了生存和健康发展必须付出的代价。旅游业尤其如此。

灾难带给我们的困难是现实的，也是暂时的。旅游发展的潜力是巨大的，前景是乐观的。克服困难需要付出巨大的努力，特殊时期更需要鼓起勇气，携起手来，同舟共济。旅游业一直被视为"朝阳产业"，在"风调雨顺"的年代，它的发展需要全社会的支持，而在特殊的时期，更需要大家举起双手把它托起来，渡过难关。记得2003年SARS发生时，北京街头上曾经出现过一则旅游的广告词，叫作"风雨过后是彩虹"，看来，这句话今天也依然适用。

补白　非常不幸，本人在1976年经历了唐山7·28大地震，当时我是一名导游，与海外旅游者度过了最难熬的时刻，有些情节在钱钢先生所撰写的报告文学《唐山大地震》中有所涉及。在那次大地震中，我是个幸存者，亲身经历了那一辈子难忘的劫难。尔后，我的工作仍然和旅游有关。

这次也是非常幸运，今年在北京，我只是感到了5·12汶川大地震的余波，毛发未损，甚至没有感到惊吓。现在我是一名旅游研究者，可惜我不能到地震第一线做一点实际的贡献，但是，我觉得，在这个时候，冷静地思考一下汶川大地震与今后旅游发展的相关问题，和同行们分享一下自己的一些想法，也许是一个旅游专业研究者的责任吧。

这就是我要写这篇文章的初衷。其实，最初促使我产生这个念头的是《福布斯》杂志社的一名记者，她也算是个80后吧，在地震发生一周内提出要采访我，探讨汶川地震对旅游的影响以及灾后恢复与重建。我对她职业性的反应很欣赏，于是改变了拒绝接受媒体采访的决心，痛快地答应她尽快约时间采访。我的这篇文章的一些内容，也大多是那次采访前后的一些想法。

关于中国乡村旅游发展的几点思考[*]

一 概念：一个不可不提及的问题

乡村旅游是个热门话题。2006 年被国家旅游局确定为"乡村旅游年"。因此，乡村旅游发展引起了政府、业界、学界和社会的广泛关注。仔细一想，乡村旅游并非一个新概念，也不是一个新领域，今天这一旅游模式的风行，既有国家政策原因，也有市场需求的缘故。

乡村旅游指的是什么？学界引经据典，可以说出许许多多的概念，做出多种解释，可能发现这一现象远比一般人想象的要复杂得多，丰富得多。而且似乎国内外都做出了一个这样的结论：这仍然是一个说不清的概念。记得最初大家说农村旅游，后来提及农业旅游或旅游农业，不知道什么时候开始演进到乡村旅游。这似乎也表明，目前，在概念上人们还在探索中。

从目前的情况来看，至少它可能涉及这样的一些问题：

　　——在城市以外环境中的旅游，或者说在乡村环境中的旅游活动；

　　——游览处于乡村的历史文化遗产景观——如长城；

　　——游览农民长期生活的建筑艺术——古村落；

　　——体验乡村的生活——住一天农民的小院；

　　——体验农民的生产和生活方式——当一天农民；

　　——参与农业生产劳动或享受农业的成果——水果采摘；

　　——在农村享受一下城市的休闲——SPA；

---

　* 在"现代休闲方式与旅游发展国际学术论坛"（2006 年 11 月 13 日）上的发言稿。刊载于《旅游研究与信息》2006 年第 6 期。

——没有农民参与的"农家乐"——在农村建造大型的娱乐度假设施；

——城市"农业"——现代农业园，没有农民，没有农村；

——乡村文化、民俗和民族旅游等。

况且，讲乡村旅游，也不能不涉及在乡村生活的主体——农民的旅游。

就目前的现实而言，乡村旅游恐怕主要是城市人口在其边缘地区的休闲活动，关注的问题也应当是和农村、农民、农业相关的旅游活动。发展乡村旅游，可以满足城市人口休闲和旅游的需求，但最重要的目的是促进农村的发展。

二　现实：一个不可忽视的效果

乡村旅游的概念应当早就有之，而且这样的旅游活动也一直在开展，只是参与这一活动的对象发生了变化，因此，旅游的方式和内容也随之发生着变化。今天大家谈论的乡村旅游，主要是 20 世纪 90 年代中期，中国关于公民度假制度和政策调整后的新现象。双休日的工作制度和长周末的假日安排，不仅使中国公民有了更加充裕的休息时间，更为重要的是，公民的旅游休闲理念发生了重要的变化，假日制度的安排被看作政府对休闲理念的认可，是对休闲和旅游消费的鼓励，从而为刚刚兴起的国内旅游注入了新的活力。在这一背景下，处于城市郊区或边缘地区的农村成为旅游休闲的"新宠"，乡村环境、农家氛围、农业活动、农家的食品和菜肴，一下子受到城市旅游休闲群体的青睐。同样是在这一背景下，作为旅游休闲产品供给方的农村，把城市旅游休闲群体的这些新的需求看作市场契机，针对这些新需求开发出系列产品，需求的驱动和供给的拉动使乡村旅游火爆起来，成为推动农村社会经济发展的新途径。如果说此前的乡村旅游多考虑活动和游览的话，后来的乡村旅游则主要是休闲、娱乐或健身。

从目前乡村旅游的现实来看，其市场主要是附近的城市居民，活动的时间多集中在周末、长假期和特殊的农业节气。和长途旅游相比，乡村旅游的最大特点在于它模糊了旅游与休闲的界限。对消费者来说，这种外出旅游，其活动主要不是观光游览，而是改变一下生活环境，放松身心，以多种形式的娱乐方式打发闲暇的时间。"农家乐"则是其中的一个典型。

乡村旅游的发展，不同程度地促进了农村的发展。这一发展，一方面，表现在相关地区社会经济的发展方面，例如，农民家庭收入的增加；农村产业结构的调整，农业经营的创新，乡村就业数量的增加；另一方面，则是乡村环境的改善，农民生活方式与观念的变化。前者是明显的，短期内可以见效，而后者的影响则是渐进式的，长期发挥作用的。

三　困惑：一个不可回避的现实

在中国，乡村旅游是个新现象，真正发展的时间并不长，在很多地方，还属于实验性的，无论是接待设施、服务方式，还是活动内容都是在不断摸索阶段，和城市旅游相比，显然显得还很不成熟。但是，现在出现的一些现象和趋势，是值得认真研究的。

其一，同质化严重。目前全国各地出现了一大批被称作"农家乐"的乡村旅游接待设施。也许是由于市场不成熟，市场上表现出相同的需求，也许是更加不成熟的供给方，难以推出新的具有创造性的产品，于是大家都在做相似的事情，数量越来越多，特色越来越小，最后开始削价竞争，低价低质，失去了吸引力。

其二，乡村旅游的异变。巨大的市场需求无疑为许多开发商提供了良好的商机，具有经济实力的开发商看准了这样的商机，不失时机地进入这一领域。在一些城市的郊区，一些外来投资者大兴土木，建造大规模的娱乐休闲设施，由于地价便宜以及当地给予的一些优惠政策，这些名为"农家乐"的设施，其实农家的味道越来越少，更像是城市娱乐、健身中心的复制品或外迁，除了利用一些当地的食品之外，与市区的娱乐中心没有多大的差异，甚至更加豪华、高级，与乡村的氛围形成了巨大的反差。

与此同时，还有另外一种变化，原本农民居住的村落变成旅游吸引物，或者干脆像个"农村主题公园"，原住人的房屋变成展品，当地居民的生活、生产方式也变成一种供外来人游览参观的景点，在进村的入口处竖起了栏杆，进入者要购买门票。进到村中，原来朴素的民风被浓厚的商业气息所笼罩，家家户户摆摊设点，成了一个个低级、与当地毫不相干的"古玩"店。人人都把外来旅游者当成"摇钱树"，千方百计地想从他们身上赢得一些收入。

其三，当地居民的边缘化。乡村旅游开展应当是促进农村社会经济的发展，最大的受益者应当是当地的农民。但是，一些外来开发商通常仗恃其资金和技术的优势，采取圈地的方式，建设大规模的休闲服务接待设施，尤其是一些大型现代休闲娱乐项目的开发，例如高尔夫球场、滑雪场等，可能使不少农民失去了原先赖以生存的土地，当地农民可能得到了一时的土地转让的补偿，但却失去了进入这个行业的机会，他们被边缘化了。他们可能得到的就业机会往往是清洁工等简单的体力劳动岗位，而这些岗位又有可能被另外更加廉价的外地劳动力所取代，当地人难以有更大的发展空间。一些被当作"景点"开发的村落，当地人难得从门票中得到多少收益，只好参与"古玩"生意，从游客身上打主意。这样的后果很可能造成相关社区的经济收益差距拉大，利益相关者的利益冲突显现，对农村社会和谐发展造成负面的影响。

四　比较：不可简单从事

关于乡村旅游，不少学术文章溯源于欧洲的 19 世纪或者更早，并将海外的乡村旅游作为蓝本，设计我国的乡村旅游。如何借鉴国际经验，尤其是发达国家发展乡村旅游的模式，恐怕还要做深入细致的分析，不能简单地模仿。

在国外，尤其是欧洲和北美一些国家中，相继出现了一系列与乡村旅游相关的新词语，例如：

> farm tourism
>
> farm stay tourism
>
> vocation farm tourism
>
> rural tourism
>
> agrotourism
>
> village tourism

green tourism

second home tourism

……

　　这从一个侧面说明了乡村旅游的多样性和复杂性。这些旅游形式恐怕很难和我国目前开展的乡村旅游相对应。因为这些发达国家城乡发展的现实和我们是不一样的。

　　城乡人口的比重。发达国家与发展中国家的城乡人口比重是相颠倒的。中国人口的大多数在农村，农民人口至少有 2/3，而发达国家大多数人口在城市，地广人稀是突出的特点。

　　工农业经济贡献。这方面的差距更大。在许多西方国家，农业对GDP 的贡献降低到 5% 左右，农业长期受到特殊政策的保护，而中国农业经济仍占据相当大的比重，农产品在价值上仍然处于劣势。农民的净收入与城市居民的可自由支配收入平均值相比为 1∶3，不同地区差距则更大，而在西方这样的差距是不存在的。

　　城乡差异点。在中国，城乡的差异主要体现在经济上，由此而造成了基础设施落后、基本社会服务匮乏、文化教育设施不足等现象。这些差距在西方有，但非常之小，相反，乡村的生活环境却成为巨大的资产优势，一些真正富裕的人未必生活在城市里，交通便捷、通信发达、基础设施完善为乡村生活提供了良好的条件，一些"第二住宅""乡间别墅"反而成了乡村的优势。在中国，农民进城是一种地位的提升、一种夙愿，虽然一些地区城乡人口的流动限制有了一些松动，但短期内恐怕还难以形成彻底的改变。

　　城乡社会联系。在中国，城乡居民之间的联系非常紧密，当今一代的城里人有不少仍然是从农村迁入的，他们与农村还保持着家庭的联系，他们对农村和农村生活并不陌生。但是在西方，这种城乡社会关系显然疏远得多。更为不同的是，西方国家村落的概念远比中国要淡薄得多，大多是散落的单独的房舍与相对成规模的服务中心小镇。在西方，土地是私有的，所有权相对集中，而在中国，农村土地为集体所有，由于历史的原因，每户的土地则相对平均而分散。农民家庭的生活比较保守，难以开展诸如西方那种开放式的"农场旅游"。

　　凡此种种，作为旅游方式来说，中国的乡村旅游与西方的乡村旅游有着许多不可比性是显而易见的。西方的乡村旅游更注重乡村的田园风光的欣赏，注重轻松安逸的度假、和谐的城乡文化和精神上的享受，而中国目前居民的休闲还往往是偶然性的、随机性的，因此更偏重于热闹，偏重于活动，偏重于身体上的享受。

结束语

乡村旅游是个十分复杂的现象，涉及经济、文化、社会、环境等多个领域，随着乡村旅游规模的扩大，改革开放的深入，还会引发更多经济社会的问题，因此这是个非常值得研究的课题。从中国目前的情况来看，必须突出强调乡村旅游对农村发展积极作用的发挥。旅游的发展是有条件的，乡村旅游的发展必须考虑其本身资源和市场条件，也要考虑可能存在的风险。乡村旅游的方式应当是多样的，根据市场的需求而进行积极的创意，控制同质化现象的蔓延。乡村旅游发展必须要保障农民的利益，尤其保障他们的长远利益，改善乡村面貌和基础设施的建设，促进健康的城市化进程。乡村旅游要特别注重可持续发展，不要把城市旅游发展中的文化污染和环境污染扩展到文化和环境更加脆弱的乡村。乡村旅游的发展要创造城市和乡村的协调发展，促进城市和乡村的社会和谐，而不应引发更大的经济差异和社会冲突。在这方面，西方很多国家为我们提供了许多的经验和教训，值得我们认真借鉴。

可持续旅游发展与新能源*

开头的话

  在最近几十年的时间里，"旅游"成为世界上一句流行语。实际上，几乎没有哪个国家，无论是发展中国家还是发达国家，无论其政治或经济体制有何差别，都不会不重视旅游的发展。当然，不同的国家，出于政治、经济等不同的考虑，对其旅游业的发展给予不同的定位，采取不同的政策。早在 20 世纪 90 年代，似乎整个世界都接受了这样一种判断，即旅游业成为全球第一大产业，其经济贡献超过传统上的任何单一产业，尽管，目前世界上尚无一个公认的方法来准确地判断这个外延不太清晰的产业贡献。另外一个不争的事实是，在世界上越来越多的地方，旅游不再被认为是一种特权或财富的象征，在近一个世纪的时间里，大众旅游已经从当年的欧洲、美洲进而扩展到大洋洲以及亚洲，逐渐成为普通消费行为。自 20 世纪 50 年代到现在，国际政治经济形势变幻莫测，人为的与自然的、全球性的与区域性的灾难此起彼伏，然而，旅游业的发展总体上保持了稳健的增长，即使出现过绝对性的下滑，但其恢复与振兴远远快于其他行业，也往往快于人们的预期。这个行业发展的特性和趋势得到社会的普遍关注。但是，毋庸讳言，由于旅游发展的普遍性与旅游产业规模的扩大，它的影响也越来越深远，越来越复杂，而且其影响不仅限于经济，还涉及政治、文化、社会、环境等方方面面，不仅限于积极的正面影响，也有消极的负面影响。这些都是当前整个世界和人类对它关注的原因所在。

---

  * 在"亚洲风能与旅游论坛"（2013 年 2 月 21 日，韩国济州岛）上的演讲。

一 旅游发展：成长的烦恼

旅游作为人类的一项社会活动，由来已久，正如旅游未来学家 Ian Yeoman 所言，"旅游是世界上重要的经济成功故事之一。这个故事，和时光一样，没有开始或结束。它是一种创造出来的现象，由于它的复杂性而难以限定。简言之，时光开始了，旅游也就出现了"①。作为一种产业，普遍认为，它始于 19 世纪中叶旅行代理商的出现，然而，旅游业真正的崛起是 20 世纪中期，其原因之一是第二次世界大战结束后和平年代的出现，伴随着经济的复兴，越来越多的人有了出游的心境和条件，原因之二是，科学技术的迅猛发展，交通工具的改进与创新，尤其是大型喷气式客机的问世，使更多人的梦想开始变成现实。

1. 数字与事实

在过去 60 多年的时间里，旅游在全球的发展出现了巨大的变化，也许相关的统计可以大致勾画出这个发展的轨迹与特点。人类旅游活动大致可以分成两个重要的部分，即国内旅游与国际旅游，无论从活动还是消费的角度来说，国内旅游一直是主体，国际旅游大概仅相当于国内旅游的 1/10，不过，国际旅游的发展则更能够反映出世界旅游发展的特性和趋势。

据联合国世界旅游组织（UNWTO）的数据，即使是在全球经济尚未完全复苏的情况下，目前全年国际旅游人次数超过 10 亿，他们的消费超过 1 万亿美元，即每天用于国际旅游的消费大约 30 亿美元。在过去 60 年里，全球国际旅游人次数年均增长率超过 6%，国际旅游的收入年均增长率在 10% 以上。从世界旅游组织划定的区域来看，虽然欧洲一直占据全球的最大份额，但 60 年间从 1960 年的 72.6% 降到 2010 年的 50.5%，美洲从 1950 年的 29.8% 降到 2010 年的 16%，而亚太地区则从 0.8% 跃升到 21.8%，居世界第二位。

---

① Yeoman I.，（2008）. *Tomorrow's Tourist*：*Scenarios & Trends*，p. 11，New York：Elsevier.

表 1　世界旅游发展速度一览

年　　度	1950	1960	1970	1980	1990	2000	2010
旅游人次数（万人次）	2520	6940	16580	27820	44410	68060	94000
10 年间年增长率（%）	—	10.8	9.1	5.3	4.8	4.4	3.4
60 年间年均增长率（%）	6.2						
旅游收入（亿美元）	21.00	68.67	179.00	1051.98	2678.00	4760.00	9270.00
10 年增长率（%）	—	12.6	10.1	19.4	9.8	5.9	6.9
60 年间年均增长率（%）	10.7						

注：世界旅游组织的数据不同的年度有所调整，另外，旅游消费资料以当年价格为依据，未剔除汇率及通胀因素。

资料来源：作者根据 UNWTO 资料汇集并计算所得。

表 2　区域旅游发展速度一览

单位：万人次,%

区域	1950 年 总人次数	1950 年 所占比例	1960 年 总人次数	1960 年 所占比例	1970 年 总人次数	1970 年 所占比例	1980 年 总人次数	1980 年 所占比例	1990 年 总人次数	1990 年 所占比例	2000 年 总人次数	2000 年 所占比例	2010 年 总人次数	2010 年 所占比例
全　　球	2520	100.0	6940	100.0	16580	100.0	27820	100.0	44100	100.0	68060	100.0	94000	100.0
欧洲地区	1680	66.6	5040	72.6	11300	68.2	17750	63.8	26530	60.2	38410	56.4	47480	50.5
美洲地区	750	29.8	1670	24.1	4230	25.5	6230	22.4	9280	21.0	12820	18.8	15070	16.0
亚太地区	20	0.8	90	1.3	620	3.7	2360	8.5	5770	13.1	11490	16.9	20440	21.8
中东地区	20	0.8	60	0.9	190	1 1	750	2.7	1000	2.3	2520	3.7	6030	6.4
非洲地区	50	2.0	80	1.1	240	1.5	730	2.6	1520	3.4	2820	4.2	4970	5.3

资料来源：根据 UNWTO 资料汇集。

联合国世界旅游组织主要监测世界范围内旅游者的流动、流向与消费，也曾与权威经济研究机构合作创造了评价旅游业经济贡献的工具——旅游卫星账户（TSA），但到目前为止，真正能够通过这个工具评价旅游经济贡献的国家并不多。同时，另外一个组织——世界旅游理事会（WTTC）——也在监测旅游产业对世界乃至各国的经济贡献，就是这个组织早在 20 世纪 90 年代宣布旅游业成为全球最大的产业，其经济贡献超过石油、汽车、钢铁等产业。虽然，这个机构所测算的旅游业经济贡献受到一些机构的质疑，但是，尚未有其他机构可以做出更好的评价，因此，WTTC 每年对全球乃至不同国家的旅游贡献评价数据依然被广泛使用。无论如何，这是同一个机构依据同一个方法做出的判断，用它可以看出旅游业近些年来发展的轨迹：到 2012 年，旅游业对全球

GDP 的贡献预计超过 2 万亿美元，相当于全球 GDP 的 3%，而旅游经济对全球 GDP 的贡献超过 6.5 万亿美元，相当于全球 GDP 的 9%。同期，旅游业对全球就业的直接贡献约为 3%，而旅游经济对全球就业的贡献率接近 9%。这自然是不可小觑的。

表 3　旅游对全球 GDP 与就业的贡献

单位：亿美元，%

年　　度	2000	2005	2006	2007	2008	2009	2010	2011
旅游业对 GDP 的直接贡献	12933.1	15724.0	16568.4	18093.5	19635.1	18772.7	19855.2	19728.0
贡献率	3.9	3.4	3.3	3.2	3.2	3.2	3.1	2.8
旅游经济对 GDP 的总贡献	34816.1	45206.1	48496.1	53871.7	58800.7	54337.0	57508.7	63461.0
贡献率	10.7	9.9	9.8	9.7	9.6	9.4	9.1	9.1
旅游经济对就业的贡献率	8.6	8.6	8.6	8.5	8.4	8.2	8.1	8.7
旅游业对就业的贡献率	3.1	2.9	2.9	2.9	2.8	2.8	2.8	3.3

资料来源：根据 WTTC 资料汇集。

2. 理念与影响

在最近一个多世纪的时间里，世界对旅游业发展功能与作用的认识也在不断变化，不同国家在不同的时期做出不同的定位，曾给予旅游业"无烟工业"、"无形贸易"、"动力产业"、"支柱产业"、"现代服务业"、"知识性产业"、"文化产业"、"环保型产业"和"朝阳产业"等名称。这也在一个侧面反映出对其认识上的差异。

具有比较优势的服务贸易。从历史上看，世界对旅游业发展的重视是从认识到跨境旅游对财富转移开始的。境外旅游者的消费为目的地国家带去了外汇收入，这个收入和传统货物贸易的出口产生同样的效果，而效益更好，这是因为在通常的情况下，旅游过程中除了部分物质消耗之外，绝大部分是非物质的消费，因此被誉为"无形贸易"或服务贸易，并在很大程度上减少了关税壁垒。对商品贸易和其他服务贸易相对薄弱的发展中国家来说，发展旅游业有着突出的比较优势。据分析，国际旅游在全球出口贸易中继石油、化工和汽车之后排在第四位，相当于世界商业服务出口的30%，或贸易总出口的6%，在150个国家中，旅游是其五大外汇收入的主要来源，在60个国家中为第一大出口行业，是1/3的发展中国家和1/2的欠发达国家的主要外汇来源①。

旅游发展促进经济全面发展。旅游逐渐变成全球性的大众旅游，旅游消费变得越来越多，除了入境旅游对目的地国家带来财富外，国内旅游消费作为一个重要的服务消费，旅游消费能带动相关产业的发展，促进国家总体经济的增长，旅游消费的增殖效应非常明显。根据WTTC的数据，从世界范围来讲，旅游经济的总贡献（即旅游业直接、间接与诱导贡献之和）相当于旅游业直接贡献的3倍。在特殊时期，如目前全球经济衰退、政治形势动荡的时期，作为内需的国内旅游消费更能发挥其突出的作用。

旅游发展促进就业功能显著。旅游发展之所以受到许多国家政府的青睐，尤其是受到欧美等发达国家的重视，还在于旅游发展对就业的贡献。据世界旅游理事会的测算，这些年来，全球旅游经济对就业的贡献率保持在8%以上，也就是说，大约每12人中就有一个人是靠旅游业而生活的。而且，旅游还具有对青年、妇女和受教育水平较低的弱势群体就业显示出来的优势，毫无疑问，这一优势有利于促进社会的稳定与和谐。

旅游有助于提高国家软实力。在普遍重视旅游经济效应的同时，许多政府决策者发现了国际旅游在改善国家形象和提高软实力中的积极作用，而这一作用越来越明显，旅游发展中政治、文化的影响不可小视。一般来说，国际旅游发展程度往往是一个国家对外开放程度的重要标志，旅游者的跨境旅游活动能够促进不同国家和地区文化的交流与人民之间的相互了解，这成为国家间多种合作的基础。虽然，从经济的角度来说，出境旅游意味着一个国家的财富外流，而这种活动能促进国际社会对一个国家和民族的了解，比货物贸易更加重要。美国、日本以及一些欧洲国家长期以来公民出境旅游发展的实践都证明了这一点。

3. 喜悦与忧虑

旅游成为全世界关注的产业。尽管不同的国家依据自己的国情制定

---

① United Nations Environment Programme（2011）. Tourism: Investing in Energy and Resource Efficiency, in *Towards to a Green Economy*, UN.

了不同的旅游发展政策，但绝大多数国家的旅游发展政策是支持性的，是鼓励性的。尤其是在全球经济形势不景气的情况下，旅游政策显得更加重要，不少国家在最近一些年中，不断调整自己的旅游相关政策。

从全球的角度看，首先联合国在 2003 年提升了作为政府旅游管理机构的旅游组织的地位，将其确定为联合国世界旅游组织（UNWTO），成为联合国的一个专门机构，而不再是联合国开发计划署的一个附属机构，在联合国的框架下，负责规范和促进全球旅游的健康发展。无论是欧盟、东盟还是经济合作与发展组织（OECD）都有自己的旅游机构，协调组织内的旅游发展政策。二十国集团（G20）2012 年的峰会发布的宣言中，首次强调"确认旅游业在创造工作机会、促进经济增长和发展中发挥的作用。在承认一国对外国人入境具有控制主权的同时，我们也将促进旅游的简易化以帮助增加就业、消除贫困和全球增长"。[①]

世界重要旅游行业组织，如世界旅游理事会（WTTC）和亚太旅游协会（PATA），也一直积极说服世界各国政府，参与支持旅游业发展的游说活动，与世界各国政府合作举办支持旅游业发展的活动或论坛，2012 年世界旅游理事会和联合国世界旅游组织联合发布了《致国家元首与政府首脑的公开信》，重申了旅游在创造就业、促进发展和支持"绿色经济"中的作用，为提高旅游在世界议程中的地位而呼吁。

更为突出的是，世界各国不断调整旅游发展政策，积极促进旅游业的发展。日本提出了"旅游立国"的国家战略，韩国提出"旅游兴国"的国策，中国确定了将旅游业培育成国民经济战略性支柱产业，东盟国家有着促进旅游发展的传统，中东地区的迪拜已成功发展成新的世界旅游中心，就是美国和欧洲一些国家，也将促进旅游业的发展与振兴确定为走出经济萧条困境的重要战略之一。正如本文开头所提出的，在这个世界中，敢于忽视旅游发展的国家实在是为数不多。

韩国学者 Jong - yun Ahn 认为，大众旅游的第一阶段开始于 19 世纪处于工业革命时期的欧洲，第二阶段始于 20 世纪的第一个十年的美洲国家，第三阶段始于 20 世纪 60 年代的北半球国家，直到 21 世纪的第一个十年亚洲一些国家才陆续进入大众旅游时代。也就是说，直到这个时候，整个世界绝大多数国家都逐渐进入大众旅游时代。这就意味着，

①　见二十国集团峰会（2012 年 6 月 18～19 日）在墨西哥发布的《洛斯卡沃斯宣言》。

旅游不再是少数国家、少数人的特殊活动，逐渐成为大多数地区、大多数人所拥有的一种生活方式，或者说成为一种权利。

旅游的发展为整个世界带来了福音，它被誉为"创造幸福的产业"，被认为是促进社会经济的重大引擎，然而，认为大众旅游为主流的旅游业，也给这个小小的"地球村"带来了不小的压力和挑战，尤其是非理性、不控制、过分商业性的旅游发展和消费方式，也给人类带来了忧患，这也必须要面对。其中最为突出的就是对环境造成的压力，全球开始对负责任的旅游和可持续旅游的呼唤。这是个新运动，到现在也已经开展了 20 多年的时间。大众旅游的发展对一些国家或地区造成了自然环境和社会环境压力，环境承载力的问题被学术界严肃地提出。旅游目的地过分强调发展旅游的商业利益，建设性的破坏等人为的破坏日趋严重，非理性的开发与非科学的管理，加剧了旅游发展的负面影响。于是，社会上出现了绿色旅游、负责任的旅游、生态旅游、低碳旅游和可持续旅游等一系列概念和主张，并推出了多种多样的应对措施。

4. 措施与效果：外力与自控

最近一些年来，应对大众旅游的负面影响，世界各地采取的措施主要包括两大类，一是广泛宣传，提高认识，政府、业界和个人一起采取主动行动，开展负责任的旅游活动；二是制定相关的法律和政策，限制对环境和社会造成不良影响的行为。1992 年世界环境与发展大会制定出《21 世纪议程》之后，1997 年世界旅游组织、世界旅游理事会和地球委员会制定了《关于旅游的 21 世纪议程》，规范政府、业界与旅游者的行为。1999 年联合国确认了世界旅游组织制定的《全球旅游伦理规范》，再次强调了旅游业可持续发展的因素。2002 年，联合国在全世界范围内开展了"生态旅游年"主题活动，宣传与推广生态旅游的理念。联合国世界旅游组织与联合国环境署、世界气象组织在 2003 年和 2009 年先后两次举办了两次气候变化与旅游的国际大会，发表了著名的《达沃斯宣言》，大张旗鼓地开展节约能源、减少碳排放的活动，世界旅游组织及相关国家也都做出了相应的承诺，制定了改进措施。世界经济论坛（WEF）年会也将旅游发展作为一个主题来讨论，在其发布的《旅游竞争力报告》中，一直将旅游的环境影响作为评价竞争力的重要因素。

在联合国的倡导下，可持续旅游发展原则越来越受到重视，一些针对旅游负面影响的专项措施在不同范围和层面上出台。不少国家或城市针对旅游发展制定了相关的法律和国家规划，并相应推出一些相关税种，如对旅游者以及交通、饭店、景区等旅游相关行业征收的环境保护税、能源消费税等税费层出不穷。近两年来，备受争议和抵制的英国及欧洲的航空乘客税（APD），也是其中之一。作为世界科技重大成果的协和式飞机①退出飞行自然也和其能源消耗、噪声污染相关。饭店行业推出的绿色消费、减少客房易耗消费品的做法，以及公益旅游活动的增加也是公众的积极响应。虽然，这些活动所取得效果还在监测与改善，但毕竟促进可持续旅游发展迈出了可喜的一步。

二 新能源的呼唤

1. 旅游业是能源依赖型产业，同时也是碳排放量较大的行业，面临着经营成本上升和环境保护的双重压力

今天的旅游业是个庞大的产业体系，由满足旅游者在旅游过程中各种需求的服务业组成，从总体上说，这是个能源依赖型产业。首先，离开常住地是旅游活动的基本特征，因此，各类交通工具，尤其是长距离现代交通工具，如飞机、汽车、火车、邮轮等，对石油、煤炭和电能等传统能源消耗颇大。而在外过夜生活则离不开诸如饭店、度假村、餐馆等住宿与餐饮设施和娱乐设施，由于大多数旅游者度假旅游期间对舒适与方便的渴望，生活方式与消费方式也与在家有所不同。旅游目的地与惯常生活地点的环境、气候等方面存在着差异，在不同季节对能源的依赖也是非常明显的。一些旅游目的地，在提供旅游体验性活动中，例如游乐园、主题公园、缆车以及展览、会议、演出等项目，为了保障良好的效果与安全，能源的消耗更大，要求更高。随着大众旅游迅速发展和产业规模的扩大以及旅游季节的相对集中，在一些能源供应紧张的旅游目的地，能源消耗巨大的旅游业可能会与当地其他产业和百姓生活争能源，给当地社会造成更大的压力。出于经济、社会发展的总体考虑，政府会采取差异性的能源价格使旅游企业的经营成本上升。因此，从总体

---

① 协和式飞机（concorde）是一种由法国宇航和英国飞机公司联合研制的中程超音速客机，于 1976 年 1 月 21 日投入商业飞行，至 2003 年 10 月 24 日，协和式客机结束了最后一次飞行，噪声大是停飞的原因之一。

上来说，旅游行业能源消耗巨大，作为一个难以避免的后果，旅游业又是一个碳排量和其他废弃物排放比较大的行业。有研究表明，旅游业的碳排量占总排量的5%左右，其中航空业是大头，占旅游行业碳排放量的60%以上。机动车尾气排放成为各国的"城市病"，这又是旅游业发展所面临的新挑战。因此，在促进可持续旅游发展的措施中，节约能源、减少能源和其他资源的消耗、减少碳排放和寻找新的清洁能源也一直是旅游界关注的重要领域，"投资旅游'绿化'"成为这个行业的一个重要的任务。

2. 新能源在旅游业中的运用

无论是从经营成本还是从社会责任的角度出发，节约能源成为旅游业实现可持续发展的一项重要措施，无论是节能理念的宣传鼓励，还是节能技术的利用与节能设施的开发都成为旅游相关行业的重要任务之一。世界各地广泛地鼓励旅游者做负责任的旅游者，在行业推行绿色饭店、绿色消费与生态旅游等理念，并将这些列入对旅游企业经营考核的重要标准，政府以立法和征收税费的方式对能源消耗进行控制。应当说这些理念与措施发挥了越来越重要的作用。与此同时，世界各地根据当地的自然条件，发挥科学技术的优势，广泛开发新能源，尤其是新的清洁能源，支持旅游业的发展，践行可持续旅游发展的原则。近些年来，旅游业界努力探索风能、太阳能、潮汐能、生物质能等新能源和清洁能源的综合利用问题。

中国国家旅游局制定的《中国旅游业"十二五"发展规划纲要》特别提出，要在全行业推进节能环保工作，支持旅游经营单位积极利用太阳能、沼气、风能等新能源。国务院在其《关于推进海南国际旅游岛建设发展的若干意见》中提出将海南岛建设成绿色发展的重要示范区，支持海南成为低碳经济发展、清洁能源和新能源开发利用的示范地区，积极发展风能、太阳能、潮汐能、生物质能等新能源，计划到2020年全省清洁能源在一次能源消费中的比例达到50%以上。在中国有个闻名的"太阳能城"——德州，博硕太阳能、丹麦风力发电设备等新能源项目6个，总投资25.2亿元，成为目前全球最大的太阳能热利用制造基地，2010年世界第四届太阳城国际会议就在那里举行，这个城市建起了太阳能示范小区、太阳谷微排国际酒店、太阳能博物馆和太阳能主题公园，德州成了集科学研究、清洁能源设备、知识普及和娱乐于一体的旅游目的地。在中国的东北、西北以及沿海地区，一些风力发电集中地区域，也相应地与当地旅游资源相结合，将清洁能源开发利用和旅游结合在一起，形成了新的吸引力。虽然，目前，清洁能源在旅游发展中的利用还处于探索性的阶段，但是它为可持续旅游发展开辟了新途径。应当说，世界上有很多开发利用新能源的典范，也有不少利用新能源开发而创造出来的独具特色的旅游目的地，成为深受旅游者青睐的景区景点，最具典型的就是新型的低排放、低能耗的生态岛、生态村。在这方面，韩国也正在做出有益的探索。在利用风能方面，欧洲，尤其是西欧和北欧许多国家，享誉世界。举世闻名的荷兰，其风车成为这个国家的旅游名片，将历史、文化、科技、自然风光结合在一起。它不仅是风能利用的典范，也成为旅游发展的一个独特案例。有意思的是，风可以发电，但风在旅游中的利用还有更奇特的城市，中国华北地区有个叫潍坊的地方，那里有个放风筝的传统，自 1984 年起，每年 4 月 20 ~ 25日举办国际风筝节，到 2013 年共举办了三十届，并被誉为"世界风筝城"，在那里成立了世界风筝会，设立国际风筝联合会总部，从而风筝成了这个城市最大的出口产业，也使这个风筝都成为中国著名的旅游目的地，年接待海内外旅游者 4000 多万人，风筝节期间万人放风筝的场面热闹非凡，吸引旅游者 50 万 ~ 60 万人，旅游业成为这个城市的重要产业。这都得益于风的威力。也许，不同的国家和地区在新能源的开发和利用上存在不同的条件限制，但是，这些新能源及其相关技术与文化在旅游业发展中的运用，能够相互启发，相互借鉴，有利于促进可持续旅游发展。

结束语

随着科学技术的进步，人类社会一定会继续进步，这是一个不可阻挡的发展趋势，尽管有来自方方面面的挑战，尽管有"世界末日"的警告，尽管当前全球经济发展困难重重，不确定因素此起彼伏，但是应当相信，人类是很聪明的，尽管有时也会犯错误，走弯路，但可以相信人类有足够的智慧，使自己的生活过得越来越好。新能源的开发与利用就是一条重要的途径，我们也有理由相信，新能源的开发与利用，不仅是迅猛发展旅游业的支持动力，同样，它也会为人类创造新的旅游体验。

关于中国自驾游升级版的思考*

一 关于中国自驾游初级版的简单描述

（一）自驾游的兴起

1. 中国的大众旅游时代已经到来，自驾游现象的出现与发展就是其中的一个佐证

30 多年的改革开放使中国经济发展走进了快车道，国民经济保持长期稳定的发展，增强了国力，同时也使普通公众的经济收入不断提高，越来越多的人富裕起来，尤其是城市居民的收入增长更加明显。经济的发展为公民旅游需求提供了物质条件。与此同时，政府关于休假制度的调整与相关政策的出台，其突出的影响不仅是使公民有了更加充裕的休息时间，而且更重要的是使公民旅游度假有了正当、体面的理由，从而使公民对休闲、度假、旅游与奋斗、工作之间关系有了新的认识，改变了人们对生活质量、意义与追求的观念。

2. 自驾游的出现源于对一种新生活方式的追求

和西方发达国家相比，中国人的汽车时代虽然姗姗迟到，但其发展的步伐异常急促，这也是人们始料不及的[①]。从汽车作为社会地位的象

---

* 《中国自驾游 2015 年报告》，《旅游调研》2015 年第 3 期。

[①] 中国汽车保有量与私家车数量在增长，预计到 2020 年达到 2.2 亿辆。据公安部的统计，到 2013 年底，全国私家汽车保有量达 8507 万辆，比 2013 年同期增长了 13 倍（不过这里的私家汽车指的是所有机动车，其中私人轿车约为 3800 万辆）。其中有 29 个城市汽车保有量超过 100 万辆，而京、津、成、深、沪、穗、苏、杭超过 200 万辆。2013 年驾驶人员超过 2.75 亿人，约为十年前的 2.6 倍，其中女司机接近 6000 万人，比 2013 年增加了 4000 万人（《公安部交管局：中国私家车数量十年增长 13 倍》，中央人民政府网站，2013 年 12 月 2 日）。其中北京汽车保有量超过 500 万辆，重庆约 400 万辆，成都 336 万辆。

征到拥有了自己的坐骑，有车族有着特殊的喜悦，其意义远比实际需要更明显，以至于有车族对汽车给自己和全家带来的满足大大抵消了给自己带来的麻烦。而大众汽车时代的出现与中国大众旅游崛起的契合，成为自驾游迅速发展的推动力。因此说，自驾游的发展是自助游的一个新形式，是自发形成的，体现了公众对新生活方式的追求。

3. 自驾游使人们自由行的愿望在不断升级

最初的自驾游主要有两种方式，其一是探亲访友，顺便沿途旅游。这类活动主要集中在中秋或春节期间。城里的一家人开车回农村老家玩几天，既包括一家人与亲友的团聚，同时又可以在沿途或家乡周围看看风景，散散心。其二是利用长假期或周末，全家或约上几个亲朋好友，到某个城市或景区玩几天，主要的是游山玩水、聚餐或户外活动。最初的自驾游随机性很强，只有个大概的想法，并无完整的计划，跟着感觉走。随着时间的推移，外出自驾游逐渐有了明确的目的和计划，事先在网上搜索信息，确定路线和时间。为了安全和旅行的方便，社会上出现了活动的组织者和指挥者，并逐渐形成了一些由朋友和有共同兴趣的人组成的自驾游俱乐部。

（二） 自驾游初级阶段的基本特点

1. 自驾出游，享受自己的新条件，有一种优越感

自驾车出游，最初人们考虑的不是花钱多少，而是要享受有车族的喜悦，这是一种夙愿的实现和进入社会新潮流的满足感。这一点在普通公众中最为明显。

2. 自驾出游，享受新的生活方式，家庭与朋友的欢聚

自驾车出游，不是把车当作一种工具或工作，而是把自己的车和开车过程作为一种新生活方式的体验，这样做，能够和亲朋好友或家人一起享受外出旅游的欢乐。

3. 说走就走，得到自由自在的满足，对旅游开始上瘾

最为重要的是，新一代旅游者追求的是一种自立和自由。虽然花点钱参加旅行团是很多人外出旅游的选择，那样做经济上更合算，在行程安排等方面更省心，但是总有一种不自由、不尽兴和被人驱赶的不爽。而在这方面，自驾游才真正能够体现出"说走就走"和"想停就停"自己说了算的感觉。

（三）自驾游"成长的烦恼"

一般从事过自驾游的人，在享受前所未有的自由、方便的惬意之后，又可能体会到其中的苦涩，而有些则是此前没有想到或者说没有足够的思想准备的。

1. 自驾游只有车是不行的

自驾游的首要条件是有车，不管这车是自有的，是借来的，还是租来的，只要有一辆能够自由使用的车就可以。然而，这只是第一步，是最基本的条件。然而，外出旅游，不再将车作为上下班的交通工具，外出旅游往往要去平时并不熟悉的地方，必须要为安全、方便的旅行做好多方面的思想和物质准备。英文中经常把自驾游称作 DIY 旅游，也就是说，你必须做好完全"自己动手"的准备。到较远的目的地和特殊的区域，行前必须掌握一些专业的知识和必备的设备，而这些可能在平时开车中并不是那么重要。

2. 自驾游只会开车也是不行的

自驾游和平时在家开车所不同的地方体现在旅游的目的上。私有汽车在中国也只是最近十多年出现的社会现象，对很多人来讲，开车不再是一种特殊职业，而是一种基本技能。当前的有车族，一般是驾龄短、年纪轻的城里人，大多只掌握一般驾驶技能和交通规则，缺乏专业技能和经验。对很多人来讲，只会开车，只习惯于城市街巷的短途开车，缺乏检查、修理等技能，缺乏在不熟悉的地域和道路上驾驶的经验与特殊情况的预见性。这一点在国家公共服务体系不完善的情况下则显得更为突出。

3. 自驾游离不开社会服务

当然，对自驾游来说，更重要的是社会服务。现在，国家的高速公路网络在不断完善，城市间的互联互通相当方便，高速公路沿线的加油站、服务站、道路标识等基础服务设施大都具备，主要城市的住宿设施、餐饮设施以及重点景区的停车场等设施及相关信息也相当便捷，但是，作为自驾游的公共服务体系还是有很多缺陷的。对外出旅游者来说，作为道路系统更重要的是"最后一公里"的缺陷。在城市里须臾不可离的无线网络、手机信号，在乡村未必能够保障。向导、路标、旅游信息中心及救援、厕所等设施也未必好发现。这些因素又往往关系到自驾游的安全与便捷，这样的设施对于自驾游的新手来说则是非常重要的。

这些"成长的烦恼"还只局限于自驾游的参与者所碰到的，对于社会来说，与此相关的问题还很多。自驾游从无到有，从个别现象变成大众行为。这些新变化呼唤着政府和全社会的关注。

二 近年来的自驾游发展新趋势与新做法

近年来，自驾游有了长足的发展，这不仅表现在加入自驾游行列的人越来越多，自驾游活动越来越频繁，自驾游活动的组织形式越来越多样化和涉及的范围越来越广，而且为之提供服务的行业越来越多，服务方式不断变化与创新。作为大众旅游的重要组成部分，自驾游越来越引起政府、业界和社会的广泛关注，逐渐从原来自发的初始阶段向有规模、有组织、有主题和有创新的阶段迈进。作为旅游消费行为，自驾游开始成为一个不断完善的旅游方式；而作为经济活动，随着自驾游需求的增加与升级，社会上开始出现一个不断扩展的新业态和一个庞大的服务体系。同时，自驾游行为与多种新业态的涌现所带来的影响也越来越深远，其中有经济的也有非经济的，有积极的也有消极的。因此，自驾游的发展更需要政府给予更多的关注。

近年来，自驾游发展的新趋势与新做法至少有以下一些方面。

1. 专业俱乐部如雨后春笋与日俱增，各行其是

自驾游自发于民间，因此，俱乐部是自驾游最基本的组织形式，也是当前最主要的组织形式，绝大多数自驾游汽车俱乐部都是 2000 年以后组建的。基于这一现实，当前的自驾游俱乐部不仅组织规模、性质各异，活动方式也大相径庭。有的组织较为松散，更似一个朋友圈，随意性较大；有的较为专业，组织严密，有加入的手续和共同遵守的章程；更多的是商业性的组织，依附于汽车俱乐部、旅行社、汽车销售、租赁和维修公司或其他商业机构；也有一些是从特种体育、户外活动发展起来的，体育活动管理部门和媒体作为组织者。从总的情况来看，全国各个省份都出现了一批具有影响的俱乐部，开展着各种各样的自驾游活动，并且社会上还出现了全国性和地区性的自驾车旅游联盟。一些俱乐部规模非常大，有了突出的品牌、网络和区域网络布局，在活动方式、线路设计和市场营销等方面有了明显的专业性和专门性。从区域分布上

看，虽然全国各地都有，但超大城市（如北京、上海、重庆、广州、成都等）、边疆省份（如新疆、内蒙古、广西、云南、贵州、广东等）、西部地区（宁夏、甘肃、陕西等）和东北地区（辽宁、吉林、黑龙江）俱乐部史加活跃，而内陆的湖北、山东、安徽和湖南等也出现了一些亮点。这个格局的形成与市场条件（经济发展水平，旅游需求）、资源条件（汽车制造厂商、空间和自然与文化旅游吸引物）和区位条件（边境地区）相关。作为 21 世纪新型的民间组织，其运行模式都非常重视网络建设与诚信构建。自然，在现在这个自驾游的"战国年代"，多种俱乐部的出现是一种时代的需要，而参差不齐的现象也是正常的，这些组织会在今后的发展过程中不断完善或被淘汰，物竞天择，适者生存。

2. 汽车营地初露头角，经营模式各有不同；房车旅游步履蹒跚，与营地发展相互掣肘

自驾游活动的崛起催生了中国的汽车营地建设。和西方国家汽车旅游发展过程所不同的是，自驾游在中国出现的时间晚，但增势迅猛，与长期以来的传统旅游需求方式出现了错位，对此，政府和业界在相关服务体系的建设方面未能及时跟上这一发展的步伐，时至今日，在中国，即使是自驾游非常活跃的地区，真正的汽车旅馆体系依然是个空白。无论是政府还是业界对汽车营地需求激增趋势预计不足。从汽车营地的建设来看，中国至少晚于美国一个多世纪的时间。值得欣慰的是，最近十多年来，业界对自驾游和房车游发展的预期激发了中国汽车营地的发展。尽管这一业态还处于初始阶段，但是序幕已经拉开，并迈出了可喜的一步。其表现之一是，这一业态的发展得到政府的关注，《国务院关于促进旅游业改革发展的若干意见》（2014）、《国民旅游休闲纲要（2013~2020 年)》和国家旅游局《中国旅游业"十二五"发展规划纲要》等关于旅游的重要文件对自驾游、房车和汽车营地的发展提出了要求，一些地方政府也把这一产业的发展列入当地旅游发展的中长期规划中。另外一些地方政府有关部门和企业合作，制定了汽车营地的地方标准。从区域布局来看，目前汽车营地主要集中在北京和东部沿海地区以及特定的旅游目的地（如海南岛），北京城郊不同特色的汽车营地多达十多个。鉴于当前自驾游的方式所限，现有的汽车营地多以人车分离的宿营地居多，或者提供特定住宿设施和旅游休闲活动的场所，有些汽车营地直接设置在森林公园等著名景区或公园附近。从汽车营地的经营来看，主要是单体营地自谋发展，各自根据现有的条件提供服务设施和服务，缺乏横向的联系，中国尚未构建较大范围的营地网络以及相对完善的市场营销体系。

与汽车营地相关联的另外一个领域是房车旅游。在中国，自驾游成为大众旅游的一个重要增长极，除了更加专业的竞技性自驾游活动外，自驾游参与者使用的是平时作为交通工具的私家车，而使用度假专用房车的还是个小众市场，经常被视为高端市场。这一点与西方国家存在更大的差距。因此，当前已经建立起来的汽车营地还主要解决停车空间和过夜帐篷营地或固定食宿、游乐设施的问题，为房车旅游者所提供的专门设施和服务还相当有限，这一行业发展现实造成了这两个业态互为因果、相互掣肘的尴尬。汽车营地作为服务的提供者，由于房车旅游市场尚未形成规模，不可能依靠为房车旅游者提供服务支撑其营地的运营和赢利，而作为潜在的房车旅游者，由于大部分营地难以提供必要的设施与服务，影响了他们购买和使用房车的积极性，使这个市场需求潜力得不到有效释放，进而影响了房车制造商和销售商的积极性。很显然，打破这个门槛僵局需要政府和相关产业的共同努力。

3. 节事活动吸引自驾游趋之若鹜，自驾游助力节事活动翻新

一般来说，中国的自驾游是自发形成的，然而相关节事活动的举办成为自驾游的催化剂，这些活动的开展为自发无序的自驾游找到了目标，使自驾游得到了乐趣、获得了体验与经验，与此同时，节事活动的组织者又从这些活动的举办中认识到市场需求的潜力、商业价值，获得组织和运营相关活动的经验，不断完善和创新相关的节事活动，为满足市场需求和社会经济发展搭建了桥梁，激发了政府、企业和消费者的积极性。其中政府的作用是显而易见的。一些自驾游节规模越做越大，内容越做越丰富，实现了多区域多产业的联动，成为中国自驾游发展中的一大特色，其中最具代表性的有两个地区，其一是东部沿海的广东，其二是西部地区的宁夏。前者是改革开放的前沿和经济发达地区的典型，有着充裕的旅游市场需求潜力；后者则地域广阔、文化底蕴丰厚，有着独特的自然景观和文化吸引物。这两个地区举办专门的自驾游节时间较早，都始于21世纪初，连续举办十多届，形成了著名的品牌和产品系列，并且逐渐走向国际化，产生了良好的经济效益和社会效益。最近几年又出现了一些新秀，这些新自驾游节的特点是有了明确的主题和地域

特色，例如，弘扬红色文化旅游闽赣湘粤联合举办的厦门自驾游节，展现东亚文化与海峡情感的泉州自驾游节，以促进长三角休闲旅游的灵山（江苏）自驾游节，展现草原风光和蒙古族文化的内蒙古大草原自驾游节，以及以展现独特山岳自然风光的四川、湖南、河南等地的自驾游节。这些自驾游节发展的一种重要趋势是，节事活动是政府主导和支持的，而不再是政府包办或包揽的，活动的运作靠市场，吸引社会广泛参与，多方协作共同受益，使节事活动开始步入良性循环。

4. 自驾游与旅行社从相背而行、若即若离转向相向而行、相辅相成

就自驾游的初衷而言，消费者所追求的是外出旅游的独立决策和随心所欲，这是对传统大众旅游团队模式的一种应对。然而，作为旅游者的个体，往往会对旅游作为一种社会活动行为缺乏理性的思考，只强调了个性需求愿望的实现，而忽略了社会服务体系的作用，会在旅游活动中遇到一些没有预想的问题与困难，使所期盼的轻松的旅途打了折扣。这一点出现在自驾游作为旅游者个体与旅游活动专业中介机构的旅行社之间的关系协调上。

旅游活动与日常工作和生活的突出的差异之一在于"异地性"，即旅游活动是指人们离开惯常生活环境的行为。旅游不仅仅是从惯常生活的地方到旅游目的地的旅行，而且还要通过很多必要环节才能真正实现预想的体验，这包括旅游相关信息的获得，餐饮、住宿、游览、购物、娱乐等多项活动的安排和相互衔接。尽管在当前网络、移动等信息技术日益发达的条件下，一些原本复杂、困难的问题——例如旅游目的地信息活动和相关服务设施的预订等——变得简单方便了许多，但是和专业旅游活动的组织者相比，作为个体的旅游者还存在诸多方面的制约。因此，完全摆脱旅行社等旅游服务企业的服务不是理性或理想的选择。当前的基本现实是，传统旅行社习惯于提供标准化的大众旅游产品，以团队为基本组织形式，所有的活动依据事先制订的计划和程序执行，而自驾游本身属于散客的范畴，虽然有的时候又会以团队的形式出现，从而使传统的旅行社服务与自驾游的新需求之间出现了一种尴尬关系：面对日益扩大的自驾游市场，旅行社不愿意视而不见，坐失良机，而要进入这个市场就必须做出经营理念和方式的转变；为了实现轻松自由的旅游并能实现各类成本的最佳化，自驾旅游者就不能绕开专业的旅游组织者而披荆斩棘，另辟蹊径。经过几年的探索与磨合，彼此之间找到了一些

新的契合点。旅行社凭借自身在旅游信息和行业关系方面的优势，创造出"自驾游会员制""自驾游一卡通""异业联盟"等新创意为自驾游客降低旅游成本；培育出"自驾游导航员"特殊专业服务人员，使自驾游活动更加顺畅、安全、有效。同时，旅行社还开发出定制的主题线路，激发和引导自驾游市场需求。自驾游俱乐部等组织也主动与旅行社合作，共同策划不同的节事活动，创造品牌，组织客源，开拓市场。这些探索虽然是初步的，有着很大的改进空间，但却为自驾游的健康发展发挥了积极作用。

5. "汽车坐火车"是自驾游模式的创新，更是不得已而为之

自驾游要远行，汽车坐火车，成了2014年自驾游圈子里的一件新鲜事和一个热议话题。2014年国庆节期间，北京铁路局首先在北京—杭州间试水"自驾游汽车运输专列"，尔后不久，天赐良机，APEC的举办为北京市民送来了5天的长假，北京铁路局又适时推出了北京赴陕西、四川、湖南、浙江、江西和湖北等自驾游热线六个方向的自驾游汽车运输专列。铁路部门反应颇为积极，北京—杭州试水成功才会引发了APEC期间的扩大，经济效益也是显而易见的，而且也显示了铁路部门经营意识的转变，并有将此安排常态化的意向，元旦期间，推出从北京出发—南（海南）—北（哈尔滨）的新线路。尽管"汽车坐火车"价格不菲，在人车相会也有一些不便之处，但是市场的反应也是积极的，因为这些列车都是满载而行就是一个佐证。对这一自驾游领域的新鲜事，社会各界也褒贬不一，众说纷纭。然而，从旅游发展的角度，一个值得思考的问题是，"汽车坐火车"这一现象在宣示什么，在呼唤着什么？至少有以下三点是显而易见的：

　　——自驾游是个不断增长的大众旅游方式，远途自驾游的市场需求潜力是巨大的，逐渐从小众市场向大众市场转变是个必然趋势；

　　——远程自驾游在现实运行中存在很多问题亟待解决，而这些问题的解决需要社会共同努力；

　　——远程自驾游的消费需求是多方面的，满足这些需求应当有多种方式和途径，还需要更多的服务企业用新的创意去引导。

从自驾游发展的角度来看，这里提出了一个重要的问题，即目前中

国的汽车租赁业尚不发达，网点布局与运营方式存在缺陷。自驾游的关键是自驾，并非完全限定为驾驶的车辆是自有。从世界自驾车旅行和旅游的情况来看，汽车租赁业发挥着越来越重要的作用。汽车租赁业是随着大众汽车的出现而出现的，它在世界上已有一个世纪的历史，诸如赫兹（Hertz）、艾维斯（Avis）、巴基特（Budget）、欧洲汽车（Europcar）等世界著名的汽车租赁公司早已成为规模巨大的跨国公司，其运营方式与租赁网点已经进入世界上百个国家地区，有的已进入中国。然而，中国的汽车租赁业，虽然公司的数量不少，无论网点的布局，还是运营方式等方面都远远落后于很多国家。而今天"汽车坐火车"的现象正好是中国汽车租赁业不成熟的表现。"汽车坐火车"虽然有其市场需求的存在，目前会受到一些消费者的欢迎，但无论如何，这不是满足远程自驾游需求的好方式，也不可能成为主流方式，更是一种"不得已而为之"的权宜之计，这是社会对加快汽车租赁业发展的呼唤，希望尽快以更现代、更经济、更方便、更可持续的方式满足日益增长的自驾游消费需求。这其中包括汽车租赁网点的全国布局、异地租车还车等无缝连接的服务体系的建立和多种交通工具互联互通的完善等现代化的运营体系的实现。在很多国家中，"火车+汽车"、"飞机+汽车"和"班轮+汽车"的旅游模式早已普及，多种多样，这既包括人与交通工具的同行，而更多的是人与交通工具的分离。

6. 自驾游走出国门：梦想的实现与现实的问题

在21世纪开始头十年中，中国私家车的不断普及催生了大众自驾游的崛起，而纷繁迭起的出境旅游热潮又激起了公民出境自驾游的需求。当前，除了特殊安排之外，自驾游走出国门主要是两种形式，其一是边境地区的跨境自驾游，通过陆地边境口岸直接驾车过境到邻国的旅游，其二是在境外租车的自驾游。

有意思的是，跨国自驾游发展的轨迹大致与当年边境游的发展方式相似，多是先从边境地区的自驾跨境一日游开始，或者是汽车拉力赛或其他友好活动的组成部分，由相邻国家边境地区的政府支持、由专门的组织设计和运作。不同的边境地区又有其当地特色的运行方式。随着近年来边境旅游的复兴，很多地方恢复了异地办理签证的政策，使跨境自驾游有了新的突破，出现了新的跨境自驾游的热潮。在北部，自驾游已经进入朝鲜、蒙古国和俄罗斯，开辟出一些多日游的线路。更加活跃的在南部，早在十多年前这一旅游方式就已经开始，自驾游团队从云南、广西边境地区口岸出发进入邻近的国家，进而实现对东盟 5 国（越南、老挝、泰国、缅甸和柬埔寨）的多日自驾游行程。广西在凭祥市还建设了一个中国－东盟跨国旅游暨跨境自驾游总部基地，为出入境自驾游客提供服务。目前，开展中朝、中俄、中蒙以及中国与东盟国家的跨境自驾游活动均被授权异地办证，跨境自驾游均由旅行社组织进行，基本上是中国自驾游的单向流动，这一新的旅游活动得到了邻国政府和相关城市的积极配合。

另外，一些旅行社还专门组织自驾游团队赴日本、韩国以及欧洲、美国等旅游，这多为专业旅游团队，由特定的国际交流组织和机构协助组织，通过专业国际旅行社或租车公司来安排。中国大陆赴台湾自驾游的事宜也正在积极准备之中。另外，也有一些自助游旅游者在目的地国家当地租车做自驾游。参与这种自驾游活动的人大多有海外生活经历和较高的外语交流能力。很显然，这也是个不大的市场。

总之，跨国自驾游市场潜力很大，而且很快就会成为中国公民出境旅游的新热点。目前这一新的旅行方式还在试验探索阶段，在车辆入出境检查、相关证件的认证程序、安全保险等方面还存在不少障碍，手续也比较烦琐，但是这毕竟迈出了新的一步。

三　关于中国自驾游升级版的战略思考

自驾游是中国旅游发展的新形式，也是未来增长速度最快的新市场，正在从小众市场向大众市场转变，这一新的旅游活动不仅活跃在东部经济发达地区，而且逐渐向中西部地区扩展，从城市向乡村延伸，从内地向边境地区和邻国推进，而且，通过汽车租赁公司等中介机构，把自驾游活动扩展到更多的国家和地区。可以预见，随着中国对外开放的扩大和国际互联互通战略的实施，来华自驾游也会应运而生且不断扩大，成为一种到中国旅游的新潮流。为了适应和促进自驾游的新发展，政府和业界都应当充分考虑这一发展趋势，积极打造中国自驾游升级版，采取行之有效的应对战略。

1. 充分研究自驾游市场的需求，制定明确的发展政策

自驾游是中国旅游发展的一个重要组成部分，是大众旅游市场新的

增长极。这一新的旅游形式有着特种兴趣旅游的特点，其市场结构、组织形式、消费方式、服务方式以及公共服务设施需求等方面有别于传统的大众旅游，需要有更加独特的基础设施、公共服务体系和法律体系作为保证。自驾游代表着中国大众旅游的发展方向，未来的发展需要完善新的服务体系与产业配套，实现其促进社会经济发展效应的最大化。而且，自驾游促进边境旅游、跨境旅游和出境旅游的新发展，同时也能刺激入境自驾游的市场扩展。因此，对这一新的市场发展需要政府给予更多的关注，需要及时制定更加明确的发展政策做指导。

2. 积极落实促进自驾游发展的政策，确定发展的目标和实施计划

随着自驾游从小众市场向大众旅游发展的转型，要加速培育适应市场需求的新业态和服务体系，做好国产化房车设计与生产、多种汽车营地网络化的建设，标准化汽车旅馆行业及汽车租赁业发展等领域的规划，防止出现"一窝蜂式"的发展乱象，预防同质化、重复建设的倾向发生。同时也注意克服一味追逐高消费、高端市场和高利润等急功近利的发展方式。

3. 构建国家自驾游发展的服务体系

自驾游的公共服务体系是国家旅游公共服务体系的一个组成部分，目前我国公路交通和汽车制造等基础设施和基础产业都有了良好的发展基础，但是在一些特定的领域和环节还存在空白和差距。从硬件上讲，高速公路大交通要与"最后一公里"衔接，强化中途与末端服务配套，完善便捷的加油站、停车场、服务站和救援体系；从软件上看，要改善标准化的交通标识和专业化的信息平台，培养专业化的导航员，改进旅游保险、救援服务体系的建立等。

4. 重视汽车租赁业的发展，加快创建适合自驾游发展的管理与运营模式

随着中国逐渐进入大众汽车时代和自驾游大众化的发展，要做好汽车租赁业的新发展，一方面，要采取更加开放的方式，为国际汽车租赁业进入中国降低门槛，积极引进国际汽车租赁业管理和经营方式；另一方面，促进国内汽车租赁业品牌公司创造既与国际标准接轨又有中国地域特色的新模式，尽快扩大网络和服务体系的建设。中国作为一个汽车制造与使用的大国，又是旅游大国，应创造条件促进汽车设计制造业与汽车租赁业、自驾游、修理、救援与保险等相关产业的融合发展，多业联合，做大做强。

5. 创建地方自驾游发展基地，为自驾游发展做出示范

为了促进具有良好自驾游发展条件地区发展自驾游，充分发挥自驾游在促进社会经济发展的优势，近期国家和地方政府应创建自驾游发展基地。从全国旅游发展的战略出发，最适宜作为自驾游示范区有两种类型，其一，道路交通良好、旅游资源独特且旅游市场需求不足的西部地区，可重点发展多种形式的自驾游，例如，甘肃省的河西走廊，新疆东部及南部地区以及宁夏、内蒙古等省区；其二，有着良好市场条件的边境地区，例如，云南、广西以及东北三省的边境地区，可积极发展双向跨境旅游，促进邻邦旅游规模的扩大。这两类地区优先发展自驾游会促进西部欠发达地区和偏远边疆地区的发展与稳定。

6. 完善法律法规体系及相关标准，为自驾游健康发展保驾护航

自驾游作为中国大众旅游的重要组成部分常态化之后，与自驾游有直接关系的法律法规体系应当尽快建立与完善，其中包括中国驾照国际化的认证与境外驾照在中国的认证，自驾游的保险、检修、救援体系的建立、国际著名汽车俱乐部的标准在中国的认证以及全国性自驾游行业组织的设置等，使自驾游尽快与国际双向接轨，促进自驾游的双向流动。

结束语

从发展趋势来看，自驾游在未来几年内还会有更快的发展，一方面，是因为高速公路网络的不断扩大与完善使自驾游更加便利通畅；另一方面，大众旅游逐渐成熟，自由方便的自驾游方式更加迎合普通公众——尤其是青年一代旅游者——的旅游兴趣，而汽车与汽油的低价位也会成为自驾游加速发展的一个重要因素。与此同时，超大城市与大城市"堵车病"的不断恶化且短时间难以减缓，汽车尾气对雾霾等城市空气污染的影响受到高度关注，城市汽车的使用将受到更加严格的控制，从而更促使汽车成为公民离家出游的重要工具，这一变化必将改变传统的旅游模式与旅游版图，也将刺激旅游目的地和相关服务业通过创新旅游产品、改进服务方式以满足这日益扩大、不断成熟的市场需求，自驾游将成为中国旅游发展新阶段的一个亮点。因此，中国自驾游管理与运营水平的提高是中国旅游发展的时代要求，必须认真研究和对待。

徒步与徒步旅游在中国的发展[*]

一　徒步与旅行：缘起

徒步行走是人的本能，徒步是人类旅行的原始形态，也是人类最初生存的一种方式。在一个非常漫长的历史时期，人类最为重要的社会活动都是通过徒步的方式来实现的。

人类在进步，社会在发展，交通工具的发明与改善不断改变着人们的旅行方式和生活方式。纵观人类旅游发展史，实际上也是一部交通工具的发展史。

但是，无论社会如何进步，科学如何发展，交通工具如何改善，人类依然离不开徒步这个最基本的功能，只不过徒步的方式、徒步的目的、徒步的愿望以及徒步的心态处于不断的变化之中。

二　徒步旅行的理性回归

回顾历史，在很长的一段时间内，徒步行走是人类旅行的唯一选择，后来逐渐变成大多人的基本选择。随着交通工具的变化，在更人的范围内，徒步旅行开始成为一种被动的选择。无论是出于时间的考虑，效率的考虑，还是社会地位的体现，人们都有一种尽量远离徒步或尽量缩短徒步距离的愿望。这是一种社会进步，是一种现代化的体现。

交通工具的改善，为人类旅行与旅游创造了新的条件，突破了人类徒步旅行的极限，使人类有能力到更远、更多、更奇特的地方去旅行和游览，最大限度地增长见识，增加体验，提高和完善自己。从而也使旅

---

*　在广东"肇庆世界徒步旅游年会及论坛"上的演说（2012 年 10 月 19 日）。

游从个别人、特殊群体、特定阶层的特权，变成越来越多的普通公众的需求，使人类社会的大众旅游时代在不断向前推进。

然而，人类自己也不得不注意到这样的事实，即新的交通方式的出现，也留下了一些亟待解决的问题，例如，作为人类最为自豪的汽车时代到来，不得不考虑对传统能源和基础设施的高度依赖和对待自身生活环境遭到污染的容忍。有一些城市不得不采取分时段、分区域汽车限号行驶的措施。民用飞机的更新换代使人们远途旅行变得非常便捷，然而，现在也开始出现对其运行采取某些限制的现象，征排碳税就是其一，尽管对此也存在"爱与恨"的纠结。

另外一个效应是，对现代交通工具的依赖，包括便捷与舒适的痴迷，开始以人类自身能力的衰退为代价，使人类本身乃至整个社会变得越来越脆弱，这包括体力的降低，接受外界挑战能力的减退，乃至精神毅力的下降。人们不得不采取另外的方式来补足：放弃徒步行走而改在健身房内跑步机上"较劲"；放弃骑自行车上班而改在自己房舍内的固定自行车上斗汗；坐汽车回家后，开始在房子周围跑步，在周末爬山、暴走；花钱开展"生存培训"的课程；等等。

人们注意到这样一个事实，今天的徒步者，绝大部分不是被动的不得已而为之，而是主动地自找苦吃，以苦为乐，苦中求乐，并把它作为一种时尚潮流去追求，实际上，这是人们旅行行为的理性回归。

三 "驴友"：从自嘲到自豪的跃升

徒步旅行作为一种旅游的方式，西方社会早于东方，这是因为他们较早地觉悟到现代化的演进可能给人类本身带来的难题。徒步旅游在北欧、西欧一些国家的兴起或许早我们一个世纪，徒步旅游在那里成为一种社会时尚的时候，我们还正在做"汽车梦"；欧美"背包客"遍走世界的时候，中国还没有把旅游当回事；当他们的身影出现中国大地之时，即使这些背包客是"大鼻子""蓝眼睛"，也没有得到中国人的"崇拜"，只不过把他们当作"贫下中农"来对待。即使是在中国的改革开放之初，中国的旅游界，也没有正眼看过这群来自异乡的怪客。

于是，直到20世纪80年代，在中国出现了一个怪词，叫作"驴友"。不管今天人们对它如何演绎，如何为他们加上了褒奖的桂冠，我深信，这是当年这一群另类旅游者的一种自嘲。翻一翻汉语词典，翻一翻汉语成语词典，或听一听人们的言谈，夸奖"驴"的机会并不多，最可爱之处也不过是个"愚"，于是有了"笨驴""蠢驴""驴肝肺""黔之驴""驴年马月""驴唇不对马嘴"等词语。以至于，至今我也不晓得这个词语如何被"国际化"，让国际同行们去赞赏这个"称谓"。不过，人们都知道，自嘲是一种智慧，是一种幽默，更是一种自信、自豪与自负。也就是说，这些另类旅游者认为，自己所做的事情是对的，有道理的，与众不同的，具有创造性或开拓性的。同时，也让人们体会到当时不被认可、不被支持、不被重视的一种无奈。也正是这些敢为人先的开创者，有自己的信念，才能够从个体走向小团体，从小团体走向群体，从群体走向社会，于是"旅友网""驴友论坛""驴友空间""驴友俱乐部""驴友吧""驴友之家""驴友装备""驴友商城"等独具一格的新词语应运而生，这或许是那些"骨灰级驴友们"没有想到的，时代以"笨"出名的驴也能因"驴友"登上了大雅之堂。

"驴友"寓意的嬗变是这种新的旅游方式逐渐、广泛被社会认可的过程。"驴友"的很多做法反映了人类对传统旅游发展的反叛，至少他们用自己的行动警示社会，不仅要反思旅游行为对自身的影响，更要考虑有旅游者的社会责任。从某种意义上讲，目前"驴友"的很多行为，具体地体现了更受社会提倡的"生态旅游"、"低碳旅游"或"可持续旅游"的宗旨和精髓。这已是这个称谓从"自嘲"可以变成"自豪"的资本，说明了以徒步为特征的"驴友"行为的生命力所在。

在人们的不经意中，"驴友"已经不再是个别人的行为，"驴友"也不再局限于某些个别区域或阶层，"驴友"已经成为一支颇具影响的队伍，"驴友"的活动也越来越专业化和大众化，他们的活动产生了巨大的社会经济影响。当年那些闯荡江湖的领军人物，已经开始在全国各地得到积极的呼应，最近一些年来，全国各地举办了许多大型的群众徒步主题活动，有的还积极参加国际徒步活动，着手与国际接轨。10月20～22日在广东省肇庆市举办了2012年国际市民休闲运动联盟（IVV）年会，同时举办了首届国际（肇庆）徒步旅游节，来自世界58个国家和地区的代表与肇庆市民组成了万人徒步活动，而这一活动得到了广东省和肇庆市政府和行业的高度关注。

四　徒步旅游发展的反思

徒步旅游在中国的发展，从无到有，从小到大，这与中国社会经济发展的阶段是息息相关的，这也是旅游发展的规律所在。

旅游功能的变化。作为发展中国家，中国旅游发展的道路是非常规性的。如果说作为旅游接待活动早在新中国成立初期已经开始的话，当时发展的动因源于政治，希望通过发展入境旅游来赢得国际社会的理解和同情，打破外来的封锁与结交国际朋友；如果说作为现代旅游业是20世纪70年代以后改革开放的产物的话，那么当时集中发展入境旅游是为了赢得中国走向现代化所急需的外汇收入。今天，中国的旅游业开始走向全面发展，开始转向常规发展的时期，国内旅游、国际旅游全面发展，旅游的功能也在发生重大的变化，旅游不仅能促进经济发展，还能促进百姓的健康与福祉的改善。尽管这一理念正式提出的时间不长，但是这一观点越来越在政府的政策上体现出来，这也是徒步旅游作为一种独特的旅游方式受到百姓和政府关注的原因所在。但是，一个突出的现实是，对待徒步旅游，民间百姓比政府更关注，地方政府似比中央政府更积极。这一局面应当转变。

旅游观念的转变。改革开放以来，中国的旅游业有了长足的发展，这不仅体现在入境旅游上，更体现在包括国内旅游和出境旅游的国民旅游上。在对旅游业的关注方面，虽然政府与业界还依然把重点放到旅游者人数的多少与消费的增减上，但是社会的关注点开始向旅游的影响与旅游者的体验方面转移。诚然，旅游业规模的扩大、旅游者人数的增长与旅游消费的增加对国民经济和就业产生重要的影响，这是备受关注的，但是旅游业扩大对社会、文化、环境、生态等方面的影响也不可小视，旅游者本身的权益和其旅游体验也必须放到重要的位置上。欲将旅游业培育成战略性的支柱产业是对这个行业经济功能的定位，而把它发展成让人民群众更加满意的现代服务业则是对其社会功能的新定位。在当前，这两个功能至少是同等重要，不可偏废。鉴于这一旅游发展的新定位，那么徒步旅游作为国民旅游的新形态就应当得到政府和社会的积极支持，因为这种新方式有利于百姓的健康，有利于旅游者获得有益的体验，更为重要的是，这种形式更有益于节约能源，减少碳排放，促进环境保护和生态平衡。徒步旅游必将走出"驴友"的小圈子，迈向大众旅游的新领域。那么，对这种旅游活动的支持不应当仅仅限于一般性的号召或道义上的支持，也应当提高到政策层面来体现，在基础设施的建设上下功夫。目前一些城市政府积极开辟城区和郊区的步行路径，沿海滩、河岸、山脉和森林中修建步行道，就是对这一旅游方式的有力支持。辽宁大连、浙江杭州、福建厦门、四川的成都等城市的步道以及广东全省的绿道网络建设等产生了良好的社会效益，被称作"最能体现公平分享的社会资源"。可惜，能这样做的，和那些不惜巨资，动辄百亿元、千亿元的形象工程来比，确实存在很大的距离。

实事求是地讲，中国的徒步旅游还仅仅处于自发性的阶段，属于探索性时期，其主要表现是，徒步活动概念模糊，社会认识不统一，行为组织无序，国家政策不明，政府管理缺位，基础设施缺乏，专业化程度很低。虽然，这些问题的存在有着复杂的社会原因，权且不可与发达国家直接相比较。不过，今天，徒步旅游的发展应当提到政府的议事日程，非常值得社会广泛关注。

五　徒步旅游的未来发展

徒步旅游的发展，就像20世纪80年代中期的国内旅游一样，虽然是刚刚开始，还是一种新生事物，但它的发展顺应社会发展潮流，因此有着巨大的发展潜力和良好的发展前景，并能得到政府和社会的广泛支持。

其一，最大众化的创意旅游。徒步旅游作为一种旅游方式不能等同于徒步或散步，随着参与人员的增加，其形式更加多种多样，内涵会越来越丰富，越来越具有创新性和挑战性，在很多地方，它将会成为最富创意性的旅游活动。另外，徒步旅游也并非仅仅是传统上登山、竞走、穿越等高强度的专业性体育活动，而是越来越会将健身、娱乐、休闲、社会交际融为一体，徒步和不同交通方式（自行车、飞机、火车等）相结合的旅游活动，这样就会突破仅仅是年轻人界限，参与的人群会越来越广泛，最能体现其大众化参与。

其二，徒步旅游促进产业融合。随着徒步旅游参与者的增加和专业性的提高，必将对相关服务体系提出更高的要求，日益扩大的消费需求同样能创造新的服务产业体系。今天人们已经意识到，徒步旅游并非像一般人所想象的那样简单，迈开双脚就可以参与徒步旅游。与之相关的服装、设备、向导、专用食品、住宿、救援等都会随着参与者的增加逐步发展成特殊的服务产业体现。

其三，增强社会环保意识和社会责任感。和传统的观光旅游所不同的是，徒步旅游者以新的方式游览风光，以新的方式接触社会，更为重要的是，这些徒步旅游者有着突出的环境意识和社会责任感，他们所选择的路径往往不是传统旅游者集聚之地，不仅能够减缓旅游人群的过分集中而形成的压力，并能使他们有条件与大自然和当地社区近距离接触，可以更加直接地了解社会，有机会用自己的行动直接促进保护环境和回报社会。

其四，充分发挥非政府组织（NGO）的积极性。国际经验证明，徒步旅游的发展，NGO发挥着重要的引导和示范作用，因为它们根植大众，了解百姓的需求，有着天生的生命力和创造力。而随着大众需求的扩大，这一活动必将得到政府的更多支持和重视。

总之，人们有理由相信，随着社会经济的不断发展，随着人们对健康越来越关注，随着人们对自己生存环境的责任感越来越加强，徒步旅游一定会成为未来旅游的重要组成部分，一定能为人类社会经济和谐发展发挥更加显著的作用。

肇庆徒步旅游节

中国邮轮相关产业的发展政策与趋势*

开头的话

早在 20 世纪末，邮轮旅游开始了新的发展，进入 21 世纪后，邮轮旅游的发展出现了新的活力，不少国际旅游权威机构以及一些国家的政府机构对邮轮旅游表现出极大的兴趣，于是邮轮相关产业的发展引起了国际社会的广泛关注。邮轮业的发展被誉为全球化的最佳体现，发展邮轮相关产业成为很多国家旅游发展战略的重要组成部分。于是，原有的邮轮公司不断扩大，新的邮轮公司不断涌现，邮轮规模越来越大，相关设施与服务不断推陈出新，相关投资不断提升。AMADEUS 旅游咨询公司在其 2013 年发布的《塑造亚太旅游未来》的报告称，所有亚太地区国家旅游者对邮轮度假感兴趣的人数巨大。世界旅游市场（WTM）2012 年的报告称，2012～2016 年，医疗旅游、购物旅游、铁路、邮轮和 SPA 预计经营效益最佳。总而言之，全球范围内再度掀起了邮轮发展的新高潮。

一　邮轮相关产业的定义

目前，邮轮业广泛见诸各类媒体，不同国家和地区也在着手制定"邮轮业"发展战略，但是，首先需要弄清楚的一个概念是，这里所说的"邮轮业"指的是什么，只有明确了这个产业或部门的范围以及它的发展特点，才可以有针对性地进行深入的讨论。

这里权且使用"邮轮相关产业"这个外延广泛的概念，也就是围

＊　在韩国济州岛"亚洲邮轮业发展论坛"（2013 年 10 月 25 日）上的演说。

绕"邮轮"和"邮轮运营"探讨这个产业部门的发展。

其一，邮轮是一种交通工具，必须就有邮轮的设计建造业，即特定的造船业。

其二，邮轮作为海上运营的交通工具，它属于"邮轮运输业"。

其三，邮轮的运营不能缺少与之相配套的基础设施，尤其是地面基础设施，如港口、码头等，公共服务设施体系等。

其四，邮轮不是简单的交通工具，更不同于货运船舶，它虽然属于客轮，但它又不是一般的客运班轮，而其乘客是以休闲和旅游为目的的游客，又往往是从一地出发经过一段航行返回原出发地的航程，因此，它具有旅游的属性，可被称作"邮轮旅游业"；而这个又包括两大类，一是作为"浮动的度假地"的邮轮上的休闲活动；二是访问港的地上旅游活动。更为特殊的是，邮轮旅游产品的销售渠道多数是独立的，与邮轮经营商是分离的。

其五，邮轮需要特殊的补给系统，这就少不了旅游补给行业的服务，很显然，这个补给系统除了一般水上交通工具运营所需要的燃料等维持航行的补给之外，还包括维持邮轮乘客正常生活和多种休闲消费的补给。

其六，邮轮的运营需要一个相对稳定而复杂的产业链，没有这个产业体系的建立，这个产业就难以运行，或者说，没有这个产业的存在，任何其中单个的部门都难以取得预期的效益，整个产业就难以发展与持续。

因此说，邮轮业是以邮轮为中心的特殊产业部门，这个产业发展的突出特点就是关联性，或者说对产业链的依赖性，没有国家相关部门的合作，没有相关行业的合作，是不可能发展的，而涉及国际线路的邮轮业，没有相关国家政府的支持和介入，它的发展甚至寸步难行，因此说，国际合作是这个行业发展的第一步。任何国家或企业在考虑邮轮业发展的时候，这个前提应当是首先要考虑的。即使是作为一个特定的旅游产业，也远比其他旅游业态更加复杂与特殊。2013 年 9 月 13 日，中国邮轮"海娜号"于济州被扣事件就是一个例证。

二　中国旅游相关产业发展的政策

在中国，作为大型水上旅游活动的里程碑是长江内河的游船旅游。

现代豪华游船取代了传统的客轮，使更多的国内外游客对水上旅游有了新的特殊体验。长江三峡大坝的建设又进一步刺激了长江游轮旅游的发展，经过 20 多年的发展，这一旅游线路的经营管理已经相对成熟。但海上邮轮旅游开展得很晚，到目前为止，尚未成为一个独立完整的产业体系，或者说刚刚在筹划或实验阶段。

（一）政府关于邮轮业发展的一些说法

——国家发展和改革委员会。作为中央政府的宏观经济管理部门，国家发展和改革委员会，于 2007 年在其《关于推进我国邮轮业发展的报告》中首次提及"邮轮业、邮轮经济和邮轮旅游服务"的概念。虽然没有对邮轮业的概念做出解释，但它指的是邮轮服务业。这个报告提出中国的邮轮业发展分两步走，近期是"以邮轮到港服务为切入点"，适度改善基础设施，利用旅游资源和综合配套条件积极吸引国际邮轮靠岸；而"积极培育国内消费人群和消费市场，适时推动我国公民乘国际邮轮出境旅游"作为远期目标。而在这个机构后来公布的《国家发改委产业结构调整指导目录（2011 年本）》上，在船舶业中列入了"豪华邮轮豪华游艇开发制造及配套产业"，在"水运"中提及"国际邮轮运输及邮轮母港建设"。

——国务院。自 2009 年以来，国务院在关于中国旅游业发展的政策中，多次强调"邮轮和游艇"行业的发展，其中最重要的是两个文件：《关于加快发展旅游业的意见》（2009）和《关于推进海南国际旅游岛建设发展的若干意见》（2009）。前者提出将邮轮游艇旅游作为新的"旅游消费热点"，并把"邮轮游艇"作为旅游装备制造业来发展；后者提出，为了建设具有海南特色的旅游产品体系，要积极发展邮轮产业，建设邮轮母港，允许境外邮轮公司在海南注册设立经营性机构，开展经批准的国际航线邮轮服务业务。研究完善游艇管理办法，创造条件适当扩大开放水域，做好经批准的境外游艇停泊海南的服务工作；为了"加强基础设施建设，增强服务保障能力"，提出加强港口基础设施和集疏运体系建设，尽快形成功能配套齐全的港口格局，积极推进邮轮、游艇码头建设。

——相关职能部门：交通部和国家旅游局。国家旅游局作为国务院主管旅游发展的管理部门，推动邮轮旅游的发展，在它主持制定的《中国旅游业"十二五"发展规划纲要》（2011）中，提出对作为新兴业态的邮轮游艇给予支持；将发展邮轮母港等设施和服务作为专项旅游产品开发；为了产业融合，提出"大力发展旅游装备制造业"，推动"邮轮游艇"等大型旅游装备制造的发展。在其制定的《国民旅游休闲纲要》（2013）中，在推进国民旅游休闲基础设施中提出"建设邮轮游艇码头"等旅游休闲基础设施，在加强国民旅游休闲产品开发与活动组织中，提出"邮轮游艇旅游"等旅游休闲产品。

交通部作为国务院主管交通运输的职能部门，对邮轮业发展，它关注的是交通运输问题。交通部 2011 年制定的《交通运输"十二五"发展规划》中从"提升水上客运服务品质"的角度提出推进港口邮轮运输，重点建设三亚、上海等邮轮母港，逐步延伸产业链条和服务范围，提高邮轮运输发展水平。有序发展游艇码头，加强安全监管。据悉，目前交通部正在制定《邮轮游艇发展指导意见》，针对的也是邮轮运输业，虽然它也认识到邮轮旅游发展的意义，但那不是它的职能范围。

——地方政府。在 2011 年前后，全国各地方政府制定当地"十二五"发展规划纲要时，尤其是在制定地方旅游发展纲要时，一些沿海省市，如上海、山东、浙江、天津、广东等，都涉及邮轮旅游发展的目标和任务，其提法和侧重点虽不完全相同，但主要指的是邮轮旅游的发展。

（二）关于中国邮轮业发展政策的简单分析

从当前的情况看，中国政府关于邮轮相关产业发展的政策具有如下特点。

——国家关于邮轮业发展尚未做出一个总体的发展规划和目标，缺乏国家层面上发展政策和战略。目前与邮轮相关的政策主要是部门政策或专项行业政策，因此，这些政策是零碎的、相互不衔接的，而且有些是临时性的。

——当前对邮轮相关行业发展的关注点主要是邮轮旅游。但是囿于政府职能分工，国家旅游局更关注扩大入境旅游、吸引更多的邮轮访问中国的港口促进当地旅游的发展，并不是主动向海外输送客源；但是，作为政府，当前也非常关注百姓民生，满足大众的百姓的旅游需求，乘邮轮旅游非常具有吸引力。交通部门所关注的是交通运输与相关基础设施的布局与建设，并不特别关注旅游的发展。但是囿于职能的分工，国家旅游局不掌握这个行业发展的资源，缺少话语权。其他部门关注的是相关法律、法规、安全与监管。

——当前在中国本身所拥有的邮轮船队尚未成型，作为母港刚刚在建设，邮轮旅游营销也主要是一些旅行代理商在操作，邮轮旅游经济效益尚未显现，其影响也不突出，在这个行业还没有真正找到合适的突破口，属于酝酿摸索阶段，因此，到目前为止，国家也没有真正出台支持和激励这个行业发展的特殊政策。面对国际邮轮业相对成熟的现状，中国作为一个后来者，无论是在邮轮管理还是在邮轮旅游经营中，还缺乏话语权。

总起来说，目前国家没有专门的机构统筹邮轮相关产业的发展，国务院也没有授权由哪个部门统一制定国家邮轮业发展规划与战略，尽管一些单项的规划中提出了一些发展目标，但是实现这些目标的途径与策略不清晰，近期内恐怕难以有重大突破。

三 在全球背景下亚洲邮轮旅游发展的机会与挑战

从全球的角度来探讨，邮轮旅游的发展正处于转型期，其特点有三个。

其一，全球邮轮旅游业的发展格局在变化。从历史的角度研究，在过去两个多世纪的时间里，经过了时髦、衰败和复兴的马鞍形发展过程，进入 21 世纪前后，开始进入新的发展时期，但是在这个发展时期，邮轮旅游的市场发生了巨大的变化，最为突出的变化是，邮轮旅游尽管依然属于一种相对高端的产品，但逐渐进入大众市场，19 世纪仅仅服务于上流社会、与大众市场需求无缘的情景已不复存在。尽管欧美的邮轮经营商依然处于强势，但是新的邮轮旅游市场从原来的西方主宰开始向东方扩展，亚太地区成为新的增长市场，邮轮传统的经营模式也必须相应调整，短线航线的优势越来越明显，而且邮轮旅游的服务方式与文化特色必须适应新市场的需求。

其二，邮轮旅游传统的运营模式正在面临新的挑战。纵观邮轮旅游的发展过程，长期以来，其基本赢利模式靠的是"治外法权"的利用。行驶在公海上的邮轮，利用悬挂"方便旗"的方式，避开本国法律的限制，从事博彩经营，成为邮轮赢利的重要途径，这是其他旅游目的地难以做到的；在主权国之外，可以经营免税店业务，这又是一种特殊的商业活动，赢利机会优于陆地旅游目的地；由于邮轮公司所实行的劳工政策和邮轮在运营过程中产生的污染问题，国际上不仅缺乏适用于邮轮业的完善法律，更难的是缺乏有效的执法手段，致使邮轮的运营中可以规避风险，绕开本国相关法律法规的限制。但是，这些问题已经开始受到国际社会的广泛关注，相关国际机构和国家政府对事关劳工权益、游客安全、公海和港口污染等的问题开始制定更加严格的措施，这无疑是对邮轮旅游经营的重要挑战。

其三，竞争与合作的纠结。从目前和未来亚太地区的邮轮旅游发展来看，有两个问题非常关键，是难以绕开的。

第一，竞争越来越激烈，短时间内是在新的市场范围内的强势与弱势的竞争，这在亚太地区尤为突出。面对旅游需求潜力大的亚洲市场，世界上的邮轮企业竞争的焦点开始向对东方转移。具有强大经营管理优势的既有邮轮集团，如长期从事邮轮旅游的地中海和加勒比海地区的欧美邮轮公司，不仅掌握着规模庞大的邮轮船队、人力资源和完善的产业链条，而且在这个行业的运行方面具有突出的话语权，它们正在抢滩亚洲这个新市场；而亚洲地区具有经济实力的经济体也看好这个区域旅游市场的潜力，也希望在短期内依靠自己的经济、市场与地利的多重优势，实现崛起，占据市场。因此，这是个雄心勃勃的新手与经验丰富的老手的较量，竞争肯定是异常激烈的。

第二，合作存在藩篱，解决起来并不容易。邮轮这个行业，在其整个运营的过程链条中，合作是关键，而且这个合作至少涉及三个层面。

旅游市场与旅游服务提供商的合作。旅游者作为服务的需求方必须了解邮轮产品的特殊性，旅游服务的提供商必须适应市场的需求，而旅游服务提供商不仅包括邮轮的经营者，还包括作为目的地的停靠港的陆地服务，在有限的时间和空间内超大群体的旅游活动，需要良好的协调与配合。

政府管理部门之间和私营运营商之间多层次的合作。作为海上与陆地相结合的旅游方式，涉及大量的政府行政管理部门的衔接与交叉，这包括对邮轮作为交通工具、港口等陆地基础设施以及旅游景区等服务企业的管理和对旅游者的管理，涉及的政府管理部门特别多，任何一个环节出了问题就使这一旅游活动难以顺利进行，而多重的海上和陆地的服务企业之间的配合，包括邮轮运营与市场营销等，也是非常关键的，不同企业又有着不同的诉求，协调这些企业的利益关系更需要能力与智慧。

国家之间的合作。一般邮轮并不是在一个主权国家管辖范围内运营，或者说很少是在自己的领土范围内运营的，因此，邮轮与停靠港和目的地的合作是必不可少的。这里存在主权国家之间政治制度、经济制度、法律法规等诸多涉及主权与立法的范围，而不同的国家和地区都有着明显的利益诉求，不能达到双赢就难以实现真正的合作。而且有些时候，一些问题的出现是邮轮旅游相关部门或企业难以控制、驾驭，甚至是难以预料的。一种良好的合作关系是在磨合和妥协中实现的，需要利益相关者的诚意与努力。

这些问题并不是挑战的全部，但这些问题在邮轮旅游发展过程都需要认真对待，这是大前提。亚洲地区如何充分认识未来邮轮旅游发展的真正优势和劣势、机遇和挑战，是未来邮轮旅游发展取得成功的关键。

四　中国邮轮旅游发展的突破口

中国是个大国，既有巨大的市场潜力，又有发展旅游的许多资源，当然，在邮轮旅游发展中也存在许多突出的短板与弱项，探讨自己邮轮旅游的发展道路，尽快寻找到未来发展的突破口则显得至关重要，一方面要遵循邮轮旅游发展的基本规律，尤其是要借鉴国际邮轮旅游发展中取得的宝贵经验，少走弯路；另一方面也必须根据本国的具体条件和目标，制定出自己的发展战略和路径，找到快速发展的捷径，不因循守旧，善于创新。这是重要的，也是关键的。

以下几个方面可以认真考虑和探讨。

一是创造条件，开拓本国近海邮轮的旅游线路。这些线路设计，本国内的问题相对好解决，而且内河邮轮的经验可以借鉴。

二是利用机会，开拓海峡两岸邮轮的旅游线路。双方都有愿望，比较容易实现共赢互利。

三是积极协调，开拓中国邮轮旅游线路。这也是众望所归，在这个范围内运营可以创造更大范围国际合作的经验。

四是通力合作，完善东北亚地区，主要是中国、韩国和日本的多港、便利的特殊兴趣邮轮旅游产品。本地区的三个国家都已经互为市场和目的地，合作愿望比较一致，而且距离近、成本较低，适合普通大众市场，而且文化差异小，彼此相互了解，相关的产品开发比较容易。

五是集中资源优势，组建品牌邮轮船队和国际邮轮旅游线路，实现东北亚和亚洲区域旅游目的地的目标。这需要亚洲国家深度合作，包括投资合作、经营合作和在签证等政府层面上的合作。这是大家共同追求的远期目标。

结束语

前景是美好的，道路是曲折的，未来美好目标的实现需要大家的共同努力。

豪华邮轮

中国的奖励旅游：从概念到实践 *

开头的话

到目前为止，奖励旅游（Incentive Lourism）在世界上的发展已经经历了一个多世纪的时间。据信，这个概念源于美国，是 1906 年美国的全国现金出纳机公司（National Cash Register Company）为鼓励全体员工提高工作效率而举行的一次免费到公司俄亥俄州代顿总部的旅游开创了奖励旅游的先河，而后逐渐在美国的一些地方乃至北美国家发展，后来在欧洲一些国家也广泛开展起来。虽然这个概念也已经进入亚洲，但这只是近些年的事，至今也远不如北美国家那么普及。在中国，目前谈论奖励旅游的人不少，这个概念也经常出现在旅游的报刊和著述中，但真正对这个行业深入了解的人并不多。改革开放以来，经过 20 多年的努力，中国的旅游有了长足发展，成为一个颇具规模的产业，大家对消遣旅游有了深入的了解，对商务/公务旅游开始认识，但"奖励旅游"这个概念，除了置身于这个行业专业人员之外，其他人却知之甚少，往往是人云亦云。很显然，奖励旅游概念是个"舶来品"，它在中国的生存与发展，要看它是否能够找到合适的环境，或者说，它能否尽快得以"本土化"，真正在中国的土壤里生根发芽。

一　奖励旅游是什么？

众所周知，实践一个概念远比引进这个概念要艰难得多。在中国的旅游发展过程中，分时度假、主题公园等新概念的引进和发展实践都为

＊　2006 年 9 月 12 日上海奖励旅游论坛上的发言稿。

我们提供了很好的例证，这些概念往往会出现严重的"水土不服"的现象。因此，要真正促进奖励旅游这个行业的发展，弄清楚它到底是什么是非常必要的，也是非常重要的。

关于奖励旅游的定义颇多，这些定义在各种刊物和著述中也被广泛地引用。但值得注意的是，奖励旅游的定义仍然比较笼统，而且这个定义也在发生变化，或者说，奖励旅游的形式和内容与最初的概念差异很大。这里举出三个不同类型的、颇具权威的定义，以便诠释奖励旅游：其一是奖励旅游协会的定义[①]，其二是英国著名旅游学家迈德利克教授的定义，其三是一般辞典的解释。

（奖励旅游是）一种用来实现非凡商业目标的现代化管理工具，为参与者提供一个异乎寻常的旅行体验作为对他们完成其非凡目标业绩的奖励。

——奖励旅游协会

（奖励旅游是）员工、经销商或代理商们——往往也携带其配偶——的一项旅行活动，这一活动的费用由公司支付，作为对已实现其销售或其他目标或卓越业绩的一种奖赏，或者是作为未来实现目标的一种刺激。

——迈德利克：《旅游辞典》[②]

（奖励旅游是）为赢得资格的人（诸如销售额高的推销员）所提供的廉价或免费机票的旅游计划安排。

——《饭店、旅游和餐饮管理辞典》[③]

但是，作为一种特殊的活动，似乎难以把奖励旅游列入任何一种专门的类型。这是因为，它有着多重的属性，发挥着多种功能。

首先，它具有商务旅游的属性。

——这项旅游活动的费用不是由旅游者本身支付的，而是由其他

---

① 该组织的英文为 SITE，英文原名为 Society of Incentive Tourism Executives，现将英文改为 Society of Incentive & Tourism Executives。前者直译为奖励旅游经理人协会，后者可译为奖励与旅游经理人协会。据该组织网页介绍，该组织创建于 1973 年，自诩为在这个全球亿万美元的奖励产业中唯一致力于追求完美的非营利性专业协会。但国内目前均译为"奖励旅游协会"。详见该组织的网页 www. site - intl. org。

② S. Medlik, *Dictionary of Travel*, *Tourism & Hospitality*, BH, London, 1993.

③ *Dictionary of Hotel*, *Tourism and Catering Management*, Peter Collin Publishing House Ltd, 1994.

人，往往是由雇主支付的。

——这项旅游的目的是奖励做出卓越贡献的员工，鼓励参与者将来工作得更加努力，绩效更加突出。

——这项旅游活动是由别人设计、安排的，而不是参与者自己的选择，当然，这项旅游活动往往给参与者带来许多意外的、异乎寻常的体验。

其次，它是一项消遣旅游。

——旅游活动的本身并非商务或公务活动，而是为了参与者的消遣和享受。

——旅游的行程是精心设计的，这些行程往往包括旅游目的地最著名、最独特的旅游吸引物和一些特殊的激动人心的活动。

——旅游的过程是轻松愉快的，往往与配偶或家人、同事们在一起共享天伦之乐。

最后，它是一种管理工具。

——奖励旅游是用来刺激员工完成明确规定商业目标的管理工具之一。

——奖励旅游尽量使旅游的参与者本人感觉受到尊重，他们的优异业绩得到承认，同时，自己的行动为其他人树立了效法的榜样。

——奖励旅游的举办是为了培养一种企业文化，创造一种企业精神，增加企业或组织的凝聚力和员工的忠诚度。

因此，奖励旅游是商务旅游和消遣旅游的"混血儿"，是旅游活动与管理手段的巧妙结合。对它似乎可以做这样的陈述：

奖励旅游是商务（公务）旅游的三大（其他两项为会议、展览）支柱之一；

奖励旅游是用来激励员工完成明确规定商业目标的管理工具之一；

奖励旅游是为实现某种商业目的而组织的一种消遣旅游；

参与奖励旅游的人是消遣旅游者，而购买这项服务的是商业机构。

就旅游经营者来说，奖励旅游是一种颇为独特的旅游形式，其产品是一种独具特色的旅游产品，不是大众旅游产品，因此，它的成功，需要周密细致的设计和策划，需要专业机构进行创意，专业的经营者来完成。

二 中国奖励旅游的条件分析

在西方国家，奖励旅游经过了长期的发展过程，不仅社会对这个理念已经有了高度的共识，而且也形成了非常成熟的市场和为之服务的产业体系。对奖励旅游的产品，不仅有专业的经营商，还有专门的设计策划、营销的组织和销售渠道。很显然，在中国，这一产品依然被视为"引进品种"，正在寻求"移植"的方法，人们对它还颇为陌生，包括一些政府部门和旅行社。因此，探讨奖励旅游在中国的发展，对以下几个因素应当认真考虑。

1. 雇主是否认可它作为一种管理工具

早在20世纪五六十年代，中国和许多社会主义阵营的国家一样，曾经出现过一种现在被称作"社会旅游"的激励形式。很多叫作疗养院的海滨、山地度假地就是为此而建造的。特别是在一些重工业（像煤矿、石油、钢铁业）和具有规模系统的产业（如铁路、邮电）领域，往往通过提供休假的方式来奖励劳动模范和先进工作者。但是，当时的活动只是由本系统或本企业自己组织的福利性活动，并没有引入社会的专业服务和市场机制，或者说，只是一种以休假作为奖励的方式而出现。

从目前中国的情况来看，大多数企业和机构的管理人员，尤其是国有企业的管理人员，都已经非常适应传统的激励优秀职工的方法，他们更愿意给员工授予各种级别的"劳动模范"和"先进工作者"的称号，因为这样的称号可以使获奖者受益终身，可能给获奖者带来更多的物质或精神上的好处，这些管理人员还不大相信旅游奖励的有效性。另外，由于长期"大锅饭"式平均主义理念的惯性，单位的领导更愿意考虑所有职工的福利，而不仅仅是几个做出突出贡献的人。有些单位，这样的福利可能会让全体员工轮流享受，而不是突出奖励业绩优异的群体。总之，奖励旅游作为一种激励形式的意义还没有真正被承认，这也是企业对奖励旅游缺乏积极性的重要原因之一。

2. 雇员是否认可它是一种激励或奖励

目前，国家经济体制正处于从传统的计划经济向市场经济的转型期，越来越多的人意识到金钱的重要性，个人收入差距的拉大，使人们对金钱的追求更加强烈。尤其在改革过程中，一些传统的福利机制在改革，使人感觉到花钱的地方非常多，忧虑和压力日益增加，为了生计，为了日子过得更加体面，为了改善住房条件，为了自身和孩子的教育，为了现在和未来的健康等，那就需要更多的钱。因此，对大多数的人来说，旅游奖励并不是想得到的最具吸引力的奖赏。大家可能更愿意接受金钱或物质的奖励，而不是一次旅行。这也许是发展国家和很多发达国家在消费观念上的差异。

3. 奖励旅游的发展是否还存在障碍

对奖励的态度在改革过程中有了非常大的改变。在计划经济条件下，唯一的激励就是政治或精神上的，诸如漂亮的头衔、奖章或证书，或职位的提升，在那些年代，金钱的激励是个忌讳，是受到反对和谴责的。但现在，在经济制度转型期，金钱和物质奖励的利用越来越广泛。为了防止不当或过度的物质奖励，国家制定了严格的规章制度，对国有企业的奖励制度更加严格。长期以来，旅行社提供的收据都不能作为企业和机构报销的凭据，公款不得用于消遣旅游的开支，国有企业甚至没有关于用旅游——尤其是国际旅游— 来对职工进行奖励的规定。囿于传统的规章制度，几乎所有的海外公务/商务旅游都是通过本单位或本系统的外事部门来掌管的，不接受外部的商业机构的服务。也就是说，奖励旅游在我国许多公司和机构的开展存在诸多制度、政策和认识上的障碍。这些障碍不消除，奖励旅游的发展则很困难。

4. 是否真正具有从事此类业务资格的经营者

作为一个"混血儿"，除了管理功能外，奖励旅游产品具有商务旅游和消遣旅游的双重特点。一般来说，中国大多数旅行社对大众包价旅游比较熟悉，但专门为大型企业或机构提供奖励旅游住店服务的并不多，有些国外企业专门请外国的旅行社为他们做这样的业务。我们的旅行社对观光旅游的安排很内行，但对企业的管理咨询业务并不太熟悉，缺乏对奖励旅游的专门策划设计人员，而在这一领域里，对这一特定的市场做过系列的市场研究的也不多见。

有鉴于此，中国的奖励旅游，其业务几乎主要是涉及外国企业或中外合资企业，为它们组织国内外旅游，或者外国旅行社提供入境奖励旅游的接待服务。但是，中国自己的奖励旅游潜在市场并没有真正地开发。中国的奖励旅游尚处于始创阶段，因此，应当下大力气，将这个外来奖励旅游的概念变成现实，或者说把这个"引进"的产品本土化，成为中国旅游业的一个重要组成部分。

三　中国的奖励旅游如何起步

奖励旅游有其市场，而且这个市场的潜力还很大，但如何开发这个市场，至少应当从以下几个方面入手研究对策。

1. 扩大现有市场

随着改革开放的不断深入，越来越多的外国企业和中外合资企业进入中国，国际 500 强企业已经进入了中国的许多大城市或经济发达地区，在中国扎下了根。旅行社要了解这些企业对奖励旅游产品和服务的需求与要求，根据它们的要求对奖励旅游进行量身定做。还有一些大的上市公司，它们对国际惯例比较了解，容易接受利用这个工具改进管理的新理念。这些单位目前如果不是现实的市场的话，至少也是最重要的潜在市场，应当首先考虑开发这些市场。

2. 为入境奖励旅游创造条件

现在，国内奖励旅游的现实市场仍然很小，但是，对世界奖励旅游需求来说，中国是个非常具有吸引力的目的地。对大多数北美和欧洲市场来说，在自然、文化，特别是在安全、方便方面，中国是非常独特的，是举行远程奖励旅游理想的目的地。由于这些地区的企业员工，对本区域的旅游目的地已经多次光顾，对参与者来说，已经不是那么新鲜而独特了，中国作为目的地的吸引力显得格外突出。对中国来说，主要的问题是对这些市场缺乏精心设计的促销宣传活动，而具有足够知识和技能的专业奖励旅游策划机构非常缺乏。这些空缺应当由中国自己的经营者来填补，像最初接待外国观光旅游者那样，重要的是把产品和服务做好。

3. 向国内大型的企业和机构推介奖励旅游的概念

在中国，大多数大型的企业仍然是国有企业，其中不少也是盈利丰厚的骨干企业，有一些企业已经进入世界超大企业的行列，例如石油业、房地产业、金融业、汽车制造业、保险公司和信息业等企业。这些企业是奖励旅游推介的主要目标。作为第一步，应当努力帮助这些企业的高层领导认识到奖励旅游可以作为一种现代化的管理工具，它能够促进员工的能力建设，并向他们介绍国外同行们的经验和做法，使他们受到启发，接受奖励旅游的新理念。另外，还有很多大型的机构，虽然它们并非商业性的，也可以作为潜在的市场。例如，数以千计的高等教育机构和研究机构，它们有奖励员工的资源，也有机制，可能更容易接受奖励旅游的新做法。

4. 消除现存制度上的障碍

近些年来，各级政府大力发展旅游业，将旅游业确定为国民经济新的增长点或支柱产业。在刚刚确定的《国民经济与社会发展第十　个五年计划》中，重申服务业的重要性，将促进服务业和刺激国内消费列入重点。奖励旅游应当作为一项重要的措施，来促进未来旅游发展既定目标的实现。业界应当说服政府对这个新理念给予支持，消除在会计制度、税收和其他公共政策方面现存的一些政策上和制度上的限制和障碍。另外，随着社会经济的发展，政府应当认真考虑奖励旅游这种激励员工、促进旅游发展的新形式，鼓励在有条件的企业或事业单位推广这一管理工具的使用。

5. 创造适合中国国情的奖励旅游

应当看到，在世界范围内奖励旅游在不断发展，其形式和内容也在不断变化，这个新的旅游形式传入国内后，它的理念和经营方式也要做适当的调整，以更加符合中国的实际情况。可以考虑将奖励旅游、福利旅游和其他形式的商务/公务旅游结合在一起，其市场也不仅仅局限在商业企业上，一些政府机构、事业单位和社会组织也可以考虑进去。最为重要的是，提供此类服务的企业必须考虑客户的特定需求和要求，使服务的购买者、享受者和提供者都能得到应有的益处。

6. 培养必要的专业人才

如上所述，一个概念付诸实践重于只对它进行理论的探讨。现在，奖励旅游的发展需要既了解旅游业务，又了解中国企业管理的专项旅游的经营者，要对国内外成功经营者的经验进行认真研究和消化。因此，对正在从事这项业务和那些准备进入这个行业的经营者来说，要特别重视培养具有专业技能的业务人员，而不是名义上的专家。否则，奖励旅游的健康发展在短期内恐怕难以真正实现。

结束语

奖励旅游是世界旅游发展中一个颇具发展前途的领域，在中国的发展潜力也很大。因此，目前需要做的，不仅仅是引进这个大家还不太熟悉的外来概念，更为重要的是根据中国的具体国情培育这个市场。政府应当鼓励企业利用这个新的管理工具，扫除制度上的障碍。业界应当认识市场的实际需要，提供高质量的产品和服务。尽管政府的旅游政策对商务/公务旅游并没有多少影响，但是，奖励旅游的开展有利于促进旅游的总体发展，并能够提高企业的管理水平。当然，作为一个外国的管理概念，它的应用必须考虑本国的具体国情，否则，这个理念也难以真正实现。愿奖励旅游的理念能够很快变成中国的实践。

开展教育旅游中国大有可为*

教育旅游是指为海外来访者所组织的一种以接受某种教育或培训为目的，并参与参观、游览、消遣的旅游活动。亦称之为"修学旅游"。

寓教育于旅游中的旅游形式早就有之。早在16世纪中期，远在大众旅游时代尚未真正到来之前，欧洲大陆曾出现过一种颇为时髦的活动，叫作"大巡游"或"大旅游"（Grand Tour）。这种大巡游是指英国（或者其他欧洲国家）富豪门第的贵族青少年，利用半年甚至一年的时间，遍访欧洲历史文化名城，如巴黎、罗马、米兰、佛罗伦萨以及威尼斯等地，学习语言、文化、艺术、历史，游览名胜，体察民风民俗等。在那个时候，未经过大巡游的贵族青年被认为是未见过世面，没有知识。这种活动在欧洲大陆风行了三个多世纪，这就是早期最典型的教育旅游。

在当今世界，特别是在经济发达的工业国家，旅游活动已经非常普及，除了一般大众以观光、消遣、休息为目的的度假旅游与观光之外，旨在增长知识、学习技能的出国旅游者与日俱增。日本1988年仅高中生出国做修学旅游的人数达5400人。英国、苏联等地开展的以学习语言为主的教育旅游也颇有成效。

实践证明，利用本国的文化优势，开展以学语言为主的教育旅游有很多好处，有很大的潜力。

其一，一个国家的语言大多是一种带有垄断性的旅游资源。比如，中国的汉语，英国的英语，苏联的俄语，法国的法文与日本的日语等，是本民族的母语，这一点是其他对手难以竞争的。

其二，语言是交流的工具，开展教育旅游有广泛的吸引力。在当今信息发达、各种国际交往频繁的世界里，学习语言不仅仅是学术或科学

* 刊载于《旅游时报》（1992年8月2日）。

研究人员所感兴趣的，越来越多的实业家对与其业务关系重大的某些语言也格外重视。在那些传统上以本国语言为世界通用语言的国家，也开始注意对别国语言的学习。

其三，开展教育旅游活动对旅游目的地来说，可以减少一些旅游城市的季节差，并能充分利用当地的设施与人才。英国首都伦敦与其他沿海城市的许多学校，在假期利用学生宿舍和教学设施，开展多种多样的语言培训班，深受欢迎，影响很大。

其四，取得较高的经济收益。和一般观光旅游团相比，参加教育旅游的人在一个地方逗留的时间长，除了支付旅游活动中的食宿、交通、娱乐、购物等正常费用外，还要支付一定的教育培训费，购买与学习有关的文字、音像教材和文化用品等，一般地说，他们的花费要比普通的旅游者高很多。

其五，教育旅游多以一个城市为基地，可减小城市间交通运输的压力，又能充分利用当地的各种设施，促进与周围地区的合作。

中国开展以学习语言为主的教育旅游有着许多突出的优势。

第一，中文是世界上使用人数最多的语言，是联合国工作语言之一。虽然世界上还有一些国家和地区使用中文，但与中国大陆目前使用的普通话和简化字有很大的区别。因此，要与中国打交道，就要学习中国大陆现在使用的语言和文字。

第二，随着中国在世界上政治、经济地位的不断提高，在国际事务中的作用不断扩大，中国对外开放政策的实施，世界各国与中国的交往，尤其是经济贸易活动，会不断增加，使用汉语、对中文感兴趣的人也会越来越多。

第三，中国有悠久的历史，有灿烂的文化和丰富的遗产，还有独特的社会制度与生活方式，又有一定的旅游基础和服务设施，因此，举办学习语言、了解中国的教育旅游活动是很有吸引力的。

发展教育旅游不仅是对大众观光旅游的一种补充，而且是旅游活动的一种高级形式。因此，在首都北京以及其他风景秀丽、气候适宜、经济与文化发达且交通方便、旅游吸引物比较集中的城市开展这样的旅游活动是十分必要的。北京、上海、天津以及青岛、大连、北戴河等海滨城市都具有非常好的条件。

中国搞教育旅游有着广阔的客源市场。最大的市场是汉文化圈的国家和地区。日本是中国的紧邻，中国的文化对日本有着重要的影响，日本有出国修学旅游的传统。东南亚国家华人与华裔颇多，在当地社会，华语有着重要的地位。但是，由于历史的原因，那里的中文与汉语同中国大陆差异很大。随着这些国家与中国关系的正常化与不断改善，那里也开始掀起学习普通话与简化汉字的热潮。

中国已经开始实行对外开放的政策，西方国家对潜力巨大的中国市场很感兴趣，从而，有很多的人改变了到台湾或港澳地区学习中文的做法，直接选择中国大陆。实际上，教育旅游的对象不仅限于学生——当然青年学生是个很大且重要的市场——还包括实业界和其他对中文、对中国文化有兴趣的人，为数众多的海外华人、华人后裔也愿意到祖国参加旨在学习语言、了解文化历史、寻根问祖的教育旅游活动。

教育旅游是一种特殊的旅游项目，它不同于一般的正规学校教育，这样的活动，一般时间较短，成员复杂，不可能系统地组织学习；它又不同于一般的观光旅游，因为这些旅游者求知兴趣大，希望把旅游活动和学知识、学技能有机地结合在一起。因此，开展教育旅游应当注意下列几个问题。

1. 选好地点

最好先以一些基础好的学校作为试点，逐步推开，有条件的地方，也可以开设专门为海外旅游者服务的修学中心。

2. 组织有经验的教学人员同旅游部门、文化部门的人员一起设计教学内容、教学方法、培训班的种类以及旅游活动计划

最好先搞一些调查，了解不同国家或地区、不同职业与年龄段旅游者需求。教学与旅游活动要力求生动活泼，适合境外人员的爱好，考虑他们的学习与生活习惯。

3. 作为一种旅游活动，还要考虑经济效益

这个收益不是靠提高价格，而是靠良好细致的服务。其中也包括相关衍生产品的开发，比如出版有关的教材、书籍、音像资料、参考读物、文化用品以及各种特定的旅游纪念品等。

4. 充分动员社会力量

开展教育旅游，不仅是旅游者在一个地方逗留的时间长，而且参与性的活动多，涉及面广，更需要接触社会。这光靠旅游部门或教育部门是不够的，要充分动员社会力量，赢得社会的广泛支持，有了社会各界

的支持才会把教育旅游搞得有声有色。

5. 做好宣传促销

作为一种特殊的旅游产品，必须做好打入国际市场的促销工作。除了发行广告这种一般性的宣传方式外，可以采取直接与目标市场（如日本）潜在的客户联系，也可以通过友好城市、友好团体、友好学校、友好商社等渠道进行宣传，还可以与海外的旅行社、航空公司、贸易商社合办。这种教育旅游开展起来之后，要利用举办校友会、举办联谊会、办刊物、办函授等形式扩大影响，广为宣传。同时，还通过专业旅行社、学校或其他相关单位和部门的合作，做好定制产品与服务，给予旅游者以更多的优惠。总之，搞教育旅游，一定要从长计议，讲究质量，保证信誉，创个好牌子，使之越办越好。

小小游学人

论旅游节庆活动的根与魂[*]

——兼评中国旅游节庆活动

开头的话：关于"节事"与"节庆"

近些年来，在世界旅游发展中出现一个"Event Tourism"^① 的新概念。这个概念已经传入中国多时，但在中文中似乎找不出一个合适的词语相对应，有人将其称之为"事件旅游"，有人将其翻译为"活动旅游"，现在倾向于统一称之为"节事旅游"。由于这是个"舶来品"，国内一下子还并没有弄清楚所谓"节事旅游"的真谛，至于"事件旅游"更让人摸不到头脑，这些概念还会在学术界继续探讨。

本文探讨的内容限定在"旅游节庆活动"的范围，并非扩展到 event 这个内涵十分宽广的领域之中。因为前面冠之以"旅游"，那就是说，这里探讨的是和旅游发展有紧密关系的而不是泛指所有的节庆活动。

一　旅游节庆活动

旅游节庆活动，顾名思义，是与旅游发展休戚相关的节庆活动，在

---

　*　在中韩双边旅游学术论坛（北京，2007 年 12 月 6 日）上发表的论文。

　①　英文 event，一般的中文解释是"事件、大事、事变和活动"意思，但其意义非常广泛，而经常指自然、偶然发生的意外之事。但这个词语被引入旅游领域后，经常指"经过筹划的活动"，无论是仅此一次，还是定期出现，并与某地的旅游促销或目的地营销相关联。然而，作为一个旅游术语从国外引入国内之后，很难找到一个中文词语来表述，经过很长一段时间，学术界逐渐认可一个新词语，称之为"节事"，遂被广泛使用，有的人更愿意使用中文的词"节庆活动"，虽然这和英文的 event 的本义仍有一定的差别。

中国，这是改革开放之后才出现的新现象，因为在这以前很长时间里，除了政府规定的政治性和法定假日规定的节庆之外，几乎没有什么其他的节庆活动，当时的节庆也是有组织地庆祝活动或放假休息，还没有真正的国内旅游。

20世纪70年代后期开始的改革开放，促生了中国的旅游业，随着改革开放的深入，旅游业逐渐走向成熟，也才开始出现了旅游节庆的说法。这里所说的旅游节庆活动，主要涉及三个方面的内容，一是传统的节庆活动为旅游发展所利用；二是为了旅游业的发展，专门设计了一些节庆活动；三是新的节庆活动逐渐变成被社会所接受的传统性节庆活动。

（一）为旅游业发展所利用的传统节庆活动是中国旅游节庆活动的开始

对全国人来说，最主要的传统节日是春节，因为春节是中国人亲人团聚的日子，是欢庆的日子，这自然是离不开旅行、团聚和庆祝的。其次是中秋节，这是第二个重要团聚的日子，"佳节思亲""千里共婵娟"，尽管到目前还没有放假的安排，但人们总是要想法庆祝一番。一年之中最重要的政治性节日是国庆节，作为一个国家，无论如何也是要庆祝的，全国放假，况且这也是中国大部分地区气候最好的时节。只不过有一般年度的"小庆"和特定年度的"大庆"的区别。其次是劳动节，长期以来这也是全国的节日，对大部分地区来说又是春天的开始，在中国的历史上就有"踏青"这一户外活动的习俗。尤其是1999年以来，政府调整了公共假期的制度安排，将春节、五一和十一的公共假期与周末拼接，创造了长假期，被人们称作"旅游黄金周"。另外，中国是个多民族的国家，许多少数民族自己的传统节日也一直保留下来，开展多种多样的庆祝活动。当地人的团聚庆祝活动，对当地人非常具有吸引力，同时，随着旅游的发展，也成为外来旅游者了解民族风情、分享欢快的好机会，成为重要的吸引力。这种现象在云南、贵州、西藏等省区尤其突出。

（二）为旅游业发展所策划的节庆活动

自20世纪80年代中期以来，国内旅游逐渐发展起来，国内旅游的发展对促进地方社会经济的发展发挥着非常重要而明显的作用。虽然，国内旅游者也非常钟爱名山大川、风景名胜，但他们的需求和外国旅游者——特别是欧美旅游者——的需求还有很大的差异，因此，20 世纪80 年代末，中国出现了一个为促进旅游发展而"造节"的热潮。这个热潮是自下而上发起的，真正国家级的旅游节庆活动并不多，而地方上则是八仙过海各显神通，几乎是省省县县有节庆，月月天天有活动。这个热潮中所推出来的节庆活动，虽然有的有其历史渊源或文化传统，但大多都不是自然延续下来的，而是为了发展旅游而借机搞起来的。

这些旅游节庆活动大概可以归结为以下几个类型。

1. 民族性和宗教性的活动

中国是个多民族、多宗教的国家。但是由于历史的原因，无论是民族节庆还是宗教活动，长期以来保持低调，除了当地民族或宗教组织之外，一般不大扩展或张扬。但为了发展旅游，这个传统就发生了重大改变，有些活动是试图吸引外来的旅游者而有意张扬造势的。中国一些著名的民族节日活动很多，像傣族的泼水节、维吾尔族和回族的古尔邦节、蒙古族的那达慕大会以及龙舟节、各种庙会和其他祭祀活动等。有一些当地风俗性的活动之前已经长期不开展了，也开始恢复起来，为旅游所用。

2. 文化性和艺术性的活动

除了民族性和宗教性的节庆活动之外，一些地方又根据当地的文化优势举办了其他一些文化性和艺术性的节庆活动，例如，歌会、灯会、锣鼓节、唢呐节、年画节、杂技节、武术节、书法节、电影节、戏剧节、木偶节和一些只是根据地方命名的艺术节。这些节庆活动主要也是依附于当地的文化传统。

3. 地方产品展示、展销节庆活动

中国地大物博，很多地方因其当地的特产而出名，这些地方也想利用这些特产发展旅游。于是，围绕旅游的需要举办了大量的节庆活动。例如，糖球节（青岛）、风筝节（潍坊）、陶瓷节（景德镇、宜兴）、茶文化节（杭州、安溪）、中药节（安国）、荔枝节（深圳）、西瓜节（北京大兴）、啤酒节（青岛）、杜康节（河南伊川）等。这些节庆活动是围绕某一特产而延伸的，一是向交易会延伸，将产品的生产与销售联系起来；二是向文化方面延伸，把生产过程与产品和文化联系

起来。

4. 娱乐性的节庆活动

还有一些新的节庆活动，完全是出于旅游发展的需要而创造出来的，希望通过这样的活动来提高知名度和增加人气，这些活动并非完全与当地的传统有很大的关联。例如，文化节、美食节、老人节、赏花节、民间艺术节、冰雪节、冰雕节、沙雕节等。

最近一些年来，随着向世界开放的范围越来越大，与国外文化交流和人员交往越来越频繁，外国的一些"洋节"也开始引入中国，例如，圣诞节、情人节、母亲节、父亲节等。这些节庆最初是由某些以接待外国人为主的饭店和服务机构引进的，但逐渐进入中国人的生活。这些节庆活动也不断引起社会的注意，不知不觉地开始被社会默认。

毫不夸张地说，这些所谓的节庆活动，如果不是为了发展旅游，不大可能被推出来，不断地扩大和普及。

（三）旅游节庆逐渐变成传统的节庆活动

有意思的是，为了发展旅游，振兴了中国的节庆活动，作为一个结果，又因为旅游发展了，出现了不少很红火的节庆活动，这种活动被当地所接受，不断完善，坚持了下来，成了当地新的传统节日，而且有了固定的时间、地点和基础活动。例如，山东潍坊的风筝节、大连的服装节、上海的电影节、洛阳的牡丹节等。

在中国，旅游的节庆活动主要出现在 20 世纪 70 年代末改革开放政策的实施。旅游的发展激活了传统的节庆活动，创造了新的节庆活动，而这些活动的开展促进了旅游产品的创新，提高了旅游目的地的知名度和吸引力。但是，从总体上说，旅游节庆活动虽然数量不少，每年投资也不小，但真正成功的并不多，能够坚持下来、可持续发展的更少。其原因是非常值得认真探讨的。

二 旅游节庆活动成败的原因探讨

在过去 20 多年的时间里，被称作旅游节庆的活动数以万计，遍及全国各地，但到目前为止，一直坚持做下来的为数不多，而算得上真正成功的更是凤毛麟角。究其原因是多方面的，但其中最为重要的是这些旅游节庆活动缺少根和魂。

（一）旅游节庆活动的根：社会与传统

所谓节庆活动的"根"，主要指的是它赖以生存的大众基础和文化传统。所谓旅游节庆活动，它应当首先是节庆活动，而任何节庆活动都应当有人参与，而参与者的兴趣和参与者的可进入性就成为这些活动是否能够成为具有生命力的活动。中国有很多旅游节庆活动，举办活动的出发点就没有认真地考虑当地人的兴趣，没有考虑当地人如何参与，甚至一开始就要把当地人排斥在外，只是成了一种取悦于外地人、外来人的形式。在很大程度上，多是一种创意人的表演，一种想当然的遐想。例如，一些地方，历史上可能是某些名人的故乡，或有墓穴，或有记载，于是就搞一个祭奠性的活动，或一个寻根性的活动，希望就有大批的游客闻风而动，接踵而至。一些地方产小枣，到了小枣要收的时候立刻筹划一个小枣旅游节，自己人忙着收枣卖枣，外地人根本不知道小枣长在树上是个什么情景，这样的节庆活动除了花钱请几个贵宾捧场之外，很难引起社会效应。有的地方在历史上出过一个诗人，就以他的名字搞一个诵诗节；当地有个石窟就搞一个石窟艺术节。对此，当地人根本没有兴趣，或者根本没有可能参与，他们既不能从活动本身获得好处，也不能借助这样的活动得到益处，他们怎么能够支持这样的活动呢。

带有普遍意义的缺憾是，很多旅游节庆活动，主要是旅游部门的创意，他们从发展旅游的角度出发设计活动，只注意如何把外边的人请来，如何把请来的客人接待好，有一些节庆活动不仅其内容的设计是针对外人的，甚至连主体活动都是靠外部人来实现的。而且，现在为了显示开放的成果，表现"规模"和"档次"，很多地方，都愿意把一些节庆活动冠之以"国际""世界"，无非花大钱请来几个外国人或者外国使馆的工作人员、外国公司在国内的代办人员充数。因此，此类活动要靠政府财政来投入，要靠向企业摊派来筹款，也许一次还可以支撑，再搞下去，当地政府或社会就会觉得是一种负担，形成抵触情绪，这样的活动一般都不能持久。因此，在中国的旅游节庆活动中，叫"首届"的特别多，因为难得搞第二届、第三届，于是换个名字再从头来。

（二）旅游节庆活动的魂：文化与独特

所谓旅游节庆活动的魂，是指这些活动的内在文化性和独特性。目前在旅游节庆活动方面，一个突出的问题是缺乏文化的考虑，把文化给庸俗化了，甚至只是拿文化说事，实际上没有真正文化的这个魂。

不少地方，自己举办旅游文化节，所要做的，无非有个开幕式或闭幕式的演出，其间，几乎和平常没有太大的区别；或者提供一个场所，让人们来做一些交易或表演，而参与这些活动的人，根本不知道这个节庆活动的主题是什么。还有的地方，出现了争抢历史名人，争抢历史事件发生地，以便以此来筹划节庆活动，甚至依靠传说、编故事的办法演义节庆活动，更无文化根基所言。一个地方在山头上发现了一个奇异的花卉，这个山头人上不去，这株花不借助望远镜看不到，更不用说去欣赏，只是凭着一种好奇心也堂而皇之地举办一个花卉节。除了一个炒作的噱头之外，能够体现什么文化呢？如果明年这株花不开，这个节庆活动又如何炒作呢？据报道，一个地方举办婚礼节，而且这个节要在6～8月三个月的时间举办，其原因是说这个地方有个非常热闹的婚俗。不知道是号召当地人都要在这个所谓的"婚礼节"期间结婚，用自己的婚礼来吸引外来的旅游者，还是希望外来的客人到这个地方结婚而获得特殊的体验？确定这样的节庆活动和平时有何区别？

作为一个地域辽阔的大国，作为以汉族为主体的国家，应当有一些重要的统一的节日，而这些具有全国性的节庆活动可以构成中国作为国际旅游目的地的具有特殊吸引力的旅游产品，而且这些节庆活动既能深深地根扎于整个民众中，又有突出的文化底蕴，因此，就旅游来说，无论是国际旅游还是国内旅游，都是应当重点开发和利用的。例如，春节，这在中国实在是个普天同庆的日子，而今天这个节庆活动又有了新的含义，亲情的回归，尊老爱幼，有利于社会的和谐。度假、团聚、探亲、旅行、庆祝完美地融合在一起。这种中国人特有的文化又开始影响世界。一方面，越来越多的国内旅游者利用这样的假期，不完全是在自己的家里团聚，而是到第三地旅游团聚，商业服务行业看到了这个商机，改变了传统上社会放假服务企业也关门的做法，而是推出了更受市场欢迎的产品，赢得可观的经济效益。越来越多的外国人在春节期间到中国来旅游，亲身体验一下这个特殊风情。同时，世界上越来越多的地方，尤其是华人集聚的地方，也开始隆重地庆祝这个华人的节日，这个华人的节日被当地政府所承认，有的还将其列入正式的公共假日，把华人的传统文化传播开来。应当说春节作为旅游节日，既有根，也有魂，就是非常值得充分利用的。另外，像中秋节，也有着同样浓厚的情感特色。

当前，有些地方，在利用民族节庆活动作为旅游节庆活动时，违背了这些基本规律，把传统的民族节日过分商业化，从而失去了这些活动的文化性和社会基础。例如，南方一些地方，为了吸引外来游客，推出了"天天可以过泼水节"的做法，把一个颇具神秘和欢乐色彩的傣族节庆，变成儿戏或游戏，这些活动在一层假文化的包装下改变了味道。

三　中国旅游节庆活动发展思路

节庆活动对目的地来说，可以提高知名度。目的地也可以把这些节庆活动作为旅游产品的元素去开发，但是，从可持续发展的角度，必须认真考虑这些活动的根和魂。

（一）传统文化节庆活动的真实性与严肃性

作为传统的文化节庆活动，无论是民族的、民俗的还是宗教的，都应当保持其真实性、严肃性，只有这样才能深受当地人和旅游者的认可和欢迎，才能植根于民众之中，才能够有吸引力，保持长久。

（二）旅游节庆活动的独特性

作为以当地产品和其他条件开发出来的旅游节庆活动，必须考虑其独特性和形成旅游吸引力的能力。不能有什么就搞什么，也不能看人家搞什么就搞什么，结果大家搞的节庆活动内容都大同小异，形式彼此雷同，产品同质化严重，最后都不能长久。

（三）旅游节庆活动的文化性

提高旅游节庆活动的文化性，最重要的在创意上。特别值得注意的是，文化性不能简单地理解为"文娱表演"，而是旅游者通过参与这些活动，有自己的文化感知，要能够增加知识，增加兴趣；对外地和境外旅游者来说，要感受到文化的差异性；而对当地人来说，要增强其文化的认知和自豪感。旅游节庆活动不是纯粹的政治节庆活动，不能没有娱乐性，就是政治性的节庆活动，也要创造更加祥和、和谐的氛围，提高普通公众的参与度。

（四）旅游节庆活动的时间性

旅游节庆活动对旅游业的发展要锦上添花，更要雪中送炭。无论是把传统的节庆活动改造成旅游节庆活动，还是根据当地的实际创造新的旅游节庆活动，必须要考虑保持这些节庆活动的可持续性，有些节庆活动在时间和地点上不能随心所欲地选择。实际情况显示，目前大部分的旅游节庆活动还是集中在当地旅游最好的季节，使当地的旅游活动更加丰富多彩，旺季更旺。如何利用旅游节庆活动平抑当地的旅游季节差异，倒是一个更值得探讨的问题。特别是在创造新的旅游节庆活动和不太受气候因素制约的文化性的活动时，只要条件许可，尽量放到旅游的淡季和平季，这样做对地区旅游业发展就更有意义。

（五）旅游节庆活动的产业性

对于旅游业发展来说，旅游节庆活动经常被当作一个吸引物，或者只是作为提高知名度的一个公关活动，其实这是不够的。应当从长远的观点去考虑，精心地设计和经营。越是成功的旅游节庆活动，越不应完全依靠政府投资，也不会把门票作为经济收入的主要来源。具有较长历史的山东潍坊风筝节，把一个小镇变成国内风筝出口的大户，风筝艺术、风筝技术、风筝文化与风筝制作、风筝贸易紧密地联系在一起。青岛的啤酒节则是以产品为特色的旅游节庆活动的典型。啤酒品尝、喝啤酒擂台、啤酒交易、啤酒文化、啤酒狂欢以及相关的购物、餐饮消费结合在一起，成为这个城市旅游的一大亮点。

结束语

旅游节庆活动是旅游发展中的一个重要组成部分，非常值得认真研究，国内外的经验表明，旅游节庆活动的根和魂是极为重要的，只有能根植于当地社会之中，魂体现在活动的整个过程之内的旅游节庆活动才可能得以持久，真正能够促进旅游业的发展，才有可能实现可持续。只图一时热闹，没有大众基础，又没有作为文化的魂，这样的节庆活动，花钱再多，如果不是昙花一现，也只会产生像传说中暹罗国王送给邻国的那头"扔不掉、养不起"的白象效果，对旅游、对社会经济的发展不会有多少好处。

北京奥运

上海世博会

战
略
与
策
略

案例与借鉴

中国人的休闲：梦想与现实[*]

——一家之言

从梦说起

人凡人都要做梦，不管是中国人，还是外国人。在通常的情况下，凡是被人们认为是美好的东西，可能会首先进入梦境，让人先做一些尝试、体会和享受。

世界上有许多关于梦的故事。在中国，曾有著名的"南柯一梦"，梦中金榜题名、洞房花烛、荣华富贵，后来一败涂地，大梦惊醒后发现自己竟在大槐树的空洞之中；另有卢生，家境贫寒，唉声叹气，后受高人指点，做了一个美梦，好梦总是有相似之处，最后也是因荣华殆进而惊醒，意犹未尽，可惜只享受了不到做熟一顿小米饭的工夫。据记载，这个故事是发生在旅行途中的客栈里。

在中国有位古人叫陶渊明，东晋文学家，他为中国人编织一个"桃林梦"，名为《桃花源记》，描绘了一个男耕女织、怡然自乐的仙境，以至于千年之后，大家仍然在寻觅这个神秘莫测梦境的发生地。当然，世人更知道一个叫詹尼斯·希尔顿的英国人，他精心编织了一个举世闻名的"香格里拉梦"，名叫《失去的地平线》，其梦境也多与陶公梦相似，到今年正好80年，人们似乎还在苦苦破译这个梦，想法能确定这块宝地到底是在中国还是在印度，是在西藏还是在云南。

至少，后面提及的是两个美好的休闲梦，为后人提出了一个方向，设计了一个样板。休闲是中国人的一个梦，一个千年梦，一个孜孜以求的美梦。

---

* 在 2013 年 1 月 19 日国际休闲产业年会上的发言稿，后收入该组织的文集。

一 休闲的概念与理念

"休闲"是个颇受欢迎的词语。这个词语最近 20 年来在中国非常流行。不过不少专家考证，说休闲的概念在中国可以追溯到很久很久以前。其根据是，在汉语中，"休"和"闲"是分离的，休是"人靠大树"，闲（閒）是"门中看月"。然而，在 20 世纪 80 年代以前，"休闲"仍未被当作一个词语收入中国中文的词典中，把这两个单字放到一起构成一个新词语还是最近一些年的事。

尽管人们可以从造词法上去挖掘中文"休闲"的含义，但我以为，对当代中国人来说，这个词语也是个"舶来品"。即使是在 20 世纪 90 年代，在中国出版的权威英文词典中，并没有把 leisure 解释为"休闲"[①]。于是，休闲是在讲一种"休止工作"的时间概念，还是说如何度过这个"闲暇时间"；是讲一种人的生活方式，还是一种消费行为，各有各的说法，各有各的依据，反正大家都在讲。

但有一个不争的事实是，在大多数场合，当今人们谈论最多的是可以刺激消费的休闲产业及其经济上的作用，而并不是谈论作为普通人生活享受权利的保障。往往把刺激经济与国民休闲捆绑在一起，把"休闲产业"与"休闲社会"相提并论，似乎休闲业发展了，休闲社会就到来了。诚然，刺激消费，无疑是在国家经济发展中可以作为一种重要的措施，然而，仅仅是让人们在休闲上多花钱，从人们身上多挣点钱，而大力发展一些产业，似与保障国民的休闲权利存在很大的差异。这样做，产业可能会很红火，这些行业可能会给政府增加很多税收，但这并不一定意味着，公民的福利，尤其是普通百姓生活质量就一定会提高。这一点必须作为一个前提，应当首先搞清楚。

二 关于中国休闲问题的一些看法

在最近一些年里，休闲是一个热门话题，关于中国休闲发展的理论

---

① 上海译文出版社出版的《英汉大词典》（1993 年版）中，leisure 的解释，作为名词的意思是"空闲时间""闲暇""悠闲""安逸"，而作形容词时，意为"空闲的，业余的，有闲的"。

论述颇丰，休闲发展纲要、休闲规划层出不穷，当然对中国休闲发展的形势也有多种阐述和判断。对此，我有一些不同的想法和观点，权且称作一些感觉。

第一个感觉是，对中国目前休闲发展阶段的评价过于乐观，对中国人当前的休闲需求有所夸大，中国的休闲时代远未来到。

尽管改革开放以来，中国国民经济保持较长时间的高增长，国家的GDP甚至超过日本，成为世界第二大经济体。但是应当看到，中国人的生活依然保持着较低的水平，不能和许多发达国家相比较，甚至连我们自己设定的小康水平也没有达到。作为一个经济体，中国的经济总量可以位居一国之下，百国之上。作为一个城市，人均收入水平说起来也相当之高，但必须承认，对国民来说，无论在休闲权利的落实上，还是在休闲福利的普及上，我们与世界大多数国家存在差距，或者说存在不小的差距。这一切都与我们13亿人口相关。面对变幻莫测的全球经济形势，处于巨大变革时期的中国，全民休闲的问题远比想象得要复杂。全社会浮躁，全民焦虑，社会公平受到质疑，社会诚信度十分低下，而且，城市与乡村、东部与西部、富裕阶层与贫困阶层、政府官员与普通百姓之间存在的不和谐因素不可小视。也许近来中央电视台《走基层》栏目中一些关于"美丽教师"和"美丽医生"的案例可以从某种程度上证明这一点。一场高速公路限时免费的告示招引了全线暴堵，一场地铁免票的活动会造成一个城市的地铁瘫痪，一个个秒杀的购物血拼造成数以千万计的百姓彻夜不眠，骂声不绝但禁而不止的"购物陷阱""零负团费"，还有流浪街头靠拾荒而生存的群体，孩子们不得不背着桌子上学的穷乡僻壤等，不都说明，我们这个社会还有很多人不富裕，甚至还很贫穷，这些人只能用"我姓曾"来回答中央电视台的记者们"你幸福吗"的追问。这些国民最需要的不是如何考虑休闲活动，而是如何有尊严地生活。面对通货膨胀、住房、医疗、教育等诸多方面的生活压力，在普通百姓中，休闲能放到一个什么地位，恐怕不能用一个简单的人均收入来判断。从另外一个方面看，当前社会上出现的休闲活动或需求，有不少是本能性的，甚至是浪费性的、炫耀性的，尚未成为全社会追求的一种生活方式。我们必须认真面对当前存在的社会需求差异。过多地鼓励和刺激休闲消费，必须考虑它可能给社会带来的实际效果。至少我不相信，2015年前后中国会进入休闲时代。

第二个感觉是，中国人的休闲理念尚未取得统一认识，传统观念与现代意识之间存在矛盾，这往往又会在国家所提倡的民族精神与产业政策之间出现差异。

长期以来，儒家哲学作为国民的基本观念影响颇深。"勤劳节俭"是中国人的传统，民族精神，只鼓励劳动至上，重视创造财富和拥有财富，不鼓励个人享受，更不推崇休闲理念。即使是新中国成立后，劳动者的地位发生了根本性的变化，但由于长期的经济落后，需要"穷则思变"，更加崇尚"艰苦奋斗，奋发图强"，这是主流思想，被称作"革命精神，豪迈气概"。而且，长期以来生活的政治化，把人类一些正常的消遣、休闲娱乐乃至"穿衣戴帽"等基本需求也紧密地与思想意识联系在一起，人们的休闲、消遣权利的要求受到了压制。时至今日，对"休闲"这个理念的认识虽然有了很大的变化，但远远没有达到一致，往往是心里想的和实际做的不一样，公开倡导的和具体的要求也不尽相同。如若不信，可以问一问我们一些政府的官员，比如说市长、书记，或更高一点的领导，他们把自己的休闲放到了什么样的位置，他们不还都是"日理万机"，有谁可以公开地告诉他们的下属，自己会在哪一周或两周休假、安心到马尔代夫度假？

更有意思的是，当中国人开始被迫思考休闲的时候，又适逢整个世界提倡可持续发展的新理念，"节约型社会"的要求反而更加支持传统的理念，"减碳""节约能源"等理性消费的观念又是对节约、节俭理念的回归。因此说，对休闲的发展，也许精神与观念比经济因素的作用更大，这也是个不可绕开的问题。

第三个感觉是，当前休闲产业的发展存在指向上的误导，这不利于正确休闲理念的确立。

不能回避这样一个现实，时下一些休闲发展往往是从经济方面来设计的，社会上的关注点是休闲产业的发展，这也是当前政府一些政策的出发点和预期。在这个过程中，一个突出之处在于满足某些特定群体的高消费和特殊的休闲需求，以赢得高额利润和收入为基点，强调的是商业性，而主要不是满足公民普遍追求的休闲权利和提高普通公众的生活质量，忽视了大众市场与高端群体之间的差异。为了赢得更多的利润，一些地方政府或企业，不顾国家的政策限制，大肆圈地建设高尔夫球场、奢华娱乐场所，以各种名目建造高档度假设施和别墅，大肆推崇游艇、游轮和私人飞机的高消费。为了提高收益，旅游景区门票不断攀升，娱乐场所的高票价以及一些机构或"专家"兜售的高级滋补品、保健品和虚无缥缈的"健身"活动等现象泛滥，而对全民健康的体育活动、户外活动以及普适性的文化、教育活动等兴趣明显不足，满足一般大众需求的公益性公共服务设施体系建设滞后，引起了社会的抱怨，这也是不得不认真对待的。

三 "休闲城市"：一个最具中国特色的休闲概念

今天，人们对"休闲"格外青睐，出现了一系列冠之以"休闲"的词语，其中尤以"休闲城市"的概念抢眼，而且，这是一个地道的"中国创造"。在国外的学术文献中，很少看到中国意义上的"休闲城市"的概念。从英文网上查阅，涉及"休闲城市"（leisure city）的词语有两类：其一是名字而已，如美国迈阿密不远有个城镇，它的名字叫leisure city，其意义颇像"好望角"或者"格陵兰"；其二更是个娱乐场所，被称为"娱乐城"，仅此而已。目前在中国，不少机构、社团和专家围绕"休闲城市"做了大量研究，不仅对"休闲城市"做出了限定，而且还制定了标准；不仅提出了复杂的休闲城市分类，还发布 N个中国的休闲城市排行榜，于是，中国版的"休闲城市"的概念已经变得非常时髦。

那么，何谓"休闲城市"，一个主流的定义是"围绕休闲产业发展起来的城市，或者说是以休闲产业为主导产业的城市"。也就是说，这仅是从供给的角度而不是从需求的角度来定位的，往往与城市的文化品位、城市精神或当地人的生活方式关联不大。

关于"休闲城市"，大凡可以做出三种假设。

一是满足当地人休闲需求的"世外桃源型"。这往往不是大城市，而是小镇，甚至是清净闭塞的小城镇。这一类型是"宜居城市"，是当今世界所推崇的，或者称之为现代人的"梦想"，是从人们对城市生活的厌倦和"城市病"的恐惧所引发的。与大城市和超大城市呈反向发展，与轰轰烈烈的"城市化"相悖，这些城镇不大考虑外来人的需求，甚至排斥外来旅游者的进入。对"城市使生活更美好"的说法并不认可。这在西欧、澳大利亚等国家和地区颇为流行。在这样的地方，除了现代技术之外，其他都保持了某些原生态的状态，几乎没有所谓的"景区"或名胜，一切都不是某些规划所可以制造的炫耀性的"美"。

二是满足外来人休闲需求的"特定享受型"。这往往被誉为"旅游城市"或"度假天堂"。这里的一切完全以取悦于外来人的需求而建造，不大考虑当地人的需求，甚至不存在所谓的当地社区。例如，美国的奥兰多，以迪士尼游乐园为基础形成的一个娱乐城；阿联酋的迪拜，那里所做的一切，并不是以当地人的需求出发，而是人为地建造一些特殊的、豪华的住宿、娱乐、购物、健身等设施，那里的沙漠环境和高温等气候都不是传统上所说的宜居、宜游之所，但凭着领导人的胆识和高技术、高投入的做法，赢得了海外旅游休闲市场的青睐。人们经常把拉斯维加斯也作为一个休闲城市来对待，实际上，成为世界著名休闲旅游目的地的拉斯维加斯，指的是那条拉斯维加斯大道，那里根本不存在真正意义上的社区。与之相类似的还有最近韩国提出要建设的"旅游休闲城"，完全平地而建，由私人投资，以特定的消遣性产业吸引外地或外国访客消费，但这样的场所只有服务的提供者和短期的消费者，而没有真正要在那里生活的社区。

三是满足当地人与外来者共同休闲消费需求的"完美型"。在那里，外来人与当地人的需求没有太大的差异，主人和客人相互没有太大的影响，有世代生活在那里的当地人，也有候鸟式的度假或短期生活的外来人。世界上达到这样水平的城市非常之少，也许这是人们理想中的真正的"休闲城市"。如果有的话，目前只会出现在欧洲的某些地方。除了一般条件之外，更加重要的、必不可少的是文化的认同，来去自由方便，甚至没有国籍、国界的概念。亚洲尚没有这样城市存在的条件，中国更没有。

目前，被列入中国不同榜单的"休闲城市"或"最佳休闲城市"，应当属于哪一种假设，不得而知，而且有意思的是，曾被国际机构列入"世界最佳城市"的中国城市，几乎都没有被列入中国的"最佳休闲城市"，而中国选定的最佳休闲城市，也没有被国际上认可的"最佳宜居城市"，不知道其中的奥妙在哪里？

四　中国休闲梦的实现

我不懂流行歌曲，只是有时能听懂个别的歌词，发现很多明星歌中都会提到一个"梦"字,郑智化唱到"至少我们还有梦",胡斌唱到"只要有梦就拥有所有",任贤齐唱到"有梦的人不会彷徨"。不妨这里也要多说一点休闲梦、美好的梦,是一种追求,有了追求就会接近成真,因此,我们必须还要有梦。

面对中国的现实,中国的休闲梦应当从满足百姓最基础的休闲需求做起。我想在这里特别强调的是,我所要表述的是针对政府的,而不是针对企业的,因为企业完全可以在法律的框架下对自己的产品和服务对象做出选择。但政府则必须考虑整个社会。

首先,休闲何时能够自主一点。实事求是地说,是20世纪90年代中期"双休日"和公共假期制度改革后,中国人才开始考虑如何度过不工作的时间的,才开始认真思考"休闲"的理念。因此,在休闲活动上,中国人最初是被动的,是从被"休闲"开始的。所谓"黄金周"的长假期突然出现,让人们束手无策,于是糊里糊涂地随大流卷入了旅游大军的行列,把休闲与旅游画上等号,旅游就是休闲,休闲就是旅游。时至今日,对很多人来说,在以拥挤、拼搏、争抢和"超级堵"为特色的"运动"中生活,仍然是"中国式的休闲"。20多年过去了,人们休闲的欲望被调动起来,但还是停留在对延长假期的期望上,而如何能自主地、随心所欲地利用不工作的时间,并没有真正找到理想的途径,因此,即使再增加一个7天的长假期,依然还会是一场"迁徙运动"。

其次,休闲如何更自由一点。人们都喜欢谈自由,有人更推崇"若为自由故,什么都可抛"的理念。在旅游界,说得最多的是"自由行",有人也提出中国开始进入"自由行"的新纪元。这似乎也有点像做梦。比如说,带薪假期,国家有法,政府有实施细则,而对于工作着的人们来说,有多少人真正地享受到了,或者说,还有多少人还没有想过此事。再说出境出国游,人们总拿中国和世界上多少国家签订了ADS协议来说事,似乎成为中国出境旅游目的地的国家和地区就成了中国人自由行的地方,殊不知,普通公民持有的《中华人民共和国护照》在世界上被戏谑为"垃圾护照",据亨氏签证受限指数2010年排名榜单,中国护照位居第88,2012年位居第92,排在巴基斯坦、阿富汗、伊朗和朝鲜等前面。护照免签或落地签国家数为41个,不用和欧美国家比,在亚洲,日本、新加坡、韩国、马来西亚这个指数超过 150 个。因此，可以看出，我们在国际范围内的自由度是何等的狭小，这也是普通百姓急切盼望政府给予争取的权利。

最后，休闲公共设施更加充裕一些。今天的城市，虽然依然是人们争相涌入的地方，但是高楼成林、水泥成片、汽车如潮的面貌越来越明显了，对城市人们既爱又恨。近年来，政府采取的减免或降低部分文化设施的门票以及改善社区休闲设施等措施均取得了明显的效果，但这只是初步的，在这方面公民的期望还很高。尤其是在公共医疗、公共体育文化设施、健身设施、社会保障方面，还是欠账较多，纠结很大。政府能否下定决心，少把一些绿地圈起来让少数人享用，而多建一些人行步道或自行车道，让普通人能够安全地走一走；城市里多设一些有树木花草的空地，哪怕是些角落，让孩子或老人有个地方玩一玩；在社区里再多一些免费或低价的体育运到场地，让人们在不工作的时候活动活动身体；多一些不让百姓望而却步的 VIP、贵族、奢华的活动场所，而不是"人间天堂"，让人在闲着的时候多一点休闲消费选择。这些设施和服务可能难以成为赚钱的热点，但可以使百姓的休闲生活更加实际。

结束语

关于休闲的发展，我没有什么结论。综合起来看，无论对百姓还是对政府来说，休闲都是一个新的命题。政府缺乏明确而连贯的政策，也没有确定专门的机构来统筹和管理这一事关民生的重大事务。当前的一些关于休闲的政策主要是不同的政府部门从本部门职能的范围内制定的促进产业发展的政策，因此，这些政策是凌乱的、不连贯的，甚至存在相互矛盾的地方，而真正从休闲权利和民生考虑的大政方针尚不多见。不过，令人欣慰的是，中国共产党第十八次代表大会提出来的精神对中国社会经济发展提出了新的思路，尤其是其中所强调的三个新理念——"美丽中国""小康生活""中国特色"——将会产生重大的影响，为中国的休闲社会建设注入了新的活力，因此，我们对国务院即将出台的《国民休闲纲要》寄予厚望。

但是，我总希望，既然是休闲，总应当是更轻松一些，更自然一些，更自由一点，更安心一点。我们中国人太累了，青年和老年，壮年和小孩，男人与女人，城里人和乡下人，有钱的和没钱的，都累，都很累。因此，简单地说，我们把目标定得更加实际一点，让普通百姓能更容易地找到自己的欢乐和满足，日子过得更舒心一些，轻松一些，那么，我们的休闲梦就可以一步一步地实现了。

海滩休闲

关于中国休闲发展的冷静思考[*]

——兼谈休闲房地产的发展

非常高兴出席今天这个论坛。我长期做旅游研究，而且是做旅游政策研究的，但房地产问题我不大敢涉及，这个领域水比较深，这些年变化非常大，房地产与旅游相关联又是刚刚才活跃起来的。近些年，国家对旅游发展很重视，已经把旅游提到国家发展战略的高度，特别是国务院 41 号文件发布后，旅游的定位更加清晰。与此同时，又出现了另外一个流行词语，那就是"休闲"。休闲在中国，好像是随着国家度假政策出台而出现的。我从事旅游研究多年，感觉旅游的事情越来越复杂，越来越说不清楚，而现在出现的这个"休闲"概念更宽泛，更是难以说明白的事情。但无论如何，休闲的问题，从政府到百姓都非常关注，只不过关注点有时会不同，而且，有一个新趋势，那就是旅游和房地产关系开始密切，到底这两个不同的产业如何发展，是同行不悖或殊途同归，还是两股道上的车，这需要观察和研究，需要"冷静思考"，我主要表述一下我对休闲的看法，我的观点可能不会"激动人心"，最后捎带着谈一谈旅游房地产的事。

旅游房地产或旅游休闲房地产，这是一个非常中国的概念，我发现，用英文来诠释这个概念更难，因为在国际上，很少见到"旅游房地产"或"旅游休闲房地产"这样的词语。很有意思的是，大家现在说旅游房地产或休闲房地产的时候，会涉及两个问题，第一个问题就是和旅游、休闲相关的房地产，这个范围在不断扩大，从商业性旅游接待设施向度假设施投资转，并逐渐引申到旅游景区领域；第二个问题就是从国际需求向国内需求转化。我们国家最初提出是为发展国际旅游建立国

---

[*] 在"国际旅游地产主题研讨会暨第七届全国产权酒店合作论坛"（2010 年 11 月 20 日海南三亚）上的发言，本文有所删减。

际旅游度假区，当时没有考虑到百姓需求，这个概念提出的时间比较早，与国民需求不冲突，但从总体上，这个举措并不成功。随着国内旅游的发展，在传统的旅游消费活动开始向休闲活动扩展的时候，政府依然更关注旅游发展，而企业的积极性则从一般房地产开始转向旅游房地产。以前，人们买房子是当作一种家产为了自己居住，但近些年来，不少人很快就转向了一种投资行为，用以租赁、交换和买卖。这些年来，投资性房地产最火，去年春节的时候很多人到海南抢购房子，一些人是想到了自己到海南度假，但更多的人期望海南房地产升值，以自己居住为目的的人显然不如期望通过投资获利的人多。

从当前国家的现行政策来看，对待旅游业发展和房地产发展是不相同的。旅游业发展已经上升为国家战略，提出了要把旅游业培育成战略性支柱产业的发展愿景，国家出台了一系列的支持性政策，地方政府也推出了一些相关政策支持，特别是中共中央关于"十二五"发展规划纲要的建议里，突出地讲到了经济发展方式的转变，重视保障和改善民生。而对于房地产业发展，特别是金融危机出现以后，面临一些非常不确定的因素，总的感觉是不知道下一步如何发展，如何调整，这是房地产业非常关切的一个问题。

这里先说"休闲"，然后再说"旅游休闲房地产"。

和当年热炒"经济""文化""生态"等概念一样，今天又非常热衷于讨论"休闲"。一些专业的组织、协会——国际的和国内的——都非常活跃，各种各样的论坛此起彼消，非常频繁，而论文、专著更是层出不穷。有人早在几年前就提出过中国"休闲元年"的概念，有人也表示到 2015 年中国将进入休闲时代，其根据多是目前我国或某些城市人均 GDP 的数据。那么在中国，休闲到底是个老概念还是新概念，是个本土概念还是个舶来品，中国人休闲的理念是什么，中国的休闲已经发展到什么阶段，中国离休闲社会还有多远等这些关键问题，依然是各弹各的调，各说各的话，依然是个争论不休的话题。

从目前的情况来看，在中国，休闲理念是矛盾的，还没有形成一个社会共识；国家的休闲政策是凌乱含糊的，不明确，不连贯；休闲管理是缺位的，没有哪个综合的部门来统筹。休闲意识处于朦胧时期，休闲产业也是处于初始阶段，休闲仍然处于刺激消费的经济驱使阶段，离改善生活质量、作为生活方式的休闲社会还有相当大的距离。从某种意义上讲，休闲发展被简单化了，休闲社会的发达程度被夸大了。

其一，长期以来，儒家哲学作为国民基本的观念，影响非常深远，根深蒂固。在中国，勤劳节俭是主流思想，休闲的观念是长期被排斥的。只褒奖劳动至上，创造财富，拥有财富，不激励享受，更不推崇休闲理念。在中国社会发展过程中，封建王朝一统天下的时间漫长，且以农业经济占有绝对的主导地位，享乐消遣一直是特殊阶层的事情，与百姓无关。贪图享乐、乐不思蜀被认为是导致王朝衰败、国破家亡的根源，因此，与"休""闲"相关的概念往往是被社会所不齿的。千百年来，"劳动门第春常在，勤俭人家庆有余"几乎是经久不衰的经典楹联，张贴了一年又一年。严格地说，中国没有资本主义发展的过程，工业化与城市化过程来得相当迟缓，所谓西方那种源于城市化和工业化对身体和精神造成的压力，对于中国人来说，其感觉要轻微得多。因此，中国人对西方人很早以前就倡导的"逃离"（escape）城市的理念颇为陌生，人们还在一心向往城市，千方百计要挤进城市简直是乡村人的时代梦想，或者说是改变命运、脱贫致富的最便捷之路。

直到今天，尽管生活在城里的人经常抱怨交通不畅、空气不洁、人情不浓、食品不良等城市的不爽之处，但真正要放弃城市而到那些更好一些的农村或小城镇者又有多少？而广大的农村人口，包括已经比较富有的农村人，甘愿到大城市里"漂流""蜗居"者不也依然是大有人在？在中国，所谓"逃离时代"并没有成为现实。倒是有些人嫌自己的国家不好，花大钱，铤而走险走捷径，偷渡海外，那是另外一种"寻梦"的趋势。

新中国诞生后，社会发生了巨大变化，但是却存在两个非常特殊的现象，一是长期经济落后的压力，"穷则思变"，更加强化了"勤劳"和"节俭"的传统，"艰苦奋斗、奋发图强"一直被崇尚，被恪守，代代相传，矢志不渝。"先治坡，后置窝""先生产，后生活"是上一代人的骄傲。既然被称作传统，是光荣传统，肯定还是要发扬的。

二是长期的生活政治化，把人类对生活的消遣、休闲等基本需求紧密地与思想意识联系在一起，人们关于休闲、消遣权利的要求受到批判甚至压制。尤其是"文化大革命"造成的混乱，恐怕一代人是解决不了的。因此说，从整个社会来讲，即使是在今天，对所谓的"休闲"的理念，人们心中仍然是矛盾的，虽然有了很大的变化，但往往是心里想的和实际做的不一样，公开倡导的和具体要求的有差异。

中国人一向是"唯上"的，听领导的，看领导人的动作做事。穿衣戴帽皆如此。中国有"中山装""毛服""紫阳服"。然而，在全国普遍大唱休闲赞歌的时候，怎么看不到关于我国高级领导人，诸如胡锦涛、温家宝同志休假的消息，反而整天是"日理万机"？作为国家领导人，也往往是把工作与休闲混为一谈，没有正式公布过我国领导人度假或休闲的公告。在很长一段时间里，"穿衣戴帽"虽说是各有所好，但中国人总是左顾右盼。在出门之前穿上新衣服的时候，总是在思索别人见了会说什么，而不是说出自己的感觉。

更有意思的是，当中国人开始思考休闲的时候，又适逢整个世界提出了"可持续发展"的新理念，"节约型社会"的要求反而更加支持传统的理念，"减碳"和其他理性消费的观念又是对节约、节俭的回归。开始提倡"慢生活"，要"返璞归真"。

应当说，在中国，现代意义上的"休闲"是"舶来品"，并不是本土化的理念，今天我们必须面对这一差异，要从理念上认识它，而不能仅仅从造词法来推敲是"人＋木＝休"，还是"门中有月"则为"闲"来找根据了。

其二，休闲政策是模糊的。在中国现行《宪法》（2004年修改）中只提及了"劳动者有休息的权利"，和"国家发展劳动者休息和休养的设施，规定职工的工作时间和休假制度"，并没有提及"休闲"的概念。人们往往把休闲和休息结合在一起，从而把放假、假期与休闲扯在一起，似乎国家关于休闲政策就是放假政策，这显然是有偏颇的。也许"闲"可以解释为"不工作"，需要有个人空余时间的概念，但只有时间并非休闲的本意。作为一个政府或社会来讲，休闲更是公民的一种权利，而这种权利需要法律来保证，需要政策来促进实施。然而，它又不仅仅是"休息"的权利，还与健康、文化、精神等各个方面有关。

当人们没有工作，社会尚未得到充分就业的时候，"闲"就没有实际意义。当社会劳动力低下，没有能力负担不工作也得到体面生活时，"闲"也没有意义。当儿子还要靠老子养活，自己不工作反而沉醉于享乐休闲的时候，难道这有意义吗？

即使是新中国成立以后，人民当家作主了，但长期以来，整个国家都在为政治稳定和经济发展而奋斗；即使是在改革开放以来扭转了当年过分、极端强调的政治与意识形态的做法，但是整个社会还仍然是为实现基本生活保障为目标的"以经济发展为中心的社会"，远没有达到以追求真正的自我实现为目标的"休闲生活方式为中心的社会"。也就是说，到目前为止，休闲还主要是个人的追求，基本上还没有成为一种社会或国家关注的事。因此，尚没有明确、系统的国民休闲政策。不过这也是事关国民生活质量的重要环节，它应当与包括政治、经济、教育、环境和福利等在内的其他社会体系具有同等重要的意义。

其三，休闲产业与休闲事业并非一个概念，今天在中国，休闲依然限定在为实现经济目标的产业，旨在发展经济、刺激消费，而不完全是休闲所具有的"改善人类生活质量"的本意。

在中国休闲被提及和重视，应当说是源于20世纪90年代每周5天工作日和公共假日的调整，很明显，当时政策调整主要目的是促进旅游业的发展，以此手段刺激公民的消费，拉动内需，促进生产，搞活经济。虽然长假期的制度安排和后来的调整一直存在争议，但一个不争的事实是，这个新制度的确立改变着公民的休假意识，改变着公民的休闲观念。然而，直到现在，社会上的关注点是休闲产业的发展，这也是目前政府政策的出发点和预期。其突出特点还在于刺激某些特定群体的高消费、特殊休闲需求，以赚取高额利润和收入为基点，强调的是商业性，而主要不是满足公民普遍追求的休闲权利和提高他们生活质量的生活方式。讲住宿设施就是豪华饭店、奢华度假村和公寓；讲休闲活动就是高档餐馆、会所、高尔夫球、邮轮、游艇等高消费方式或场所；讲游览就是提高门票价格，讲文化娱乐就是高价演出票、高价电影票价和巨额的票房价值；谈到健康，就是高级滋补品和保健品、"长生不老药"，而不是保障全民健康的体育活动、户外活动以及普适性的文化、教育活动。这在一定程度上，刺激了"浪费性的"或"本能性的满足"活动，如赌博、酗酒和性行为，这与普通百姓所追求的休闲生活严重错位。

其四，鉴于上述，关于休闲这样一个事关民生的重大事务，政府似乎没有一个机构来统筹规划和管理，目前对与休闲管理相关的部门，更多的是针对与之相关的产业相对口，是个管理产业的机构，而且这些相关的部门制定自己的政策，赢得自己的势力范围或保护既得利益，相互之间没有多少关联，甚至有的时候还是相互掣肘或对立，造成政出多门。中国高尔夫球场在"严限"中"疯涨"的现象，可作为一个例证。

在国家法律规定的范围之内，个人休闲欲望追求与企业家逐利的行为是无可非议的，但是作为政府，其责任则应围绕国家制定的大政方针进行政策的引导、支持和从设施、设备的提供，内容的开发以及教育、活动的开展而实现既定的目标。这一点对国民休闲和休闲产业的发展来说是非常值得认真研究的。

现在，简单地说一说休闲房地产。

首先，休闲不应当完全等同于追求奢华。近年来，这个问题讨论得比较多。作为房地产企业，从追求利润的角度上说，从市场预期角度谈奢华、高档比较充分，这是个大势。但是，这只是一部分人的需求，而不同社会群体和不同社会阶层的需求是不一样的。作为行业来说，应当从不同消费层面寻找发展机会，不一定非要走奢华的独木桥。而享受不一定完全是对设施的享受，还与文化和精神相关。旅游提倡的是一种体验。中国人的休闲理念也在变化，这种变化跟社会经济发展有关，也和政府政策的引导有关。

从旅游房地产这个概念来看，我觉得中国企业要认真考虑国情和民情，中国的情况非常特殊，很多东西不能采取西方国家发展的模式，外国模式可能在它们国家是成功的，但是照搬过来未必能行得通。这些年我一直追踪"分时度假"行业在中国的发展，我的判断是，二十多年来，这个行业在中国的发展基本上是不成功的，美国模式的引进犯了不了解中国国情的错误。美国模式，不管是叫"分时度假"还是叫"度假权益"，它的一些做法在中国行不通，走不远。不过我也认为，比如说海南岛，如果是从国际旅游岛的定位考虑国际旅游市场消费的话，美国模式可以大胆地试，积极推行，但不是针对国内市场去推行。这件事情做早了，对象选错了。

其次，是要从长计议，不要太急功近利，不能仅仅从投资增值的方向去引导。国务院确定海南岛为国际旅游岛的初期，最引起全国关注的是去年春节房价的飙升。如果海南作为国家确定的国际旅游岛，只是大兴土木建房子，快速把房子卖掉能大大地赚一笔，这可能与国家确定的国际旅游岛发展方向和期望是有偏差的。海南一下子变成房地产投机的天堂，一些投机商先把房子买下来，然后再把房子卖出去，把海南做成一个房地产交易所。房子多了没有人住，海南岛的旅游就很难发展起来，国际旅游岛首先需要的是人流和人气，有了旅游者才能营造一个具

案例与借鉴

有吸引力的旅游目的地。如果完全成了买卖房子的地方，真正的旅游者也就不去了。国家对国际旅游岛的发展非常重视，把海南作为国家的一个旅游发展示范区，就是希望海南出经验。我理解，国家这样做，就是要海南做其他地方没有做过的事情，试验成功可以在更大范围推广；不成功，那就再改，再试验。海南要变成国际旅游岛，至少要做好两件事，其一，具有国际水平的旅游目的地，具备能和国际岛屿旅游目的地相媲美的氛围和设施，具有国际竞争力。其二，它应该对国际市场具有吸引力，特别是差异性，而不是模式的模仿或照搬。这里需要指出的是，国家确定把海南作为一个国际旅游岛来发展是个方向，这并不意味着海南现在就是国际旅游岛了，它离国家确定的目标还有相当大的距离，还需要长期坚持不懈地努力。当前的任务是明确方向，确定战略，奠定基础，而不是把"国际旅游岛"当作桂冠，坐地收钱。在这方面，让我想到了美国的迪士尼。迪士尼的发展过程似乎给世界做出了范式。迪士尼进入中国虽然首先选择了香港落地，但它的最终目标不是香港，而是中国内地。迪士尼的发展完全不是一个景观概念，更不是简单的房地产项目，一个迪士尼造就了一个文化娱乐综合体，甚至是一个小城市。而国内的大多数景区依然是靠门票经济的发展模式。我们也注意到，现在房地产商进入主题公园业，其运营模式也在改变着主题公园的发展传统，投资商拿到项目后，首先筹划的不是主题公园本身，而是主题公园周边房地产开发，先想法把钱赚回来，从而为后来主题公园本身的建造和运营埋下了危机。

保障和改善民生成为国家大政方针，也为房地产提供了新的发展思路，从目前来看，人们对健康和养老需求成为房地产突出的发展潜力，中国老龄化问题已经提到日程，各方面都在关注这个市场，这其中不少与所谓的旅游休闲房地产相关。这一块更涉及民生，涉及不同的群体。

还有一个问题是，房地产的发展要靠创意，要创造出差异和特色，特别要依靠诚信，打造品牌，这是产业发展的方向，这也是最难的，我们模仿别人做一件事情比较容易，真正做出差异需要长期的努力，房地产本来就是长期的事情，改变目前以短期经济效益为主导的观念，这是企业发展一个比较扎实的路子，这说起来好说，做起来很难，这是大家都知道的。

以上只是个人之见，仅供大家参考。

旅游公共服务体系[*]

——城市旅游发展的基石

开头的话

从世界范围来讲，旅游公共服务体系建设是个老话题，而在中国则是个新话题，这是因为在很长一段时间里，中国旅游发展的方式与世界许多经济发达国家存在差异，走的是一种非常规发展的道路。远的不讲，直到 20 世纪 80 年代后期，中国开始讨论旅游发展六大要素（行、住、吃、游、购、娱）的时候，还只是作为重要的方面，要求旅游部门关注，还没有提到公共服务设施的高度，因为实际上，在那个时候，这六大要素还只是专门为旅游者提供服务的特殊体系，行，必须是规定的交通工具和由旅行社或外事（旅游）车队提供；住，只是"涉外饭店"；吃，定点餐馆；游，全部是旅游团队，到开放的景区、景点游览；购，到"友谊商店"，凭护照和外汇券；娱，则更是限定了专门的安排。甚至厕所都被称为"旅游厕所"。这一切都成了往事，中国的旅游发展发生了巨大的变化，这些变化逐渐对旅游公共服务设施提出了新的要求，而其中以景区为中心向以旅游目的地为中心的转变是城市旅游的重大变化。

一 城市旅游发展：从景区到目的地的转变

1. 主体市场的转变：海外市场与国内市场

经过 30 多年的发展，中国旅游市场的主体发生了根本性的变化，

* 在"复旦大学城市旅游研讨会"（2012 年 10 月 27 日）上的发言稿。

无论从哪个角度来看，几乎所有的中国城市，海外旅游市场所占份额都远远低于国内市场。而且，长期以来，由于时间与消费成本、旅游频率等方面的因素，海外旅游者大多数是按照以著名景区为基础的旅游线路而开展旅游的，这与国内旅游方式存在巨大的差异。

2. 旅游组织的转变：团队与散客

对国内大城市和著名旅游城市来讲，旅游的组织形式也发生了重要的变化，随着交通、住宿设施等预订手续的便捷，散客所占的份额越来越大，即使是海外来访者，散客也逐渐成为城市旅游的主体，这就表明旅游者对公共服务设施的依赖程度越来越高。

3. 旅游方式的转变：公共交通与自主交通

从交通工具来说，旅游者一直依靠公共交通，长途旅游主要是依靠飞机和火车。然而，随着高速公路的快速发展和自有汽车拥有量的急速增加，自驾车已成为中短距离旅游的重要工具，自主交通工具的普及扩大了城市旅游的范围。

4. 旅游目的的变化：单一观光（到此一游）与多元度假（寻求体验）

随着国家假期制度的调整，尤其是长假和短假期的增加，单一观光性的旅游活动所占比重在下降，而家庭度假和多目的的旅行方式在增加，延长了访客在一个城市逗留的时间。

5. 旅游产品的变化：观光与活动/节事

对一个城市来说，旅游产品的开发方式不断创新，在景区建设上，特别青睐大型综合性的景区建设，景区的规模效应突出，但与此同时，城市特别关注大型和超大型节事活动的开展，如世博会、博览会、文化节、体育赛事等节事活动，丰富了活动内容，延长了逗留时间。

以上这些突出的变化导致了这样的结果，即城市不再是某个景区或景点的代名词，城市本身成为一个具有独特吸引力的旅游目的地，因此旅游者的活动不再仅仅是沿着不同城市的景点构成的线路旅游，而是趋向于以某个城市为基地，向其周围扩散。

二 城市旅游公共服务建设：理念的转变

1. 旅游消费：差异与趋同

中国的旅游发展是围绕满足海外旅游者的需求而展开的，因此，外来旅游者与当地人的消费需求存在突出的差异，最初的旅游服务设施基本上不考虑当地人的需求。这样造成了旅游服务和设施的使用者是相互独立的，是不可替代的，然而随着旅游市场的变化，国内外旅游者的消费方式逐渐趋同，对公共服务设施的使用出现了重叠，旅游消费的兼容是中国旅游走向成熟的体现。

2. 旅游服务设施的性质：旅游专用与大众共享

为了满足海外旅游者的需求，以赢得外汇收入，旅游服务和设施上形成了一个特殊的旅游服务体系，如旅游饭店、旅游商店、旅游汽车、旅游餐馆乃至旅游厕所。在很大程度上，这些服务和设施属于海外旅游者专用，属于"外事"的范畴。但是，旅游发展到今天，这一局面已经完全被打破，当地人与外来旅游者之间对服务和设施的需求逐渐统一，使用对象相互替代，就是所谓高档的住宿设施、豪华的服务设施以及信息、金融等服务也已经不再是外国人或外地人的专属，一些原来只是服务于特殊群体的设施变成城市公共服务设施，而市区步行街与郊区的休闲旅游步道也成为度假旅游者青睐的场所。

3. 旅游公共服务设施的建设：旅游主管部门与市政府的责任转移

在很长一段时间内，旅游设施与服务属于旅游者专用，因此，旅游设施和服务的提供作为一个特殊的领域，其责任往往落在政府的旅游主管部门，由它们根据旅游者的需求专门制订计划并实施。随着国内旅游的迅速普及，旅游、休闲设施逐渐成为公共服务设施，对这些设施的建设和完善逐渐成为市政府而不再仅仅是旅游一个部门的责任。

4. 封闭独立与开放联合

现代城市发展的另外一个特征是，原来的封闭和自成体系的传统在逐渐被打破，城市越来越开放，并开始主动地与相邻城市和乡村联合，重视区域的协调发展。尤其是各种便捷交通工具与网络的完善，城市群、城乡结合、集散地的理念越来越被认可和接受，这也为城市和城市间、城乡间旅游公共服务体系的建设开辟了新的途径，强化了作为旅游目的地的城市之间、城乡之间合作共赢的理念。

三 城市旅游公共服务体系建设的新趋势

最近一些年来，各地都比较重视旅游公共服务设施体系的建设与完善，出现了一些新的做法，也反映了新的发展趋势，以下只是这些趋势的几个典型方面。

1. 从各自为政到逐渐统一

由于社会经济发达程度和旅游业发展阶段的不同，城市旅游公共服务体系的建设存在很大的差别，一些社会经济发达且旅游业成熟的城市较早地重视旅游公共服务体系的建设，改变政出多门、各自为政的传统，将旅游公共服务设施作为城市公共服务体系统一规划和建设，以满足当地居民和外来旅游者的共同需要。

2. 区域分隔到网络化连接

一般地说，城市是一个旅游目的地，是现代旅游者集中的地方，或旅游的集散地。但随着交通工具的不断改进与交通设施的不断完善，城市间的交通变得越来越通畅，城市交通网络的建设显得愈加突出。高铁与高速公路的建设大大改变了原有的时空概念，也改变着区域旅游公共服务设施体系的设计与建设思路，这不仅体现在硬件上，也体现在管理的软件上。

3. 预订方式以消费者为中心

网络技术、移动技术等新技术的发展不断改变着人们的旅游消费观念与方式，而日新月异的各种旅游服务的预订系统对服务企业的经营方式提出了新的挑战。传统上以服务提供者为基础的预订方式正在改变，通过第三方的服务变得越来越突出以消费者为中心，依据消费者的意愿不断调整。多向互动的选择变得越来越普及。

4. 旅游支付方式智能化

旅游活动最突出的特质就是异地性，不离开常住地的活动不能称作旅游活动。而作为旅游者，异地消费的支付方式和工具随着出行的频繁、消费内容的扩大和消费金额的增大而变得颇为重要，这对作为旅游目的地的城市来说也是一个新的挑战，这一服务设施的提供，就像早期的公共电话一样，也被列入公共服务体系之列。而最为突出的是交易的便捷与安全，实现智能化，使多种支付工具相互兼容，而不是更加繁杂烦琐，例如，一些城市可以提供多种公共交通卡（含公共汽车、电车、地铁和出租车、城市观光车、船等），景区通票以至于包括景区门票、餐饮费、交通费的城市卡，多种多样的储值卡、信用卡以及网上支付、手机支付等现代支付方式。

5. 从分散服务到集中统筹

大城市和超大城市旅游集散中心的建设是城市公共旅游服务设施体系的一大创新，这对日益扩大的大众旅游和逐渐成为主体的散客旅游来说非常重要。这些年来，长三角地区出现的将铁路、航空与城市公共交通联系在一起的城市交通集散中心（上海）和把多种旅游线路联系在一起的旅游集散中心（杭州）都显示了它们在节约能源、疏散客流、缓解拥堵、提高效率和提供人性化服务等方面的优势，并为老城市改造和新城市规划做出了示范。

四 中国城市旅游公共服务体系建设面临的挑战

应当看到，目前中国的城市旅游公共服务体系的建设还存在不少问题，需要政府下大力气去解决。

1. 认识仍须进一步提高

建设和完善城市旅游公共服务体系是最近一些年提出的一个新概念，这一理念在 2009 年国务院 41 号文件中做了突出的表述，尔后，国家旅游局制订了《中国旅游公共服务"十二五"规划》（2011），并发布了《关于进一步做好旅游公共服务工作的意见》（2012），对信息、安全、交通、惠民和行政服务等重点方面做出了具体安排，但是，这毕竟是一个新的议题，囿于传统行政管理体制和对旅游休闲发展趋势理念的限制，对旅游公共服务体系的认识还有待加强。实践证明，旅游不仅仅是一种经济现象，还是一种文化现象，因此，满足人们日益增长的旅游需求，不仅仅要靠发展旅游产业，也要重视旅游事业。换句话说，旅游供给并非一个纯产业，还具有一定的公益性。因此，在城市旅游供给服务体系中，有相当大的一部分是应当通过政府预算来建设的公共服务，尽管享用这些设施和服务的对象并非完全是这个城市的纳税人。实践证明，在这一领域，不仅强调公营部门和私营部门的合作，也需要公营部门和公营部门的合作。

2. 标准化进程应当加快

对于城市来说，在旅游发展的初级阶段，旅游服务设施多是以特殊形式满足外来旅游者的不同需要而提供的。但随着旅游者人数的增加和旅游业规模的扩大，公共旅游服务体系的标准化变得越来越重要。一个城市，尤其是旅游城市——实际上，不提倡发展旅游的城市越来越少了——在旅游产品开发方面要突出特色，创造差异，但是在公共旅游服务设施上，要体现一定程度的标准化，无论是对当地人外出旅游，还是对外地人到这个城市旅游来说，都是一种期盼，例如，城市观光车，在不同的城市，观光车的设计和主题路线可以有自己的特殊之处，但其基本功能与服务方式应当遵循大家熟悉的标准。同样，旅游信息中心的设计形式可以有区别，但是标识、服务乃至选址应当有大家都认同的标准，这样可以充分发挥优势。

3. 人性化程度亟待改善

公共旅游服务体系的服务对象包括当地人和外来旅游者，包括本国人和外国人，要突出其公共性和人性化，最重要的是它的使用功能而不是形象工程，要尽量满足不断变化的大众需求，的确体现以人为本的原则。从现有设施的设计与建设来看，这方面存在的问题较多。例如，人们常说的"最后一公里"缺陷在城市旅游交通网络建设上普遍存在。新景区与大交通干线的衔接问题，机场大巴与城市公共交通网络的衔接问题，机场与车站之间的连接问题等广泛存在。再如，近年来，一些城市建立了旅游信息中心，但在地点的选择和服务方式上并没有突出"访客需求导向"的理念，没有能够在旅游者最需要的地方和时间提供相关服务。在很多情况下，很多城市是做了这件事情，并没有真正体现以人为本的理念。

4. "国际化"与复古化值得警惕

人们注意到，近年来，围绕着发展旅游，城市建设上出现了两大热潮，一是"国际化"，二是复古化。一方面，全国各地很多城市都在侈谈国际化（更加确切地说是"洋化"），无论大城市还是小城市，无论是内地城市还是沿海城市，都把建设成国际化城市作为目标，对待公共服务设施的定位在高端、奢侈、豪华、洋气上，超大型广场，复杂的喷泉，欧美式的路灯，超豪华的饭店，超级功能的会议展览中心等，希望以此来招揽海外投资和游客。另一方面，不少城市又在复古上大做文章，不惜花十亿元、百亿元乃至千亿元，大大超出城市的经济能力，来重新恢复或建造一个历史古城。总之，想把现在的城市，不是决心整容成"洋妞"，就是将其拉回久远的历史重塑"仕女"。有人警告说，做这样的事，最好要谨慎，不要酿成"功在当代、祸殃千年"的噩梦。

结束语：以旅游的名义？

　　一个城市叮以成为旅游城市，但旅游城市不应当是城市发展的终极目标。一个城市可以成为著名的旅游目的地，但无论何时，这个城市应当是住在这个城市居民感到温馨依恋的家。旅游业可以成为一个城市的经济支柱，但发展旅游的主要目的应当是能使这个城市的百姓真正从中受益。一个城市，如果得不到本市居民的热爱，将来肯定有一天旅游者也会不喜欢这个城市了，逐渐离它而去。在这里，之所以强调城市旅游公共服务体系的建设和完善，是因为这样的服务设施和方式能使旅游者和当地居民共同受益，使城市成为主人和客人共同喜欢的地方。城市更是一种"家"的概念，一个市民宜居的家，是外来者的"家外之家"。因此，对一个城市来说，不要任何事情都仅仅以"发展旅游的名义"来做。

城市观光车

旅游信息中心体系建设：
国际经验与中国实践*

序　言

　　和世界许多发达国家相比，中国的旅游发展走过了一段非常规发展的道路。这主要体现在，新中国旅游的发展是以实现政治目的开始的，是以入境旅游起步的。改革开放政策实施以来，又以赢得急需的外汇收入为主要目的而大力推动的。鉴于当时的政治背景、经济条件和理念，旅游服务设施并没有被看作公共服务设施，而是专门为外国旅游者这个特殊群体服务的，因此，凡是冠之以"旅游"的设施和服务，均为特殊的设施、专门的服务，或者说是"高级的"设施、特殊的服务。例如，旅游公路、旅游饭店、旅游汽车、旅游船、旅游餐馆、友谊商店、旅游商品甚至旅游厕所，都比服务本国公民的设施要高出一等，价格也要高出很多。这和国际上"旅游"代表"大众"的概念大相径庭。30多年过去了，今天的旅游显然发生了巨大的变化，旅游业服务的对象从单独地服务于境外消费者变成以国内旅游消费者为主体，旅游休闲不再是"奢侈品"或者是某种特权或地位的象征，而是成越来越多的普通公众生活的一个组成部分。旅游与休闲活动不仅仅是正当的消费，而是得到了政府的提倡和鼓励，甚至以法律的形式固定下来。因此，很多原来被当作特殊的旅游服务设施逐渐变成了公共旅游服务设施。这些设施，不能仅仅看作由特定部门投资建设、服务于特定对象的特殊设施，而应看作是从整个社会需求的角度考虑、由政府提供的公共服务设施，其类别也会随着公众旅游需求的增加和扩展而不断增加。近年来，在中

---

　　* 2014 年 12 月 4 日在杭州城市联盟旅游培训班上的讲课稿。

国的一些大城市，虽然旅游公共服务设施在不断增加与完善，但是公共投资明显不足，设施和设备远不完善，服务方式远远不能满足外来来访者和当地居民的要求，有些地方还存在空白。这显然与我国旅游业迅速发展的形势是不相适应的，这一点已经引起了各级政府、业界以及公众的关注。

随着旅游活动的普及和旅游业的发展，世界各国政府和业界都非常重视公共旅游服务设施体系的建设与完善，而随着作为来访者的旅游活动与当地居民休闲活动的融合，这一体系的服务功能变得越来越重要，服务对象越来越广泛。世界各国多年的实践表明，公共旅游服务体系业已成为城市公共服务体系的一个重要组成部分，而旅游信息中心是这个体系中存在时间最长并证明是非常成功的元素之一。尽管世界各国旅游业发展的过程与阶段有一定的差异，但对这一系统的作用和功能有了共识，不同国家和地区积累了丰富的经验，使之不断完善和创新，为满足旅游者和当地居民的需求和旅游业可持续发展发挥着积极的作用。

在中国，旅游作为产业的真正发展始于改革开放政策的实施，本国公民的国内旅游与休闲活动，也是在 20 世纪 80 年代中期以后逐渐兴起的。随着旅游业的快速发展和国民旅游需求的不断增加，作为公共旅游服务设施的旅游信息中心的概念开始引进，并先后在一些旅游城市陆续出现。但是，从总休上看，和其他相关设施比较，发展比较滞后，与国际社会比较差距更大。尤其是在全球化不断扩展和中国开放不断深入的大背景下，2009 年国务院将旅游业的发展提高到国家战略层面，对公共旅游服务体系的建设和完善提出了新的要求，因此有必要专门针对最具代表性的旅游信息中心进行研究，制定专项的政策和措施，进一步推动整个公共旅游服务体系的建设。

这里需要说明的是，"旅游信息中心"的名称，是从英文 Tourist Information Centre 直接翻译过来的，有的地方称之为"旅游咨询中心"或"旅游问讯中心"，是指旅游目的地为来访的旅游者提供各种面对面信息服务的场所或设施。由于语言文字、文化传统等诸多方面的原因，不同的国家，或在一个国家内不同的地区，具有类似功能服务设施的名称不尽相同。但大多数国家都称作"旅游信息中心"，缩略为"TIC"。也有的国家或地方叫"欢迎中心"（Welcome Centre）、"访客中心"、"游客中心"（Visitors' Centre）、旅游办事处（Tourist Office）、公共关系与信息中心（Public Relations & Information Centre）等，为了便于识别，旅游信息中心都有明显的标志，虽然世界各国文字种类繁多，但多用 I 或 i 这个代表信息（Information）的字母来表示，并把这一标志设在路标指示牌上，印制在导游图、旅游地图和旅游指南上。从某种意义上讲，旅游信息中心已经成为陌生的旅游者觅寻信息和获得帮助的自然去处，也成为所有国际旅游城市或重要的旅游目的地必备的旅游公共服务设施。但是在中国，这一设施出现得较晚，往往一提及"旅游信息中心"，首先想到的是以网络信息平台为基础的旅游信息提供体系，容易造成混淆。本文为了便于与国际比较，暂时使用"旅游信息中心"这个名称来表述，但所指的是"旅游信息咨询服务中心"。

一　国际经验

（一）旅游信息中心（TIC）的源起、发展、现状与趋势

目前，设立旅游信息中心的做法已经在世界各地普及，利用这样的机构向旅游者和普通公众提供面对面信息服务已经成为一种惯例。

旅游信息中心最早出现在欧洲，英国是这一服务设施的开创者。最初的旅游信息中心是旅行相关的商业机构设立的，其目的是招揽游客，进行促销。当时的这些机构是独立的，是非官方部门设立的，相互之间没有联系。这是旅游信息中心的初级阶段。

第二次世界大战以后，国际旅游活动逐渐在世界各地展开，20 世纪 60 年代之后世界出现了国际旅游发展的高速增长期，于是，旅游信息中心作为服务于国际旅游者的服务设施在欧美等旅游发达国家的城市相继出现，数量不断增多，功能不断完善，并逐渐由原来旅游商业机构创建的独立零散的服务设施变成政府的公共服务设施，形成了相互联系的国家和地区的服务体系。这是旅游信息中心的普及阶段。

随着大众旅游时代的到来，旅游信息中心的建设受到所有旅游发展国家的关注，这一公共旅游服务设施在世界范围内已经普及，不仅有了普遍认可且易于识别的名称、标识，也有了相对统一的服务规范，成为旅游者在异乡寻求旅游信息和帮助的重要场所。随着旅游信息中心服务对象的扩大和服务理念的变化以及信息技术的发展，旅游信息中心的服务内容、服务方式也在不断创新，成为旅游目的地国家或城市旅游发达

程度的重要标志之一。因此，对大多数经济发达和旅游业发达的国家来说，旅游信息中心体系进入更加完善的成熟期。

据信，欧洲是设立旅游信息中心最早的地区。旅游信息中心首先出现在英国，逐渐在整个地区普及。早在一个世纪以前，英格兰的一些地方就出现了由旅行代理商、遗产托管公司和交通公司等单位联合兴办的以招揽游客为主要目的的旅游服务中心。随着旅游业的不断发展，类似的服务中心越来越多，功能也越来越齐全，但是，这些机构都是相互独立的中心，仅提供某些个别公司的信息，充其量不过是些地区性的，各中心之间几乎没有多少联系。1969 年联合王国政府颁布了《旅游发展法案》以后，英国旅游局开始着手进行旅游信息中心的联网工作，经过几年的努力，统一了全国旅游信息中心的名称、标识，颁发了中心的服务范围和工作规程，并对愿意加入网络的旅游信息中心提供一定的财政和技术上的支持。于是英国的旅游信息中心遍及全国大小城镇，数量超过 900 个，仅英格兰就有 600 多个，苏格兰 100 多个。早在 1986 年，英国在首都伦敦最繁华的商业区——摄政街——设立了一个全国规模最大、服务项目最全的英国旅游中心（British Travel Centre）。这个中心的总面积达 1000 平方米，设有服务和问询台 20 多个，由英国旅游局、英国铁路公司和运通公司联合投资兴建和经营。它不仅可以向公众提供关于英伦三岛的旅行、住宿、娱乐和其他方面的信息，而且在那里可以直接预订火车票、飞机票、轮船票和长途汽车票，预订导游、剧场票和旅馆客房，还可以兑换外汇、获得其他语言的服务以及购买特定旅游纪念品等，非常受当地居民和旅游者的欢迎。

从国际范围来看，欧洲与北美地区的旅游信息中心体系最完备，大洋洲国家的旅游信息中心体系建设几乎与欧美国家同步。在亚洲国家中，印度的旅游信息中心设立得最早，早在 20 世纪 50 年代印度就开始在首都德里、孟买、加尔各答等地设立，现在印度政府旅游部在全国各地设立的旅游信息中心 20 多个，各个旅游城市都有自己的旅游信息中心，而且，一些旅游企业结合本企业的业务，也开办旅游信息中心，但这些中心必须得到旅游部的批准，按旅游部的规定向旅游者提供信息服务。就提供服务而言，新加坡的旅游信息中心更加完善，更加从旅游者的实际需要布点，不仅数量多，服务时间长，而且效率高。韩国、日本、泰国以及中国香港等国家和地区都有着相当完备的旅游信息中心系统。其他地区这一设施的完善程度与不同国家旅游发达程度相一致。

综合起来看，现在国际上的旅游信息中心有这样几个突出的特点。

标识明。一般国家都使用了通用的 I，i 或 ? 等标识。虽然文字不一定完全一样，但是都非常明显，旅游者都非常熟悉。荷兰使用的是个笑脸，但也非常显眼。

数量大。旅游信息中心作为公共服务设施，数量相当多，几乎遍及了所有的城镇，尤其是在欧洲一些国家更为突出。例如，荷兰超过 800 多个，瑞典超过 300 多个。

类型多。虽然旅游信息中心体系完善的国家都有着统一的标准，但根据服务对象、所处的位置以及功能的设定，却有着诸多不同的类型，这包括综合性的与简约型的，常年性的或季节性的，国家性的或地方性的等。

网络化。在旅游信息中心完备的国家，基本上都已经实现了服务网络化，在提供当地、单项服务的同时，也与国家和地区的信息中心网络相连接，使服务不断扩展，而且这个网络化是与时俱进的，今天的网络化更加突出了互联网、移动新技术和新媒体的运用。

运营活。旅游信息中心作为公共服务设施，政府在投资和建设上发挥着主导作用，但是这并不排除充分发挥社会的各种积极性，在保证政府或行业制定的规范的基础上，旅游信息中心采取更加灵活的运营方式，增加这些服务设施的活力和可持续性。

从发展趋势上来看，随着旅游业的不断扩大、服务理念的变化以及新技术的发展，无论是旅游信息中心的建设，还是服务方式等方面都有许多改进，其中最为突出的包括以下几个。

【服务方式】人性化的服务。旅游信息中心的设施以最大限度地满足消费者的需求布局，而不是行政管理区划来考虑，以旅游者的活动确定开放时间，以最方便游客的方式提供服务。例如，新加坡作为一个城市国家有 8 个这样的综合访客中心（Singapore Visitors' Centre），其国际机场的到达厅与过境厅共设有 3 个，游客随时都可以非常方便地得到服务。服务方式的改变是人性化服务的突出体现。新加坡机场的旅游信息中心的服务时间从早晨 6 点到凌晨 2 点，只要机场有进出的乘客，那里就有人服务。更能够体现这一理念的是，早在 20 世纪 90 年代，欧洲一些国家，例如，芬兰、西班牙等就推出了"流动旅游信息中心"，或

"旅游帮手"（tourist help）。所谓"流动旅游信息中心"，就是信息中心改变了坐台等客的服务方式，而是让信息员到游客集中的场所，把信息直接送到需要的人身边。这些信息员都能娴熟地使用一种或几种外国语言，掌握全市的旅游信息，他们身着带有明显"旅游信息"标识的制服，身背带有同样标识的背包，从早到晚在旅游者集聚的场所走动，随时向需要信息和帮助的人提供服务。也就是说，旅游者不必到旅游信息中心就可以随时获得所需要的旅游信息，这的确是一个创举。目前，韩国的首尔也有同样的服务。

【服务手段】现代科技的利用。现代科技的利用是目前旅游信息中心改善和扩大服务的另外一个突出特点，这样做扩大了信息来源，提高了效率。这包括最初特殊设计的触摸屏信息揝供，有的设计还与全球定位系统（GPS）、电子导游、手机和电子支付工具等结合在一起，改变了以往的固定地点、单向信息传递的方式，跨越了语言交流的障碍。例如，韩国电子导游器的使用，旅游者可以以预交少量保证金的方式，从旅游信息中心获得多种语言的导游器，利用它可以在景区指定的线路游览时获得所选语言的录音导游，方便了自由行游客。同时通过信用卡，这种电子导游器还可以当作通信工具。另外，一些国家的旅游信息中心设在高速公路中途的服务中心，中心中专门设有电脑设定的驾车行程向导，通过触摸式电视屏幕，电脑可以随时告诉你到目的地的最佳线路、最佳行车速度和到达目的地所需要的时间，而且当时可以打印出来，供在路上使用。

【运作方式】多样化的支持。以往政府的支持多在财政上，这往往是从政府的预算上来确定。或者旅游行政管理机构联合提供信息资料的支持。现在一些国家除了预算上的支持外，还给予特殊政策的支持，例如，韩国政府将部分免税店和博彩的特许经营权给予韩国观光发展局（韩国观光公社），使它能够从经营这些服务设施中赢利用于包括旅游信息中心在内的旅游行销费用。这样的效果比硬预算更重要。

广泛的合作。通过旅游信息这一平台，把旅游相关的服务结合在一起，合理利用资源，发挥良好的营销和经营效果。其中包括以下几点。

旅游观光车：与景区景点的合作（含门票或优惠票）。

一日游：旅游信息中心负责预订、销售甚至经营这样的产品（旅游集散中心）。

城市卡：与景区景点和各种服务设施的合作（含门票或优惠票）。

节事活动：与社区的合作。

预订服务：与相关旅游行业［住宿设施、餐饮设施、交通（铁路、航空、轮船、租车、出租车）、表演场所（剧场和其他表演活动）、赛事活动等预订以及旅游纪念品展示和销售］合作。

政府的旅游营销：将政府旅游营销的费用用来作为公共关系的费用，为到访的海外旅游者提供免费的旅游活动或者奖励性的免费旅游或优惠旅游，达到双重效果。

商业活动：由于公共服务设施投入的限制，传统上完全由政府预算的投入显得明显不足，不利于发挥旅游信息中心的主动性和创造性，于是这些旅游信息中心更多地寻找商业性活动，增加收入，以提供更多更好的服务。这些商业性的服务还主要局限于与旅游相关产业和部门，包括广告宣传和推介。

【设施特色】重视主体标识的统一，例如 logo，包括图形和字体、字形、外文的翻译，但可以增加一些特殊的修饰元素；一个新的趋势是，创造这些中心的吸引力，使之本身也成为一种吸引力，例如把它设立在独特的建筑物内，在历史遗址或教堂或其他吸引人的地方（商店、博物馆内），有的专门建造了非常特殊的建筑物，来吸引来访者。在一些地方，设立一些旅游信息点或亭，无人值守，只提供相应的信息。这包括印刷品和电子显示器或网络设施，供使用者自己挑选。

总而言之，在当今世界上，没有旅游信息中心或类似机构的国家或旅游城市几乎是很少见的。

（二）旅游信息中心的类型、功能与运行

为了充分发挥旅游信息中心的作用，这一设施一般都设在旅游者最集中的地方，例如主要口岸城市的机场、车站、码头等出入境点，旅游城市的重要商业中心区以及海滨、山地旅游度假地等旅游者集聚活动的地方。根据旅游信息中心所处的位置和旅游者活动的规律，确定信息中心的规模、营业时间和所提供服务的范围和项目。在旅游信息中心发展和不断完善的过程中，人们逐渐对一些何谓旅游信息达成了某些共识，实际上，对旅游信息似乎尚没有一个十分明确的限定。一般地说，凡是来访的旅游者在其旅游活动中所需要得到的信息都可以叫作旅游信息。

英国旅游局认为，旅游信息至少包括"住在什么地方""去看什么""到哪里去""怎么去"等方面的内容，也就是说，应当包括有关住宿、餐饮、交通、游览、购物、娱乐以及风土人情等旅游者所需要的全部信息。一个多年从事旅游信息中心网络工作的英国旅游局的官员曾经告诉笔者说："旅游信息的范围是难以限定的，实际上，它在很大程度上取决于旅游信息中心工作人员的素质和工作态度。"这就是说，旅游信息是多方面的，是无穷尽的，一个知识渊博、友好敬业的工作人员所能向旅游者提供的信息是难以划定界限的。

> 旅游信息中心，Tourist Information Centre，提供有关旅游吸引物、设施与服务信息，有时也提供如住宿设施预订服务的机构。这些机构可能是由政府、准政府机构（如旅游局）或其他组织提供的。这一设施在一些国家已经形成了一个高度发达和完整的网络体系，尤其是欧洲一些国家，英国的旅游信息中心有900多个，仅英格兰就有600多个，苏格兰有100多个，遍及城镇。

旅游信息中心的主要类型与服务方式。世界各国旅游信息中心大致有三种主要类型：中央政府旅游行政管理部门设立的国家旅游信息中心、地方政府或地方政府旅游行政管理部门设立的地方旅游信息中心和旅游企业设立的旅游信息中心。当然，也有中央政府和地方政府，或地方政府与企业联合设立的旅游信息中心。由政府设立的旅游信息中心是公共服务设施，向国内外旅游者提供免费的服务，而由企业设立的旅游信息中心，除提供一般旅游信息外，还从事一定的有偿服务或者销售工作。由中央政府旅游行政管理机构设立的旅游信息中心，一般都提供全国性的旅游信息，而地方政府设立的旅游信息中心主要提供当地的旅游信息，企业设立的旅游信息中心更重视与本企业所提供的产品有关的信息。

旅游信息中心的服务对象是来访的旅游者，一般不分国内和国外，但多偏重于国外的来访者。随着国民旅游休闲活动的扩展，其服务对象更加广泛，而且不再强调服务对象的身份，是不是旅游教科书上所说的"旅游者"。现在的旅游信息中心都已经形成网络，可以提供更加广泛、更加及时的信息。旅游信息中心的服务方式主要有两种，一种是免费提供信息服务，这包括在旅游信息中心直接接待旅游者的来访，回答问询，提供咨询，或者回答旅游者的电话、信函以及网络在线的问询，散发交通时刻表以及住宿、交通、景点、餐饮、商场、文化娱乐等商业机构以及政府部门、其他与旅游有关的组织和单位提供的免费宣传品；另一种是有偿服务，这包括代销导游图、旅游指南和其他旅游书刊、杂志，代售车、船、机票和各种公园、博物馆、影剧院、体育文娱表演等门票，代订旅馆、餐馆和导游翻译人员的业务。有的还开设小卖部，出售旅游纪念品如明信片、招贴画、幻灯片、CD盘等。当然，有些旅游信息中心同时提供免费服务和有偿服务，这在很大程度上是出于经济的考虑，多数不是营利性商业机构，而且对其所经营的商业性活动有着严格的限制。

旅游信息中心的性质与职能。旅游信息中心是由政府部门或其他有关机构或组织设立的，是专门为旅游者提供信息服务的非营利性机构。全国性的旅游信息中心是由国家旅游组织建立的，而城市或旅游区的旅游信息中心则是由市政府或地方政府设立的。首都的旅游信息中心有的是中央政府和市政府联合设立的。另外，也有的国家，其旅游信息中心由政府和企业合办，或者完全由旅游企业联合建立。因此，这样的旅游信息中心，既为外来的旅游者提供信息，又是资助这些中心的相关企业进行宣传促销的基地。

综合起来看，旅游信息中心有四种主要职能。

——提供信息。外来的旅游者通过旅游信息中心可以获得必要的信息和帮助，使其旅游活动更加方便，逗留更加愉快。作为一个橱窗，它向外来的客人展示友好与热情，利用这一服务提高旅游者对目的地的信任感，改善一个国家或地区的总体形象，这是最主要的功能。

——疏导游客。旅游信息中心的工作人员实际上是向导，在向旅游者提供信息的时候，可以根据旅游者的要求，因势利导，主动介绍，影响他们的流向，以尽量避免或减少游人过分集中在某几个知名度较高的旅游点，或减少某些设施，特别是新建设施使用不足的现象。

——宣传促销。旅游信息中心实际上也是一个阵地，可以根据旅游者的需求和心理，充分利用所拥有的招贴画、印刷品和其他声像媒介进行广告宣传，寓宣传于服务中，有的放矢，针对性强，效果显著。但这种宣传不得带有偏向性或商业利益。

——信息反馈。旅游信息中心作为一个服务窗口，可以通过接受问讯和提供服务的过程，了解旅游者的要求，掌握他们活动的规律，收集他们对全国或地方旅游活动安排、服务质量、价格、设施以及旅游管理等方面的意见与建议，为旅游部门、旅游企业和政府有关部门制定政策或战略时参考。有的旅游信息中心还受当地旅游部门的委托，接受和处理旅游者的投诉。

旅游信息中心的运行方式。目前，不同的国家根据自己的情况，对旅游信息中心的运行设定了不同的方式。其中在资金来源上，主要有以下三种。

——政府公共预算。作为公共服务设施，绝大部分国家的旅游信息中心是由政府直接经营或由政府部门授权或委托的方式来运营的，在旅游信息中心的资金来源，最普通的做法是通过政府预算来保证其投入和运行的费用。但有的不是设定固定的预算，而是通过给予特殊的政策来筹措资金，例如，韩国通过给予免税店和博彩特许经营权获得的收益作为所需资金的来源。

——政府与业界共担。也有不少国家，采取政府预算与业界分担的方式。即政府每年提供一定比例的预算，一般不少于50%，而其他不足部分由旅游相关行业来筹集，多数是旅游协会作为行业机构代表来承担，有的是通过对旅游相关行业收取特定费用的办法获得。

——政府预算与商业收入。另外一种方式是除了政府的固定预算之外，允许旅游信息中心开展一些商业性的活动，通过这些商业性活动赢得的收益弥补其预算的不足。但是对这些商业性的活动，政府有明确的限定，必须与旅游有密切的关系。

虽然一些国家也有一些旅游信息中心是独立的民间机构，由非政府组织或私营企业设立和经营，提供相关信息服务。但如果使用了政府确定的标识和名称，必须得到政府的认可或授权，遵守政府制定的规范或标准，可以通过这样的设施提供咨询和服务，而不得对规定的信息服务收取费用，保证其公益性。

总之，旅游信息中心是连接旅游者、旅游业、旅游管理部门和其他政府部门的桥梁和纽带，对旅游城市和度假地来说，旅游信息中心不是可有可无的，而是不可或缺的公共服务设施。值得注意的变化是，随着境内外旅游者需求的融合和旅游与休闲活动界限的模糊，旅游信息中心由提供以旅游者——尤其是外国旅游者——的需求为主导的特殊服务开始转向为所有到访者和公众提供公共服务。

二 中国的实践

（一）中国旅游信息中心的出现、现状及走势

从世界范围来说，中国是世界旅游大舞台上的后来者。虽然早在新中国成立之后就开始设立旅游接待机构，但直到 20 世纪 70 年后期改革开放政策实施之前，将旅游只是一种服务于政治的民间外交活动，在社会上没有形成一个完整的服务体系，也不是一个真正的产业，长期处于非常规发展的状态。

将旅游作为一个产业来发展是改革开放后才有的。随着旅游业规模和影响不断扩大，旅游活动的不断普及，旅游服务体系不断完善，旅游功能不断扩展，中国旅游业逐渐进入常规发展的正常时期。因此，公共旅游服务体系的建设提到日程。国际上比较成功的做法逐渐被一些旅游发达城市和地区采纳，政府开始对这一服务设施的建设提出了新的要求。旅游信息中心这一新的服务设施就是其中的一个例证。但是，这个过程是比较漫长的。

旅游信息中心的设立在中国的出现大概经历这样三个时期，即学术界呼吁，一些特定旅游城市开创和政府推进等，但目前仍然处于初创期，远远没有形成完整的体系，这个进程亟待加快。

早在 20 世纪 80 年代，旅游学术界的研究人员就开始向政府旅游部门提出关于尽快建立旅游信息中心的建议。他们通过学术会议、旅游论坛、撰写文章或提交研究报告和建议的形式，呼吁依照国际惯例，在主要旅游城市设立旅游信息中心，并广泛介绍国际上通行的做法和经验。但当时旅游发展的关注点多集中在旅游景区或住宿、交通等服务设施上，并没有真正重视或认真研究这些建议。

据了解，我国第一家旅游咨询服务中心成立于桂林，时间是 1994年，当时主要是针对旅游接待混乱、游客投诉无门等现象而设立的。其后，随着政府管理部门对旅游公共服务认识的提高，旅游咨询服务中心的职责也有了相应转变，桂林遂形成了以旅游咨询为核心，旅游监察、旅游投诉、导游服务管理等多部门相互配合的旅游公共服务体系，旨在为中外游客提供公正、准确、全面的旅游信息和服务。

国内真正开始重视这一设施的建设还是20世纪90年代后期，特别是在国家旅游局将这一设施的提供列入了中国最佳优秀旅游城市的标准中后。可喜的是，这一设施在一些城市先走了一步，摸索出一些成功的经验。杭州、上海、北京、成都、桂林、大连等城市就是其中的代表。

虽然，率先推出旅游信息中心的城市都在根据当地的条件和需要进行试验，也有自己的创新，相比之下，杭州的做法最具有典型性。杭州市首先把旅游信息中心确定为城市旅游公共服务设施，突出了它的公益性，把建设这一设施作为市政府的职责。而在实际工作中，市政府又把这一设施的建设作为一项服务向社会购买，委托给专门的公司——杭州旅游集散中心建设与运营，通过市场的运作来完成，这在国内也是开创性的。

北京市自21世纪初就开始探索旅游信息中心体系的建设，北京市旅游局在这方面做了不少的努力，首先在城区设立了相应的服务设施，尤其是在奥运会筹办和举行期间，结合志愿者活动，设立了诸如"蓝立方"（临时性的蓝色信息亭）等创新性的信息咨询服务设施。

上海也是国内率先建设旅游信息中心的城市之一，市政府的对外经贸和旅游部门分别进入。上海在旅游信息中心建设中，突出了现代信息技术和电子商务技术的优势，将提供信息和商业活动巧妙地结合，尤其是结合上海世博会的筹办和举办，在具体做法上有了不少的突破和创新，发挥了很好的作用。浦东机场的旅游信息中心就是此类新型服务设施和服务理念的代表。

实事求是地说，"旅游信息咨询服务中心"的重要性已经逐渐被旅游业界所认识，杭州市政府在这方面领先一步，把旅游信息咨询服务中心的建设与运营作为公共服务委托给一个专门的公司，这就是杭州旅游集散中心。这家公司做得有声有色，不仅建立起一个颇为完整的旅游信息咨询服务中心体系，而且还与公共交通部门合作，创建了独具特色的旅游集散中心，并把服务逐渐扩大、完善。杭州市的做法与经验在长三角地区得到了很好的推广，并在不断完善，在当地和区域旅游发展中，尤其是在上海世博会期间旅游活动组织和开展中，发挥着重要作用。

然而，杭州和长三角地区旅游信息咨询服务中心体系是目前中国的一个特例，绝大部分城市，甚至包括绝大部分自诩为旅游城市或优秀旅游城市的城市，这个问题并没有真正解决，有的是在形式上已经有了这样的设施，但在认识上仍然有很多误区，在运营上还存在很多难题，在一些地方，旅游信息咨询服务中心则形同虚设，甚至是名存实亡了。但对大多数城市和旅游目的地来说，虽然认识到这些设施的必要性，但对如何建设这一体系缺乏认真深入的研究，不少地方还在等待与观望，总体上处于初创期，远远没有形成一个完整的体系。

（二）现状分析：中国当前旅游信息中心系统建设存在的主要问题

简单地说，当前我国旅游信息咨询服务中心体系的建设存在这样一些普遍的问题。

1. 旅游信息咨询服务中心（下称"信息中心）没有真正被列入城市公共服务设施体系

目前从一些设立信息中心的城市来看，除个别的城市外，绝大部分都是旅游局张罗建起来的，而且很多能够建起来和争取参评最佳旅游城市相关。因此，这一体系的建设并没有被政府列入城市公共服务设施，往往资金是一次性的投入。信息中心运营起来没有名分，缺乏稳定的资金来源，也没有稳定的信息资料、印刷品以及宣传品，以至于形成惨淡经营或很难正常维持的窘境。

2. 信息中心的设置没有充分体现以社会需求为本的原则

作为一个旅游城市，尤其是海外旅游者相对集中的城市，旅游信息中心的主要服务对象是外来旅游者，尤其是海外旅游者。但随着国内旅游的快速发展和当地休闲旅游的发展，这些信息中心服务对象的范围越来越宽。但是，不少地方旅游信息中心的设置是作为一个形象工程为城市挣分的，因此建设这些中心是对城市行政区划分配的任务，每个城区都要有，至于设在什么地方没有关系。其结果是，真正游客往来集中和对信息需求量集中的地方，例如机场、车站、客运码头、广场或最重要的商业街区没有；而设置信息中心的地方，游客很难发现。似乎给人这样的感觉，设置这些中心并不是真正为了游客方便，而是为了管理者方便。

3. 信息中心的功能没有真正发挥

旅游信息中心是旅游者获取旅游实用信息的场所。一般地说，游客可以在信息中心获得最常用的当地旅游地图、旅游指南以及有关重点景区、景点、活动等方面的介绍，在现代信息化时代，游客也可以在这里通过自助的方式——如触摸屏或电脑网络在线——获得相关即时的信息。更为重要的是，游客可以在这里得到面对面的服务，进行现场互动，获得帮助。当然，一些人还可以通过网络、电话在场外进行询问。定位这些设施是社会公共服务设施，其提供的主要服务应当是免费的，至少不是营利性的。就是这个原因，造成有不少旅游信息中心，人员缺乏，合格的人员更缺乏；资料缺乏，人们最常用的资料更缺乏；实用的旅游信息缺乏，准确、及时的信息更缺乏。更加细微和创意性的服务则难以开发。而一些重要的场所，例如机场，提供公共信息的场所非常少或没有，而打着旅游信息牌子的设施却只能为某一公司（如饭店、旅行社）提供其本身的商业信息。

4. 信息中心缺乏完善的体系和网络，更缺乏不同的层次和类别

除个别城市外，大部分城市尚未建立起整个城市的旅游信息体系，充其量是各自为政，一个行政区划内设立自己的信息中心，各信息中心之间，不仅没有明确的、常规的联系渠道和方式，就连在利用网络方面都没有相互连接的接口，更不用说更大地域范围内的体系和网络了。目前在联系上，顶多是在一个城市的范围内，省域性的、区域性的几乎不存在，即使是在首都北京，至今也没有一个可以提供全国旅游信息的国家级旅游信息咨询中心。在这一点上，我们与世界上许多国家存在不小的差距。有意思的是，当年举办北京奥运会期间，以各种名义设立了不少这样的信息服务中心，志愿者和有关部门的工作人员提供无与伦比的热情服务，赢得了不少国内外旅游者的赞誉，没想到，奥运会结束了，这些有效的服务设施和精神并没有留下来，渐渐地、自然地、悄悄地消失了。

5. 管理与运营方式单一

从目前已有的旅游信息中心来看，除杭州等为数不多的城市外，绝大部分城市的旅游信息中心都是由旅游部门自己设立起来的，基本上也是提供单一的问询服务和简单的信息服务。由于各种方面的限制，资金来源非常单一有限，也几乎没有任何经营性的活动，甚至连展示性的空间和活动都没有，从而使这样的设施与旅游相关部门与行业间缺乏必要的联系，也难以得到全行业的有效支持。

总而言之，认识问题尚未真正解决，现实中存在的障碍还非常突出，亟须国家旅游局和各级政府部门的指导与支持。

（三）统一认识，制定标准，加快建设与完善服务体系是当务之急

虽然，从世界范围来看，旅游信息中心这一公共旅游服务设施已经相当普及，而且通过多年和多国实践证明也是非常有效的，但作为以"旅游强国"建设为目标的中国在这一领域显得非常滞后，与旅游业的快速发展和需求不相适应。因此，建议国家旅游局加强对这一体系的研究，并把它作为国家公共旅游服务设施体系建设的突破口，推动整个公共旅游服务设施体系建设与完善。具体的理由至少包括如下几个方面。

1. 中国的旅游进入了一个常规发展的新阶段

经过30年的发展，中国的旅游发展已经开始从非常规模式向常规模式转变，其突出的特征是旅游市场平衡发展，国际旅游与国内旅游同等重要，国内外旅游者的旅游需求逐渐接近和融合，以大流量和散客为特点的大众旅游时代已经到来，当年以团队旅游为基本特征的旅游方式已不复存在。这一变化是中国旅游发展成熟的体现，对此，大家应当有一个共识。

2. 国民的旅游信息需求必须给予足够的重视

国内旅游与休闲活动逐渐成为国民生活方式的组成部分和生活质量的一个象征，国民对旅游信息的需求呈多元化，需要更多的专业化的机构提供相应的服务，这一服务体系不再仅仅包括针对到访外来旅游者的特殊设施，应当成为城市或其他旅游目的地公共服务体系的一个组成部分。尤其是像北京市这样的超大城市，当前的旅游所面临的主要矛盾不是再大张旗鼓地宣传招揽人来，而是如何为来到的人提供良好的服务。

3. 这一设施的建设目前发展很快，但缺乏标准化，造成了不必要的浪费

在自发地适应当地旅游发展的需要和政府相关政策的引导下，旅游信息中心的建设正在加快，但这一体系的建设没有及时得到国家有关行政管理机构的指导，没有作为国家公共服务体系来设计，多是各地根据自己当地的条件和需求进行的。其结果是，这些设施的建设没有能够吸收现有成熟的国际经验，发挥最佳的效益，在服务内容、方式、标准等方面出现了很大的差距，甚至出现混乱，造成不必要的浪费。中国国家

大，地区差异大，非常必要尽早制定一些最基本的标准，这样做要比各地建立起自己的体系之后再调整方便得多，有效得多。尽管国家着手制定相关标准，但迟迟没有实施。

4. 提高认识需要政府的引导和支持

公共旅游服务设施是一个新的公共服务体系，这是随着改革开放和社会经济发展而逐渐出现的一个新体系。由于地区社会经济以及旅游业发展的不平衡，这一体系的建设过程会有差异，但这不过是时间的问题，政府相关部门应当率先根据国际惯例和目前已经运行的案例进行分析、总结，尽快制定出相关的标准和指导性建议，并给予引导和财政、技术上的支持，充分发挥多种积极性，促进这一体系的完善与创新。

5. 在借鉴国际经验的基础上，有所创新，达到一个更高的水平

旅游信息中心作为一项公共旅游服务设施在世界上已经存在了一个多世纪的时间，在这一漫长的历史时期内，世界各地旅游发展的方式发生了很大的变化，旅游市场的结构与旅游者的需求也发生了明显的更新，当然，这一体系的服务理念、服务方式和应用技术也在不断变化。因此，作为后来者，中国在这一服务体系的建设中，不仅有了许多成功的经验可以借鉴，而且，更有根据中国的实际和特殊国情进行创新的广阔空间。而且，目前正值中国旅游业走向成熟和旅游功能向多元化扩展的新时机，这是创建具有中国特色的旅游信息中心体系的大好时期，必须抓住这一时机，打下良好坚实的基础。

（四）关于旅游信息咨询服务中心体系建设的建议

1. 首先，也是最重要的，要提高认识

中国旅游业的发展开始进入一个新阶段，从国际旅游者来说，以团队为主体的旅行方式已经改变，散客成为各个重点旅游城市客源的大多数；从整个旅游者来说，国内旅游成为主体；就一些重要的旅游城市来说，当地居民旅游休闲活动的需求日益增长。有鉴于此，旅游信息咨询服务的对象扩大了，既包括外国人，也包括本国人；既包括外来者，又包括当地人。所以说，这样的设施不仅要满足外来人的需求，也要满足当地人的需求，所以说，这样的设施，就像路灯、公共电话亭、公共厕所等设施一样，是城市公共服务设施，应当或主要是由政府来建设和维护。

2. "拿来主义"是最好的捷径

关于"旅游信息中心"在世界上至少已经存在了一个多世纪，无论是西方发达国家还是旅游业发达的发展中国家，无论是远方的澳大利亚、英国或美国，还是作为近邻的韩国、日本、新加坡、印度，都有成型的模式和经验可以借鉴。从与国际接轨考虑，很多做法都可以直接拿来，稍加改造就利用，开始的时候用不着过多地考虑别出心裁，做起来再逐步改善就可以了。尤其是像北京、上海、广州这些举办过诸如奥运会、世博会、亚运会等大型国际节事活动的城市，在实际运营中积累了宝贵的实践经验，创造了一个建设和完善这一体系的大好时机。

3. 依据国际惯例，尽快制定标准，探讨突出中国文化特色的创新

在旅游信息中心的建设中，国际上积累了许多成功的经验供中国借鉴，这无疑可以为我们提供一些捷径。但作为一个独特的旅游目的地国家，也必须考虑中国的国情，尤其是其特殊的文化传统与特色，应当在别人经验的基础上，在旅游信息中心体系的建设上有所创新，针对国内外旅游者和公众需求的特点，在这些设施的形象标识、服务方式、服务内容以及运营方式上，有新的创意，更能彰显中国的特色，提高作为旅游目的地的总体形象和竞争力。对此，一方面，要尽快制定关于旅游信息中心的最低标准；另一方面，鼓励各地根据自己的条件和特点，创造出新的模式，发挥良好的示范作用。

4. 认真总结杭州的经验，"杭州的模式"值得推广

杭州旅游信息咨询服务中心的建设和运营已经有了很长的一段时间，他们借鉴国际经验，并根据当地的实际，创造出一套完整的管理与运营的模式。简单地说有三条最为重要，其一是政府的大力支持，通过服务外包的方式使这一运营体系专业化、高效化并得以可持续发展；其二，旅游信息咨询服务体系与作为城市公共交通集散地的服务体系结合在一起，将旅行与旅游的相关要素紧密地结合在一起，不仅满足了旅游者的信息需求，而且从总体上完善了旅游公共服务体系，使公共资源的利用取得了良好效果；其三，旅游信息服务打破了传统的行政区划的限制，凸显以游客为本和以旅游者实际需求为指向的原则，对促进区域旅游发展创造了新的模式。因此，杭州的经验值得有关部门认真总结并加以推广。

总之，旅游信息中心的建设与完善势在必行，当务之急是加强国际经验的研究，选择可以借鉴的成功经验。同时，对国内旅游信息中心建设的情况进行全面细致的调查研究，并做实事求是的分析，在此基础上，统一认识，提出加快旅游信息中心体系建设的具体规划和实施步骤，制定促进和激励的政策和措施。

结束语

旅游信息中心是公共旅游服务体系的一个组成部分，与其他相关的公共服务设施有着密切的联系，对这一体系的研究并促进其发展与建设，对旅游业的健康发展有着重要的作用。因此，在这个研究的同时，还应当全盘考虑，对与之相关的其他组成部分进行综合性的研究，形成综合的公共旅游服务体系的国家政策，以促进国家旅游长期稳定健康地发展。

补白　本人在 1988 年北京市旅游局组织的香山旅游论坛会上（即 30 年以前！），第一次提出了关于北京市应当研究和设置旅游信息中心的建议，同年专门致函当时负责国家旅游工作的国务院副总理谷牧同志，建议国家建立这一国际通行的城市旅游公共服务设施。据悉，这一建议曾批复给国家旅游局。自那以后，我曾在多种场合以多种方式宣传这一建议，在不少刊物上发表文章介绍国际经验。尔后，发现这一建议虽然得到不少人的兴趣，但并未能产生预期的效果，遂在 1992 年再次向有关部门的领导重申这一建议。实际上，这一公共旅游服务设施直到 21 世纪初才真正被认识和重视，我也曾参加了一些相关政策的咨询、调查和标准的制定。今天这一设施已经在很多城市出现，并作为一个要求，写入优秀旅游城市申报标准。有的城市办得也颇有特色，但在大多数城市，和国际旅游城市比较，无论在服务设施体系的建设和服务方式等方面还存在很大的差距，关键在于认识不到位，有了形式未必取得应有的效果，在很多地方，只有形式而没有充分发挥其功能，不能与时俱进。这也是我一而再、再而三呼吁相关政府部门重视这一城市旅游服务体系建设与完善的原因所在。其实，到今天，这个服务体系，已经不再是专门的旅游公共服务体系，更不是仅仅为海外旅游者服务的特定服务设施，而是服务于全民的"以人民为中心"的公共基础设施，更应当由国家、省、市、自治区政府来关注和建设，并把它做好。以上讲话稿是在近十年前做的，现在有了不少变化，实事求是地讲，还依然存在许多问题需要解决和完善。

旅游信息员（芬兰/韩国）

中文与普通话：一个十分值得
开发的旅游资源*

跋：从一夜之间香港人都开始学讲普通话说起

人们也许注意到，从 1997 年 7 月 1 日凌晨香港回归祖国的那一刻开始，似乎香港人一下子都讲起了普通话，上到香港特区行政长官董建华、临时立法会主席范徐丽泰、商业巨子霍英东，下至港岛大街上的青年、少年及顽童，都在说普通话，尽管有些人说得并不流利，有的时候还要想一想，但是他们讲得开心，很认真，颇有一种自豪感、亲切感。

其实，香港人学习中文和普通话的热潮早在十多年以前中英双方达成协议确定在 1997 年 7 月 1 日将香港主权归还中国之日起就开始了，商界一马当先，不少招聘广告中，都把能讲流利的普通话作为优先录用的条件，其间曾在港府 18 万公务员中掀起了一个号称"保饭碗恶补中文大行动"，自 1992 年以来，接受普通话培训的公务员达 19800 人，仅在 1995 年一年就有 7000 多人。现在在香港，以各种形式学习、推广中文和普通话的活动与日俱增，利用探亲旅游的机会专门到内地学习普通话的也大有人在。显而易见，香港回归祖国之后，汉语和普通话在香港的地位大大提高了。特区政府花了大量的人力和物力，将 21000 多页的所有成文的法律文献从英文翻译成中文，并宣布这两种文本具有同等的效力，特区教育部门明确表示，今后要要求学生学习中国历史和中国文化，进一步了解祖国。从 1998 年起，全港中小学推行普通话课程，无疑这些都一定会大大促进香港学习和使用中文和普通话的热潮。人们也

---

* 刊载于《旅游研究与实践》1997 年第 3 期和《旅游研究与信息》1997 年第 6 期，并获 1997 年中国旅游报刊协会年度一等奖。

许认为香港是一个特例，香港人学习中文的热潮有其特殊的背景。然而，学习汉语与普通话的热潮已经在全世界范围内兴起，这一现象的出现，无疑是和中国改革开放后的经济振兴以及中国在国际事务中所展现出来的活力有直接关系。

一 "汉语热"：一个遍及世界的潮流

中国改革开放政策的实施引起了整个世界的关注，而中国改革开放所取得的进展与经济的振兴使中国成了国际社会关注的焦点。世界需要了解中国，要和中国人打交道、做生意的愿望与日俱增。于是，一个学习中文、学习普通话的热潮在世界各地应运而生。这一趋势不仅表现在一些发展中国家，也包括许多发达国家和那些传统上并不大愿意接受别国语言的国家和民族。在美国，据美国现代语言协会（MLA）对2722个2～3年制的大专院校的调查，从1990年到1995年，学习中文的人数增加了36%，增长幅度居所有外国语言之首。在美国人喜欢的外国语言中中文由原来的排名第八位上升到第六位。与此同时，俄语的地位从第六位降到第八位①。据法国教育部的统计资料，1996年在法国国立学校学习中文的学生有2297人，在私立学校学习中文的有371人，在中央政府的支持下，法国已在巴黎开辟了一所以中文为第二外语的学校，巴黎著名的旅游景点卢浮宫内有了中文的导游图，法国航空公司专门雇用了中文翻译，荷兰这个欧洲小国，对汉语的兴趣颇高，现在已经有40多所中学开设中文课程，有3000多名学生学习中文。韩国曾经使用过汉字，后来完全改成了自己的韩文，但到20世纪90年代又出现了"汉字热"。1994年韩国总统咨询机构——21世纪委员会向总统建议，"为培养国际人才，应从小学开始就进行英语和汉语教育"。韩国新闻媒体将汉语誉为"亚太时代我们的国际语言"。总统金泳三本人积极支持"复活汉字"运动，学术界称之为一种"文艺复兴"。据报道，"学习汉语的热潮在韩国的几个大企业集团公司正朝着制度化方向发展，这些大的集团公司规定，招聘新职员时，汉语的能力是考试的一大科目，

---

① 见《国际先驱论坛报》1996年10月10日。

汉语水平的高低是提拔干部的标准之一"①。现在韩国有86所大学设立中文系，仅仁荷大学一个学校在1984年以来共培养了500多名中文毕业生。新加坡的官方一直积极促进普通话的推广工作，而且国家一直推广使用简化字和普通话。泰国人对中文有着明显的兴趣，特别是商界急需大量懂中文的人才，每年至少需要500多名中文大学毕业生。因此，年轻人学习中文和说中国话的呼声越来越高。澳大利亚政府早在1986年就成立了"汉语研究协会"，并制定了《郭晋安汉语研究战略》，要求到1995年所有的大学和中学毕业生均需对中国的语言、文化、地理、历史、经济、艺术等有一定的了解，并在学前和小学课程中也要有介绍中国文化的内容②。现在，澳大利亚全国各地都有学习中文的场所。悉尼大学和墨尔本大学设有中文系，学习中文的学生达2万人。悉尼技术大学与中国人民大学合作，在悉尼技术大学开设了使用中文的硕士学位课程。在澳大利亚，开设使用英语以外语言的硕士学位课程这还是首次。据新闻媒体披露，罗马尼亚、比利时、加拿大以及非洲的喀麦隆等世界上许多国家都出现了学习中文的热潮，一个学习使用中文的热潮在全球范围内逐渐展开。

纵观世界发展过程，一种语言被其他国家或民族学习和掌握，大凡有两种原因，其一是被迫的。一个军事上强大的国家，使用武力征服了另外一些国家和地区，然后会用文化侵略的方式来巩固其统治地位，英国、法国、西班牙、葡萄牙等欧洲国家曾在历史上侵略和抢占了许多国家，把它们变成殖民地，将自己的语言强加给当地人民，甚至取代了当地人原来的民族语言。非洲国家是这一现象的典型。亚洲的例子也很多。当年日本侵占我国东北地区后，也曾强行实施过这一奴化教育，只是历史没有给侵略者足够的时间实现其野心。时至今日，虽然芬兰的瑞典人不足全国总人口的5%，但瑞典语依然是芬兰的官方语言之一，很多地方都会有两种不同语言的名称，这也是当年瑞典王国长期统治芬兰的后果。

其二是自愿的。经济上强大的国家在世界政治、文化、经济活动中发挥着重要的作用，这些国家的经验被国际社会重视，世界各国与这些

---

① 见《人民日报》（海外版）1994年4月12日。

② 见《人民日报》（海外版）1996年12月23日。

国家的交往（特别是贸易）会频繁，因此，这些国家的语言自然会受到世界各国人民的重视，世界各国纷纷主动地学习和接受。由于日本经济的发展和影响的扩大，世界上也曾出现过学习日语的高潮，现在在美国，学习日语的兴趣仅次于西班牙语、法语和德语，名列第四。日本成为世界上最重要的旅游输出国，于是，在东南亚国家及欧美国家，许多商店门口悬挂日文标识，各个城市都有日文的导游图和旅游指南，饭店的"宾客须知"中除本国文字和英文外，往往还会有日文，在中国也是如此。从新中国成立到20世纪60年代初，中国曾有一个全国学习俄语的热潮，全国大多数中学开设俄语课。到70年代后期，又都热衷于学习英语、日语，并因此出现了多次出国潮。各种各样的英语培训班、强化班比比皆是。改革开放之后，中国内地还曾出现过港台词语大流行和繁体字的大回潮，都在一定程度上反映了这个现象，以至于"巴士""的士""拜拜""派对"等词语不仅进入了内地，而且是妇孺皆知，广为使用。

中国虽为大国，但并无野心去侵略别人，占领别国的领土，正是中国经济的不断强大，国际交往的不断增多，才引起了世界各国的关注。正是这个原因，中国的语言开始受到青睐，正像美国著名的未来学家约翰·奈斯比特在他的《亚洲大趋势》一书中所言，"过去，人们尊汉语为高度发展的汉文化的象征，如今，汉语风行亚洲。人们越来越认识到，它在下一个世纪中巨大的商业价值"。他还预言，"英语将在亚洲商业和国际交流中保持重要的位置，这种重要性会随着亚洲的进一步开放和自由化而增强。但是，不久之后，将会有另一种语言居于统治地位，那便是中国普通话"。

二 国际经验：从"大巡游"到修学旅游

在世界旅游发展的历史长河中，以学习语言和文化为主要目的的旅游活动很早就存在，而且一直没有停止过，其中最著名的是欧洲的"大巡游"（Grand Tour）。

所谓"大巡游"，是指16世纪后期到19世纪初期，受文艺复兴的影响，欧洲国家——特别是英国——的年轻贵族渴望自由，渴望知识，纷纷到中欧地区国家旅行和学习。这一活动最初是英国伊丽莎白一世女王发出的倡导，她号召英国最好的学者到国外旅行、进修，广泛地了解外国的文化。女王对学者的要求也激发了当时的贵族，他们开始效仿学者，也把自己的子弟送到国外去进修，使"大巡游"在英国变得非常时髦。后来这一活动也波及欧洲许多其他国家。"大巡游"最重要的内容就是学习当地语言、文化和艺术，了解其他国家的历史、地理和风土人情，开阔眼界，增长知识。据记载，18 世纪中期，英国人在欧洲大陆进行大巡游的人每年达 2 万多。在中国的历史上，虽然没有类似专门为接受教育而从事大巡游的活动，然而有日本派出大批"遣唐使"的做法，其形式、目的与大巡游是如出一辙，只不过在时间上却比欧洲早了好几个世纪。

在当今世界上，修学旅游已经成为一个重要的旅游形式。许多国家，尤其是英国、法国、德国、西班牙和俄罗斯等，仗恃其语言上的优势，大力开展以学习语言和文化为主要内容的修学旅游，很有成效。这些欧洲国家教育部门与旅游部门合作，根据国内外市场的实际需求，在其首都和一些重要的文化、旅游城市，常年组织"学语言旅游团"，开办多种多样的修学活动。名目繁多的英语短期培训班是英国修学旅游的拳头产品。这一活动将课堂教学和游览参观活动结合在一起，将专业人员授课和接触社会、实地练习结合在一起，将旅游部门、教育部门和文化部门结合在一起，深受世界各地旅游者，特别是青年旅游者及其家长的欢迎。

日本和中国台湾盛行到海外做修学旅游。据日本修学旅行协会的统计，1995 年度日本赴国外修学旅行的人次数达 124429，比 1992 年增加了 70%[①]。出岛做修学旅游也已经成了台湾青年人一种时髦的生活方式，每年数以万计的青年人到英国、法国、西班牙、德国以及美国、加拿大去做修学旅游，而且绝大多数是以学习语言为目的的。这些活动多数是在假期中进行，时间一般为 4~5 周，有的甚至达 2~3 个月，因此，日本和中国台湾是欧洲许多国家修学旅游的重要市场。英国仗恃与香港的特殊关系，还专门为香港公务员制定了特殊资助政策，每年有大批的香港年轻人通过多种渠道到英国参与多种多样的修学旅游计划。这些活动不仅活跃了英国的旅游业，而且使英国的文化深深地影响着新一代的香港人。

---

① 见国家旅游局市场司《旅游市场》1966 年第 4 期。

三　学中文：独特的资源与广阔的市场

　　语言是人类进行交流的工具，是任何国际交往所不可或缺的。一般来说，一个国家或民族的语言并不被算作重要的旅游资源，甚至还会成为国际旅游的障碍，但是，如果这个国家或民族很强盛，在国际事务中发挥着重要的作用，其各种政治、文化、经济的交往频繁，这个国家或民族语言的地位就会提高，有了突出的重要性，那么，学习这种语言和了解其文化就可能成为许多人到这个国家旅游、访问的重要动机，因此，对目的地来说，这时这个国家或民族的语言就变成一种独特的资源，一种具有特殊吸引力的旅游资源，英、法、西、德、俄等国家的语言就是如此。中文是中华民族的语言，中国是汉语的发祥地，也是世界上使用中文和普通话人数最多的地方。随着中国国际地位的提高，中文和普通话也就成了中国发展国际旅游的重要资源。虽然在世界上，有许多地方可以学习中文或普通话，但是，如果学习中文是为了与中国打交道，应当说在中国大陆使用的中文和普通话才是最正宗的、最现代的，也是最正确的，到中国大陆学习它才是捷径。而且，中国是能够很好地将学习中文、普通话和中国文化结合的最理想的地方，其他任何地方都难以与之相比。因此，中国大陆的中文和普通话作为旅游资源有其独特性和一定程度的垄断性，是中国大陆十分值得开发利用的旅游资源。可惜，在这个问题上，政府有关部门似乎还没有真正认识和真正重视。

　　对中国来说，将学习中文和普通话开发成一种独特的旅游产品，在世界上有着极其广泛的市场。

　　其一，香港的回归所引起的学习中文和普通话热潮为内地提供了重要的市场，而这一热潮同样会在澳门产生类似的连锁反应。这个市场不仅仅是青年学生和教师，它将涉及整个社会；不仅涉及华人，也涉及在港澳居住和工作的其他国籍的人。

　　其二，世界各地，特别是亚太地区，为数众多的华侨和华人后裔，在即将到来被称作"龙的世纪"的21世纪，他们对学习中文和普通话将产生浓厚的兴趣。

　　其三，遍及世界各地的新一代中国移民，他们本身虽然不会忘记祖国的语言，但是他们也可能希望自己的后代——在海外出生和成长的新一代——也能懂中文，说中国话，因此，也会为他们学习中文和普通话创造条件。

其四，遍及世界各地的"汉语热"会促进对中国了解的兴趣，为了商业和政治活动的需要，有更多的人会到中国来学习汉语，提高他们的汉语水平，所以这种热潮一定会促进到中国的修学旅游活动。

改革开放以前，到中国来从事修学旅游活动并不方便，或者会受政治倾向的影响，许多欧美国家的人学习中文绕道中国台湾、中国香港或新加坡等地。改革开放以来，情况发生了巨大的变化，来中国方便多了，中国的国际旅游业有了长足的发展，进入世界旅游大国之列，在修学旅游方面也取得了一些进展。特别是，中国国际旅行社和天津市、上海市的旅行社积极组织接待日本修学旅游方面取得了可喜的成果。据天津旅游局的统计，1973～1996年期间，天津共接待了大型修学旅游团330多个，人次数超过10万。仅1996年，中国国际旅行社就组织和接待了来自日本学校的13500名修学旅游者[①]。但是，应当看到中国在充分利用语言这个独特的资源来发展国际旅游方面存在很大的差距。从市场开发方面来看，目前开发的市场面较窄，主要是日本、美国的一些在校学生，而日本的其他社会阶层，或其他国家和地区的市场开发有限；从产品上来看，现有的产品品种单一，主要是适合大型团体活动，并且以观光游览为主，缺乏根据满足不同市场层次需求而开发的多种产品；从产品开发方面看，缺乏一种有效的网络将教育、文化、艺术、公众和旅游管理与经营部门密切地联系起来，使语言这个独特的旅游资源得以更加深度和广度地开发；从促销宣传方面，也没有把以学习中文和普通话为主要目的的旅游团当作重要的产品推出，尤其是教育部门没有充分利用旅游的渠道去拓展市场；从管理方面，对作为一种颇有开发潜力的产品，缺乏必要的标准、规范和管理的监督程序。反而为更多境外的机构、企业和个人创造了利用这一资源的良好机会。

四　关于大力开展修学旅游的建议

修学旅游是一项非常有前途的旅游项目，值得大力开发。如何搞好

---

① 见《人民日报》（海外版）1997年1月15日。

中国的修学旅游，笔者认为应当做好以下几个方面的工作。

其一，提高对修学旅游的认识。中国发展以学习中文和普通话为主的修学旅游不仅有着广阔的市场，也有着巨大的优势。对此，应当给予充分的认识，给予足够的重视。而且，还应当看到，发展这一形式的旅游，其意义还远不仅仅在于通过国家旅游业的发展所获得经济收入的这一个方面。因此，提高认识是搞好这一专项旅游的关键。

其二，产品要精心策划。修学旅游不同于一般的观光旅游，它是一项独特的旅游活动，事业性很强，应当下大力气开发。首先要了解和研究市场需求，根据需求开发产品。虽然都是以学习中文和普通话为主，但由于参与者的文化背景、年龄段、支付水平和学习目的等方面的差异，他们的需求也是大相径庭的。因此，产品品种要多，质量要高，购买方便，经营灵活，应当特别要考虑将中国自己多方面的优势变成产品的竞争力，尽量将学习语言和了解中国文化结合起来，开发出各具特色的包价或小包价的旅游团，使之更有吸引力和竞争力。例如，各地根据自己的资源特色，开发学中文与中国文学、学中文与做中餐、学中文与中国理疗保健、学中文与书法、学中文与中国艺术鉴赏、学中文与表演艺术、学中文与武术等系列产品。应当看到，东南亚许多国家出售的旅游产品，有许多都是打的中国传统文化牌，抢先占领了市场。实际上，中华民族的传统文化精粹与真谛应当主要在中国内地，只不过是我们自己没能很好地开发和利用。

其三，运作需要多部门的合作。修学旅游，既不同于一般观光旅游，又不同于传统上的留学生教育。修学旅游者希望通过旅游活动进行学习，而在学习过程中参与旅行游览；和一般旅游者相比，他们更希望得到一定专业的教育，而不是关在房子里的课堂教育，游览活动尽量与学习相关联；和留学生相比，他们的逗留时间短，语言基础差异大，希望活动更加灵活生动。因此，这类活动的设计、组织和运行应当采取旅游、教育部门和公众相结合的方式，教学内容与方法要科学，获得方式要灵活，要为他们创造接触社会、进行实际交流的机会。

其四，加强市场促销。修学旅游作为一种旅游产品，想要赢得市场，除了产品本身具有吸引力和竞争力之外，还必须把有关产品的信息迅速准确地传递给市场，这既需要多渠道的广泛宣传，也需要有针对性地重点宣传。目前最关键的问题是如何加强教育部门与旅游部门之间的合作。修学旅游作为一种特殊的产品要重点通过旅游部门进行宣传，国家或地方旅游行政管理部门是专业的促销机构，它们更了解市场需求和进入市场的途径，它们和国内外相关部门有着广泛的联系，掌握有效的市场营销技巧与渠道。

其五，修学旅游应当成为北京旅游的拳头产品。开展以学习中文和普通话为主的修学旅游，北京市有其突出的优势。作为首都，北京市是第一次来中国的海外旅游者的首选目的地，从某种意义上说，没有到过北京就好像没有真正到过中国。北京是全国的政治、经济、文化中心，又是全国最有影响力的国际城市，与世界各地有着广泛而紧密的联系，是全国最大的交通枢纽，可进入性好，进出方便。从国际旅游来说，北京的文化旅游资源最为突出，不仅有故宫、长城、颐和园等世界级文化遗产，其多种多样的文化设施、现代经济建设的成就和当地人民的生活方式在中国也是最具典型性和代表性的。从学习中文和普通话的角度来讲，北京话不仅是普通话的基础和"样板"，整个北京市是个"大课堂"，而且教育机构齐全，人才济济。因此，北京市应当设立从事修学旅游活动的专门机构，负责组织、策划、协调和促销工作，并着手建立全国性的修学旅游网络，充分利用北京孔庙、博物馆、展览馆、艺术馆、名人故居、公园等文化设施的优越条件，调动政府机构、学校、社区、媒体、出版界等方方面面的积极性，把这一产品开发成北京市的拳头产品，为全国修学旅游活动创造经验，从而推动周边地区乃至全国范围内的修学旅游和其他旅游活动的发展。

结束语

发展旅游业和发展其他产业一样，资源和市场是决定因素，然而，宝贵的资源不一定都非常值钱，要花大价钱才可以得到的，就像空气对人类的生命一样，最重要的是如何从市场需求的角度来鉴别资源，开发和利用它，把资源开发成被市场认可与接受的有效产品。近年来，全国各地在充分利用当地的旅游资源开发成旅游新产品方面取得了可喜的成果，中国旅游业有了长足的发展，但综观全局，在开发资源方面似乎有这样一种倾向，多着眼于新景观的建设，不惜投以巨资，大兴土木，而缺乏对现有基础资源优势的认识，缺乏对这些资源深度开发，进而创造出独具特色、有吸引力和竞争力的新产品。中文和普通话就是这样一种基础旅游资源，它独具特色，广泛存在，潜力巨大，重要的是要了解市场，抓住机遇，精心策划，大力促销，使资源优势变成产品优势，使修学旅游成为中国国际旅游业的拳头产品。北京应当，而且能够成为充分利用这一资源优势的旅游目的地。

海外中文旅游广告

语言与文字：一个值得关注的
文化交流工具*

开头的话

中国的北京大学，有位著名的语言学家，他的名字叫季羡林，他是从语言学的角度研究中印佛教史的第一人，堪称大师。他在一次讲学时说，"'文化交流'，其中'交'字是关键。既然说'交'，就不会是向一个方向流，形成了所谓 one way traffic，而是相向地流，这才是真正的'交流'。一方的新东西、新思想、新科技等等流向另一方；另一方的新东西、新思想、新科技等等也流向这一方。有时候，流过来的东西，经过这一方的改造、加工、发展、提高，又流了回去。如此循环往复，无休无止，一步比一步提高，从而促进了人类文化的发展，以及社会的进步"。① 我受这位语言大师的启发，谈一谈在亚太地区文化交流扩展中，如何发挥语言和文字作为重要工具和载体的作用。

一 亚太地区是个大区域，文化多样性强，语言障碍大

文化是个大概念，无所不包，它是人类在社会历史发展过程中所创造的物质财富和精神财富的总和。文化的交流则是人类最为重要的活动之一，其交流方式是多方面的，可以通过人与人之间的直接接触，诸如访问、交往、旅游、移民等，也可以通过阅读、影视、网络等非直接接

---

* 在第八届亚洲旅游论坛（2013 年 5 月 29 日，韩国济州岛）上的演说。

① 季羡林：《季羡林谈佛》，当代中国出版社，2007，第 146 页。

触的途径去实现，但是其中都少不了一个重要的媒介，那就是语言，要么通过说，要么通过文字，如果不是通过第三者——翻译——的话，那么交流者本人必须掌握这一工具，否则，人与人的交流将是非常困难、艰巨而漫长的。

亚太地区是大区域，它是世界上最大的洲和最小的洲连接在一起的大片区域。这个地区范围大，国家数量多，而其中一个最大的特点还在于文化的多样性。在这里有重要的世界文明古国，像中国与印度，人类文明的重要发祥地，也有很多东西文化的混合体。在这个区域中，民族多、宗教信仰多，从而造就了另外一个更大的特殊之处，那就是语言文字类型多。尽管其他大洲中国家的数量也不少，但是，往往在那些区域中有一个主导语言文字，例如南美洲的西班牙语和北美洲的英语；欧洲国家虽然都有自己的语言，但是在这些国家中，英语的普及率高，各国公民的外国语言能力强，彼此之间的交流比较通畅。然而，亚洲国家的情况则大不相同。虽然由于一些特殊的历史原因，中文、日文以及英文、法文、西班牙文等语言在一些非母语国家曾经流行过，但除个别国家（如新加坡）或个别地区（如中国香港、中国澳门）外，都没有继续成为这些地方的主导语言。从总体上看，亚太地区国家相互之间的语言障碍还非常突出。即使是在东北亚主要国家——中国、日本、韩国——三国之间的交流中，语言的障碍还是非常显著的，在实际交往中人们都感到这一障碍的存在，也深深感觉到，在世界普遍走向开放的时代，语言与文字在促进各国经济发展和社会进步方面的重要作用。虽然，相比之下，在这些国家中中文尚有些基础，但由于时代的发展，理解和使用这一语言还存在着很大的差异。

二 语言是交流的工具，是打开文化交流大门的钥匙

众所周知，语言是人与人之间进行交流的最重要工具，没有语言的交流是困难的、乏味的，甚至是非常有限的。尽管随着现代技术的发展，不同语言的转换方面取得了一些进展，有了一些新工具，但机器语言和正常人的语言交流不可同日而语。更为有意思的是，语言文字本身还是一个重要的载体，是不同文化传播的工具。人们形象地把语言描绘为打开不同文化交流的钥匙。

历史发展实践证明，国民语言能力是国力的象征。世界上军事力量强大或经济实力的强大，也往往体现在这个国家主体语言被世界接受的程度上。例如，尽管今天的英国无论从哪个方面都不可能与当年"日不落帝国时代"相比较，但英语在世界交流中——尤其是在公务、商务活动中——的作用依然是难以取代的。除了当年日本使用武力向其殖民统治地区强行推广其语言外，而在一段时间里，日本经济的强大也成为国际社会学习日语兴趣所在。中文的国际地位最近一些年来有了一些变化。长期以来，在世界上使用中文的人口为世界第一，但其主要原因是华人本身数量巨大，并非源于其政治、经济的影响。大家都会注意到，30多年以前，在西方出现的类似中文的公共标识，实际上不是中文，是日文；后来有了真正的中文，但是是繁体字，显然，针对的对象是大陆之外的中国人，直到最近一些年，越来越多的简体中文字出现，这表明世界各地开始对中国大陆感兴趣，也在一定程度上表明了中国在国际社会重大事务中地位的变化。同样，亚洲的新加坡、中国的香港成为多种国际社会经济活动的中心，经济增长长期保持旺盛的发展势头，这也得益于当地社会国际语言交流能力的水平高。同样，中东的迪拜，原本阿拉伯语为主体语言，但是，它通过大量从世界各地，尤其是在南亚地区，广泛地引进讲英语的人力资源充实自己劳动力大军，积极引进西方著名国际教育机构和企业进入，大大减少了国际交流中的语言障碍，拉近了与国际社会，尤其是与西方世界的心理距离。这一经验被很多地区所借鉴。

三　关于语言交流中的一些认识障碍

毫无疑问，世界各国和国家内的不同民族，都非常重视作为国家或民族识别的语言和文字，尽管从现实来看，世界上原有的不少语言在不断消失，然而，在强调民族识别的角度上，各个国家与地区在维护本国或民族语言方面的意识都很强烈，因为大家知道，似乎失去了语言，很可能会造成某些历史文化、活文化的消失。虽然，当今世界人民都感觉到经济全球化让世界变平的现实，似乎文化的全球化依然是不能被接受的。有的时候，坚持用自己的语言表述是一种尊严的体现。的确，国家会有大小、强弱，但是其地位是平等的，不同国家和民族都有自己的语言，这些语言也必须同样受到彼此的尊重。为了深入地交流、了解与合作，大家都要相互学习，或许是应当从学习彼此的语言开始。

从全球来看，现实交流活动中，语言的障碍还是非常突出的，究其原因也颇为复杂。一是，一些语言强势国家，例如，以英语、法语、西班牙语以及俄语、汉语作为母语的国家，往往会出现不在学习外语上下功夫的现象，希望在交往中，别人使用自己的语言。二是，国家政府以彰显主权为理由，在官方国际交往过程中，往往坚持使用本国语言表述，这一做法是合情合理的，人们都能理解，但这也确实增加了国家间交往的成本。三是，一些地方会出于政治、文化等方面的考虑，政府缺乏积极的激励政策促进国民外语水平的提高。总之，这些障碍的存在与急剧变化的信息时代来说，有点不大适应，或者是与之相悖的。对此，国际社会应当引起高度的重视。

四　世界各国为减少语言障碍正在不断努力

虽然说，世界真正变"平"还存在一定的差距，但是开放与合作成为当今世界发展的主流。近些年来，亚太地区国家合作机会越来越多，各国政府和业界对合作越来越重视，从而各种各样的交流也越来越多、越深入，而在其中，语言文字的作用也显得越来越突出，世界各国也在重视语言的作用，并在进行着多种尝试。

1. 语言教育的形式与日俱增

自改革开放伊始，中国出现了两大新现象，一是多次出国留学的热潮，从政府选派到自费留学，从攻读学位到读大学或者语言培训班，既有长期的，也有短期的，而且出国留学低龄化日益显现。中国从1978年到2012年在海外的留学生超过250多万人次，每年几乎保持20%的速度增长；二是国内外语教育活动异常活跃，从原来的学校教育到业余学习，从成年人到幼儿，从技术人员到一般百姓，从最初的日语、英语到现在的德语、法语、俄语等多种语言。外语教育和培训逐渐成为亚太地区很多国家日益扩大的服务产业。

2. 为了提高国家软实力，本国语言的国际化普及受到政府的重视

伴随着出国留学与学习外语的热潮，现在各国政府都重视通过政府或商业的渠道推广本国语言，进而扩宽国际文化交流和传播的渠道。目

前，在中国诸多驻华的外交机构和文化机构中，大都开展了免费的语言培训活动，韩国的文化院，英国、意大利、德国等国家的使馆都开展了这样的活动。中国从 2004 年开始与外国教育机构合作，在境外创办孔子学院，当年 11 月 21 日创建的第一个孔子学院就在韩国首尔，孔子学院一个重要使命就是促进中文教育和中国文化的介绍，到现在已经开办的孔子学院达 350 多个，遍及 100 多个国家，参与过中文学习的超过一亿人次。而且，近些年来，中国与法国、俄罗斯、德国等国家开展了国家级的"语言年"活动，大大激发了文化教育机构和普通公众学习对方语言的兴趣，当然，学习对方的语言，自然促进了文学、艺术等多方面的文化交流。

3. 国际旅游活动彰显了语言在文化交流中的作用

亚太地区是当今世界旅游交流最为活跃的地区，而在最近一些年来世界经济不景气的情况下，亚太地区旅游呈高速度的增长对促进全球国际旅游复苏的影响更明显，自 20 世纪 90 年代以来，全球国际旅游格局的变化令人瞩目，亚太地区旅游人次数在全球所占比重超过美洲，位居第二，从而呈现了三足鼎立的新格局。伴随着亚太地区旅游的发展，区域内的旅游活动更加频繁，互为市场和目的地的格局逐渐形成。为了提高目的地的吸引力和竞争力，最大限度地改善旅游服务，旅游信息服务非常受关注，而在信息服务中，语言和文字的作用更加突出。一方面，越来越多国家尽量使用目标市场国家的语言提供信息和服务，这既体现在旅游宣传品上，也体现在旅游相关的标识、说明上，让旅游者感到亲切和方便。另一方面，作为现代新媒体的网络语言，也打破了使用本国语言或英语的传统，开始关注目标市场的语言需要。目前，越来越多的旅游部门和其他服务部门，包括政府部门，注意建设和完善以目标市场为服务对象的外语网页，实践证明这是非常有效的。

五　关于发挥语言文字的作用、促进亚太地区文化交流的建议

语言和文字在促进不同国家和地区文化交流与合作中的作用越来越明显，政府和民间应当认识到充分发挥这一工具优势的迫切性。因此，就如何发挥语言文字的这一独特作用提出如下建议。

1. 政府采取积极措施，鼓励和支持本国公民学习外国语言

政府要充分重视提高本国公民外语能力在国际交往与文化交流中的作用，除了在基础教育中强化作为国际通用语言的必修外语教育外，还应当鼓励学生在校期间选修其他外语，尤其是在边境地区，大力发挥区位优势，鼓励学习邻邦国家的语言和文字，强化睦邻关系。

2. 政府间加强合作，促进相互学习对方语言文字条件的改善

实践证明，友好国家举办语言年的做法对促进相互学习对方的语言和文字，进而促进文化交流是非常有效的。在举办此类活动之前要做好准备，重视活动的形式，更要重视提高学习兴趣和建立长效机制，形成一种社会风气。日本各地政府设立的"国际交流员"制度值得借鉴。[①]

3. 把旅游与学习语言紧密结合，提高年轻人学习外语的积极性

国际旅游是不同国家民众文化交流的好方式，而在旅游过程中学习语言是效果最好的途径，将课堂学习与社会实践紧密地结合，把学习语言和了解文化紧密地结合，在亚太地区国家中应当增加形式多样、生动活泼的修学旅游和访学交流活动。利用假期开展多种多样公益性的国际夏令营活动应当得到政府的鼓励和支持。

4. 媒体为大众外语学习提供方便

现在是信息时代，随着电脑技术、网络技术、移动技术的发展，以这些新技术为基础的创新媒体使人们跨越国界、跨越时空的交流变得越来越方便，要引导各类媒体发挥自己的特点和优势，促进相互之间的语言学习和交流。在提供相关信息的同时，也把语言文字的知识、技巧进行更有效的传播和普及。

5. 外语学习要将"学习对方语言"和"掌握第三方语言"相结合

从历史发展过程来看，在学习外语时，往往非常关注作为国际语言的第三方语言，发展中国家或欠发达国家的外语教育总是以发达国家语言为重点，有的时候，一个国家在确定基础教育中的外语选择也经常以国家关系为基础，例如，中国在新中国成立头 30 年中，大多数中小学

---

① 日本一些地方政府机构中设立了"国际交流员"的岗位，以促进日本与不同国家的文化交流。"国际交流员"是通过考试从不同国家青年中招聘，工作期限多为一年，其中一个重要的条件是使用日语交流的能力。国际交流员的工作主要是参与地方政府的对外交流与宣传工作，同时帮助当地学校、幼儿园以及其他公共机构提高外语水平和有关外国基础知识的普及。

里开设俄语作为主要外语。在当代国际交往更加频繁而广阔的年代，外语学习也应当扩大领域，在基础教育中开设国际通用语言课程的同时，要为大众提供多种语言学习的选择，尤其是鼓励对本区域内相邻国家语言的学习，以便更好地实现邻邦的交流与合作。这一点在东北亚地区显得更为重要和急迫。

结束语

亚太地区是当今世界最具朝气和活力的地区，在漫长的历史长河中，人民之间建立起了悠久的传统友谊，人员交流频繁密切，不同文化相互影响融合，成为相互合作的基础。虽然在历史发展过程中，不同国家间也曾出现过一些不愉快的岁月与事件，现在也存在一些分歧、矛盾和误解，但相互开放或合作的愿望远远大于封闭与冲突，相互了解与友好的愿望远远大于隔离与冷漠，这是时代的主旋律。因此，亚太地区国家和民众应当努力寻求有效、创新的途径，进一步加强文化的交流与合作，促进共同发展，实现共赢，关注语言与文字在这些交流与合作中的重要性，充分发挥它们的优势与作用，可能是一个非常有效的途径。在这一领域，让我们共同努力，为促进亚太地区的和平与繁荣做出积极的贡献。

论旅游发展总体规划编制的七个原则 [*]

开头的话

本文所说的旅游发展规划是区域旅游发展规划，主要指的是在某一行政区域内为发展旅游所制订的总体规划，具体地说，这包括省（自治区、直辖市）、市、县、镇以及开发区等行政区的旅游发展规划。这里所说的原则，主要是指受委托编制旅游发展规划的时候应当注意遵守的原则。本文是作者在从事此类规划编制与研究中的一些经验与体会，提出来与同行交流。文中共提出七个原则，其顺序不分先后，当然也不是应当遵循原则的全部。

一　整体化的原则

旅游业是个产业，是国民经济的一个组成部分，因此，旅游业的发展不可能是孤立的。尽管它的发展需要有当地政府制定的专门政策，但作为一个产业，只有在整个目的地的经济整体框架中找到合适的位置才能得到应有的发展。旅游业和其他产业一样，只有当它符合总体经济发展政策，它的发展才有助于推动整个经济的发展，它本身才能取得最理想的发展。因此，作为一定区域内国民经济发展中的一个特定部门，旅游业发展规划的制定必须与目的地社会经济发展的总体规划相一致，而不能相违背。也就是说，发展旅游业要从当地国民经济总体发展的目标

[*] 本文是根据在 1997 年 10 月国家旅游局旅游规划培训班（杭州）讲稿节选的，并在《旅游规划的理论与实践》（社会科学文献出版社，2014）一书中以《论旅游发展总体规划编制的几个原则》选用，另有一部分《旅游规划：走出误区》在《中国旅游绿皮书 2001～2003》》总报告中选用。

来考虑，而不是就旅游谈旅游，只讲旅游不管其他。

旅游业最大的特征就是它的综合性，任何组成旅游业的单个的行业——例如交通、餐饮、住宿、商业、娱乐业等——都不可以单独称作是旅游业，旅游业是为旅游者提供服务的相关行业的集合。因此，一个旅游发展规划是否能够得以实施，非常关键的一环是必须协调好相关部门的关系和利益。因此，对目的地来说，旅游业所涉及的各个相关行业的协调发展是十分重要的，在一个地区内，所谓旅游业的"超前"或"超常"发展是有条件的，必须考虑如何使这个"超前"做到"适度"，这个"适度的度"恰恰是相关行业的支持能力。就一般意义上的"超前"或"超常"发展，只能是一种短时间的策略，而不可能是长期的方针。从整个经济发展的实践来看，旅游业的发达程度也是当地社会经济发达程度的反映，没有发达的经济，也不可能有真正发达的旅游业。因此，在制订一个地区旅游业发展规划过程中确定产业地位时，不要轻易地提出"支柱产业"的目标。

二　实事求是的原则

从中国目前的实际情况来看，改革开放方针实施了 20 多年，旅游业的发展经历了起步创业的过程，开始走上稳步发展的道路。目前制订旅游业发展规划的地区，那里的旅游业都已经起步，或已经形成了一定的规模。因此，现在再做旅游规划，必须要下大功夫搞好旅游业发展条件的分析。条件的分析一是要认真，二是要客观，其根本原则就是实事求是。

所谓认真，就是认真收集有关基本条件的数据和材料，全面收集现有的二手材料，并在此基础上进行分析。除此之外，更为重要的是还必须做一些专门的调查，掌握一手资料。调查要深入、广泛，而不能仅仅满足于现成资料的搬家和罗列。尤其是市场调查和旅游者需求调查，一定要做好。有了大量的二手材料，再加上实实在在的一手材料，才能做到心中有数。

所谓客观，就是站在客观的立场上分析各种条件，分析优势，更要看到劣势；分析机遇，更要提出困难和障碍；分析现实，也要看到潜力和未来。克服用不适当的溢美之言来讲优势，轻描淡写地讲制约。讲优势是为了扬长，充分发挥这一优势；讲劣势，是为了避短，是为了寻找克服劣势的途径。目前大都采取SWOT（优势、劣势、机会和威胁）方法，全面判断旅游业发展的各种条件。另外值得提出的是，旅游业的发展必须考虑当地社会经济发展的总目标，特别是一个城市，在动手制订规划之前，要明了当地政府已经确定了的城市性质、产业结构，从社会经济发展总要求下考虑旅游业的发展。资源和市场方面都无明显优势的地方，并不一定非搞旅游业不可，避免不必要的浪费。

在制订旅游规划的过程中，往往还有一个棘手的问题，就是如何处理目的地有关部门既定的项目和计划上马的项目。不少当地领导希望将这些既成事实加入旅游规划文本中，使既定的项目通过专家进行确认。面对这种情况，规划的编制者头脑一定要清醒，从规划科学的角度客观地分析这些项目的可行性，如果确实不合适、不科学、不可行，规划的编制者要敢说"不"，要敢于提出具体的调整建议。当然，旅游规划不同于城市规划，作为区域的产业规划，是咨询性规划不是强制执行的规划，因此，最后如何决策还是由当地政府决定。

旅游发展规划是个区域发展规划，是由一个行政管理机构主持制定的，其规划的范围是该行政管理区划范围之内。然而对旅游业的发展来说，这本身有其固有的缺陷，即旅游者对旅游目的地的选择主要依据主体旅游吸引物，而不是一个行政区，旅游者考虑的往往是一个线路，而不是一个区域。例如，到八达岭长城或十三陵旅游的人未必考虑到延庆县或昌平县，甚至很多人可能根本不知道这两个重要旅游吸引物的行政归属。所以，明智的旅游规划人员，在考虑资源开发、产品开发和市场开发时，必须要考虑与本区域有直接关系的周围地区的资源、吸引物和市场情况，要尽量通过"借景"、"借道"和"借力"来强化自己的优势，弥补自己的弱项。河北省、天津市甚至山西省做旅游规划时必须考虑北京，北京的旅游规划必须考虑周边这些地区的资源。事实证明，很多来北京旅游的人，往往把承德甚至北戴河都列到北京"郊区"的范围。四川的九寨沟可以被甘肃来利用，同样，河北省的清东陵、山西省的大同都可以划入北京的旅游地图上。

三　资源与市场相结合的原则

对任何旅游目的地来说，旅游资源是当地旅游业发展的一个基础条件，市场需求是资源开发的方向，而旅游产品则是连接市场和目的地的桥梁。任何好的资源不能开发成产品，不能开发成市场需要的产品，那里的旅游业是不会成功的。同样，市场的需求潜力并没有被发现，对一些可以开发成产品的资源没有被发掘，同样旅游业的发展也不会取得理想的目标。因此，在规划的过程中，不仅要认真地分析资源优势，而且还必须认真地分析市场需求和潜力。根据具有竞争优势的资源和市场的实际需求（或潜在需求）开发出有效的产品。这一点是至关重要的。

对待旅游资源，不能只强调其专业价值，还必须考虑是否将其开发成市场欢迎的产品，特别是大众旅游市场所期望的产品。也就是说，具有某种专业价值的东西，未必就能够开发出有吸引力的旅游产品。目前各地在编制规划过程中一个比较突出的现象就是，把所有具有文物价值的东西都统统认定为有旅游价值的资源，就下大力气开发。一座寺庙，一段城墙，破了的修复，没有了的重建。其结果是，不少地方，花了钱并没有吸引来游客。在中国旅游业发展的过程中，长期以来，特别是受产品经济的影响，存在着一种重资源而轻市场的倾向，过分强调资源重要，只注意从某种专业的角度强调其理论价值，而忽视市场的需求，有资源就开发，是盲目地开发，结果生产了许多无效产品，造成了巨大的浪费。现在还有一种趋势，在一些规划中特别强调某种资源或吸引物是不是世界第一、全国第一，尽量抬高其身价。有的则特别强调其"博"，其"全"，似乎只要把资源的品种罗列得足够多，旅游业就一定能成功。有的规划文本中对资源的普查非常详细，地上有多少种建筑，地下有多少个坟墓，山里有多少植物和动物，详详细细地罗列起来。似乎旅游者都是一些科学家，所有的旅游活动都是科学考察。另外，现在"文化"这个字眼特别时髦，任何东西都要提到"文化"的角度，似乎这样拔高旅游者就会蜂拥而至。于是到处可以见到"酒文化""烟文化""蟹文化""梨文化""梦文化""汉文化""楚文化""吴文化"等，结果，有些虽然按其文化系列进行了开发，但并没有引起旅游公众的积极反响，有些按照这种思路开发出来的产品，尽管它可能是唯一的，或者是高品位的，但当地人不爱看，外地人也不想看，束之高阁，门可罗雀。

对待旅游资源似乎还有一点要提及，这就是如何判断一个地区旅游资源的多少。旅游资源和其他自然资源是有差别的。例如，一个地区的某些资源——煤矿、石油、天然气、水等——都可以通过科学的手段来判断其储量，因为这些资源的范围是确定的，形态是固定的，数量是有限的。而旅游的资源则不然，形态不固定，它会随着旅游者需求的变化而变化，随着科学技术的发展而会发现新的旅游资源，所以说它的数量是无限的。利用评价其他资源的方法来判断旅游资源丰缺是行不通的。

对资源的开发来说，市场需求是重要的，失去了市场的需求，产品很可能是无效的产品，但是目的地也绝不能不考虑当地的资源条件，简单地说市场需要什么就开发什么。原因之一是"巧妇难为无米之炊"，还必须考虑自己的比较优势和竞争优势，考虑旅游业发展的最基础的条件。旅游者的需求是广泛的，旅游者的需求是变化的，目的地只能满足某些市场的需求、某些特定市场的需求，绝不是全部需求。因此，必须从当地资源优势出发，针对自己选定的目标市场而制造"适销对路"的产品。这也是为什么一些地方看到市场上的一些需求，为了满足这些需求，竟然放弃了自己很有发展潜力的资源，而搞一些短命的人造景观，其结果是可想而知的。以"小桥、流水、人家"为突出特点的周庄搞了个"全福寺"，在毛主席故乡韶山的韶山山峰上搞一个大肚子弥勒佛，在佛教圣地五台山搞起了"三国城"，在世界著名的文化遗产长城脚下建起了"熊乐园"。还有一些地方在真古董旁边搞假古董，恐怕这些都不是明智之举。原因之二，市场的需求是多方面的，有些需求满足起来虽然并不难，也许能够取得很好的经济收益，但是可能要以当地的社会、文化或者环境为代价，如赌博、色情等，这些市场需求是不能迁就的，发展旅游决不能见利忘义。

所谓市场，也是个大而笼统的概念，做旅游发展规划时，应当尽量使之具体化，一般的地理区域市场（如说国际市场或国内市场，或上海市场或北京市场）的限定对目的地的开发没有多大实际意义。更不能用"如果能吸引某一城市的百分之几"的假设来描绘市场需求以取悦于目的地的长官，这无异于"画饼充饥""水中捞月"。因此，市场必须细分，找准目标市场是关键。目标市场应当非常具体、清楚，而不是模糊概念。泛泛地说"北京1200万"，"上海1000万"，香港、亚太地区如何如何等，没有多少实际意义。

目前，在旅游规划界有"市场导向""资源导向"等不同的说法，对旅游开发提出了不同的观念。笔者认为，似乎不应当将这些概念过分简单化地理解，或者过分强调某一个侧面。资源与市场是任何目的地旅游业发展的两个重要组成部分，它们之间是一种相辅相成、相互依赖的关系，而不是割裂或对立的关系。所以，在旅游开发中，应当以当地资源为基础，以市场需求为方向，选好资源与市场的结合点——产品。依照当地的资源可以开发出独特的产品来引导市场需求，创造市场新的需求，或根据市场的特定需求来扩大当地资源开发的内涵，丰富、增强当地旅游吸引物的吸引力，都是可取的，都不乏成功的范例。

四 可持续发展的原则

寻求发展，寻求较快的发展，寻求最大的经济收益，是许多新的旅游目的地发展旅游业所追逐的目标，而且，长期以来，人们多习惯于依靠扩大外延、增加人数的方法来实现其经济目标。总希望每年的发展速度能够提高几个百分点，过几年翻几番，而且往往采取"倒计时"的办法来测算确定每年旅游业的增长率。国际经验说明，急功近利是许多旅游目的地失败的重要原因。我们所需要的是"可持续发展"，而不仅仅是"持续发展"。所以，环境意识是近些年来旅游总体规划中特别强调的一个方面。澳大利亚学者道灵专门从环境适应角度对旅游规划进行了探讨，并提出了一个环境适应性旅游规划的框架。世界旅游组织、世界旅游理事会和地球委员会所制定的《关于旅游的21世纪议程》中专门强调了规划的意义。世界旅游组织为帮助世界各地旅游规划的编制，1993年特别编辑了《可持续旅游发展：地方规划指南》，并在1998年重新修订，更名为《关于地方当局开发可持续旅游的指南》。指南对可持续旅游发展的规划方法、步骤、原则进行了详细的论述。世界旅游组织的规划专家因斯吉普（Edward Inskeep）在其名为《旅游规划：一个综合性可持续发展的模式》中，专门论述了旅游业规划中如何贯彻可持续性发展的原则。"可持续发展作为一种不损耗自然和文化资源、不破坏环境而达到发展目标的重要方法，如今正逐渐为人们所认识"，而可持续发展的精髓在于，它"既满足当代人的需求，又不危及后代人的需要"。可持续发展的三个重要原则是生态的可持续、社会文化的可持续和经济的可持续。坚持可持续性原则是一切发展的准则，旅游业的发展也不例外。所以，在旅游规划中重要旅游项目的设计，必须考虑科学地利用土地、保护水源、节约能源和其他资源，充分考虑环境因素。当前有一些地方，打着发展旅游的旗号而从事一些与可持续性发展原则相违背的开发活动，如在风景保护区的核心地区不适当地建造度假区、高尔夫球场、人造景观等，将"城市"搬进景区，这些是值得特别注意的。

另外，目前"生态旅游"也非常火爆，联合国和世界旅游组织将2002年定为"国际生态旅游年"，可以想象今后生态旅游的口号会喊得更响。应当承认，目前人们对生态旅游的认识还多停留在理论的探讨，在实际行动上有很大的差距。不少地方，把一些旅游产品进行"生态旅游"包装，仅仅是一种商业炒作，并没有真正开发生态旅游。生态旅游虽然是利用生态条件开展的旅游活动，但其实质或前提应当是保护环境，改善环境，保护生态，提高环境质量，而绝不能破坏环境，破坏生态。因此，"生态旅游"目前还不能成为旅游业发展的主体，利用生态旅游产品不可能实现一些地方政府所制定的经济目标。"生态旅游"是特种旅游，是一种高质量、高档次的旅游活动，其规模和范围是很有限的，绝不是大众旅游。我们可以认为生态旅游是可持续旅游的一种形式，而绝不是可持续旅游的全部。可持续旅游是一个原则，任何形式的旅游都必须遵循这个原则。所以，一定要注意防止以开展生态旅游的名义而破坏生态环境的倾向。

五　动态调整的原则

规划是严肃的，规划是应当认真编制的，而规划的基础是对未来发展形势的判断和预测。但旅游发展规划不同于城市建设规划，它更应当突出战略性、对策性，根据对形势发展的预测而预先设计的行动计划。事实是，影响旅游业发展的外部条件是不断发生变化的，随时发生变化的，所以规划也不应该是一成不变的，应当根据变化了的形势进行及时的调整、改善。因此，旅游发展的规划期不宜过长，编制长期的发展规划，10年或20年，似乎难度非常大。对一个好的规划来说，它的目标应当非常明确，但计划必须要具体，步骤要清楚，便于实施和监测。因此，旅游发展规划也不是制定出来就万事大吉，而且一定要定期地审查，不断地调整。尤其是在一些具体的营销策略上，要根据市场需求的变化和竞争对手策略的变化而灵活地调整。国外在制订规划的过程中还强调提出多种可以选择的方案。

对此，美国旅游专家米尔（Robert Mill）有一段非常精辟的论述：规划的目的并不是最后编制出一个计划来——一本规划师们为之炫耀自豪的装帧精美的书。其宗旨是为社区指出方向。计划不能是一成不变的。形势在变化，所以计划也必须变化。规划是一个不断继续的过程。实际上，很可能规划的最大的益处来自规划的过程，而不是提交一份写好的文件。

由于缺乏对旅游发展规划动态调整的认识，一些地方特别强调通过立法的形式把旅游发展规划固定下来，以行政的手段贯彻执行。也有一些地方，走到了另外一个极端，旅游规划经常做，几乎是换一个领导做一次规划，而且往往是每次都是另起炉灶，从头做起，甚至连原来是否有规划的事都不知道，规划之间缺乏连贯性，造成浪费。

河北省科学院地理研究所郭康等曾经出版过一本书，叫《调整性旅游规划研究——鹿泉风景旅游区建设总体规划》，提出了旅游区建设规划分为三种类型，即开发性规划、发展性规划和调整性规划。虽然该书并没有单独地对调整性规划的方法进行专门的阐述，书中只是提供了一个实行调整性规划的案例，但他们提出的"调整－扩大－深入"的方针还是非常可取的。

六　可操作的原则

旅游总体规划有大政方针和重大战略的选择，但更重要的是实施这些战略的方法和途径和重大活动和项目的策划，因此，旅游发展规划应当注重具体方案的实施，而不是理论概念的解释或探讨，不应当是"放置四海而皆准"的原则。从目前的一些规划的文本来看，说理性的东西比较充分，应该做的事讲得比较全面，但具体如何做的部分显得苍白。一些规划俨然是一部内容丰富的"教科书"，不同地方的规划大同小异，经常被看作通过"搬块"复制出来的。世界旅游组织的《地方旅游规划指南》指出："不付诸实施且不具备可操作性的规划是没有价值的。"它强调，"在规划的制定过程中应始终考虑采取什么措施贯彻实施规划目标，并在规划大纲中分别予以说明"。所以，在编制旅游发展规划的时候，特别是对一些近期要实施的活动计划、方案应当有具体步骤、具体目标和时间安排。现在，一些规划专家对"可操作性"有不同的看法，有的人提出总体规划不应当要求"可操作性"，恐怕对"可操作性"本身有不同的理解。笔者认为这里的"可操作性"可能强调的是"实用性"，真正能够告诉规划的实施者如何做，先做什么，后做什么，哪些是重点，突破口在哪里，产业结构如何调整等，而不是某一个景区、景点如何具体开发的"可操作性"。

目前值得注意的是，要区别旅游总体规划与城市规划的区别，也要区别规划与课题研究的区别。对一个大的行政区域来说，旅游的总体发展规划也不可能做成建设性详细规划。这两者之间是有区别的。总体发展规划在于宏观发展的战略、整体发展思路的把握。从目前总的情况来看，中国多数旅游发展规划更重视资源的普查、功能分区、发展原则的表述或景区的实体布局。旅游规划与城市规划趋同的现象颇为普遍。甚至有些部门强调旅游发展规划服从城市规划，用城市规划的要求评价旅游发展规划，这显然是不合适的。但同时，还有另外一种现象，把规划的编制当作课题研究项目来做。规划做出来，产生了一大批研究成果和大量的副产品，而总体规划本身缺乏真正的市场细分、项目的策划、策略的筹划，特别是在产品开发、市场营销、形象设计等方面更薄弱。规划做好了，蓝图画出来了，具体成果一大堆，规划得到"先进""领先"等高度评价，而当地政府还是不知道自己应当从何入手，以致出现重复"纸上画画，墙上挂挂"的结局。

七　利益相关者的原则

早在 20 世纪 80 年代中期，以墨菲为代表的学者开始提倡旅游规划中的社区公民参与。他们把这种观念叫作"社区法"（Community Approach）或"社区驱动法"（Community Driven Approach）。他们认为，如果旅游规划能够从纯商业性的开发方法转向一个更加开放的、以社区为导向的方法，把旅游业当作发展资源，那么旅游业将会产生更大的社会和经济利益。这一方法的实质是让当地社区（各个阶层包括当地政府官员、居民、建筑师、开发商、规划师）参与旅游规划的过程和重大决策的制定，管理好旅游这一资源，使旅游业为整个社区世世代代带来好处作为旅游业发展的目标和评价旅游业的标准。采用这一方法，使旅游业发展的着重点除经济考虑之外，还要考虑目的地的生态和居民的质量。

进入 90 年代以来，西方社会出现了一个新的词语，英文是 Stake-holder，可以翻译成"利益相关者"。所谓"利益相关者"，是指包括某一产业或活动的投资者、拥有者、经营者，也包括所有在这一产业的发展过程中与之相关者，它可能是一个公司、个人或社团、社区。在旅游业规划和发展中，必须考虑所有利益相关者的利益，为他们提供参与讨论和决策的机会。所以，旅游业的发展，不仅要考虑开发商、投资商的利益，考虑旅游者的利益，还必须考虑当地人的利益（例如就业、食品、材料、咨询和专业服务等优先考虑当地人的利益）。旅游发展的决策过程应当有当地人的参与，广泛而充分地听取并尊重他们的意见和建议。任何摒弃当地人的利益，违背当地人意愿的项目和活动，都是很难成功的，或难以持久的。旅游规划虽然多是专业人员编制的，但并不等于是这些专业人员闭门造车的结果，必须通过尽量多的途径征求各个利益相关者的意见和建议。所以说，规划的过程和规划的最终成果同样重要，因为规划的过程是专家和当地政府和社区统一认识的过程。最近一些年来，一些地方搞节庆活动，把功夫下在"请外商""请洋人""请领导""请名人"上，下在隆重的开幕式和闭幕式上，免费招待，免费游览，表面上轰轰烈烈，实际上难以产生多大真正的效果，而当地人只当摆设，或根本不让参与。因此，硬着头皮搞几次也就偃旗息鼓了。作为一个较长期的发展规划，更需要让当地人知晓，听取他们的意见和建议，考虑他们的合理要求，得到他们的配合与支持，这是至关重要的。目前一些地方旅游规划的制定，主要是听取专家和领导的意见，更相信外地专家，而忽视了当地专家和公众的意见，无疑这是一个重要的缺憾。

结束语

旅游规划的编制越来越受到重视，但毋庸讳言，各个地方编制规划的真正目的到底是什么还是千差万别的。有一些地方是为了"招商引资"，有的地方是为了"卖地"，有的是为了"提高知名度"等，并不是真正为了使旅游业得以可持续发展，甚至主要不是为了发展旅游业。

由于目的不同，主持制订规划的机构也不同，有的地方是当地政府，有的只是主管部门，如旅游局、城建局、园林局、林业局等。在旅游规划编制过程中经常出现这样的现象：要求制订规划的地方没有钱或不愿多出钱，只求有个规划；受委托制订规划的单位不愿多费力，有的是受经费的限制，有的是受本身能力和专业知识和技能的限制，或者知道委托方的意图，认为没有必要下此功夫；而从事评审规划的专家似乎也无章可循，难以认真，有的时候，一些规划编制单位聘请非本专业的专家进行评审，使评审意见出现偏差，因此，全国上下出现了许多"世界领先水平"、"国内领先水平"、"国内先进水平"、具有"科学性、前瞻性、可行性"特点的"好规划"。实际上有不少规划是经不起推敲的。同时也有一些规划由于没有按照其他部门的要求做，其结果是得不到通过。这些现象的出现虽然原因很多，但这不得不说和许多地方制订规划的目的不明确或不正确有关，也和旅游总体规划的规范不明确有关。

旅游规划和其他规划一样，是一项严肃的事情，是一项关系目的地社会经济发展的重大举措，必须讲求科学性。而科学性的基础是人才。因此，有关行政管理部门应当加强旅游规划的研究，总结国内外旅游规划方面的经验与教训，将好的经验通过适当的途径进行交流，开辟向公众宣传的渠道；引进和介绍科学的规划方法和手段、采用先进的现代科学技术和方法；介绍国内外的"样板"规划，供专家或实际工作部门参考；加强有关专业人才的培养，特别建议高等旅游院校开设旅游规划的课程，等条件成熟后，实行旅游规划师、旅游规划编制机构、旅游规划的评审机构或人员的注册认定制度，使旅游规划做得更加完善，使旅游规划在促进旅游业健康发展的过程中发挥更大的积极作用。

参考文献

郭康：《调整性旅游规划研究——鹿泉风景旅游区建设总体规划》，气象出版社，1993。

世界旅游组织、世界旅游理事会和地球理事会：《关于旅游业发展的21世纪议程》，《旅游信息与研究》1997第4/5期。

WTO：《可持续旅游发展：地方规划指南》，旅游教育出版社，1997。

Inskeep, E., *Tourism Planning: An Integrated and Sustainable Development Approach, Van Nostrand Reinhold 1991.

Mill, Robert & Morrison, Alastair, *The Tourism System*: *An Introductory Text*, Prentice Hall. 1992.

Murphy, Peter, *Tourism*: *A Community Approach*, Methunen, 1991.

规划的理论与实践

关于文明旅游的对话*

最近一段时间，各类媒体发表了大量关于"文明旅游"的言论，上到国家领导人的讲话、国家有关机构的文件通知，下到街头巷尾的记者现场采访，当然少不了学者、专家引经据典，宏论古今中外，真可谓图文并茂，声像俱全，丰富多彩，引人入胜。本人也多次被媒体诘问表态，并要求提出些锦囊妙计。因为这样，也引起了我的一些思考，倒觉得很有意思。看起来一个颇为简单的事，人们讲起来也没有什么特别的争议，为什么做起来如此艰难呢？这也许有其中深奥的道理值得认真探讨。

一 文明的含义很复杂，旅游中的文明有学问

文明的含义很复杂，我们平时所说的文明，主要指的是礼仪，或要遵守的、公认的社会秩序、行为规范等，而与之相对的"不文明"则是"野蛮""不开化"。因此，常常说文明是城市化的产物，社会发展变迁中的一个显现，因此说，文明与不文明是相对的，而并非绝对的。但无论如何，还主要是道德范畴，而不是法律范畴。而且"文明"与"不文明"的问题，还有不同人群对不同人群的看法，价值观的差异。因此，这个问题仔细想起来还是颇为复杂的。社会上经常出现的一个问题是，西方发达的国家说欠发达国家不文明的多，城里人说农村人不文明的多，见识多的人说见识少的人不文明的多，老人说年轻人不文明的多，领导说群众不文明的多，而不是相反。因此说，对主观的判断应当进行客观的分析，明确一个公认的文明底线很重要。还应当看到，这个文明的底线也是在变化的。例如，看一看我们历史上的经典电影，"吸烟"一度被认为是上流社会"文明"的一个表现，无论绅士还是淑女，

---

* 在天津北方网站做关于出游文明节目时的发言摘要（2013 年 9 月 25 日）。

到了一定地位，手举香烟、口喷烟气，变成一种特别不一般的仪态，很显然，这一点已经变化了。再如，过去说淑女，最为重要的是端庄，不应该露的地方那是绝对不能露的，否则就是不文明，而今天，这个要求显然是落伍了。

就外出旅游的表现来看，似乎有这样几个原因可以对当前人们所议论的问题加以解释。

（一）从个人的行为来看，旅游者外出旅游的时候，往往具有明显的双重性

首先，外出旅游是日常生活的延续，个人的习惯是在惯常的生活环境中逐渐形成的，不会因为一次外出旅游、变换了场所而完全改变，判若两人。比如，生活在农村环境的人，讲起话来声音就是大，喜怒哀乐表现充分，人与人之间的关系相对简单；同样的原因，随地吐痰在农村的土地上则不是一件什么了不起的毛病；再比如，在中国，中国式的过马路，中国式的排队，中国式的抢座等，长时间存在，大家已经司空见惯，做起来太自然了。

其次，作为旅游者所不同的是，人离开惯常生活环境后的异变，这种异变有两种完全不同的表现形式，而这两种形式又都是旅游者的突出特点。

——由于各种考虑，外出旅游时，人们往往会对自己的行为进行自觉地约束，更加注意自己的行为举止可能造成不良的影响，避免让人指责或蔑视。尤其是亚洲人，第一次出国门，这是大事，想得特别多，处处小心谨慎，不敢说，不敢动，不敢问，生怕做错了事丢人现眼，被人笑话。

——由于离开了熟悉的环境，尤其是离开了熟人、同事或领导，有的人则会格外放纵自己，摆脱了约束，会做出一些不同于平常的举动。有的时候为了表现一下自己的地位、财富和能耐，不管他人的反应，觉得与人不同是一种享受。比如说，在国内参加团体旅游的人，不大可能有人会不顾后果，敢于在世界最著名的景点的纪念物上刻上自己的名字。而离开这样的环境，胆子突然就会大了起来，竟然会做出些特别出格的事来。

（二）国人对媒体相关报道的反应比国外的实际反应更加激烈

近年来，国内媒体对国人在境外的一些不良行为报道很多，批评得很严厉，这应当说是好事，这表明中国人对现存的不良现象不满，非常在意，这正是国民认识水平和重视程度提高的体现，是一种社会进步的表现，比以往的全社会无意识向前大大迈出了一步。目前，似乎又往前走了一步，又往往把个人的偶然不良行为上升到国家形象、中国人的形象上去认识。其实，中国是个大国，国土辽阔，人口众多，差异自然就大，人常说，林子大了，什么鸟都有。应当说，任何一个个人的行为都不能代表一个国家或一个民族。这一点在世界上应当是带有普适性的。西方社会由于社会经济的发展程度高，表现出较高的素质，但是素质低的人依然存在，这类的不良行为少了，但也不是不存在，或者说表现的形式不同了，例如，丹麦出了一个枪杀普通人的狂人，就说丹麦人不好，也是不公平的。比如说，涂鸦行为，显然比中国则更加普遍，写得也是乌七八糟的，在厕所里，桥洞里，也是不少地方都有。在历史过程中，我们曾经读到不少这样"自责"或"他责"的文献，大家都知道，可能是柏杨先生写出了《丑陋的中国人》后，出了《丑陋的美国人》《丑陋的日本人》《丑陋的韩国人》《丑陋的英国人》《丑陋的俄罗斯人》等"丑陋系列"，国内也有类似的书籍，实际上这就是很好的证明。

（三）国际媒体上的一些反应也有其片面性

在国际社会上，有些地方，也存在一种长期形成的对中国人偏见或误解。同样的表现，可能对中国人则更加反感，通过某些媒体发酵后，变了味，甚至有的媒体把中国游客列为"最不受欢迎的游客"。长期以来，他们觉得自己是高等公民，认定中国落后，中国人穷，而在现实中，突然发现中国人有钱了，花钱比他们还大方了，于是就产生了一种心理上的不平衡，就更爱从中国人身上找缺点，找毛病，发泄自己的不满。同样一种动作，在欧洲人身上则显得颇为平常，而发生在中国人身上，就不能接受。当年法国巴黎的老佛爷百货商店对中国人不信任造成的歧视就是一个例子。大家还都会记得，2008 年 2 月 11 日，一对中国夫妇随团在法国旅游时到巴黎奥斯曼大街的老佛爷旗舰店购物。付款时收银员认为他们的一张纸币是假钞，经过几轮验证之后，这张纸币仍被认为是假钞，老佛爷旗舰店随即报警。警察将这对夫妇带至警察局并进行了盘问和搜查，最终一位银行专家鉴定这张纸币为真币。当该夫妇回到老佛爷旗舰店重新购物付款时，收银员再次将纸币定为假钞，双方发生了冲突。这期间该夫妇所在的旅游团队在老佛爷旗舰店也受到了"不公正"待遇，中国游客对老佛爷旗舰店的做法深表愤怒。可以肯定，如果这个旅游团是英国人，恐怕"老佛爷"的职员们绝不会如此粗暴无礼。到底谁更文明些，不讲自明。

二 用文化差异来解析"不文明现象"

从国际范围来看，一些被认为是"不文明行为"应当从文化差异的角度来认识，这一点是非常重要的，而且也是客观的。从目前出现的一些现象来说，更多的属于文化差异的范畴，因此说，这些所谓"不文明的现象"也多源于此，而且，所谓一些"不文明"的显现在世界上普遍存在，也许不同的时期表现形式不同，对待这个问题要具体问题具体分析。

（一）客观地认识中国与世界的差距，对中国所谓"不文明行为"的反应多出自西方社会，而不是非洲或欠发达国家

从历史上说，中国的农耕社会存在的时间最长，城市化的进程颇为缓慢，晚于大多数经济发达的西方国家，这是一个现实。现在，西方很多国家城市化的程度达到90%以上，中国的城镇居民占总人口的比重一半多一点，而很多人还是当代进入城市的，远比西方社会晚得多。有些人身体进入城市的范畴，但行为习俗依然保留着农村的传统。

中国是个发展中大国，社会经济发达程度依然很低，而且中国经过了混乱的"文化大革命"，而改革开放又加速了社会大变革，信仰危机，价值观混乱，都会对社会基本行为规范产生影响。尽管现在作为一个经济体来说，我们的 GDP 跃居世界第二位，但从人均的角度来说，与世界上很多国家，包括发展中国家，还有不小的距离，这也是个事实。正如习近平 2012 年 2 月 19 日接受《爱尔兰时报》书面采访中所

说："中国人均国内生产总值还排在世界 90 多位，还有 1.5 亿人每天生活费不足 1 美元。中国的任何一项发展成就，如果除以 13 亿人口，都会变得很小；而中国的任何问题，如果乘以 13 亿人口，都会变得很大。中国和世界都要承认和正视这一差距。"

在出境旅游方面，中国人是后来者，作为新兴的旅游市场远不成熟。虽然从统计的角度看，现在中国公民出境人次数很多，但不少人还是第一次迈出国门，就像孩子一样，还非常幼稚，没有见过世面。因此，一些在成人看来可能是某种幼稚的表现，幼稚属于经验不足，并不是智力低下，更不是素质问题，这也是难以跨越的门槛。例如，当前反映的一些所谓的"不文明"现象：

——照相就要表明我到过此地（自己必须在其中），刻字的潜意识也是如此。总是摆设一种姿势（导游进行指引，大家在一个地方照，一个姿势，V 的手势，说 Ye!）。

——亚洲人的特点是从众，随大流，而欧洲人的特点是张扬个性。改革开放之前，中国人出国统——种服装（北京都是红都做的），一种颜色（灰色的），最麻烦的是一样的箱子，在机场上非常容易拿错。

——见佛就拜，礼多不怪；散钱免灾，目前国内很多地方，包括一些重要的博物馆内也会出现这样的现象。

——恪守自己的生活方式，于是在中国出现了"可口可乐煮开了喝""OX 当啤酒喝""喝咖啡用勺舀着喝""汤端着碗喝""红酒、冰酒、香槟酒、啤酒、白酒一起喝，等（当然，外国人也不大会喝茶，中国人笑称他们只会喝茶叶末）。

——占座位，让熟人加塞，不会排队，这也是中国人紧缺经济、基础设施不足造成的习惯。即使在现在，不这样也很困难。

（二）生活习惯的差异不宜上纲上线，重要的是提出相互尊重

任何事情都一样，第一次不知道，下一次就懂了，重要的是"入乡随俗""客随主便"：要见怪不怪，喜欢不喜欢不是评判国民素质的统一标准，国内外均如此。城里人感到自豪的东西，乡下人未必认可（在

公开场合过度示爱的举动）；西方人张扬的理念东方人也不一定能接受（同性恋结婚问题）。比如下列外国人的习俗与习惯：

——外国人：儿子、孙子可以对爸爸、爷爷直呼其名；亲切而不是不敬。这传统中国人是不能接受的。

——斯里兰卡：五星饭店的服务员可以打赤脚，并非不文明。

——印度：宴会上可以手取食物，并非不礼貌；使用刀叉与筷子哪个更文明？

——迪拜：男人主动、强行和妇女握手会挨揍，更不用说拥抱了。

——海滩：中国人在海滩穿西服，而且见穿比基尼的女人就拍照。

——泰国：头是不可以摸的，这是大忌，尤其是不能摸小孩子的头。

——日本：没完没了地鞠躬，向进店的客人不停地鞠躬。

——斯里兰卡：女人不准进庙宇，或者一定要与僧人保持距离。

——头疼的小费：给谁，什么时候给，给多少，给还是不给……可在美国这样的社会，小费是一些人的基本收入；在英国获得小费是一种荣誉；而中国传统，服务好了给钱是一种蔑视。

——韩国人喝酒：自己不给自己倒酒；喝酒时不要直面对人。

——吸烟：烟酒不分家，依然有让烟的习惯，否则不敬；布菜，必需的，否则不敬，但外国人是不做的；剩饭，有的时候是不能吃光的；用餐巾纸擦碗，用茶水涮碗，有的时候是必须的——中国人穿着睡衣上街，拖鞋，妇女穿拖鞋成为时髦；女人可以穿得最少，男人却要裹得最严，膀爷是不敬的；在小路上人让车还是车让人；和生人打招呼和微笑应该还是不应该？

（三）不知不怪——旅游的体验

寻求差异，这是外出旅游、出国旅游给游客印象最深的，不知者不怪，只要不是有意识地冒犯是可以理解的，事前的主动了解，事后的诚挚说明或道歉，这是可以得到谅解的。值得提出的是，出现了不良行为，不要一味地批评"肇事者"，也要检查管理者的责任，有没有预防措施。比如，在荷兰博物馆里观看油画夜巡，稍微靠得近了一点，就会发出警报，让那些非恶意做事的人得到提醒，也会让有意做坏事的人得到一种威慑，避免了一些问题的发生。

坏习惯绝非中国人独有，也不是经济欠发达国家或地区独有，这是一种社会普遍存在的现象，也许坏的地方不同，但这并不能说明，别人也有，则不是坏习惯，社会不能宣扬比坏，要倡导比善才对。我们不同意关于优良人种和卑劣人种的说法，习惯都不是先天铸就的，而是后天养成的。中国的长城上不也有很多外国人的痕迹吗？美国人的骄横（自以为是），随便（教授讲课时坐在桌子上），英国人的虚伪，俄罗斯人的贪小便宜（在饭店里顺走毛巾，在自助餐厅里带走食品），日本人和欧洲人的好色（到泰国等亚洲国家招童妓）等，这是世界上出了名的。我本人不赞成对国人在境外非恶意的不良行为过分谴责甚至辱骂，要保留一些理解与宽容，多一些善意的规劝和提醒，不要让国人在外国人面前总是唯唯诺诺，表现出一种不自信或过分自卑。

三　关于减少"不文明现象"发生的建议

（一）政府要主动、认真对待，做出必要的指导、引导和倡导是有益的

要从积极的方面去认识和对待。这样做体现了政府、机构和社团的重视，是对自己的尊重和信心。对待习惯和社会行为规范，靠的是教育、引导、开导、倡导，而不是主要靠罚款等制裁；特殊的、严重危害社会的问题要立法，而不是倡导或倡议——如吸烟，但是，有法必依，该罚则不殆，这种惩罚应当与肇事者的身份、地位没有关系。我们在这方面存在的问题是，有法未必依，总有人可以在法律之外，从而造成了法不治众的现象，使法律失去了尊严。

（二）应当提倡从我做起，从每个人做起，凡是认识到的就要做到

在遵纪守法方面，百姓和官员要从官员做起，职员与领导要从领导做起，老师和学生要从老师做起，家长和儿童要从家长做起，而不是相

反，中国的问题是，长期以来，总有些人会有特权，蔑视法律和道德规范，从而使不文明行为的顽疾禁而不止。

（三）告知与提醒的责任，告知是责任，也是艺术

告知和提醒是善意的，不是斥责和教训，这样便于得到认可，易于被接受，而不是让人反感和抵触。我们中国人似乎特别喜欢用命令句、祈使句，而不是提醒。习惯于使用必须，不得，禁止，不准等词语，看起来很认真，实际上是给人看的。

"美国商业为外交行动集团"2006年编撰了一本《世界公民手册》。这是美国的一个非营利组织自发的行为，目的是修补美国人在境外丑陋的形象，而且倡导先从与世界打交道最多的商务旅游者做起，这包括了美国最著名的国际公司（微软、麦当劳、肯德基等），是自责，不是指责；是劝告而不是警告；是出招而不是只讲原则。手册举了25条"简单的建议"——为每个人出国旅游提出使用建议。这本手册一开始就指出：国外对美国人负面的情感源于情感多于实际，这是真实的；但是，情感有巨大能量创造舆论，也是真实的。如果接受这些简单的建议，既可以得到更好的旅游体验，同时也能在欲访问的地方展示美国人最好的一面。

在信息时代和新媒体时代，媒体有责任不断介绍世界各国的风土人情，使读者平时有机会得到相关的信息；旅行社有责任和义务通过各种渠道介绍出境旅游目的地相关的信息、特别注意事项等；尤其是关于当地人比较在意的敏感问题，例如宗教信仰问题与民族问题，要反复提醒；同行人也有义务相互提醒，尽量避免不愉快的事情发生（例如在乘机、乘车、排队等小事上做起）；尤其是对一些境外通行的行为准则，不应当我行我素，要尊重别人、尊重规矩。例如，看歌舞、音乐会等节目时的照相、摄像、接听手机、不适宜的鼓掌等，要特别注意了解相关规定，遵守规矩。旅游者要多问，态度要诚恳。人的知识是有限的，但是不懂的麻烦就要问询，有些麻烦就可以避免。比如，照相问题，如果的确要照人或与人照相，一定要征求对方的同意；在一些公共场合走路，超人，或有特殊情况希望不排队，可真诚地征求一下意见，要相信人们大多是通情达理的。

四　《旅游法》是不是把解决问题的利剑？

在刚刚发布的《旅游法》中，关于文明旅游问题在其总则中有所涉及，那是对所有游客提出的最低要求，关于这一条款尚无司法解释。实际上，目前我们所说一些不良习惯问题，多数尚未进入法律的范围，《旅游法》基本上还是一部旅游管理法，并非刑法，因此很难说是一把治理社会不文明现象的"利剑"。这些规矩从现在起要依据相关的法律推行，对法律规定的条款做出必要的司法解释，并根据需要和可能，可以就某些特定行为制定单项法律，凡是触犯法律的，必须严肃惩处，对蔑视法律、屡犯不改的人要重罚。

在这方面，有些国家的相关法律就比较具体。例如，韩国现行《护照法》规定，如果国民在海外犯法并遭驱逐，将限制其在 1 ~ 3 年内出国。2012 年 4 月，韩外交部出台政策，对有损韩国形象的"丑陋的韩国人"进行管制。韩政府决定扩大《护照法》的适用范围，只要收到有关韩国国民丑态和不法行为的通报，即使该国民未遭对方国家驱逐，也会限制其出国。外交部还同一些民间团体合作，开展"海外健康旅游运动"，利用城市中心和机场的大屏幕等进行宣传，内容主要是防止国民海外卖淫嫖娼、防止偷渡和贩卖毒品、脱离海外黑社会、不要虐待当地雇员、遵守旅游目的地国法律和秩序、尊重当地文化等礼仪教育。外交部还联合其他 7 部门组成"泛政府对策促进工作委员会"，其中教育部将在教科书中增加"国际礼仪"等内容；劳动部对海外韩国企业进行防止侵犯劳动者人权等方面的教育；警察厅将向韩国政府驻外机构增派警力，全力改善韩国的国际形象。

再如，关于公共场所禁烟的法律等：最普遍的是在禁烟的地方吸烟罚款增加：澳门 1 万 ~ 10 万澳元，新加坡 500 ~ 1000 新元（2500 ~ 5000 元），泰国 400 泰铢，西班牙 60 万欧元，比利时 143 欧元，法国 75 欧元等，不丹全国禁烟，一名不丹僧人因携带价值 2.5 美元的烟草，被判入狱 3 年。吸烟行为可不是规劝的问题，而是必须实行法律约束。

不过有个问题要注意，现在谈论的一些人在境外的表现，还必须考虑不同国家的法律。一般来说，不同国家的法律都是公开的，并会在许多媒体或文件中反复提及这类事情是条红线不可逾越，更不要以身试法。例如，涉及海关、边防等规定，必须遵守，必须诚实申报，不可凭侥幸，一旦违了法，那是要受到惩罚的。一般来说，外国涉及旅游者的相关法律多是反复提醒的，这一点的确要留意，不能到时说不知道就可以蒙混过关的。

另外还有一个问题需要说明的是，作为一个个人，无论在什么场合，在家还是外出旅游，在国内还是在境外，对已知的基本准则和行为规范都要主动去做，有人监管时要做，没有人监视时也应当做，即"君子要善独其身"，这是一个人基本素养的体现，而不是为了让别人看的。要让人尊重，首先要尊重别人。一些倡导文明的活动可以多种多样，但不要老是像对孩子那样对待社会。社会诚信需要全社会来培育，不能靠写几条标语、说几句口号来实现。就像我们有很多家长让孩子背《弟子规》，而家长的所作所为，根本不按照这个规矩去办，这样的教育就是失败的。

总之，社会重视了，大家都在努力，总会发挥一定的正面作用，良好的社会风气是会不断改善的，作为社会的一员，个人的素质也一定会不断提高的。这是社会发展的基本规律。

看看精神不？

关于中国旅游学术研究走向世界的思考[*]

一 中国的旅游学术研究是随着旅游发展的实践 而逐渐展开的

作为一个文明古国，中国人的旅游活动具有悠久的历史，有关旅行和游览活动的历史文献林林总总，浩如烟海。然而，专门针对旅游现象研究的学术文章并不多见。直到 20 世纪初期，旅游作为一个服务行业开始在中国大地上出现，虽然当时的服务对象还只限于某些特殊群体，主要是外国人和国内的官宦或富庶阶层，但社会旅游服务机构开始在一些大城市或铁路、水路交通枢纽城市创建，当时也曾有专门的杂志或出版物，对这个行业的经营管理以及影响等进行研究。然而，和其他行业相比，这方面的研究，不仅数量少，而且也比较肤浅。诚然，这与旅游行业的规模与影响有很大的关系。很遗憾，残酷而漫长的战事把刚刚开始的旅游活动给中断了。

有组织的国际旅游活动在 20 世纪 50 年代初期就开始了，不过，当时强调的是服务于政治的外事活动，重点在于结交海外朋友，积极宣传自己，而且鉴于当时明确的"外事无小事、事事请示"的工作原则，社会上几乎没有人对它进行专门研究，参与这项工作的人员也只是根据上级领导机关规定的程序和要求努力把接待工作做好，对这些活动的研究和探讨也非常有限，鉴于这项工作的特殊性，社会对它的关注更少。

20 世纪 70 年代末改革开放政策的实施，催生了中国现代旅游业的产生与发展。首先，无论是政府还是社会，希望给这一新事物一个"名分"，需要找到重视和支持它发展的明确"说法"，于是，开始真正有

* 2009 年 4 月 26 日在首届中国旅游科学年会上的发言稿。

人关注它，了解它，认识它，研究它。最初，旅游被确定为一项事业，经过几年的讨论和辩论，进而被确定为一个产业，到20世纪80年代中期又被确定为国民经济新的增长点、促进和谐社会的重要工具。因此，在中国，关于旅游的学术研究是在改革开放以后，随着旅游业的出现与发展而逐渐展开的。由于国家需要制定相关的政策，政府研究部门开始设立机构，确定课题，进行专门的研究。需要培养旅游发展的人才，教育机构开始确定学科，设计课程，出版教材。到现在，中国已经有了一大批旅游研究机构，这包括国家设立的专业学术研究机构，政府行政管理部门、行业协会以及大型企业的研究机构；这些机构有中央的和地方的，公有的和私营的，还有社会团体的；有纯学术性的、公益性的，也有商业性的。旅游教育机构的发展速度则更快，从独立的旅游学院和综合大学里的旅游学院、系或专业，到中等、高等职业学校，应有尽有，这些教育机构也拥有大量的专职或非专职的研究人员，从事旅游学术研究。与此同时，中国还逐渐建立了从硕士到博士的旅游研究生培养体系。由于旅游的综合性和复杂性，随着旅游业在中国的不断发展，与旅游相关的研究也越来越多，从饭店、景区、旅行社、交通业到房地产、网络、证券、节事活动；从管理、规划、营销到旅游目的地建设；从经济、文化、民族到生态、社会乃至政治，无所不及，围绕这些主题的研讨会、论坛、峰会，地方的、全国的、国际的，此起彼伏，不胜枚举；各种各样的旅游学术专著、译著和论文更是丰富多样。应当说，中国的旅游学术研究已经有了很大的发展，学术研究机构和队伍都具备了一定的规模，学术研究活动颇为活跃，这些机构和人员在国家旅游发展政策、战略的制定和学术研究中发挥着积极的作用。值得注意的是，随着中国在世界旅游发展中的地位不断提高，中国旅游业已经成为国际社会的关注点，因此，中国境内或国外，出现了不少专门研究中国旅游的机构或专业咨询公司，而且在世界范围内重要的旅游论坛中，中国的旅游成为重要的话题，这从另一方面也刺激和促进了中国旅游学术研究的开展。

二 中国旅游学者在国际学术论坛上话语权颇为微弱

纵观30年来中国旅游学术研究的发展过程，大体上和中国旅游业非常规发展的模式很相似。和许多传统学科所不同的是，这个旅游学科的建设是以"引进"为开端的，基础的理论与概念多是从国外，尤其是欧洲和美国引进的。虽然，在改革开放政策实施初期，一些学术研究的先驱们试图套用传统政治经济学的框架来构建中国旅游经济学的理论体系，但很快就被放弃了，因为以计划经济为基础的政治经济学本身也经历了脱胎换骨的变化。现在，旅游院校所使用的教科书，多是以欧美国家的著述为基础而改编的，从而国内出现了从中专到大学乃至研究生的教材或读物大同小异的现象。但是，由于政治制度、经济体制和文化传统的差异，经济发达程度和旅游发展阶段与方式的差异，中国学术界在研究过程中，做了一些"加生饭"。外来的词语、外来的概念、外来的理论，中国式的演绎，往往导致一些难以解释，或者说，难以正确解释中国旅游发展实践的现象。目前国际旅游学术的交流，也和我国国际旅游业发展过程中游客流动的方向相似，"入境"者多，颇受青睐；"出境"者少，势单力薄。从学术成果上看有以下几个表现。

学术著作与文献大量地引进。近些年来，中国有大批的年轻学者具有国外旅游院校进修的经历，而且年轻学者的外语水平普遍提高，因此，他们通过努力，对境外的旅游学术研究成果大量引进，把国外的文献、出版物翻译并介绍到国内，或者非常关注用国外的概念和方法研究中国的问题。这一点在目前国内旅游学术论文中非常突出。

"合资产品"流行。不少中国的学者在国外进修时，大多在境外学者指导下，对中国旅游的一些问题进行探讨，或撰写硕士或博士论文，或联合署名发表学术文章，这些"合资产品"是目前国际旅游学术论坛或刊物上关于中国旅游研究成果数量最多的。目前在欧美国家出现的许多中国旅游研究的新秀中，不少是大陆移居海外的学者，有的人由于使用了与在国内不同的名字，使中国学者对他们感到有点生疏。

"外国产品"。这些年中，国际上涌现出一批研究中国旅游的学者，出版了不少关于中国旅游研究著述，从不同的领域进行探讨。由 Westview 出版社出版的名为《中国旅游：地理、政治与经济视角》的论文集是中外旅游学者较早的一次合作[①]。后来，香港理工大学旅游学院在

---

① 原书名为 Tourism in China： *Geographic*，*Political*，*and Economic Perspectives*，主编 Alan A. Lew 和 Lawrence Yu，由 Westview 出版社 1995 年首次出版，该书后由 Haworth Hospitality 出版社以 Tourism in China 的书名 2003 年再版。

国际旅游学术刊物上发表了大量与中国旅游相关的研究文章，在国际上引用量也是很多的。德国学者王立基教授的《中国出境旅游》① 也颇具影响。纯"中国制造"的用外文撰写的旅游学术著述非常缺乏。虽然我国国内学者也在国际论坛上或国际刊物上发表过一些文章，但影响并不显著。不少中国大陆学者移居境外，多以外国人的身份著书立说，以外国人的立场剖析中国现象，而我们自己的"产品"也往往存在大量的"舶来品"，缺乏突出的独立观点和视角。因此，这从一个侧面表明，中国国内的旅游学者，不仅在国际旅游学术界一般研究中不具有突出的话语权，就是在中国旅游的研究方面，话语权也是非常微弱的。

三 中国旅游学术研究走向世界需要跨越许多障碍

很显然，中国旅游学术研究在国际学术界地位与中国旅游在国际舞台上的地位是不相称的，造成这一现象的原因很多，其中包括以下几个。

索取多，贡献少。我们的学者非常注重从外国学者和外国文献中学习境外研究的成果，这并没有错，这些学习与引进使中国的学者开阔了眼界和思路，尤其是在预测未来发展方面会有一些先见之明，因为西方国家在旅游发展中具有"过来人"的资本。然而，其中也难免有一个弊端，那就是，中国和很多西方发达国家、一些发展中国家在政治制度、经济制度、文化传统、价值观以及发展过程等方面存在很大的差距，而旅游作为在不同境域中的一种现象，必须从其发展的独特环境中探讨规律，而不应忽略这个宏观环境，就事论事，言必称"国际惯例"。中国作为一个大国，作为一个发展中大国，作为一个具有特殊政治、经济体制的大国，从中国旅游发展实践中总结出来的规律、理论对世界，尤其是对许多发展中国家也具有重要意义。解释这些现象，探讨这些规律，将其上升到理论，这应当是中国学者的责任，也是中国学者应当向世界做出的贡献。然而，这一点往往被忽视了，似乎与国际接轨就是把外边的引进来，而没有重视把自己的成果传播到世界上。

---

① 该书的作者为 Wolfgang Arlt，德国学者，其原书名为 *China's Outbound Tourism*，2006 年由 Routledge 出版社出版。

学术研究缺乏坚实的基础。由于旅游学术研究多是从引进开始的，在很长一段时间里，中国本身缺乏旅游研究的实践，这是事实，现代旅游在中国毕竟只有 30 年的发展历史。在引进一些境外理念的时候，又往往比较超前，对于新概念的兴趣大于对这些新概念产生背景的研究，往往对中国旅游发展实践多持批判的眼光。一些学者，从学校到学校，从书本到书本，对旅游发展的实践了解得不多。又由于旅游是个新学科、小学科，或者被认为"不是学科"，没有真正引起充分的重视，研究人员难以进行深入的实地调查，缺乏第一手资料，只能靠第二手甚至第三手的资料做研究，往往在概念、模型、演绎上下功夫，急功近利地追求理论上的突破。即使是境外的文献，很多人并没有获得这些原始文献的条件，往往从网上下载书目，或者从别人的引注中再引用，以求为自己的著述增加一些"高水平的元素"。例如，目前关于"乡村旅游"的研究颇为红火，言必称"欧洲"或"日本"，殊不知，欧洲国家和日本乡村旅游的市场与需求，与中国的情况有着很大的差异，绝大部分中国人尚未进入对乡村的"怀旧"时代。另外，从目前中国旅游学术研究成果来看，叫作"学"的非常之多，这在世界上旅游发达的国家是不多见的，这和目前旅游学科的地位呈现很大的反差①。当然，国内也出现了一些可喜的现象，旅游学术研究的新秀在自己的案例研究中，撰写了很有见地的学术著作，只是这样的学者显得少了一些。

缺乏与国际学术界沟通的渠道和载体。其一，在国际旅游学术交流中，中国学者缺乏参与国际交流、合作的渠道，其中的原因之一是缺乏参与这些活动的经费和条件，偶尔作为一个特殊的"学习机会"，主要抱着"听"的渴望，缺乏与之"辩"的勇气，既不能充分地阐述自己的观点，也不能与国外的学者充分地交流，真正结交学术朋友。国内旅游研究机构，真正作为国际学术组织成员的非常少，而成为活跃会员者更是凤毛麟角。靠境外机构出钱邀请参与这样的活动，不仅人数更少，

---

① 从目前已经出版的专著来看，据不完全统计，现在有《旅游学》《现代旅游学》《旅游经济学》《现代旅游经济学》《新编旅游经济学》《现代旅游文化学》《旅游人类学》《旅游市场学》《旅游法学》《旅游心理学》《现代旅游心理学》《旅游美学》《新编旅游统计学》《旅游管理学》《旅游景区管理学》《旅游地理学》《基础旅游学》《旅游学概论》《现代饭店管理学》《旅游气候学》《旅游商品学》《旅游资源学》《旅游环境保护学》《旅游安全学》《旅游地质学》《旅游房地产学》《旅游食品学》《旅游环境学》等，而且有些"学"有多种版本，多人编撰。

而且需要熬很长时间才能获得国际认知。国际上的一些学术机构，只有在探讨一些中国旅游的专门问题时才想到中国的学者。而中国的学者老靠拿别人的钱出席这样的论坛也往往有不少不便之处。其二，由于目前国际论坛或者学术刊物，基本上是使用作为国际通用语言的英语，这对大多数中国学者来说是一个不小的门槛；由于语言的水平和表述方式的差异，这又往往使中国学者处于劣势。其三，中国到目前为止，仍然缺乏一个国际性的旅游学术刊物，英文或其他外国文字的旅游学术刊物也没有，一些旅游学术文章虽然很优秀，但是，国外的学者很难看到，或者根本看不到。很多境外的学者在研究中国旅游的时候，只有参考和引用"合资产品"，找不到"中国制造"的成果，这就很难避免出现一些以讹传讹、偏见和误解的尴尬。目前唯一叫作《中国旅游研究》① 的英文刊物最初是由香港理工大学编辑出版的，两年以前又转交给了美国一个出版社。中国社会科学院旅游研究中心自 2000 年开始编撰出版年度《旅游绿皮书》②，其初衷也是要创造一个学术平台，到目前为止，虽然已经连续出版了 8 年，其中也只有一个英文目录，远不能打入世界，不少外国机构只好自己请人翻译，作为研究的参考。目前一些旅游学术刊物中的论文，顶多是有一段英文摘要，失于过分简单，囿于表述不清，这对国外学者了解中国旅游学术研究成果来说，显然还是缺乏影响力。

四 中国旅游学术研究走向世界，要靠中国学者的努力

毫无疑问，走向世界不是任何学术研究的目的，旅游研究也是如此。但是，在今天这个日益变"平"的世界里，任何事物也不可能是孤立的、封闭的。学术研究也应当如此。为了借鉴国外的经验需要了解外部世界，包括外部世界的学术研究成果，从他人的成就、经验和教训中吸取有益的东西，推动我们事业的健康有序发展。同样，为了让外部

① 刊物的名称为《中国旅游研究》（Journal of China Tourism Research），2005 年创刊，2008 年开始改由美国 Tailor & Francis 出版公司出版。
② 由中国社会科学院旅游研究中心编辑、社会科学文献出版社出版的连续性年度研究报告，书名为《中国旅游发展分析与预测》，亦称"旅游绿皮书"，自 2001 年开始出版，每本为 40 万～50 万字。

世界了解我们，包括我们的研究成果，希望他们也能从我们的成功、经验和教训中获得借鉴，这是科学研究工作者的责任。从这个意义上来说，学术研究是没有国界的。中国作为一个负责任的大国，更应当创造这样的条件。为此，中国的旅游学术研究也应当走向世界，在国际旅游学术研究中也应当有我们的一席之地，在旅游学术研究中，也应当有我们的话语权。这个话语权不是谁给谁的，而是主动争取的，主动创造条件来实现的。

第一，旅游学术研究工作者要树立这样的责任感。首先我们要把自己的事情弄清楚，要用科学的态度对待研究，要尊重事实，要坚持调查研究，增强自己的自信心。在研究中国旅游方面，我们虽然也有"当局者迷"的时候，但毕竟对这些现象的发生、发展的背景比较清楚，更有条件了解真实的情况，做出符合实际的分析和判断。在研究中，要倡导实事求是，重调查，掌握第一手材料。学术研究要保持科学工作者的道德底线。而且，也要创造条件，要参与国际大势和大事的研究。

第二，要以科学严谨的学术研究成果作为国际交流的基础。在研究中，改变学风，提高科学性。学术研究成果应当有别于一般文章，要做到论据清楚，阐述清晰，方法科学，资料可靠，提高专业水平，避免和减少套话，要言之有物，商业性和学术性要严格分开。考虑到不同文化背景和政治、经济体制之间的差异，面对海外读者的文章和著述，应当根据内容做必要的解释和说明，应当鼓励更多学者参与国际比较的研究。

第三，政府要创造国际交流的平台。作为发展中国家，的确在研究条件方面有许多限制，尤其是研究经费不足制约着研究人员的国际交流。在这方面，政府应当创造条件，通过奖学金、专项研究基金等方式，支持研究机构和人员更多地参与国际论坛等学术活动，也应当通过政府合作等方式，支持境外研究人员到国内相关的教育研究机构作访问学者，与中国学者共同研究。支持创建高水平的学术刊物，尤其是英语学术刊物，作为研究工作者向国际社会传播学术成果的载体。鼓励和支持出版社出版中国学者用外语撰写的学术专著。鼓励国际媒体加大对中国学者科研成果的宣传和评介。

第四，政府部门和专业学术机构要创造条件与海内外的学术界合作。这包括，鼓励学者参与国际重大研究项目的招标。中国学者不应当甘作国际研究项目的"打工仔"和"资料收集员"，要努力建立长期国际合作研究机制，鼓励和支持学者参与国际性、区域性重要课题的研究和学术讨论。

结束语

改革开放30多年来，中国的旅游有了长足的发展，未来的旅游发展有着光明的前景，这是有目共睹的。而且，旅游发展的多重影响也会日益凸显。因此，旅游的学术研究显得更加重要。旅游学术研究要为政府决策服务，为产业的发展服务，要为社会进步做贡献。作为一个大国，一个致力于实现旅游强国远大目标的大国，旅游的学术研究要适应这一发展趋势，从实践中寻找规律，在此基础上上升为理论，用科学的理论指导实践。今天的旅游学术研究，不应当仅仅是学者个人的苦思冥想，更不应当是文人们的自娱自乐，要发挥团队的精神，通过海内外学者们共同的努力，探索世界旅游发展的可持续发展之路。学术研究应当是严肃的、认真的、科学的、开放的、负责任的。有理由相信，随着中国旅游业的不断发展，中国旅游实践的不断丰富，中国的旅游研究工作者，也一定和其他学术领域的学者一样，能够成为世界旅游学术研究的重要力量，为促进世界旅游业的健康发展、为旅游学术理论的发展做出自己的贡献。

旅游绿皮书（首都）

北京胡同游：一个城市
旅游产品开发的成功案例[*]

开头的话

在现代北京人的眼里，胡同应当是最平常、最熟悉甚至带有一些落后意义的城市符号，把它与现代旅游放到一起似乎有点不合逻辑。然而，自 20 世纪 90 年代开始，它不仅每年吸引数以万计的海内外游客慕名而至，其中不乏首脑名流，而且把一个个街区变成明星街区，使其成为海外游人趋之若鹜的地方。"胡同游"成为北京城市文化旅游产品的名牌、成功开发的典型。翻一翻各种版本的北京旅游指南，几乎都有这一特殊产品的详细介绍。

在介绍这个产品开发过程之前，先对有关的几个概念做一个简单的说明。

1. 胡同

胡同传说是来自蒙古话（hottog），本意为"井"，取其发音，于 700 多年之前传入北京，转意为"小巷"，与"大街"相对应，是传统上百姓生活居住的地方，也是社区的交通网络。北京市区到底有多少条胡同，不同的历史时期有不同的统计数据，据记载，明朝期间（1368 - 1644）有胡同 459条，清朝（1644 - 1911）近 1000 条，1986 年共有 6104 条，而直接叫胡同

---

* 本文是在韩国首尔文化旅游论坛（2008 年 6 月 27 日）上的演讲稿。

的就有 1316 条，主要集中在北京的四个主城区（东城区、西城区、宣武区和崇文区）。胡同没有标准形态，长短不一，长者可达 6500 米，短者仅有 30 米；它宽窄不同，宽者可有 2 米有余，而最窄的只有 44 厘米；笔直的胡同为多，一眼望到头，但也有胡同是弯曲的，有的胡同甚至多达 13 道弯，深邃莫测。

2. 四合院

四合院，中国北京传统民宅的典型模式。四合院是四面都被房屋封闭起来的一个大院落，根据八卦的方位，将大门口开在东南方向以取吉利。正房面向南方，得以采光敞亮，住房依老幼尊长而分配。四合院不仅是北京依据环境特点而建造的住宅，更是中国人传统思想和生活方式的缩影。在历史的长河中，一个个四合院作为单元组成了一条条胡同，一条条胡同组成了一个个街区。目前，部分完整的四合院被列为北京市政府确定的文物保护单位。2002 年确定保留的四合院有 3000 多处，其中 539 处被列入文物保护单位。

3. 三轮车

三轮车，安装有三个轮子的脚踏车，装置车厢或平板，用来载人或运货。据悉，北京三轮车最早出现在 20 世纪 20 年代，第一辆三轮车还是日本人送给当时政府官僚的，30 年代到 50 年代以前，它和人力车（亦称"洋车"）都是北京市民的主要交通工具。1940 年 130 万人口的北京就有三轮车 1 万辆。新中国成立后，由于公共电车和汽车的出现和观念的改变，载客三轮车逐渐"下岗"，只剩下了一些载货用的三轮车在限定的区域中运行，而且，其中不少又改装成为带马达的机动三轮车了。

一 一个摄影师的灵感

北京是个古老的城市，并以其历史悠久、遗产丰富而自豪。在北京这块土地上发现了 70 多万年前的北京猿人遗址。这座城市具有三千年的建城史，作为首都始于 1153 年的金朝，也已经有 800 多年的历史。现在，在北京城中心地区，宫殿、园林、寺庙等皇家文化遗址随处可见，红墙、朱门、琉璃瓦比比皆是。北京是中国政治、文化、交通乃至经济中心，毫无疑问，作为首都，建设国际化大都市一直是这个城市的发展目标，新中国成立以来，城市面貌发生了翻天覆地的变化。然而，在汹涌澎湃的新城市化大潮中，北京作为历史文化古城经受着巨大的冲击，满足现代人日益增长的生活改善欲望与不断增强的保护历史文化城市风貌意识长期处于尴尬的较量之中。"拆"和"建"成了这些年北京市发展的主题词。作为城市单元的胡同和四合院为城市现代化而献身，数量和规模逐渐在衰减，甚至是成片消失。

徐勇先生是个摄影爱好者，生于上海，1984 年来到北京，后来成为专业摄影师。他敏感地发现了这样一个历史发展趋势，专业的灵感使他决定把这段逐渐消失的历史用自己的方式把它永远保留下来。其实，在北京，这样做的人还有许多，包括专业的摄影师和摄影、美术爱好者。也许他们当时的动机还在于对"美"的关注，对艺术的执着。徐勇先生是他们的代表。1989～1990 年，他花了将近一年的时间，走遍了北京城区的大街小巷，拍摄了大量的胡同、四合院等反映北京普通百姓生活的照片，出版了一部题为《胡同 101 像》的专题摄影集，以纪实的手法全面展示胡同文化，这被国内历史文化界称作是对"北京历史的补充"。

1992 年，他又出版了《胡同集》等专题摄影集。其间，他在北京举办过多次个人胡同专题摄影展。这些展览和摄影集的出版在北京引起了不小的震动，其影响使徐勇感到意外。特别是在北京生活和居住的外国人，对照片所描述的景象非常感兴趣，购买这些照片作为特殊的景观装饰、个人珍藏或把它当作礼物馈赠亲友，更有不少人，手持这些照片，按图索骥，在北京的胡同中寻找这些以前并未留意的文化遗迹。徐勇等艺术家的艺术作品不仅感动了他们自己，还使不少外国人激动不已。在一段时间里，他经常被对中国民俗文化特别感兴趣的外国人邀请讲授胡同的文化历史，并带领他们去胡同里参观游览，他也不由自主地当起了义务指路人、导游员。一种即将被世人忘却的文化载体被发现了，这些文化遗存的价值被越来越多的人认可，如何让更多的人了解北京这一特殊文化现象、使它发挥更好的经济效益和社会效益呢，对这些问题的思考让徐勇萌生了开发胡同文化旅游的灵感。

二 "胡同游"文化公司的诞生

最初，人们的胡同游是自发的，多是有兴趣者自己的"寻宝"活动，他们在当地人的指点下，在一些老城区小心翼翼地徒步寻找、欣赏玩味，然后就出现了一个不小的群体，大家在共同兴趣的驱使下邂逅在街头，相互影响，相互帮助，相互交流。自然，这种自发的方式是有很多局限的，费力、费事不说，文化的符号需要解释，历史文化的沿革需要懂文化的人阐述，当然，现代的旅游者，尤其是异乡、异域的访客，他们所感兴趣的不仅是历史文化，他们也非常愿意接触当代人，了解他们的生活，通过他们了解过去。而这一切都通过一种自发式的游览活动，对一般外国人来说，的确是非常困难的，不是每个人都能够达到目的。于是，徐勇决定成立一家服务公司来帮助这些旅游者实现他们的愿望。1994 年，他策划了"到胡同去"的活动，并创办了北京市第一家"北京胡同文化发展公司"。

首先，徐勇选择人力三轮车作为交通工具。这样做，其一，行走方便。因为在狭窄的胡同里穿来穿去，其他交通工具都不合适，大汽车根本进不去，小汽车上上下下不方便。其二，运营经济。因为城市中有大量人员等待就业，干这一行靠的是力气，用不着多少能力、技术或资金，而城里用人力运货的机会越来越少，把他们组织起来，只作为租赁，而不作为雇员，由他们自己提供交通工具。其三，形式独特。将老式的人力车加以改造装饰，成为一道新的景观，也能创造大部分人没有过的新体验。因为这种逐渐丧失原有功能的交通工具本身也变成一种文物。徐勇"胡同游"文化公司的成立开创了利用胡同文化开展城市特种旅游的先河，立刻受到旅游者，尤其是国际旅游者的欢迎。开业之初，公司规模小、车辆少，业务应接不暇。

三　曲折的道路：好事多磨

胡同游活动是个很好的创意，这个新的旅游产品具有广阔的市场，也有良好的发展前景。但是，真正要做起来，也不是一帆风顺的。

其一，引导外国人进入胡同的做法不被认可。中国人是好面子的，总是愿意把自己觉得最好的一面、最具现代化的东西展现给外人，尤其是外国人。的确，现在的胡同大多已经不再是原始意义上的住宿设施，在现代人的心目中是一种要被"高楼大厦"取代的落后过时的东西。有些人把胡同称作"破烂"，认为胡同是不应当让外国人参观的。而且，受长期封闭意识的影响，觉得把外国人引进胡同，直接与普通百姓接触，还真有点担心。所以，这一建议的提出，遭遇来自政府管理部门和社会的反对声音。

其二，人力三轮车的运营遭到城市交通管制的限制。北京人口与日俱增，全市人口突破1300万人，各种交通工具的增加使原来的街道不堪重负，当时，在城区的许多地方，自行车还是主要的交通工具，北京市政府早已禁止人力三轮车作为载客运营的交通工具，也就是说，在城区，人力车只能作为特种货物运输的工具，不准作为载客的商业活动，当然，这是"胡同游"开展的法律障碍。

其三，人力资源的缺乏。在中国，长期以来，和外国人打交道是由专门的外事机构来管理和从事的，"外事无小事"的理念非常深刻。而愿意前来从事这个行业的主力——人力车车夫，主要是靠力气挣钱，受教育程度低、见世面少，本来就识字不多，更不用说用外国话与人交流的能力了。另外，原来的一些车夫年岁也变大，生活条件有了很大改善，因此对这一行的兴趣大减。而现在的年轻人看不起这个行当，不愿意干，挣钱少，不体面。这无疑也是一个非常棘手的问题。

所庆幸的是，这个新事物得到了北京市旅游局的支持，也得到了北京市政府主要领导人的支持，从北京市旅游发展的前景出发，从北京旅游发展中发挥历史文化和传统文化优势出发，力排众议，对这个新产品的开发给予了特殊的政策，允许被禁止的载客人力三轮车在规定的区域范围内（什刹海地区）限量运行，鼓励外来的旅游者进入社区，近距离地了解北京的历史文化、民族风情和活生生的现实生活。于是，政府的决策为胡同游在北京的开展铺平了道路。当然，这件事情的成功，还在于徐勇先生的执着和坚持，从他 1992 年提出第一份申请后，不知道他游说过多少政府部门，拜访过多少社会名流，先后提交了十多次专门的报告，历时二年多的时间，他的梦想才得以实现。

这个"胡同游"文化公司的业务很快开展起来，公司的规模也在随着业务的开展不断扩大，运营的人力三轮车由最初的 20 辆增加到 2001 年的近 60 辆车，旺季每天接待客人达 700 多名，而且访客还必须提前预订才能参加。参与这个活动的人，不仅是对北京传统感兴趣的一般游客，还包括像微软公司的老板比尔·盖茨、美国运通公司总裁等商业巨子，有澳大利亚前总理霍克和一大批驻华使节等政要和外交家。于是，经过五年多的时间，"胡同游"成为外国人到北京旅游必定要做的四件事之一：登长城、看故宫、吃烤鸭和游胡同。

为了改善经营和提高接待能力，2001 年 7 月 27 日，"胡同游"文化公司实现了第一次重组，由一个小小的私营公司改变成由北京最大的旅游集团公司——北京首都旅游股份有限公司、北京三海投资管理中心和原来徐勇自己的北京胡同文化游览公司联合共同投资 1000 多万元，组建的一家新的北京胡同文化游览有限公司。新公司接待旅游者的规模也从 2000 年的 10 万人次增加到 2005 年的 22 多万人次，翻了一番，而其中的外国人占绝大多数。这样的公司在北京也是不多见的。

四 功夫不负有心人：成功的奥秘

想到一个好的创意在于灵感和智慧，而实现一个创意并使之成功，还要靠精心的策划和细心的维护。

其一，活动区域的选择合适——什刹海地区

什刹海地处北京的西城区，靠近中轴线，因有一湖而得名。这里风光秀丽，历史文化遗址集中。这里有典型的北京旧城的胡同、四合院，是北京市政府确定成片保护的旧民居区，还有许多著名的历史文化建筑和文化场所、名人故居，是了解北京传统文化的理想场所。但这些文化景点知名度虽高但分布分散、单体建筑不大，正好通过三轮车这样的特色交通工具把这些景观串联起来。

其二，标准化服务培育了文化品牌——"胡同游"

"胡同游"文化发展公司组建后做的第一件事就是规范胡同游的经营，对该公司使用的三轮车外观装饰做了统一规定，车夫必须穿公司规定的制服，对旅游线路和参观的内容、游览的时间和方式，都进行了非常明确的规定，公司有统一的标识、口号。这公司一亮相，就树立一个"正规军"的形象，赢得了市场的信任。

其三，动静结合突显文化的内涵——宾主互动

胡同游并非简单地游胡同或乘着三轮车兜风，而是根据客人的要求，深入了解历史文物、文化和风情。除了在选定的胡同里观赏四合院建筑之外，还进入百姓的家，与主人进行交流，有的甚至打出"做一天北京人"的口号，让旅游者自由地与社区居民直接接触，甚至选择在当地人家中

用餐、和主人聊天等活动。这种形式，不仅帮助旅游者深入地了解历史变迁、文化的沿革，还能够让旅游者直接了解和感受当地居民的生活方式和情感。这种宾主互动、有问有答的游览方式，生动活泼，亲切有趣，给游人留下了深刻的印象。

五　从乱到治的进步：政府的介入

从 1994 年北京出现第一家经营胡同游的公司出现开始，胡同游越来越红火，胡同游已经成为北京市重要的旅游品牌，受海内外旅游者的热烈欢迎，到 2006 年，共接待游客 125 万人次，也取得了很好的经济收益。胡同游的发展带动了整个什刹海地区的发展，促进了周围旅游景点和餐饮业的发展，创造了大批就业机会。现在，这个地区已经成为北京市最著名的文化旅游休憩区之一。

但是，胡同游的发展也遇到了旅游发展过程中的一个难题，那就是一个新产品的创意几乎没有办法进行专利保护，不可能垄断经营。一旦市场发现这是个赢利机会的时候，"搭便车"现象则非常严重，很容易出现无序竞争，而最简单的竞争方式就是削价竞争，这又无异于饮鸩止渴，自掘坟墓。由于这个产品的开发主要是创意，当有人铺平了道路之后，再运营起来进入门槛很低，成本很低，赚钱快，于是，一批公司或个人都在合法与非法地经营，参与这个行业经营的单位和人员大大膨胀。北京市开展胡同游的不仅是西城区的什刹海地区，东城区、宣武区等市区也开始开展类似的旅游活动，而活动的内容与方式大同小异。到 2006 年，仅西城区什刹海地区经营胡同游的公司达 20 多个，有各种人力三轮车 1000 多辆，从业人员 1500 多人，另外还有 800 多辆车是没有任何执照的个休经营者，被称作"黑车"①。于是"抢客""宰客"等现象与日俱增，游客的投诉也越来越多，直接影响着这个产品的声誉。也由于旅游者与经营者之间信息不对称，像徐勇公司这样的正牌、规矩的经营者，其生意也受到了严重的干扰和排挤。

---

① 实际上，在所有这些经营的公司中，只有北京胡同文化发展公司具有齐全的手续——"三证"，即北京交通局颁发的三轮车客运人员行车执照、三轮车牌照和公司经营三轮车客运的准运证，因为根据北京市政府的规定，在给第一家运营公司颁发了客运准运证之后，再也没有颁发过第二个这样的证件。

北京市政府认识到这一问题的严重性，从 2006 年开始，西城区政府进行深入的调查，在进行市场整顿的同时，酝酿规范胡同游经营的举措。政府确定治理的目标是保护好已经确立起来的胡同游品牌，把产品做细做精，使旅游者和经营者的合法权益都得到良好的保证，最大限度地减少对当地居民生活的干扰，以最佳的方式展示北京的传统文化。于是，在 2008 年初，政府最后确定，什刹海地区为唯一开展胡同游的地区，经营这一产品的三轮车不得超过 300 辆，经过公开招标方式确定从事胡同游的 5 家公司进行特许经营，统一车辆样式和功能，确定从业人员的培训要求和服务标准，公布基本线路和活动内容，核对经营成本，公布基础产品的指导价格①。这一方案获得了政府的批准，并在 2008 年 4 月正式实施。人们有理由相信，这一举措可能是保障北京胡同游可持续发展的一个转折点。

六　结论："胡同游"发展给我们的启示

北京胡同游是城市旅游发展中一个文化产品开发的成功案例，十几年的发展过程给了人们很多有意义的启示。

1. 文化是城市旅游发展中最具开发价值的资源

"没有文化的旅游是不存在的"，实际上，文化是最具开发价值的旅游资源。文化旅游绝不仅仅是少数民族文化旅游，也不仅仅是历史文化旅游，更不仅仅是文艺表演旅游，最重要的是现实的活文化旅游，城市应当提供机会让外来的旅游者亲身体验这种活文化，宾主接触交流的

---

① 所有的正规三轮车实行统一的标准，车身前后镶嵌有体现老北京民俗的"铜活"，前板有"祥云"图案，侧板有"五福捧寿"图案，车身两侧有八枚"瑞兽"铜钉，车背面是四个"麒麟"铜饰，象征着四平八稳。为提高乘坐舒适度，车夫座位后面安装方便乘客上下的扶手，扶手下设有便于乘客搁放物品的存放架。这些三轮车前后均挂有交管局发放的正式牌照。与三轮车的传统特色一致，车夫身穿中式春秋装，为咖啡色的中式对襟褂衫，黑色灯笼裤。为便于区分 5 家不同的经营公司，车夫在服装左胸口处佩戴工作证，上衣兜口等处的祥云图案也分为 5 种颜色，以示区别。三轮车夫除春秋装外，还配发专门的夏装。根据测算，现在确定基础产品的指导价格为 35 元/小时。

方式最为有效。

现代城市中出现了不少人造景观，如微缩景观，也建造了不少民俗村，这些都成为当地重要的旅游吸引物。在中国，从总体上说，成功者不多，失败者不少。虽然失败的原因颇为复杂，但其中一个重要的原因是，文化的开发出现了偏差，大多数只做了表面文章，没有真正把文化优势发挥出来，没有摆脱静观展示的传统模式。

2. 文化遗产通过利用才能够得到主动地保护

对现代人来讲，如何继承和发展历史遗产是一个重要的课题。在波涛汹涌的城市化进程中，在旅游业的快速发展过程中，对待历史文化遗产一直面临保护、保存和发展、利用的难题。在一个城市中，尤其是对处于发展中的城市来说，公民要改善生活环境，提高生活水平，要破除旧的，建造新的。但与此同时，对传统的、历史的遗产也必须保护，关键是保护什么，不可能保护一切；如何保护，不可能完全通过国家办博物馆的方式进行保护，必须发挥民众保护的积极性。事实证明，合理的利用是最好的保护，因为在利用中人们才能更好地认识其价值，也只有认识到它的价值和保护的好处，才能把理念变成行动，使保护变得长久，更加有效。

3. 基于社区的旅游活动要处理好利益相关者的利益

和独立的自然景区或文化景观来比较，开展基于社区的旅游活动显然要复杂得多，如何协调好各种利益相关者的不同利益并不是一件简单的事情。既要尽量地满足外来旅游者游览、体验的需求，又要保证当地居民的生活不受到过多的干扰；既要保证经营者的合理收益，又要考虑社区公共服务设施的不断改善；既要考虑旅游服务的标准化，又要激励工作人员创造良好的服务环境。过多考虑某一方的利益，无论是旅游者、经营者、当地社区、从业人员或政府，都很难取得理想的效果和可持续的发展。

4. 政府的功能是维持行业秩序

对城市旅游发展来说，无论市场机制如何完善，但这个"看不见的手"也不可能是万能的，尤其是对于发展中国家来说，对旅游发展处于增长期的城市来说，政府这只"看得见的手"的作用还是非常重要的。在中国现阶段发展旅游的过程中，一个较为成功的经验就是"政府主导"作用的发挥。所谓政府主导，不是政府直接参与旅游业的经营，而是努力维持良好的市场秩序，创造合理竞争的环境，协调不同利益相关者的利益。实际上，很多不正当的经营、不正当的竞争乃至欺诈等不良现象的出现，都是和政府过多的干预和不作为有很大关系的。

参考文献

《北京旅游百科全书》，京华出版社，2005。

《北京志旅游卷》，北京出版社，2006。

《北京百科全书》（第二版），北京出版社，2001。

《2004～2006 年中国旅游发展：分析与预测》，社会科学文献出版社，2006。

北京市西城区政府分布的有关公告。

关于丽江旅游发展的一些思考[*]

开头的话

无论是作为旅游者，还是作为旅游研究者，我都非常喜欢云南，因此，云南也是我向外国朋友介绍的最多的地方。此前，除昆明、大理外，曾为滇东的曲靖做过旅游发展规划，考察过畹町、瑞丽等地的边境旅游，考察过西双版纳的旅游活动，到过丽江地区两次，专门考察了丽江、中甸的一些旅游景区，不过那都是 20 世纪 90 年代的事。在丽江的考察中，除了独特的自然风光之外，让我印象最深、感到震撼的是两种文化现象：其一是宣科先生和他的纳西古乐队的表演，其二是殉情文化。我对宣科先生的纳西古乐听不太懂，更不敢说是宣科先生的"知音"，但他和他的乐团对纳西古乐的热爱，对宣传和传承纳西文化的执

图 1　丽江雪山映衬下的蓝月湖（张广瑞/摄）

＊　本文是作者 2011 年 3 月 31 日在云南丽江"建设丽江国际精品旅游胜地"论坛上的发言稿，会后做了一些修改和补充。

着努力，令人钦佩和敬慕。宣科先生在向世界宣传纳西文化和向海内外宣传丽江实在是功不可没；殉情的做法，在现实生活中虽然不必宣扬和鼓励，那样做是不合时宜的，但是，纳西人对纯真爱情的执着和对恋人殉情的尊重，是人性的体现，令人感动和敬畏。因此，我一直认为，到丽江不仅仅，或主要不是仅仅来看风景的，更是一种文化的体验，是人与大自然、人与人的交流，丽江已经超出一般意义上的"游山玩水"的旅游目的地。十几年过去了，丽江发生了巨大的变化，丽江的旅游业有了长足的发展。丽江市是中国优秀旅游城市，遐迩闻名，成为国内外颇具魅力的旅游目的地。丽江旅游已经成为云南乃至全国的著名旅游品牌。丽江旅游的发展也是中国旅游业发展的缩影。在将近30年的旅游发展过程中，丽江取得了卓著的成绩，赢得诸多荣誉，积累了宝贵的经验，创造了独特的发展模式，为中国的旅游发展做出了令人羡慕的贡献，当然，丽江旅游的发展依然存在着一些需要调整和改进的地方。

中国的旅游在发展，历经30多年的变迁，开始进入一个新的阶段，从非常规发展向常规发展转变。中央政府经过深入研究，对旅游发展做出了更加明确的定位，确定了未来的发展方向和战略，做出了精心的筹划，为旅游业进一步健康的发展奠定了良好的基础。毫无疑问，这也为丽江旅游的发展创造了新的发展机会。本次论坛，将"建设丽江国际精品旅游胜地"作为主题，探讨丽江旅游发展的新思路，使丽江的旅游发展跃上一个新台阶，是非常重要的。

我虽然一直关注丽江旅游的发展，但毕竟很长时间没有对丽江的旅游业进行实地考察，也没有再做深入的研究。尤其是认真拜读了王君正书记的《区域旅游创新》①之后，觉得关于丽江旅游发展的来龙去脉，优势与劣势，经验与教训，未来的发展方向、战略及策略都做了清晰阐述，我在这里难以针对丽江旅游发展提出什么具体的意见和建议。考虑到这次论坛的主题是《建设丽江国际旅游精品旅游胜地》，因此，想针对"国际"的问题说一些想法，供大家参考。

一　丽江：中国旅游发展的一个特例

丽江有着悠久的历史，早已蜚声中外。然而，从发展旅游的角度

---

① 王君正：《区域旅游创新》，云南人民出版社，2009年12月。

看，这个边陲小镇没能进入中国早期旅游发展的第一系列。由于多种历史的原因，丽江正式对外开放的时间较晚。因此，在 20 世纪 80 年代初期，中国开始关注旅游发展的时候，当时国内出版的导游手册上很少提及云南，即使是在北京外文出版社 1989 年出版的《中国旅游导游》（英文版）一书中，云南省的旅游地也只提及了昆明、大理、石林和西双版纳。在很长时间内，关于中国旅游城市和景区介绍中，往往总是有广西的漓江，却很少谈到云南的丽江，致使后来对外国人介绍丽江的时候，总要做出说明，丽江在云南，不在广西。不过，世界上最负盛名的专业旅游指南出版机构——澳大利亚的"孤独的星球"（Lonely Planet）——1976 年出版《中国——描述与旅行》（*CHINA – Description and Travel*）第一版时，就有了关于丽江的介绍，在其第一版《中国——旅行救生包》（*CHINA – a Travel Survival Kit*）中关于丽江的介绍有 6 页，而到 1994 年第四版时，对丽江的介绍长达 12 页，包括了丽江地区的虎跳峡、中甸、梅里雪山、白水台等许多著名景点。

从丽江旅游的发展过程来看，它有着与许多其他省份的旅游目的地不同的特点，其中以下两点最为突出。

1. 是外国人首先把丽江介绍给世界

从历史上看，首先把丽江介绍给西方世界的是外国人。在海外出版的诸多旅游导游书中，每当提及丽江的时候，经常会提到三位著名人物和他们的著述。

首先是英国著名畅销书作家詹姆斯·希尔顿（James Hilton），据说他本人到过中国的西藏，以其亲身的经历和丰富的想象力写出的震惊世界的幻想小说《消失的地平线》（*Lost Horizon*），1933 年出版，这本小说率先向世界推出了神秘的梦境"香格里拉"。虽然，在喜马拉雅山周围的印度、巴基斯坦、尼泊尔、不丹等国家都把自己的一些地方说成是詹姆斯笔下的香格里拉，但中甸直接更名为香格里拉，更彰显了它的独特之处。

另外一位就是奥地利裔美国植物学家、地理学家、探险家和摄影师约瑟夫·洛克（Joseph F. Rock），他是真正研究丽江和纳西文化的专家。他曾先后在中国的丽江等地生活了 27 年，写下了《中国西南古纳西王国》（*The Ancient Naxi Kingdom of Southwest China*）介绍丽江风情和纳西文化的专著，1947 年首先在英国出版。另外，他还拍摄了数以万计的照片，收集了 8000 多件东巴经书。据报道，他患重病在夏威夷临

图2　詹姆斯·希尔顿的《消失的地平线》英文与中文的版本

终之际曾表示，"如果一切顺利的话，我会重返丽江完成我的工作……我宁愿死在那风景优美的高山上，也不愿孤独地待在四面白壁的病房里等待上帝的召唤"。有意思的是，据说英国作家希尔顿撰写《消失的地平线》时，其创意基础源于美国《国家地理》上刊载的洛克在丽江所拍摄的照片和报道。有人认为，如果说，《消失的地平线》的作者希尔顿是将东方式的香格里拉幻景置于西方文化的价值核心之中，而洛克先生则更关注文化，他所强调的是，在美丽的自然风光中土著文化才是真正的精髓。尽管洛克对当地的文化也存在一些难以割舍的偏见，然而他却是真正向西方世界全面详细介绍丽江的西方人。

图3　约瑟夫·洛克（Joseph F. Rock）和他的《中国西南古纳西王国》的中译本

还有一位则是俄国人顾彼得（Peter Goullart），他的专著《被遗忘的王国》（*Forgotten Kingdom*）首先于1955年出版。这个人虽然是俄国人，但有着浓厚的东方情结，他不是以一个西方探险家的身份到丽江，而是以中国工会组织的成员肩负着重要使命在丽江工作。9年的丽江生活使他深入地了解和认识了丽江、纳西人和纳西文化，并以自己的亲身经历和感受，以"作为纳西人中的一员"写下了这部不朽的著作，打开了让西方人了解丽江的窗口。

图4　顾彼得（Peter Goullart）专著及其中译本

当然，向世界介绍丽江和纳西文化的人很多，但在诸多外国人中，以上三位是20世纪30~50年代介绍丽江给西方的代表性人物，他们的著作激起了西方人访问丽江、了解丽江和体验丽江的兴趣，也是很多人到访丽江之前必读的"旅游指南"。

2. 外国人是丽江旅游的先锋

实际上，很多西方人是因为读了以上提及的著作和以他们的著述为蓝本的其他形式的作品了解了丽江，诱发了寻找这些"被遗忘"或"消失了"的神秘地方的兴趣。早在中国对外开放、大力发展旅游之前，他们就已经开始了对丽江的探寻。尽管在这以前能够到丽江访问并不是一件容易的事情，更谈不上轻松舒适和方便，但这都没有成为造访丽江的障碍。因此说，丽江以及不少云南地区，在中国旅游业真正大发展之前，对外国人的吸引力远远大于对很多国民的吸引力，外国人，尤其是西方人，是丽江及周围地区访问者的先锋。反过来，又是他们把一些新的信息、新的变化和新的感受再次传到海外。因此说，很多以不同身份访问丽江的人并非由于我们中国人的宣传促销而来的，而是他们要实现多年夙愿的冲动。早期的西方访问丽江的人不是一般的观光客，而是怀着特定目的的探访者。当然，改革开放以来，丽江的宣科先生和云南社会科学院的杨福泉副院长等为数众多的国内学者的努力，更是功不可没的。

我在这里之所以重复地讲述这个大家可能已经熟知的历史过程，主要是强调，上述两大突出的特点正是丽江发展旅游的优势，也是其他许多地方所不具备的。这个优势在于，历史上这些名人及其著述为后来丽江旅游发展创造了良好的市场条件，为丽江旅游打入国际市场做了很好的铺垫，这是一般旅游目的地用常规促销广告和活动所难以达到的效果。同时，这也为丽江在其旅游产品设计和营销方面指出了方向，有了这样的目标市场则可以更容易地进行市场定位和选择。别看就那么几本书，确实使丽江人在旅游发展中长期受益。值得注意的是，他们的这些著作，不仅仅是历史的出版物，而且这些著述在后来又出了不少新版（有的在 2010 年、2011 年还再版和改版），有的翻译成多种文字。这至少从一个侧面表明国际社会对丽江的关注和兴趣。我并不清楚，丽江市政府主管旅游发展的领导（当然也不仅限于主管旅游的领导）和旅游局和旅游业界的领导，是否真正认真阅读过这些著述，认真研究过它们和其他外国人关于丽江的著述和报道。我也不清楚，丽江乃至云南省的一些旅游院校是否把这些重要的国外著述列入教师和学生的重要参考读物。但是我觉得，对丽江来说，非常有必要进一步加强对这些涉及丽江及周围地区的海外著述和关于他们经历和感受的报道和其他出版物的收集、整理和深入的研究，要把这些资料作为制定丽江旅游产品开发、海外营销战略的重要参考。

这次来到丽江后，我只是匆匆地游览了束河古城①，一个突出的感觉是，外国游客的数量比想象的少得多。不知道是季节不对或什么其他的原因，还是外国游客真的少了。我认为，在全国各地，国内旅游非常红火，这是件好事，国内市场成为我国旅游市场的主体，这也是我国旅游从非常规发展到常规发展的一个重要标志，是我国旅游发展趋向成熟的象征。但是对丽江来说，它对国际旅游市场的吸引力是个独特的优势，是突出的比较优势，也许近年来丽江被评为"欧洲最喜欢的旅游城市"就是很好的佐证②，应当将这个优势得以充分地利用，这与国内旅

① 论坛后，我又到云龙雪山、老君山、拉市海等景区游览，情况和束河古镇的情况差不多，外国人很少。

② 据王君正《区域旅游创新》一书介绍，2008 年 8 月，在瑞士举行的第二届 2005 欧中旅游论坛上，丽江被评为"欧洲人最喜欢的旅游城市"；2007 年在日内瓦举办的欧中合作论坛上，丽江被评为"欧洲人最爱的中国十大景区"之一。

游的发展不矛盾。而且，从市场营销的角度，政府应当采取激励的措施，支持和资助旅行社等有关企业，加强国际市场的促销宣传。

二 丽江旅游发展的竞争力

在旅游发展中，丽江有许多优势，其中最为突出的体现在它的资源上。对任何旅游目的地来说，旅游资源是旅游产业发展的基础，但是国内外旅游发展的实践证明，其资源的优势不在于数量或类别的多少，而在于资源的独特。这一点在丽江的自然与人文旅游资源上都体现得非常突出。

1 丽江的风景特色在于纯，往往只能在人们的梦中出现

就自然旅游资源来说，丽江风景的特殊之处在于清纯。雪山，碧水，蓝天，薄雾，绿树，繁花，静中有动，以静为主；远近相衬，相得益彰；上下呼应，交相辉映；冷热相间，体验奇特。这些景色在人间构造了一个"天堂"的奇观。

2. 丽江的文化特色在于活，这些文化大多没有经过过多雕琢

就人文旅游资源来说，丽江的文化是鲜活的，不像一些地方那样，为了发展旅游而附会的历史或传说。在丽江，传统在保留，信仰在传承。平民生活仍然在延续着传统。现代人所做的一切，主要不是为了让别人看的，不是刻意迎合外来人的兴趣而"创造"，也不是演绎过去，而是自己的生活方式，是不断发展着的生活方式。这一点实在是难能可贵的。

图5 传统与现代纳西女性的服装（张广瑞摄）

3. 丽江旅游资源的魅力在于纯净的自然与鲜活的文化相结合

作为一个旅游目的地，丽江的魅力还在于纯净的自然和鲜活的生活巧妙地融合在一起，凸显了自然与人文的原生态。民族的传统与信仰使人们主动地保护着自然环境，维系着"天人合一"的理念，被现代人归结为可持续发展。更为难得的是，这里不仅保持了多种当地文化并存的和谐，还体现了当地文化对外来文化的包容。例如，纳西人并非真正的土著人，而纳西文化也不是纯粹的单一文化，纳西文化本身就是多种文化的融合。作为纳西人，珍爱自己的文化，恪守自己的传统，但不排斥外来文化，并能使异域文化很好地融入自己的文化之中。这也是这个地方能够吸引人来、能把人留着、让人魂牵梦绕的原因所在。也许丽江古城如此规模的酒吧街就是多元文化并存共生的一个鲜明的写照。

图 6　束河古城的街景（张广瑞摄）

图 7　丽江古城的街景（杨冬松摄）

图8　丽江古城中的洋快餐（杨冬松摄）

4　丽江旅游的竞争力在于它的产品顺应了国际旅游发展的大趋势

从全球的角度来说，绝大部分地区都已经跨进大众旅游时代，旅游的理念与需求都在不断地变化之中。其中最重要的变化表现为，人们对环境的要求更加苛刻，"生态旅游""绿色旅游"等负责任的旅游更加受宠；旅游者对文化的兴趣更加浓厚，外出旅游所追求的目标不仅仅是"到此一游"，而是更加主动地融入社会需求独特的体验；旅游者更加追求健康与康体，而这个康健不仅仅是一般的舒适和享受，而更加青睐身体上和精神上的健康。这也是为什么这些年来，世界很多地方积极开发"医疗旅游""康体旅游"（wellness tourism）和创意旅游的原因所在。而满足国内外旅游者的这些需求，丽江也有着很多突出的优势。作为旅游目的地，创建精品自然不应当是为了炫耀，而是要形成吸引力和竞争力，其前提是能够被市场所接受。了解市场的需求，根据需求开发产品是基本原则。当然，以市场为依据，创造具有特色的产品，也能够引导需求。这两个方面是相辅相成的。

诚然，对于旅游目的地来说，资源的优势并不意味着旅游业必定成功。要使资源优势转化成产品优势，使旅游产品变成有效产品，使一个旅游目的地保持着持续的吸引力，还需要多方面条件的完备与改善。尤其值得认真思考的是，诸多历史文献把丽江介绍给世界，多种多样的媒体宣传使丽江名扬海内外，这些传奇式的描述也使国内外游客对神奇的丽江怀有很高的期望。如何让已经"消失的"美好往昔重现于世，如何使"被遗忘"的历史更好地展现，如何使一些人头脑中的偏见得以矫正，如何使慕名而来的游客不失落，乘兴而来并乘兴而归，如何使重访客激情不减，再次光顾，如何使丽江旅游业的发展促进经济的发展，又能使社会与自然生态得到很好的保护，毫无疑问，这些新的问题对丽江旅游发展来说，又是一种新的挑战，或者说是严峻的考验。

三　关于丽江旅游发展中几个问题的思考

丽江的旅游业已经相当成熟，在三十年来的实践中积累了许多经验。但是，必须认识到，世界在变化，世界的旅游发展趋势也在变化，旅游者的理念和追求也在改变，面对外部环境的变化，作为旅游目的地也必须根据这些变化，不断反思，不断调整，以适应这些变化了的形势。

现在，提出几个问题进行讨论，供丽江在未来的旅游发展中参考。

1. 关于旅游产业定位的认识：多种产业的融合

改革开放 30 多年以来，中国的旅游业有了长足的发展。这一发展不仅仅表现在旅游者人次的增长、旅游收入的增加和市场的逐渐完善，更为重要的是对旅游业的性质和功能有了深刻的认识，在探索符合中国国情的发展道路中不断更新观念，调整战略。2009 年国务院 41 号文件对我国旅游业做出了更加明确的定位。这个定位，一个方面强调了旅游业的产业发展方向，即"培育成国民经济的战略性支柱产业"。这意味着，旅游业不是简单的单一产业，也不仅仅局限在目前所说的"六大要素（行、住、游、食、购、娱）"的范围，而是突出了旅游业作为一个部门或多种产业的集合。不仅仅是旅游发展带动相关产业，而是所有与旅游和旅行相关的产业相互融合，把旅游经济共同做大。旅游业的发展绝不仅仅是旅游局的事，而是需要所有相关产业的通力合作和社会各界的共同支持。实事求是地讲，如果把旅游业局限在传统的概念上，是难以成为像中国这样一个大国的国民经济支柱产业的。这里还需要说明，国务院的文件讲的是国家战略，国家战略是从国家的角度提出的，这并不意味着，全国各地，从省到县再到乡，都要把旅游业作为支柱产业，必须要实事求是，根据当地的资源和市场条件以及社会经济发展的实际状况来确定。另外，这个定位从另一方面还强调了民生，即旅游业作为现代服务业，其发展要不断满足人民群众需求，让人民群众更加满意。这就扩大了旅游业的基本功能，为各地旅游基础设施、旅游公共服务体系建设和旅游产品的开发指出了方向。这个定位要求旅游发展要注意满足大众旅游需求和不同社会群体的需求。

2. 关于旅游企业发展：大与小、外与内的关系

从中国旅游发展的过程来看，在很长一段时间内，旅游业的产业体系不完善，缺乏具有国际竞争力的大型旅游集团，在旅游产品开发和营销上存在短板。这也是近些年来各级政府和业界努力改进之处。我们也高兴地看到，在这些方面已经有了很大的改善，虽然还存在严重的地区差异。然而，还有另外一个倾向也值得研究，那就是如何正确认识旅游企业的规模与性质，正确处理好大企业与小企业的关系，处理好国有企业和私营企业、外来企业和当地企业发展的协调。尤其是对于像丽江这样独特的旅游目的地——城市规模小，缺乏大型旅游集散中心；民族众多且文化特色各异；旅游景区和吸引物类别多但又相对分散，以及交通条件不利于大流量游客集散等特点，应当重视小企业、私营企业、家庭企业以及 NGO 的发展，这样做可以充分发挥当地各种优势，能使当地居民直接参与，增加就业机会和实际收入，提高当地社区参与与支持旅游业发展的积极性，同时，也能促进他们在保护环境、保护资源、发挥自身优势方面的主动性。如果说大型旅游企业集团（包括大型国际企业集团和外来的国内大型企业集团）具有品牌效应好、金融资本与人力资源雄厚、开发旅游产品和开拓市场的能力强等优势，能促进旅游业的快速发展的话，那么小企业和民营企业的发展，则有经营灵活、特色突出、适应市场变化能力强的特点。从政府财政收入的角度来看，小企业和家庭企业的税收贡献相对要小，但是这些企业的发展与繁荣有利于促进就业和社会的安定和谐。

3. 关于文化与旅游的关系：共同搭台，一起唱戏

文化是旅游产品的灵魂，没有文化的旅游是不存在的。这一点在中国尤为突出，对像丽江这样的旅游目的地则更加重要。经过 30 多年旅游发展的实践，人们对旅游和文化之间的关系有了更加清楚的认识。基于行政管理体制和传统观念的局限，强化旅游与文化的结合，旅游业的发展与文化产业的融入则显得更加重要。在全国各地旅游发展的过程中，一些地方往往把文化旅游简单化了。在旅游产品开发中，把文化局限在文娱表演或静态的展示上，或者更偏重于历史文化、宗教文化、民族文化，反而对现实中的"活文化"重视不够，在创造体验方面下的

功夫不足。其实，发展旅游，不仅仅要在旅游产品的开发上重视文化旅游资源的利用，而且应当在旅游业发展的各个环节都要突出文化元素，旅游服务更要体现中国的文化和独特的当地民族文化。旅游和文化都不是为别人搭台，让别人唱戏，而是共同搭台，一起唱戏。文化产业和旅游产业的融合应当是中国旅游发展的新亮点。

当然，在利用文化发展旅游的过程中，也还有许多重要的问题需要深入地研究和辨析，明确界定一些基本理念和尺度。例如，文化的商业化和过分商业化的界限。旅游业的发展不能脱离市场的运作，否则就不能产生经济效益。文化事业是公益性的，而与旅游相融合的文化则必须进行商业化的运作。但关键是不能过分商业化或唯商业化。过分商业化则是对文化的破坏。也许不少人非常担心作为世界文化遗产的丽江古城太商业化了，这倒是非常值得探讨的问题。如果我们把这座城市仅仅当作保护历史的博物馆，那倒可以像世界一些地方的"露天博物馆"来对待，把当地居民都搬出去，而使留下来的人都变成这个博物馆的"演员"或"解说员"。如果这座古城，依然是一个现代人居住生活的地方，恐怕就难以对其生活方式给予更多的限制，对一些商业活动进行限制。商业的繁荣，现代化的商业繁荣，对现代人来说是不可或缺的，似乎也不可能让已经变成现代人居住的古城再恪守古代人的生活方式。再如，在旅游发展中如何处理好本真文化和表演文化的关系。尽管有些外来旅游者的兴趣在于对本真文化的了解和体验，追求的是所谓的"原汁原味"，但这在现实生活中是难以完全实现的。一方面，经济在发展，社会在进步，人间万物皆在变化，变化是永恒的。所谓的"原汁原味"只是相对的，这个"原汁原味"也会随着社会经济的变化而变化；另一方面，我们不能为了发展旅游，为了满足外来旅游者的需要，而"冻结"某些社会群体的生活方式或文化形态，阻止社会进步，使这一群体变成"活化石"，这同样也是不现实的，必须尊重社会发展的规律和社会群体的意愿。实践证明，在社会文化相对脆弱的地方大力开展大众旅游，必将会加速当地社区文化的变化。因此，表演文化不能完全否定，而且它在旅游发展中也能发挥其重要的作用，尤其是对大众旅游来说，此类产品也是相当重要的。表演文化只是对本真文化的一种展示方式，其原则是不能伪造文化和歪曲原有文化。毫无疑问，张艺谋导演的《印象·丽江》大型实景演出，则是表演文化的一个创举。

图9 《印象·丽江》场景（张广瑞摄）

当前，一个重要的国际旅游发展趋势是重视创意旅游，这被认为是文化旅游的一种新形式，或者说是对大众文化旅游的一种应对。创意旅游是文化旅游消费方式从"无技能"向"技能型"消费转变。无技能的消费是有钱就行，一种被动的观察，而技能型的消费不仅需要钱，还需要智力和能力，是一种主动的介入，只有这样才能获得特殊的体验。这种个性化创造体验的过程很难被"复制"。值得注意的是，旅游产品的生产者开始重视新的文化资源，那就是无形文化资源，包括目的地的形象、氛围、传说、故事、生活方式，而媒体的作用更加明显。它和传统的实体遗产、博物馆、纪念物等又大不相同。在体验"高端文化"或称"精致文化"（如博物馆、艺术馆和纪念物）之外，开始推崇"百姓文化""寻常文化"。在旅游过程中，更对特定地区、特定民族文化感兴趣，进行深入的了解，个别的了解，更愿意接触社会，接触不同的人群，寻求互助，获得特殊的体验。更注重在实践中学习，寻求艺术和文化的熏陶与知识的积累。于是，精致文化吸引物成为大众文化旅游者的追求，而更加真实的文化则构成知识性的文化旅游或创意旅游者的追求，使文化旅游的小众化向大众化再向小众化的方向发展，使旅游者从局外观看转向参与到当地文化之中体验。

4. 关于生态旅游、可持续发展的理念与实践

这是个老问题，但是个重要的问题。自1992年《21世纪议程》问世以来，可持续发展的理念逐渐被世界各国所接受，可持续旅游发展的原则也逐渐被认识。尤其是自2002年联合国举办生态旅游年活动以来，

案例与借鉴

生态旅游变得颇为红火。但是，目前也出现了一些偏差，一些地方仅把生态旅游当一种促销的口号，或者把它混同于大众旅游或一般自然旅游，只是冠之以"生态"的名义而已，甚至出现了某些"漂绿"行为。其实，生态旅游是一种特殊形式的旅游，是一种小众旅游，是实现可持续旅游发展的一种方式，但它并非唯一的形式。不过，无论哪种旅游方式都应当遵循可持续发展的原则。生态旅游中所涉及的范围，既包括自然生态，也包括社会生态。生态旅游的关键是以保护生态为前提，以能使当地人经济上受益为根本。目前世界上出现了"乐活"（LOHAS, Lifestyles of Health and Sustainability）一族，他们崇尚"健康与可持续的生活方式"，寻求生态可持续性和符合伦理和社会公平的旅游活动。据美国的一项调查，42%的美国消遣旅游者愿意为绿色旅游产品多花点钱。因此，遵循可持续原则发展旅游不仅可以实现社会经济发展的可持续性，也能够赢得市场，获得收益。面对当前全球性的环境、气候的变化，这一点则显得更加重要。

图 10　丽江和府皇冠假日酒店内的运输工具都是人力车或电瓶车，体现了更加环保和减碳的理念（张广瑞摄）

5. 关于在旅游发展中现代科技与新媒体作用的发挥

毫无疑问，现代信息技术，尤其是电脑技术、网络技术以及移动技术的发展是近年来最为突出的现象，这些新技术的发展不仅改变着生产方式，也在改变着人们的思维方式和生活方式。无论是旅游者还是旅游业都是应用新技术的先锋。早在20世纪末，旅游界的专家就指出，对待现代技术，"准备上的失败，就是准备失败"。也许直到今天人们才逐渐真正理解这句话的含义。实践证明，包括电脑技术、网络技术和移动技术在内的现代技术的发展，对经济欠发达地区和地处国家行政区划的偏远地区来说，具有特殊的意义。与此同时，作为现代科学技术发展的产物，新媒体的作用越来越凸显，而充分利用新媒体，充分发挥新媒体的作用，又是旅游业发展的新选择。因此说，对丽江来说，从旅游营销的角度来说，尤其是针对国际自助游市场来说，以现代科技为支撑的营销手段和强大的社交媒体互动功能是最有效的，应当给予特别的关注。

四　丽江旅游发展的未来

关于丽江未来旅游的发展，地方政府已经有了详细的规划和具体可量化的目标。作为一个非量化性目标，也许是更高的要求，这里提出两个标准。其一，针对市场来说，去丽江，无须寻找特定的理由，只是一种心灵的召唤，跟着感觉走。高兴了要去，到丽江撒撒欢，放松一下；不高兴了也要去，到丽江改变一下环境，调整一下情绪。有朋友可以一起来，没有朋友可以自己来。丽江，不只是去一次的"到此一游"，而是一而再，再而三地去。散客市场应当成为主体市场。其二，对目的地来说，在丽江，不必寻找特定的景区景点，要让客人无论走到哪里都可以满足一种愿望，得到不同的体验，使丽江成为"无景区旅游"的典型。很显然，只要做到这样，这里才像真正的"香格里拉"，这里才称得上是人们实现梦想的地方。

这个目标是非常高的，目前丽江离这个目标还有很大的距离，但也不是不能达到的，实现这个目标需要全社会坚持不懈的努力。

"茶路"主题跨境旅游产品的开发：
东北亚旅游合作的案例研究[*]

序：茶、茶路与茶文化旅游

茶是世界上最为流行的饮品之一。无论出于什么原因，世界上禁止饮茶的国家或民族几乎没有。虽然现代人不再把茶当作药来治病，但对茶的保健功能广为认可，尽管说法会有所不同。

茶叶产地主要分布在亚洲，世界普遍认为中国是茶叶种植的发源地，中国人是茶饮的发明者。也许历史学家会有更加详尽的考证，但是世界各国对茶的称呼是个佐证。从中国南方输出的茶叶，一般都从福建话，被称为 [ti:]，如英语的 tea。而从中国北方输出的茶叶，一般都从北方话，被称为 [tʃai]，例如俄语的 Цай。至少这表明了茶与中国的渊源。

在漫长的历史发展过程上，中国的茶叶通过多种途径传向世界。虽

俄罗斯草原之路城市恰克图人热烈欢迎出现"茶叶之路"论坛代表

* 在第八届东北亚国际旅游论坛（IFNAT）上的演讲稿（2012 年 8 月 23 日　韩国全州）

然茶叶作为一种商品是通过贸易的方式传向四面八方，但无论作为商品的传播过程，还是它被世界接受的现实都表明，茶本身只是一个载体，它传播的是文化，创造的是生活，改变的是社会。

和历史上的"丝绸之路"一样，"茶叶之路"也是著名的商路，但它们并不是条固定的路。实际上，"茶叶之路"有很多条，有海路，也有陆路。在陆路中，至少有两条著名的主线，一是始于中国茶叶产地滇川的"茶马古道"，经西藏或南亚的尼泊尔、印度和中亚国家进入欧洲；二是以北京、天津为基地，将福建的茶叶北运，经湖南、湖北、江西等省份，尔后再经张家口、归化（现在的呼和浩特），穿越蒙古大草原，再在中俄边境的恰克图重新整理，进入俄罗斯，后传入其他欧洲国家。前者可称"南路"，主要交通工具是马和牦牛，以"马帮"出名，主要贸易也包括茶叶和马匹；后者可称"北路"，主要交通工具是骆驼或牛车，以"驼帮"驰名，主要贸易是茶叶和毛皮。这些茶叶贸易准确开始的时间难以考证，但其鼎盛时期有所不同。茶马古道，兴于唐宋，盛于明清，结束于20世纪中叶，逾千年之久。而北方的"茶叶之路"则晚了许多年，始于17世纪晚期，终于20世纪头十年，只存在于清朝最后300年间，随着清朝的灭亡而消失。本文所讨论的是后者，即作为"北路"的茶叶之路。

斗转星移，历史上的茶叶传播方式早已更新换代，往昔兴旺的贸易之路不少已湮没匿迹，成为一种传说，然而，茶道进入万户千家。它留给世界的是丰富的文化遗产，是人类之间的文化联系。这些遗迹，这些遗产，这些传说，又给了后人无限的遐想，从而又成为探索、体验旅游的冲动，重走"茶叶之路"将成为一种新的风尚和追求。千年的"丝绸之路"作为世界文化遗产，成为颇受青睐的旅游线路。而同样"伟大的茶叶之路"，更加神奇、神秘、独特，正在被认识，被探索，被发掘，以这条古道为基础开发的跨境茶路主题旅游产品，有望成为21世纪文化旅游的又一个奇迹。

一 北方茶路主题跨境旅游开发的缘起与进展

俄罗斯的创意与努力。虽然，关于中、蒙、俄三国茶叶贸易的学术研究成果很多，但开发茶叶之路旅游的最初倡导者是苏联①。早在 20 世纪 90 年代初苏联解体之前，乌兰乌德的 ECOART 公司和莫斯科的 Index 环境文化考察中心联合研究中心（Index Environmental & Cultural Expeditions Center）提出开发茶叶之路国际旅游的可能性，1992 年组织了专项的考察活动，调查了与这条商路有关的设施，收集了关于本区域内旅游发展潜力的信息。在苏方的努力下，这个项目被列入联合国教科文组织的开发项目之列。1995 年俄联邦国家体育文化委员会、蒙古国文化旅游局和中国国家旅游局与世界旅游组织、亚太旅游协会（PATA）首次共同讨论了这一旅游项目开发问题。1997 年，PATA 组织了一个由中、美、俄、德、越、土耳其等国家专家出席的国际会议，确认这是一个极具潜力的开发项目，并明确了茶叶之路旅游开发的概念，与会者提出这一项目的开展应在俄罗斯联邦政府的支持下由世界旅游组织和 PATA 主持进行。2002 年，俄罗斯国际旅行社首次在伦敦旅游博览会开始推介这条茶路旅游线路，2008 年，这一项目的设想又在乌兰巴托举办的第 5 届东北亚国际旅游论坛（IFNAT）上提出，后来还在许多国际论坛上反复讨论。俄罗斯联邦政府和布里亚特共和国都把茶叶之路旅游列入国家和地方长期旅游发展的规划中。

相关国家的积极响应。俄罗斯的倡议发布之后，很快就得到了中国和蒙古国旅游及相关部门的积极响应。首先，学术界关于这条茶叶之路的研究成果得到了国际社会的广泛重视。21 世纪初，中国先后出版了美国学者艾梅霞的专著《茶叶之路》的英文版和中文版，内蒙古学者邓九刚的专著《茶叶之路》，将这一研究推向了高潮。尔后是文艺界推出的影视作品和媒体密集报道，在中国出现了重走茶叶之路、探索历史渊源的欲望。其直接效应是，内蒙古、山西、河北等地当年从事茶叶贸易的后人支持对这一历史过程的研究和考察；另外，直接与此有关系的省市积极参与茶路节事活动以提高当地的知名度。与此同时，当地旅游部门开始探讨参与开辟这条特殊旅游路线的可能性。一些旅游相关商业机构积极探讨茶路旅游发展的趋势和潜力，进行旅游相关设施和经营的筹划。在这方面，河北省的张家口、内蒙古的二连浩特和呼和浩特和北

---

① 本节的内容来自俄罗斯旅游局的文章《伟大茶叶之路项目的几个阶段》，见 2012 年 6 月 5 日伟大茶叶之路国际会议文件。苏联即苏维埃社会主义共和国联盟的简称，创建于 1922 年 12 月 30 日，1991 年 12 月 26 日解体。

京市表现得尤为突出。

蒙古国的反应也非常积极，首先蒙古国自然环境与旅游部委托茶叶文化研究会进行专题研究，分析这条茶叶之路形成的历史背景，以便据此设计新的旅游线路①。在其报告的研究结论中提出，"尤其是在旅游快速发展的今天，跨越蒙古国的茶叶之路线路应当提升为新的专业性的旅游产品"。蒙古国旅游部门积极与俄罗斯和中国边境地区合作，探讨茶路旅游合作的方式。

值得提出的是，这一项目的开展一直得到联合国教科文组织、世界旅游组织和PATA的关注，也得到了东北亚、亚太地区以及欧洲国家的学术组织、旅游部门和企业的关注与支持。

二 北方茶路主题跨境旅游开发的潜力、意义与前景

（一）突出的资源优势与特点

1. "茶叶之路"资源的独特性

在历史的长河中，茶叶贸易把亚洲与欧洲乃至世界联系在一起。无论是中国滇川茶叶输入西藏，或借道南亚、西亚进入欧洲，还是福建茶叶北上经蒙古国进入俄罗斯传向欧洲，其运送的路都是漫长、艰辛和具有传奇色彩的，穿越茫茫的蒙古大草原增加了神秘感。这些茶路不仅仅是交换商品的贸易之路，更是传播信息的文化之路、促进国家关系的外交之路。贯穿中国、蒙古国和俄罗斯的茶叶之路更是如此。这条茶路的历史使命也已终结，但它的影响是深远的，形成了一条独特的茶文化旅游线路。

2. 文化资源的多重性

茶叶的种植与饮用由来已久，关于茶叶的种植、加工、饮用与其他功能以及传播与习俗，不仅有大量的文献记载与传说，更有诸多的遗址、文物和风情为佐证。这条漫长的茶叶之路把沿途不同国家和民族的风情、文化联系在一起，无论是探索久远的历史，还是了解当今的变化；无论是观察茶叶的种植、加工，还是体察异乡的饮茶文化习俗；无论是体验往昔的艰辛，还是享受现代的愉悦，沿着这条古道都可以得

---

① 参考蒙古国茶叶文化研究会的《茶叶之路研究报告》，2011。

（二）市场开发潜力大

关于这一线路开发的市场潜力，可以从以下几个方面来探讨。

1. 与现实生活共鸣

饮茶的习俗历史悠久，源于中国或印度。在很长的一段历史时期里，这种饮品传到海外时，不少国家因其稀缺珍贵而被宫廷达官掌控，并逐渐形成了多种茶道，这些礼仪范式反过来又影响着百姓的生活。尽管各国或不同的区域对茶叶的品种爱好不同，制作饮品的方式差异很大，或沏，或泡，或煮，但饮茶的人非常之多，分布的区域甚广。更有意思的是，不仅人们饮茶的习俗不同，而且与之相配的茶具、添料更是五花八门，独具特色。在漫长的历史长河中，不同的国家形成了自己独特的茶文化。这种看得见、摸得着、体会得到的东西，与百姓生活贴近，容易引起市场的共鸣。

2. 多彩文化的魅力

茶早已成为全球饮品，不论这个国家是否生产茶叶，也不论享有者的地位高低。中国自不必说，茶已成为斯里兰卡与印度的国名片。英国不产茶，但"上午茶""下午茶"成了社会的生活范式，喝茶、喝咖啡同样成为"休息"的代名词。日本的茶道成为一个独特的文化形态，韩国的茶道被列入住寺旅游的第一个功课。更有意思的是，随着茶叶的流传，世界各国根据自己的需要和习惯，创造出各自不同风格的茶饮品、习俗与器皿等，成为一种国家识别，并在很多地方，茶也被融入宗教信仰和活动中。探索这些文化习俗的产生、传播的过程和体验这些不同的文化具有广泛的市场影响力。

3. 未来的生活情趣

饮茶习俗历尽千载，它没有衰败或消失，而是作为人的生活方式而流传下来，并且还在不断地改进与创新。品饮过程中，尽享更多的乐趣，交往中，传达着不同的理念。传统的茶品继续保持，新的类别不断推出。热茶之外有冰茶和凉茶，沏茶、煮茶之外有了"罐装茶"和"瓶装茶"，淡淡的清香茶之外有了咸味奶茶，真茶之外有了"冒牌货"，名字叫茶，如"人参茶""大麦茶""菊花茶"等，可里面根本没有茶叶。这些奇妙的变化是为了满足不断变化的社会需求。求新、求异成为越来越多人的旅游动因。

（三）产品开发的意义突出与前景看好

丰富的历史、多彩的文化、广泛的需求、浓厚的兴趣，使现实的茶种植和茶品尝、神奇的茶叶加工过程、悲壮的茶叶传播之路和神秘动人的茶道融合在一起，构成了现代旅游的吸引力。人们从中可以寻求知识，了解风情，开阔眼界，获得体验。诚然，人的流动，人的接触，会在新的时代增强了解，增进友谊，繁荣经济，促进发展。这应当是开发跨境茶路主题旅游的重要意义所在，这对东北亚国家来说更为突出。

当然，对不同的国家和地区来说，开发这一产品又会有着不同的目的。从总体上说，茶叶之路沿途国家都希望促进本国的入境旅游，尤其是俄罗斯与蒙古国非常希望作为主体市场的中国有更多的旅游者"重走茶叶之路"。同样，中国也希望通过这一产品的开发，有更多的茶叶进口国家的人到茶叶产地溯源。其理想的结果是沿茶叶之路的国家形成双向的游客流动。从东北亚地区作为一个区域来说，希望能将这个产品作为一个地区品牌旅游产品，提高对欧美等远途市场的吸引力，从更广泛的意义上说，通过多种茶路旅游的产品开发，以茶和茶文化为媒，形成全球性的旅游热点。

毫无疑问，这个产品的开发有着良好的发展前景，当然，这个目标的实现，需要多国的精诚合作，需要政府、业界的共同努力，而最为关键的是，大家真正找到实现共赢的途径。

三 北方茶路主题跨境旅游开发中的主要问题

应当看到，虽然从这一旅游产品开发合作意向的提出到现在已经有将近十年的时间，相关国家和地区做了不少积极的努力，但总的来说，其进展比较缓慢。一些论坛似乎仍然在梳理概念，探讨意义，尚未真正进入实质性合作的探讨；从相关的活动来看，媒体先行，旨在造势，地方积极，重在形式，业界与中央政府并没有提高到战略地位去对待。当前，这一产品的开发还存在以下几个方面的问题值得注意。

1. 总体目标尚不明确，缺乏在深入研究的基础上制定的整体发展规划和相关国家与地区与之相匹配的开发方案和实施计划

目前，只有俄罗斯联邦政府将开发茶叶之路旅游产品列入国家的旅游发展规划中，相关的地方政府（如布里亚特共和国等）将这一产品的开发列入重点项目，但在中国，这一产品远不像丝绸之路旅游那样被列入第十二个五年旅游发展规划纲要，也没有像"茶马古道"那样列入西藏、云南等省区的地方"十二五"旅游发展纲要之中。而在国家间主要是在一些会议或论坛上提出了合作的意向和共识，并没有就此进行深入细致的调查研究，做出共同实施的行动计划。地方上的合作较多，但也主要是一事一议的活动多，具体明确的合作计划并不多见。作为一个著名的跨越国界的国际旅游产品，缺乏国际旅游组织，如世界旅游组织、PATA 等的实质性的关注、支持与具体指导。

2. 总体知名度较低，缺乏认真的研究与宣传

和丝绸之路相比，北方茶叶之路总体知名度低。即使是和茶马古道相比，这条旅游路线知名度也不高。虽然它存在的时间离现代人更近，它也将近300年，但消失得太快了。恶劣的气候和环境没能留下更多的实体遗址，何况这种不断变化流动的民间活动，也不可能留下更多的建筑物，更不可能保存下更多的文字记录。作为主要载体的人一旦消失，很多东西也就没有了。可能出于这样的原因，对它的宣传也显得底气不足。

3. 研究偏重历史考察，缺乏旅游开发的创意

这些年来，随着这个命题的提出，人们对这段历史产生了浓厚的兴趣，开始了多种形式的历史考察。但这些考察多是原来在这条茶路上活跃的商家后代，或者是一些对中俄贸易感兴趣的历史学者进行的，前者主要是个人行为，能力有限，后者面对的不是热门学科，得到的支持不多，给资料的收集带来很大的难度。这些年来，国内外学者也曾出版了一些研究成果，但往往不系统，显得零碎，读者群偏小。而在现实中，旅游界的专家参与得少，缺乏旅游专业性的创意。面对现代大众旅游市场来说，这样的旅游产品开发显得吸引力不足。

4. 政府与民间的紧密合作太少，缺乏明确的发展目标

目前，对于这一旅游产品的开发还处于探讨概念的阶段，虽然政府、企业、学界和社会都开始重视，但没有一个明确的目标和思路，一些活动往往是孤立的、一次性的，而且政府与民间有着不同的态度和目标。俄罗斯在于促进国际旅游的发展，尤其是吸引中国人到俄罗斯旅游或到俄罗斯去投资；蒙古国曾担心在这条茶叶之路项目中被中俄两国排除在外，要力争在这个项目中获益，但同时也积极另辟蹊径，充分发挥自己资源的优势。中国在这个问题上，媒体更加关注，相关省市，如河北的张家口，内蒙古的呼和浩特、二连浩特以及山西的太原等地，商界关注旨在宣扬其光辉的历史，政府在于提高自己的知名度，一些学者关注历史文化的挖掘。有些企业关注，但不露声色地在进行商业策划，以免自己的创意被别人抢了去，实际上中央政府的关注只是作为中俄友好年的一个说法，并没有真正的实际行动。

四 北方茶路主题跨境旅游开发的意见与建议

1. 奠定基础：深入探讨，统一认识，将此项目列入相关政府决策机构的议事日程

为了促进这一重要产品的开发，相关国家的政府，尤其是中央政府，应当组织特别工作组进行深入的调查研究，对该产品开发的意义、现状和前景有更加明确的认识，将这一旅游产品的开发列入相关国家政府决策机构的议事议程。借鉴丝绸之路旅游开发的经验，争取使这一项目能在联合国世界旅游组织、联合国教科文组织的直接指导下进行。

2. 构建机制：设立国家间专门协调机构，组织制定总体规划

相对于国内旅游和一般观光旅游、度假旅游而言，跨境主题旅游，无论是线路的设计还是实际的运营，都会更加复杂，有些环节的协调与合作仅靠旅游行业或一个地区或一个国家是难以做好的。因此，应当尽快地设立一个专门的机构，如世界旅游组织丝绸之路项目处（UNTWO Silk Road Programme）和图们江区域项目秘书处那样，进行日常沟通和协调，以保证取得实际的进展。在这个机构的组织下，制订茶叶之路旅游开发总体战略和规划，并根据这一总体规划，相关国家分别制定出实施总体规划的行动方案和实施细则。

3. 加强营销：构筑信息平台，增强社会的认知

尽管茶叶之路具有史诗般的历史，尽管这段历史比丝绸之路离现代人更近，但由于历史等多方面的原因，普通公众对这段历史很不熟悉，对它的研究也多是零碎的，从旅游发展的角度来看，目的地与市场之间的信息交流并不充分，尚没有引起足够的关注。因此，首先要构筑信息平台，充分利用现代网络、移动技术和新媒体等工具，广泛传播相关信息，扩大知晓度。应尽快改变信息提供还局限在某些企业或地方政府旅游部门层面的局面，使信息进入国家旅游信息平台和网络。

4. 打造品牌：培育专业组织从事运营

从现在来看，茶叶之路的产品还不是成熟的产品，市场规模尚未形成。甚至这条独特的茶路，至今还没有正式的命名，混乱与误解难以避免①。作为一种特殊兴趣产品，开发者要更加专业化，以产品的质量创名牌，千万不可滥用概念，把一个好的主题产品搞乱。历史上这条茶路能持续几百年，其核心在于商家的诚信和当局的支持，这一点也应当在当代旅游产品的开发中得以体现。只有这样，好的创意产品才能得以成功并能可持续发展。因此，从一开始就应当对从事这一产品设计和经营的机构进行认真的筛选和培育，在产品开发的初期，对市场的选择更要慎重。

5. 寻求突破：减少旅行障碍，改善基础设施

显而易见，这一主题旅游产品具有旺盛的生命力，未来有望成为像丝绸之路那样的世界著名旅游产品。但是，产品的开发需要一个较长时间的努力。从当前来说，应将消除发展障碍作为突破口。其一，要改善可进入性。必须承认，除了极其特殊的探险旅游群体之外，相对安全、便捷和舒适的交通是最基本的条件，今天不能再要求旅游者像当年驼帮那样在"领房人"的引导下闯荡于荒野之中，目的地和主要市场之间要有直达航班和其他便捷的交通相通。其二，作为跨境旅游线路，国家间的签证手续必须简单易行，否则再吸引人的线路也难以赢得市场。从目前的情况看最具开发潜力的是自驾车旅

---

① 从目前英文文献来看，关于这条茶路的名称颇多，诸如"Great Tea Road""the Tea Road""Mongolia Tea Road""Ancient Tea Path""the Old Tea Way""Russian Tea Road"等，而在中文的文献中，可以看到"茶叶之路""古茶之路""茶路""驼路"等。其他语言的表述是否一致不详。

游，一些民间团体和地方已经开始了这方面的尝试。因此，相关部门要考虑政策的协调以保证旅行顺畅。其三是着力解决语言障碍。在构建信息平台的时候，一定要考虑适宜的语言服务，否则，其效果就会打折扣。

6. 远期目标：申报世界文化遗产

丝绸之路是世界著名的旅游线路，它的开发得到了联合国教科文组织和世界旅游组织以及沿途各国政府的支持，申报遗产工作已经按部就班地进行。中国滇川与西藏以及南亚以"茶马互市"为特点的茶马古道也在筹划申报世界文化遗产。作为独具特色的北方"茶叶之路"与上述贸易文化之路异曲同工，也应考虑申报世界文化遗产，使这条古茶路的文化资源得以更好地挖掘、保护和利用。考虑到一个国家单独申报世界遗产的难度，不妨考虑与其他茶叶之路一起进行多国多点的联合申报，而申报的过程也是认识、宣传和改进提高的过程。

结束语

早在进入 21 世纪之前，旅游业已成为世界第一大产业，旅游发展的多重影响日益显现。进入 21 世纪以来，尤其是 2008 年以来，国际政治、经济环境变幻无常，世界旅游的发展也受到影响。但国际社会对未来旅游发展趋势的预测还是比较乐观的，世界旅游组织秘书长瑞法曾预言，未来的十年将是"旅游的十年"[①]。东北亚地区也必将在这"旅游的十年"中发挥更加突出的作用。我们有理由相信，曾在几百年历史上辉煌的茶叶之路，通过旅游的新方式，一定会在 21 世纪未来的日子里，在促进区域的社会、经济发展中再现辉煌。

---

① 见 UNWTO 秘书长瑞法 2011 年 3 月在柏林国际旅游博览会（ITB）上的致辞。

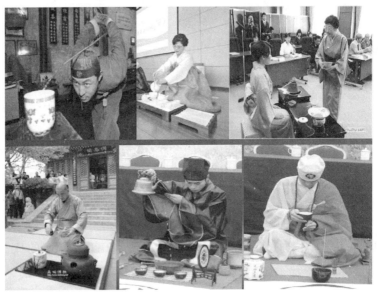

海外主题公园成功的经验与启示[*]

　　对于中国公众来说，"主题公园"仍然是个颇为新鲜的字眼，对它的定义还没有一个比较明确的说法，有人讲"人造景观"就是"主题公园"。其实这也不足为怪，因为，主题公园的提法是从国外引进来的，英文是 Theme Park 或 Themed Park，它在中国的历史还非常短。就是从世界的范围来讲，特别是和公园相比，主题公园的历史也不长。一般认为，现代意义上的主题公园是 20 世纪中期才开始出现的。虽然国外一些旅游文献对主题公园的定义有限定，但也并不特别明确，再加上近年来各种娱乐、教育、游览设施功能的趋同，使主题公园、游乐园、休闲中心以及博物馆等设施的界限也变得越来越模糊，你中有我，我中有你。在欧美国家，主题公园的定义大致包括这样几个内容：为旅游者的消遣、娱乐而设计和经营的场所；具有多种吸引物；围绕一个或几个历史或其他内容的主题；包括餐饮、购物等服务设施；开展多种有吸引力的活动；实行商业性经营，收取门票等。

　　在 20 世纪 80 年代以后的 20 多年里，中国主题公园的发展也曾经着实热了几年，从深圳到北京，从大都市到城市郊区，从发达的东部地区寻求刺激到欠发达的西部出售荒凉。有统计表明，全国的主题公园竟多达上千个。但是，由于多种原因，一些主题公园的失败甚至夭折，使人们对主题公园的功能产生了怀疑，甚至对在中国发展主题公园的前途发生了动摇。不过值得注意的是，在中国主题公园的发展过程中，也涌现了一些佼佼者，闯出了中国主题公园发展的道路，并在致力于更新、更好地发展。从全球范围来看，尤其是在北美和欧洲等经济发达国家和地区，主题公园一直是那里重要的旅游吸引物，在当地旅游业甚至整个社会经济发展中发挥着积极的作用。

---

　　* 在深圳主题公园发展论坛上的发言稿（2002 年 4 月 29 日）。

案例与借鉴

一 基本过程：从迪士尼乐园到迪士尼化

主题公园已经颇具规模，据《娱乐业》报道①，到 2000 年，全世界共有各类主题公园 340 多家，年游览总数超过 5.45 亿人次，总收入达 135 亿美元。其中，仅北美地区主题公园的收入占总收入的49%。整个 20 世纪 90 年代，主题公园的数量和收入翻了一番，游览人次数增加了80%。美国是主题公园最发达的国家。美国大型主题公园的游览人次数从 1975 年的 6090 万人次增加到 1998 年的 1.39 亿人次，1980 年至1998 年期间年平均增长率为 2.1%。1999 年接待游客超过 1000 万人次的主题公园至少有 5 个，年接待量超过 200 万人次的有 28 个。世界最著名的主题公园集中在北美和欧洲。亚太地区主题公园的发展显然比北美和欧洲晚，但是，最近一些年，也有了长足的发展。

表 1 世界部分主要主题公园开业时间与接待人次数比较

单位：万人次

主题公园（国家或地区）	开业年份	1999 年接待人次数
迪士尼世界（佛罗里达）	1971	4260
迪士尼乐园（加利福尼亚）	1955	1340
环球影院（佛罗里达）	1990	1150
环球影院之旅（加利福尼亚）	1964	510
海洋世界（佛罗里达）	1973	470
BUSCH GARDENS（佛罗里达）	1959	390
六旗大冒险（新泽西）	1973	380
KNOTTS BERRY FARM（加利福尼亚）	1940	360
海洋世界（加利福尼亚）	1963	360
KINGS ISLAND（俄亥俄）	1972	330
CEDAR POINT（俄亥俄）	1870	330
六旗魔山	1971	320
六旗/大阿美利加（伊利诺斯）	1976	310
加拿大奇迹乐园（多伦多）	1981	300
六旗乐园（得克萨斯）	1961	280

---

① 见 Amusement Business, Jan. 10, 2000, 转引自 H. Vogel, *Travel Industry Economics*, Cambridge University Press, 2001。

主题公园（国家或地区）	开业年份	1999 年接待人次数
六旗乐园（佐治亚）	1967	260
HERSHEYPARK（宾夕法尼亚）	1907	230
BUSCH GARDENS（弗吉尼亚）	1975	230
KINGS DOMINION（弗吉尼亚）	1975	220
巴黎迪士尼乐园	1992	1250
TIVOLI GARDENS（丹麦）	1843	310
DE EFTELING（荷兰）	1951	300
PORT AVENTURA（西班牙）	1995	300
ALTON TOWER（英国）	1924	280
欧罗巴公园（德国）	1975	300
LISEBERB PARK（瑞典）	1923	260
东京迪士尼乐园（日本）	1983	1750
乐天世界（韩国）	1989	610

整料来源：《娱乐业》杂志，转引自 Harold L. Vogel：*Travel Industry Economics*，2001。

表 2   美国主要主题公园接待人次数比较（1975～1998 年）

单位：万人次，%

财政年度	总人次数	财政年度	总人次数
1998	13910	1985	9140
1997	13910	1984	8690
1996	13570	1983	9360
1995	13130	1982	8000
1994	12250	1981	8270
1993	12440	1980	8170
1992	12270	1979	8050
1991	11250	1978	8050
1990	11490	1977	7320
1989	11250	1976	6830
1988	10640	1975	6090
1987	10490	综合年增长率	
1986	9760	1980～1998	2.1

资料来源：Harold L. Vogel：*Travel Industry Economics*，2001，p. 154。

从世界主题公园发展过程来看，现代意义上的主题公园出现在 20

世纪 50 年代中期。在那以前，欧洲曾经出现了一些游乐花园（pleasure gardens），由花坛和喷泉组成，17 世纪英国伦敦的 VAUXHALL GARDEN 为当时游乐花园的代表。到 18 世纪，在原来游乐花园的基础上又加上一些娱乐活动，如马戏团表演、走钢丝、荡秋千、升气球和音乐表演等。直到 19 世纪中期才开始出现机械性游乐设备，而真正的游乐园还是 19 世纪后期的事。

华特·迪士尼 Walt Disney 在奥兰多创建第一个迪士尼乐园（Disneyland）是在 1955 年，而迪士尼世界（Disney World）的出现则是在 1971 年。这期间经过了 16 年的时间。尔后，迪士尼家族开始向海外发展，亚洲的东京迪士尼乐园（1983）、巴黎的迪士尼乐园（1992）先后开业，香港的迪士尼乐园也将在 2005 年面世。20 世纪 70 年代以来，世界上各地相继出现一批大型主题公园，其中包括加拿大的奇景乐园（Wonderland），德国的欧罗巴公园（Europapark），美国的六旗乐园（Six Flags），韩国的乐天世界（Lette World），澳大利亚的梦幻世界（Dreamworld）、海洋世界（Seaworld）和电影世界（Movieworld）等。尽管不同国家和地区的主题公园都有自己的特点，反映了当地的文化和风情，但在一定程度上，都沿袭了迪士尼的创作理念和技术手法，因此，人们也曾把世界主题公园的发展趋势称为"迪士尼化"。

二 基本经验与启示

世界上的主题公园是多种多样的，各地都有自己的特点，这自然是和这些主题公园所在地区的政治、经济条件以及所面临的市场差异有很大的关系。但综观海外主题公园的成功者，大凡有这样几个值得注意的经验。

（一）主题是主题公园的灵魂

主题公园与其他商业性娱乐设施的重要区别在于它有着突出的主题。一个主题公园的主题可以是一个或几个，但绝不能没有主题，也不能有太多的主题，因为太多的主题也就等于没有主题。当然，主题公园的主题也是多种多样，其中包括：

——特定的历史时期（例如，美国威廉斯堡，特定的战争场面）；

　　——特定的区域或民族文化（例如各类民族村、民俗文化村，瑞典斯德哥尔摩的斯康森露天博物馆）；

　　——世界著名的标志建筑物（例如各类微缩景观或小人国等）；

　　——特定艺术作品（电影、电视、小说）所描述情景的再现；

　　——特定的传说（例如"圣诞老人"等）；

　　——特定的历史人物；

　　——特定的技术（例如电脑技术、航天技术等）

　　——特定的想象（例如"未来""梦幻""天堂""地狱"等）

　　——特定的环境（例如水）；

　　……

　　很有意思的是，也许是由于人们对于水的偏爱，最近一些年，世界上出现了许多以水为主题的主题公园，这包括水上游乐、水下风光、水中动物等和水有关的内容。1999 年，美国大约有 100 个以水为主题的主题公园，年接待游客超过 6300 万人次。①

　　特别值得提出的是，主题公园的主题必须鲜明，喜闻乐见，为大众所熟悉和喜爱。实践证明，这也是世界各地的主题公园成功的重要因素之一。主题的喜闻乐见最重要，因为这样能够大大降低进入市场的成本，在进入市场之前，有人为你做了长期大量的宣传，主题的形象已经被公众所接受。主题公园的主题越接近老百姓的生活，则越受欢迎，越有吸引力。美国迪士尼乐园就是个非常突出的典型，另外，像芬兰利用其地利，在北极圈内为圣诞老人建造了"家"，围绕圣诞老人的故乡大做文章，在白雪皑皑、人烟稀少的冰原上建起了以"圣诞老人"为主题的主题公园，而且还假戏真唱，"职业"的圣诞老人一年四季在那里定期与游人会面，认真地回答人们提出的各种各样的问题，"圣诞老人的办公室"内专门有一套"工作班子"，负责接待和处理来自世界各地的函件和电话，认认真真，兢兢业业。据统计，1987 年该处接到的信函达 36 万封，电话 14 万人次。而到 1997 年，"圣诞老人"接到的信达 100 万封。设在圣诞老人村的邮局常年办理预定寄送圣诞卡的业务。这

　　① Harold L. Vogel：*Travel Industry Economics*，p. 256，Cambridge University Press，2001.

个主题公园早已成了"心系世界"举世闻名的旅游点，圣诞节前后，许多欧洲国家的游客经常包机专程到那里去旅游，该公园深受家庭和孩子们的欢迎。英国伦敦的图索夫人蜡像馆的主题是名人，这包括英国的皇室成员，世界各国的政治领袖，还有整天出现在各种媒体的明星，非常受社会的关注。

对于主题公园来说，没有主题，就等于没有目标市场。任何旅游吸引物不可能期望满足所有市场层面的需求，否则适得其反。例如，我国北方有一个名字非常响亮的主题公园，投资巨大，建造了数年仍然没有正式开业。虽然以北京古城为外壳，单体建筑物的设计与建造应当说是非常讲究的，也很气派，但整个园内几乎看不出一个突出的主题，既有圆明园的湖，有早已过时的过山车，还有套圈等孩子们到处可以玩的游戏，据说还要建足球场、篮球场和会议中心，相互之间看不出明显的联系，难以形成一个突出的形象。尽管这个公园的经营困难来自多个方面，但是缺乏"灵魂"恐怕是其中一个重要的原因。另外，国内的一些主题公园在确定主题时，缺乏对市场的考虑，仅仅从供给方面考虑，不考虑或很少考虑市场的实际需求，任凭艺术家的"一厢情愿"，从而出现了一些普通大众并不熟悉甚至生疏的文化作为主题，特别是像利用一些远古和古代的文化作主题，例如"尧文化""舜文化""汉文化""辽文化""赵文化"等，离百姓的实际生活太远，难以引起心灵上共鸣，因此，尽管这些主题公园有主题，但不喜闻乐见，没有吸引力。比如，北京原来的明皇蜡像宫，塑造的都是明代的皇帝及其周围的人物，尽管艺术不错，但形不成真正的吸引力。

在过去的十多年里，中国曾经出现了过大批以历史名著（如《西游记》《红楼梦》《水浒传》《三国演义》《镜花缘》等）为蓝本的主题公园。尤其是以《西游记》为主题的"西游记宫"可谓红极一时，鼎盛时期据说这一主题的公园数以百计，遍及大江南北，但好景不长，它们生命周期并不长，曾几何时，幸存至今者寥寥无几。应当说，这个主题选得好，非常适合中国普通百姓，孙悟空这个形象家喻户晓，妇孺皆知，深受家庭和儿童喜欢，只可惜文章没有做好，为后来的再利用制造了非常大难题，留下了深深的遗憾。

（二）创新是主题公园的生命

主题公园，特别是大型主题公园，是资金和高科技密集型的旅游吸引物，它投资大，建造期比较长，而且一旦建成，难以改变其用途再作他用，所以必须要保持其长期的吸引力，不断地增加其吸引力，保持大批量的旅游者，只有这样才能够获得预期的效益。这就要求它不仅能够吸引大批的第一次来访的客人，还要有高比例的重访客人。但是，如果主题公园总保持不变的面孔，就很难达到这样的目的，因此，变化则显得非常重要，创新就是主题公园的生命。对于一个主题公园来说，主题是相对固定的，而表现主题的内容应当不断变化，表现方式和技术手段也是不断变化的。

例如，图索夫人蜡像馆的蜡像总是随着世界政治和文艺舞台的变化而变化，经常使人们看到熟悉的新面孔，不断有"老星"入库，"新星"登台，上次看到的是克林顿，下次就会变成小布什；迪士尼乐园被称作"永远建不完的迪士尼"，不断增加新项目，不断改进服务方式，给人新鲜的感觉。特别是它掌握着电影等媒介，新的电影很快就被增添到迪士尼乐园中去，成为人们追逐的对象。

国内许多主题公园，从开始设计时就没有很好地考虑今后的发展和再创新的问题，只是把它当作一个完整的景点来建造，一旦建成则一成不变，几乎没有任何发展的余地。而且许多主题公园建造完成开业之后，几乎只有经营管理机构，没有专门考虑长远发展的研究开发机构。只有当出现危机的时候才临时抱佛脚，从而使一些主题公园的生命周期非常短促，早在市场上站稳脚跟之前就夭折了。一些主题公园走过了短促的开业轰动期后就开始零落，门可罗雀，回天无术，弃之不忍，只好惨淡经营。

（三）精品使主题公园的魅力永驻

综观世界成功的主题公园，各个堪称精品，它们都是从设计到建造追求精益求精，从里到外，无可挑剔；在经营管理上一丝不苟，步步到位，追求完美。利用精品创造品牌、信誉和形象，保持持久的吸引力。迪士尼乐园的射击画廊每天涂一次漆，这个工作必须在清晨开门前完成，而且，一周内还必须把老漆刮掉重新漆一次，所有的机械性设备每天检查一次，确保完好。英国伦敦的图索夫人蜡像馆堪称世界蜡像艺术的佼佼者，从图索夫人本人创办蜡像馆起已有百年以上的历史，蜡像馆中展出的人物个个造型栩栩如生，足可以假乱真。在那里展示的不仅仅是游客并不大熟悉的古人、伟人，而且还有许多大家十分熟悉的平民乃至观众自己。站在艺术馆入口问讯处后面身穿制服的"接待员"、坐在展厅角落沙发上小憩的"老妇人"，不知骗过了多少人的眼睛。在那里参观，经常出现把蜡像当真人、把活人当蜡像的笑话。在那里值勤的保安人员给观众的忠告是要保持动态，不要较长时间做一种姿势，否则，就不要责怪别人可能对你表现得某些不恭。在荷兰的海牙有个马杜罗丹公园，亦称"微型城市"，常被世界各国当作微缩景观的典范。这个微缩景观公园占地 18000 平方米，可谓"世界上最小的城市"，但是，在这个"城市"里，从古到今的各种建筑应有尽有：王宫、古堡、教堂、市府大楼、博物馆、冶炼厂、啤酒厂、计量所、运动场，甚至还有牧区、广场、河流、机场、铁路、高速公路和森林。但所有建筑物均以1∶25的比例微缩，最高也不超过 2 米，从颜色到材料都十分讲究。更为有趣的是，它还是个"活的"城市，所有能运行的东西都在运行，汽车、火车、轮船按交通规则行驶，教堂的钟声到时就响，日复一日，年复一年。而且，荷兰女王被任命为该市的市长，1972 年，这个模型城市被正式接纳为荷兰城市联盟的成员。为了保证服务质量和声誉，迪士尼乐园对职工的要求极其严格，法国的迪士尼乐园规定，乐园 1 万多名职工每日上班前必须涂上身体芳香剂；每个扮演动物的人员必须每天检查自己的服装，不能有一丝异味，甚至规定，米老鼠的腋窝都要检查，不能让游人和他合影时嗅到怪味；所有职工在上班期间不得吸烟、饮酒；女雇员严禁穿性感的服装，不能穿网眼丝袜、超短裙；男雇员必须留短发，不准留胡子。

近年来，中国出现了不少主题公园，从景观的设计与建造质量来说，深圳华侨城所属的"锦绣中华"、"中华民族村"和"世界之窗"可谓上乘之作。在艺术创作上请国家大师级的专家参与，请海外专业公司提供咨询，并下决心在经营管理上与国际接轨，先后通过了国际标准化组织于 2000 年推出的最新管理体系 ISO9001，还通过了环境管理体系 ISO14000 以及 1999 年英美等 13 个国家的标准化组织提出的职业健康安全管理体系 OHSAS18000 的认证。并根据这些体系还创造了成熟的主题公园管理模式——锦绣中华管理模式 SCM。这在国内旅游业还是唯一的。但是，值得注意的是，为数众多的微缩景观中，有一些建筑物的建造水平相当粗糙，难以与原建筑物相比美。对一些自然风景点的微缩、仿造更是相去太远。而且，一些主题公园的日常维修更是个难题，人为的破坏也是防不胜防。也许是受当年深圳中华民族村的成功的启发，全国各地出现了各式各样的民族园或民族村，而且这些主题公园，又以表现少数民族风情者居多，请外地少数民族（或假扮的少数民族）进行现场表演，过分的表演使风情变了味，况且有些人表演不认真，经常是应景做戏，让人看后觉得滑稽。这样的主题公园注定也是短命的。

（四）收入在门票之外

国内一些主题公园在经营上基本上还是沿袭了传统景区、景点的模式，门票是主题公园最重要的收入来源，高达 80% 以上。只是因为新奇，可能一开始就把门票定得很高，有的时候还不得不再设计大门票和小门票，不断地增加门票的费用，但其他收入来源为之甚少，和海外主题公园在这方面存在很大的差距。

美国迪士尼乐园收入的 1/3 来自游客购物和非娱乐项目；英国主题公园的收入的 40% 来自餐饮、纪念品销售和其他服务；国外的多数主题公园都有游客中心、休憩中心等设施；多种餐饮设施（自助餐厅、快餐厅、风味小吃点、咖啡店、冷饮店和自动售货机等）相对集中，但也分散在游客活动集中的地方；特别考虑儿童的消费；就餐环境良好，纪念品更是具有极大的潜力，明信片和画册应有尽有；巴黎迪士尼乐园有100 多家商店、50 家餐厅，还有银行、邮电所等，另有 6 座饭店，12000 多床位。东京迪士尼游乐园有 5 座饭店，1 个会议中心，27 个餐厅，无数的商业销售点。丹麦乐高游乐园不仅有邮局、银行、货币兑换处、餐馆等服务设施，还有专门的婴儿看护室。

三　主题公园发展的几种趋势

主题公园是一个地区社会经济发展阶段的产物，它的发展也必定随着科学技术的发展和社会需求的变化而变化。从现在的情况来看，至少有这样三种发展趋势值得注意。

（一）娱乐与教育相结合

从目前的情况来看，主题公园的一个重要的发展趋势是将博物馆的教育功能和与游乐园的娱乐功能巧妙结合。游乐园的功能突出娱乐，而博物馆的功能重点在于知识的普及。这两种功能的结合就大大提高了参与性和游览兴趣。有的主题公园本身就是个现代意义上的博物馆，而一些博物馆的许多展示手段或活动的方式采取了游乐园的模式。加拿大的文明博物馆被誉为"开放大学＋迪士尼乐园"，因为那里既没有一般传统历史博物馆的枯燥，也不像一般游乐场那么喧闹，它把知识和娱乐巧妙地融合在一起，人们在轻松愉快的气氛中了解在加拿大国土上人类生存的活动变化、文化和传统的变迁。英格兰有个索普公园（Thorpe Park），它是一个以水为主题的主题公园，但在公园的一角专门有个模拟农庄，在那里，田里长着庄稼，池里养着鸭鹅，农舍周围散放着农具，还有草垛、牲畜。以草屋形式的纪念品商店里出售草编、条编、竹编和其他农村工艺品和土特产。最有意思的是，那里有一排羊圈，羊圈里的小羊按出生的时间专门喂养，有出生一个月的、三个月的、半年的、一年的等。这个"农庄"十分受城市家庭的欢迎，城市里生活的人专门带着孩子到那里了解农村生活，识别农作物和牲畜。日本东海大学有个人体科学博物馆，这座博物馆的建筑物十分别致，其结构就像一个"人体"，入口处是个大大张开的人嘴，游人脚踩着舌头通过红色的"支气管"自动扶梯进入"肺脏""心房""肝""大肠""生殖器"，最后被响声颇大的"屁"给崩出来。人们在这个大"人体"旅游的过程中，通过现代科技，可以直观地了解自身各个器官的作用和功能，学到平时认为十分深奥的科学道理和保健知识。这个博物馆不仅受儿童的欢迎，而且也是成年人经常光顾的场所。波士顿计算机博物馆把一系列最原始的和最先进的计算机以及它们的功能特点展现在游人面前，这个博物馆既是参观点，又是教学实验室，通过计算机模拟设备，人们可以感受一下开飞机、赛车的感觉，也可以进行模拟训练，提高专业技术。为了让人们了解计算机究竟如何工作，博物馆还专门建造了一个两层楼高的超大型计算机模型，计算机键盘宽 7.5 米，巨大的显示器屏幕为 2.7 米×3.6 米，参观者实际上可以进入"正在运转着"的计算机中，了解它的"内幕"。值得欣慰的是，现在还出现了一些专门为残疾人娱乐教育而建立的游乐场所。西班牙的雷纳·索菲亚艺术中心（Reina Sofia Art Centre）内专门有一个世界上规模最大的供盲人"参观"的博物馆。在这个博物馆里，所有的展品均可以用手触摸。那里有像克里姆林宫、自由女神头上的火炬和比萨斜塔等世界名胜的模型，还有各种盲人们自己创造的艺术品和工艺品。博物馆内到处都有触摸式按键，按动这些按键可以发送有关展品的介绍，或者提供专门的盲文资料，供游人使用，这样的博物馆等于为盲人了解世界打开了一个天窗。当然，这样的博物馆所吸引的也绝非仅仅限于盲人，对其他人也是非常有吸引力的。

（二）利用现代化技术创造新的感受

现在世界上许多主题公园把"未来"确定为主题，一些以"梦幻世界""未来世界""奇迹世界"等命名的主题公园越来越多，越来越精彩。这是因为，由于现代技术迅速发展，人们对未来有了更多的遐想，新的科学技术为创造新的感受提供了条件和可能。一些主题公园都围绕自己的主题，开辟专门的区域和场所，利用现代技术，向人们预先展示憧憬的生活方式，虽然有些看起来有些荒诞，但非常具有吸引力。例如，采用新型的模拟技术以及虚拟现实的电脑技术、互动式的影像技术，正改变着主题公园创新的理念。这也是为什么一些大型的媒体公司介入主题公园的重要因素。

加拿大渥太华有个"文明博物馆"。馆内的海滨景色被称作"当代魔术"，是用高技术产生烟幕和雾霭所构成的一种幻景。作为背景的雨林，实际上是一幅巨大的电脑调节的照片。这个照片是在加夏洛特皇后群岛拍摄的，然后印在透明的幕布上，屋顶上活动投影机射出来的光线轻泻在树木上，宛如雾霭轻飘，雨丝垂洒。海浪、波涛、狂风、飞鸟和走兽的声音都由电子声模拟的，令游人有一种身临其境的真实感觉。几乎所有的大型现代主题公园里，都有展示未来幻景的单元。美国迪士尼乐园的成功更仰仗现代技术如电脑、三维电影、机器人的应用，那里的EPPCOT中心用最现代的手段展示了21世纪人类生活的幻景，引人入胜。法国西部普瓦提埃的"观察未来"游乐园完全靠得是现代电影和声像技术，每年吸引游人超过400万。在这个游乐园里，有把图像、音响和感觉融为一体的"实感电影院"，有银幕面积达600平方米的"巨型银幕电影馆""立体电影馆""高清晰度电影""360度全景电影"，等等。这是一个以高科技为手段、向游人普及科技知识主题公园。科威特首都郊区有座超级游乐城，在这座被称作"沙漠游乐城"里，游人们可以乘坐"宇宙快车""宇宙飞船""登月火箭"等"现代化的交通工具"游历太空，亲身体会一下"星空宇宙"的氛围。这一切都要靠电脑和现代先进技术保证。地处热带的新加坡建起了四季园，利用现代技术，在一个封闭的环境内创造出一年四季的情景，在热带的城市出现了冰雪之景。限于经济和技术水平，目前我国国内真正利用当代先进科学技术而建造的人造景观非常少，有些地方增加一些如水幕电影、环幕电影或动感电影等新设施，确实增添了很大的吸引力。

另外，最近一些年来还有一些新的变化，那就是利用现代科学技术的力量，"虚拟"主题公园也开始向"实体"主题公园提出了挑战。例如，在美国城市和城郊购物中心里建造过山车模拟室、先进的电子游戏间等设施，也包括电影剧场、主题餐厅、体育场馆和赌场等。这些场所的主要收入来源是销售或者租赁系统和生产设备，向经营者出租电影软件等。虽然这些设施刚刚出现，但是，这种新的形式，把主题公园搬进了商业中心或家庭，也会对传统的主题公园的经营产生一定的影响。

（三）创造一个品牌，引发一个产业和产品系列

主题产品是 21 世纪受欢迎的产品，但是一个成功的主题公园所创造的不仅仅是一个景区或景点，而应当是一个著名品牌和围绕这个品牌所引发的产业系列和产品系列。迪士尼为世界主题公园业做出了典范。迪士尼品牌已经进入了多个产业。这包括迪士尼书刊、艺术品和收藏品、纪念品、音像制品、餐饮、住宿和房地产、迪士尼创意、策划、工程咨询和管理输出服务等单个独立的产业体系。米老鼠和唐老鸭的形象在世界各地几乎到处可见。就是这些著名的品牌，依托世界各地的主题公园，围绕主题，形成相辅相成的服务设施体系和广泛的产业系列，使迪士尼成为消闲、娱乐业的航空母舰。这恐怕应当是一个成功的主题公园成长的必经之路。中国的实践也正在呼唤这样的主题公园和主题公园产品、产业系列的出现。

结束语

中国的经济在发展，中国的社会在进步。改革开放促进了中国旅游业的发展，20 多年的努力使中国开始步入世界旅游大国的行列，目前正在向世界旅游强国的目标迈进。中国的主题公园是伴随着中国旅游业

的发展而发展的，它在中国旅游业发展过程中发挥着重要的作用。我们必须看到，在主题公园业的发展中，一个成功的例证并不说明各地建造主题公园都会成功；同样，一批主题公园的失败，也并不构成主题公园不能在中国发展的理由。中国主题公园业正在经历一个新的转变时期，"大浪淘沙"，不少昙花一现的主题公园和其他人造景观为中国主题公园业的未来发展交了学费。而在这个拼搏过程中的幸存者成为这个行业的佼佼者。它们正以新的姿态迎接新的挑战。在此，祝愿像深圳华侨城这样一批成功的主题公园，要很好地借鉴国际经验，充分发挥博大精深的中国文化的优势，扎根在中国大地上，在促进旅游业和整个经济的发展、提高人民生活质量、创造幸福等方面做出更大的贡献。

西游记宫——中国第一个人造景观

代后记：改革开放四十年的回顾与反思

40 年，弹指一挥间。对人类的历史进程和国家发展历程来说，这段时间并不算太长。然而对于一个个人来说，确实不算短，掐头去尾，几乎是大多数人的大半个人生。

从中国旅游发展的角度看，我算得上是个幸运者，有幸经历了中国现代旅游发展的整个过程或者更长一点，从 20 世纪 70 年代初开始，以外事干部的身份做起"导游"的事，前后将近十年，又从 20 世纪的 80 年代初开始进入中国社会科学院从事专职的旅游研究，直到 21 世纪 2015 年退休，其间，从一个导游员变成研究员，见证了改革开放过程中中国旅游的变迁，从非常规发展到逐渐向常规发展的迈进的历程。

从国家旅游发展政策的角度看，在这 40 年间，旅游功能从政治到经济，再从经济向社会经济全面发展的转化过程，新的起点始于 21 世纪第一个十年之末。这个发展过程与世界很多国家大不相同，因此可以看作是中国的一个突出特色。

在改革开放的过程中，中国旅游的发展至少出现了四次大"逆转"。

其一是国际旅游与国内旅游的"逆转"，国内旅游"三不政策"的解禁结束了中国旅游发展畸形、残缺的历史，这始于 20 世纪 80 年代中期，是第一次划时代的变化。

其二是中国出境旅游人员结构的逆转，2000 年是个分界线，因私自费出境的规模超过公费旅行，这个差距越来越大，以至于因公出境旅行比重不足总量的 5%。

其三是中国入出境旅游规模的逆转，分水岭是 2010 年，出境人次数与消费支出开始超过入境人次数和外汇收入，而且这个差距有不断扩大之势。然而，而这一点不是政府和业界事先设计的，也是没有充分预料到的。

其四是从世界旅游发展的角度看，国际社会对中国旅游关注点的逆转，即从关注"中国旅游"（独特魅力的旅游的目的地）到关注"中国旅游者"（潜力巨大的旅游市场）的逆转，这个趋势还在加强。对这一变化，无论是政府、业界，还是学术界，都应当认真研究，做出理性、科学的判断和对策。

其实，这些变化也是中国现代旅游本质的回归：政治功能是被迫的，未来也不会消失；经济功能是国家经济发展的需要，这会在一个很长的历史时期继续坚持；但是，旅游作为普通公众生活的组成部分，成为人们休闲需求自由选项的一个内容，是提高生活质量和福祉的一个标准，这才是最终的目标和目的。因此说，中国未来的旅游依然面临着观念的转变与发展模式的转型。

因此，在未来，中国旅游要坚持发展入境旅游作为长期国策，以不断提高国家财富和旅游的竞争力；要逐渐跳出单一刺激消费、促进经济发展的思维模式向满足国民需求、提高社会福祉转变，不应当过分地强调所有领域的旅游化、商业化。新时代的旅游必须认真坚持可持续发展的新理念，高消费、炫耀性奢华享受、浪费性的休闲追求要降温，"运动式"的旅行方式要改变，局部和短期"过度旅游"现象要警惕，企业的社会责任感要强化；"以发展旅游的名义"另谋他图的现象要遏制，历史教训尽量不再重演；要使公民有更多自由选择度假休闲方式和时间安排，逐渐使假期功能得以回归。

无论是国家还是城市发展，都不应当以吸引外国人或外地人来参观游览为目的，更不是为了某种面子或虚荣，赢得某些头衔或桂冠，而是为了国泰民安、安居乐业，实现"桃李无言下自成蹊"，这才是旅游吸引力增强的自然态势，是形成旅游目的地发展的动力。同样，出境、出国旅游是公民自我发展的正当的需求，采取积极措施让公民境外旅游活动更加便捷、安全，其权益和尊严得到保障，这是政府的责任。从总体上说，中国尚未到鼓励公民出境旅游去平衡国际贸易的时机，也不应过度强调公民出境旅游作为外交工具的作用。没有必要用出国旅游去为世界经济做出贡献，尽管这一效果是客观存在的。出境旅游的体验不应当成为崇洋媚外的阶梯，而应是强化民族自信、奋发图强的信念。

希望在未来的中国，旅游发展的远期目标是：无论城市还是乡村，不要过多地"以旅游的名义"去做事，也不必再争当什么优秀旅游城市、旅游小镇或旅游强国，也不必要有什么"黄金周"，力争让国民的休闲旅游活动可以随心所欲，想到哪里去就到哪里去，就是要换一个地方、换一个环境、换一个心情，度过自己可以支配的闲暇时间。旅游不再是一个独立产业，不会再有什么旅游商店、旅游饭店、旅游景区，甚至旅游厕所。旅游与休闲变成普通百姓的生活常态。

也许无景区旅游是旅游的最高境界，但我确信这并不是梦。

在中国旅游协会"改革开放40周年旅游行业座谈会"（2018年11月26日）上的发言稿

图书在版编目（CIP）数据

中国特色旅游发展道路的探索 / 张广瑞著 . -- 北京：
社会科学文献出版社，2019.9
（中国社会科学院老年学者文库）
ISBN 978 - 7 - 5201 - 4692 - 0

Ⅰ.①中… Ⅱ.①张… Ⅲ.①旅游业发展 - 研究 - 中
国 Ⅳ.①F592.3

中国版本图书馆 CIP 数据核字（2019）第 068840 号

·中国社会科学院老年学者文库·

中国特色旅游发展道路的探索

著　　者 / 张广瑞

出 版 人 / 谢寿光
责任编辑 / 陈　颖
文稿编辑 / 陈　颖　宋　静

出　　版 / 社会科学文献出版社·皮书出版分社（010）59367127
　　　　　　地址：北京市北三环中路甲 29 号院华龙大厦　邮编：100029
　　　　　　网址：www.ssap.com.cn
发　　行 / 市场营销中心（010）59367081　59367083
印　　装 / 三河市尚艺印装有限公司

规　　格 / 开　本：787mm×1092mm　1/16
　　　　　　印　张：27.75　字　数：434 千字
版　　次 / 2019 年 9 月第 1 版　2019 年 9 月第 1 次印刷
书　　号 / ISBN 978 - 7 - 5201 - 4692 - 0
定　　价 / 128.00 元

本书如有印装质量问题，请与读者服务中心（010 - 59367028）联系